감정평가개론

- 감정평가사의 생각법 -

이 용 훈

교육과학사

필자만의 고민은 아닐 것이다. 어느 한 분야의 전문가로 사는 고독함. 업무에 치여 정신없이 살다가 문득, 파편화된 각 분야에서 소통 없이 매몰돼 있다고 느껴질 때가 있다. 일과 가정의 분리 현상과는 다른 차원이다. 내가 하는 일과 세상이 큰 연결고리 없이 이격돼 있을 때의 삭막함은 좀 다르다. 법, 행정, 의료처럼 일상화된 영역이 아닌 곳의 전문가라면 이런 상념에 한 번쯤 허탈함에 젖었을 수 있다. 세상과의 '소통'은 모든 전문직 종사자의 희망사항이다.

무료상담이나 강연, 더 적극적으로는 1인 방송을 통한 소통 노력은 '자기 알리기'를 밑바탕에 두고 있다. 개인 홍보보다 조금 덜 이기적인 소통 욕구도 있다. 잘못된 시각을 바로잡아주고 싶은 바람 등이다. 부제를 정하는 데, 최근 선물 받은 양서 '경제학자의 생각법(하노 벡, 2015)'이 단초를 제공했다. 피가 되고 살이 되는 돈 버는 생각 습관을 쉽게 설명해 주고 싶다는 저자의 공개 강의를 담고 있다. 이렇게 무난한 접점을 찾은 지혜로운 전문가가 필자에게 저술의 방향을 제시해 줬다.

부동산, 가치, 보상, 과세, 거주의 문제가 모두 걸쳐 있는 영역에 '감정평가'도 똬리를 틀고 있다. 유익한 내용이라 해도 까칠한 이는 큰 관심도, 자신과 별 관련도 없다며 무관심할 수 있다고 봤다. 그래서 Ⅳ. 단원에서 부동산 '투자영역'을 28꼭지나 발굴해 일상과의 교집합을 추출해 냈다. 또한 낯선 영역에 첫 발을 디딜 수 있으니 편한 서술과 익숙한 일상을 잘 버무리려고 노력했다.

여러 대학 부동산학과 등의 전공과목에 '감정평가'도 이름을 올려놓고 있다. 심리학이나 교육학, 정치학, 경제학 등은 전공자와 입문자를 위한 두 트랙 수업을 한다. 감정평가도 감정평가론이나 감정평가실무 외에 '감정평가 개론' 형태의 교양과목 개설이 과연 불가능할까 고민했다. 수식과 이론을 다 지워 버리긴 힘들다. 그래도 일상과 익숙한 사례로 내용물을 채우고 수필 형태의 기술이라면 가능성이 있다고 봤다. 이 책 '감정평가 개론'에 실린 총 83개 꼭지 모두, 상식선의 아이템과 내용을 목표로 무한 수정을 거쳤다. 지난 2년간 공을 참 많이 들였다.

글에 대한 욕심, 무언가를 정리해 보려는 강한 욕구는 하나님의 선물이다. 부모님, 형님 가정, 장모님과 아내, 두 딸 은교와 은빈은 내게 주신 더 큰 선물이다. ㈜대화감정평가법인 김순구 대표이사님 이하 대화가족 여러분, 소중한 삶의 공동체 믿음과 행함 교회 배봉철 담임목사님과 교우들, 강원대학교 박사과정 정준호 지도교수님과 18기 박사과정 동기들, 귀한 저작의 기회를 주신 교육과학사 출판사 관계자분들에게 고마움을 전하고 싶다.

혹, 지하철과 버스에서 누군가 교양서 읽듯 이 책을 읽는 장면이 필자에게 목격될 수 있기를 소망하며...

2016년 새해 첫 날

감정평가사 이용훈

목차

제4부 투자영역에서의 가치평가 209

제1부

부동산 가치 평가의 기본

비용집계가 기초 중의 기초(원가법)

본전 한 푼 못 건지는 극단적인 상황. 투자의 영역이 부동산이었다면 그리 생경한 장면이 아니다. 막대한 투자액이 고스란히 이런 저런 비용으로 쓰였으나 실체적으로 남아 있는 게 하나 없이 증발해버리는 최악의 상황이 종종 목격된다. 그런데 투자한 돈이 뭔가를 개발하거나 공사하는 데 쓰였다면 우리 생각은 경직되기 쉽다. 부지 구입과 조성에 들인 비용을 증빙할 수 있는 매매계약서와 거래명세서, 세금계산서가 엄연히 있고, 건축과 실내 장식을 위한 도급 공사 계약서를 제시할 수 있는데 왜 그것의 가치를 인정해주지 않느냐는 항변이 그것이다.

비용접근법은 부동산 가치를 평가하는 3가지 접근법 중 일반인들도 쉽게 공감하는 평가 방법이다. 5억 원을 들여 도시형생활주택을 건축한 업자는 백번 양보하더라도 5억 원 이하로는 팔려 하지 않는다. 반대로 노후를 대비해 월세 나오는 부동산에 눈독 들이는 명퇴를 앞둔 직장인은 위 수익성 부동산을 5억 원 이상에 살 용의가 없다. 저렴하게 살 수 있다면 모를까, 제값 다 주느니 5억 원을 가지고 부근에 새로운 도시형생활주택을 개발할 수 있는 대안을 찾으려 한다.

그런 면에서, 5억 원은 매수자 매도자 모두에게 매매가격 협상의 기준선이다. 물론 협상력과 정보력 차이로 매매협상의 출발점은 매수자나 매도자 어느 쪽으로든 약간 치우쳐질 수 있다.

부동산 가격 형성 과정

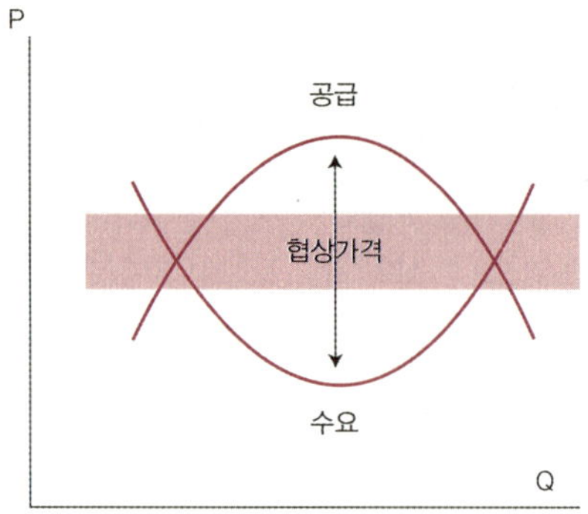

√ 정보력, 협상력, 매매당사자의 사정에 의한 협상가격의 변동

누구나 보아도 적정한 투입 원가, 그것이 대상 부동산의 가치를 결정한다는 지극히 상식적인 사고를 부동산 평가에서는 원가법(cost approach)[1)]이라고 부른다. 매도희망가의 하한선, 매수희망가의 상한선으로 인식되는 투입원가로 부동산의 가치를 추계하는, 비용접근방식의 원가법은 토지와 건물 양쪽 다 적용 가능하다.

아래는 조성이력이 있는 토지를 원가법으로 평가할 때의 접근방법을 단순화시킨 것이다. 투입된 비용은 미개발토지의 취득가격과 조성비용 상당액이다. 다만, 토지매입시점은 과거, 조성공사기간은 과거에서 현재까지 걸쳐 있으므로 현 시점의 비용으로 보정하기 위해 기회비용의 성격인 이자율이나 지가변동률을 적용해 할증한다.

1) 감정평가방식을 원가방식, 비교방식, 수익방식으로 구분하는데, 원가방식 중에서 임대료가 아닌 가치를 구할 경우 이를 '원가법'이라고 부른다.

토지에 적용된 원가법 개요

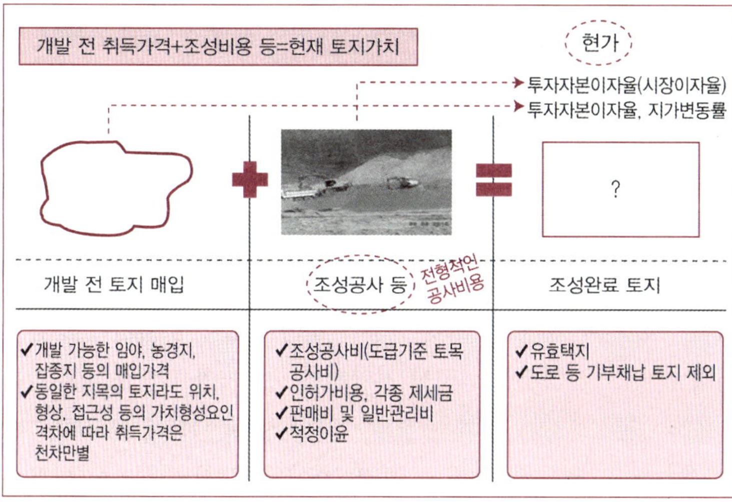

비용접근법은 특히나 건물과 같은 상각자산에 있어서 굉장히 유용하고 합리적인 평가방법으로 인정되고 있다. 회계 장부상에 잡

건물에 적용된 원가법 개요

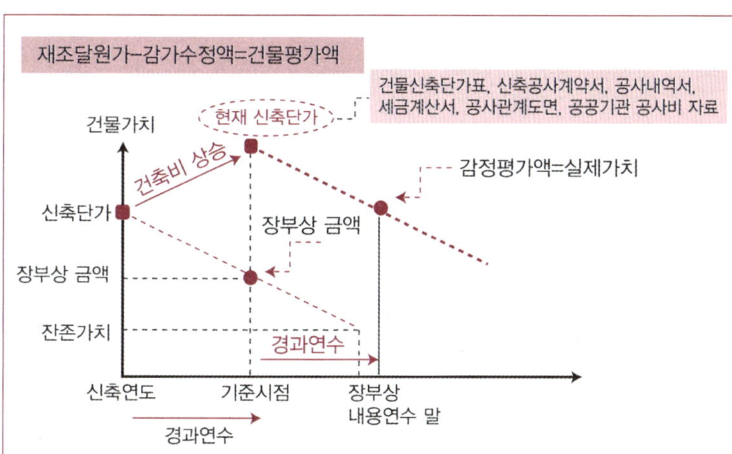

힌 건물가격은 과거 취득가격에서 감가상각 누계만큼 감소된 상태인데, 현 시점 실제 가치와는 괴리가 상당하다. 현재 신규 취득을 전제한 '재조달원가'에서 경과연수와 관리 상태에 따라 발생한 가치하락을 '감가수정'으로 반영해 감액시키는 것이 평가의 기본 논리다.

그런데 이런 비용접근법이 무용지물인 상황이 심심치 않게 발생한다. 유동인구가 많지 않은 시 외곽 소재 토지를 5억 원에 매입하고, 건축비 50억 원을 투입해 나 홀로 대규모 상가를 건축한 시행자의 딱한 사정이다. 준공 후 한동안 분양에 열을 올렸지만 성과가 전혀 없었다. 하다못해 임차할 사람을 물색했지만 1개 호수도 계약을 맺는 데 실패했다. 좋게 표현해 미분양 상가, 심하게 표현하면 흉물 상가로 단단히 낙인찍힌다. 그렇다면 토지는 차치하고 이 건물가치는 어느 정도쯤 될까? 건물에 투입한 50억 원이 어떤 매수자에게든 유의미한 신호로 작용할 수 있을까? 건축물의 순수 원가가 50억 원인 것은 분명한데 이 숫자는 이 건물에 관심 있는 그 어느 누구에게도 그다지 큰 의미를 가지지 못한다. 어쩌면 폐자재 값이 철거비에 못 미쳐 건물 투자금 한 푼도 건질 수 없는 최악의 경우를 맞게 될 지도 모른다.

결국 원가법은 해당 부동산에 대한 수요와 공급 어느 한 축이 허물어지지 않고 정상적으로 작동하고 있을 때 설득력을 얻을 수 있다. 그 정도 비용을 투입하면 투입비용만큼의 몸값을 할 수 있다는 시장 공감대가 쭉 유지되고 있는 상황이 전제되어야 한다. 제2의 인생을 위해 전문자격증 취득 전선에 뛰어든 자도 이와 비슷한 논리로 수험기간의 기회비용을 셈할 수 있을 것이다. 보편적으로 예상되는 수험기간을 상정하고, 전형적인 수험생이 그 기간 지불하는 방세, 학원비, 용돈에 동일 기간 대체직업을 가졌을 때의 최소수입을 더하면 비용접근의 과정을 충실하게 따른 것이다.

시장성에 기대는 속 편한 방법(거래사례비교법)

시시각각 위를 가리키는 붉은 색의 화살표, 아래를 향하는 푸른색의 화살표가 모니터 화면을 가득 채운다. 화살표 옆에는 매도, 매수 대기물량이 거래 희망가별로 이리저리 옮겨 다닌다. 거래참여자는 매 시각 공시되는 해당 기업과 관련된 소식에 눈을 떼지 못한다. 매도자는 조금 더 보유해도 좋은지 일단 처분해야 할 때인지 고심한다. 매수자는 지금쯤 매수 적기인지 숨 한 번 더 고르고 여유 있게 매집에 나서도 되는지 머리를 긁적일 때가 많다. 주식시장은 주식 '거래 시장' 그 자체다.

'시장은 이렇게 말하고 있다.' 상투적이라고 할 만큼 익숙한 문구다. 이때의 '시장'은 매매를 위한 물리적, 추상적 공간이 거래를 위한 합리적인 법·제도적 틀을 가지고 있고, 이 공간으로의 진·출입이 자유로우며, 실시간으로 제한 없이 정보가 제공되고, 정상적으로 사고하며 판단할 수 있는 합리적인 경제인들의 자발적인 의사로 형성되는 매매공간을 가리킨다. 일부는 개인적인 급박한 사정으로, 혹자는 급등에 대한 근거 없는 환상을 가지고 거래에 나서면서 시장 가격을 한참 벗어난 이상치가 등장하기도 한다. 그러나 합리적인 매매가 대다수를 차지하고 있다면 이러한 거래로부터 형성된 가격 수준은 모든 이에게 새로운 거래의 지표 역할을 하게 된다.

가격을 매길 수 있는 모든 유·무형 자산을 평가하는 가장 대표적인 가치 평가 기법이 '거래사례비교법(market approach)[2]'이다. 간

2) 감정평가방식을 원가방식, 비교방식, 수익방식으로 구분하는데, 비교방식 중에서 임대료가 아닌 가치를 구할 경우 이를 '거래사례비교법'이라고 부른다.

단히 말해 이 부동산 저 권리의 가치를 시장 증거로부터 추계하는 것이다. 노후를 위한 전원주택 부지를 사려는 외지인은 우선 중개사무소부터 방문한다. 대지평형이 이 정도는 돼야 하고, 경사는 그렇게 높아서는 안 되며, 기왕이면 남한강이 보여야 한다고 까다롭게 부지 조건을 요구하면 공인중개사는 최근 그런 부지가 얼마에 계약되었는지 이런저런 사례를 내민다. 지난 달 계약 성사시킨 물건은 접근성이 꽤 좋은 부지였다는 설명, 3개월 전 잔금 치른 물건은 다른 건 몰라도 조망 하나는 탁월했다는 언급은 현재 나온 매물의 가격 수준을 과거 거래 사례와 비교하고 있는 것이다.

대상과 조건이 거의 비슷한 매매사례가 있다면 가격에 대한 확신이 생기고, 거래시점이 최근이라면 심증은 더 굳어진다. 그런 건이 여러 개라면 매수자든 매도자든 심증을 넘어 이젠 가격에 대한 신념으로까지 승화된다. 꼭 동일한 물건의 거래사례일 필요는 없다. 유사성을 보이는 물건, 즉 비교가능성이 있는 물건 간에는 격차가 발생하는 부분을 감안해 주면 적정한 보정만으로 합리적인 추정치를 얻을 수 있다. 고층 아파트의 동일평형 중 2층의 거래금액을 알

공동주택에 적용한 거래 사례비교법 개요

사례가격×사정보정×시점수정×가치형성요인비교치(외부, 건물, 개별)×면적
=대상평가액=격차율

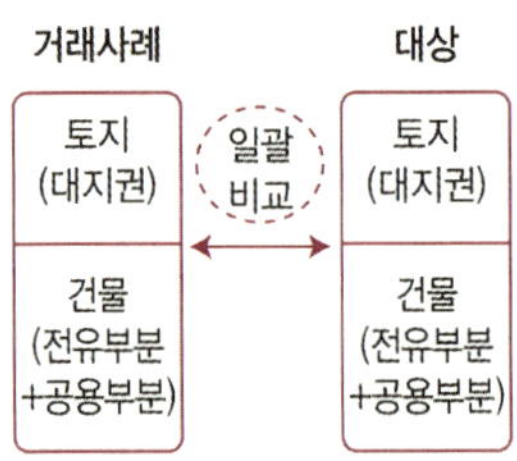

✓시점수정은 물건의 가격변동률을 적용
예) 주택가격동향지수, 부동산지수(생산자물가지수) 등
✓개별요인 중 층, 호 효용비는 층별, 위치별 단위면적당 분양단가 또는 실질임대료 수준으로 비교
✓면적은 '전유면적' 기준

면 같은 라인의 10층 가격을 매길 땐 인근 아파트 단지에서 2층과 10층간의 가격 차이가 어느 정도였는지 과거 거래사례와 현재 방매가격에서 파악하면 된다.

물론 거래사례비교법이 언제나 용이한 것은 아니다. 취득세, 양도세 등 거래에 따른 세 부담 때문에 축소 신고하는 관행이 자리 잡고 있으면 신고금액의 진위부터 파악해야 한다. 시세보다 낮은 전세금액에 매도자가 계속 거주할 수 있는 조건을 부기하고 매매가격을 일부 할인해줬다든지, 공유 지분 중 잔여 지분을 확보하려고 다소 비싸게 계약한 경우 모두 적정 거래사례로 보기에는 무리가 있다. 결국 무수한 시장의 거래 사례 중 합리적인 사례를 선별할 수 있는 안목이 필요하며, 동일 물건이 아닌 유사 물건과 비교할 때는 격차를 보정할 수 있는 식견이 요구된다. 그렇지만 어느 정도의 노력이 수반된다면 거래사례비교법은 가장 확실한 가치 추계방법이다. 충전소 부지와 건물 그리고 기계기구 가치의 총합보다 높게 지불된 충전소 사업장의 매매사례를 통해서만, 주유소에 비해 아직 수익성이 괜찮은 서울 시내 충전소의 LPG허가권에 대한 권리금의 가치가 수십억 원에 달하는 사실을 확신할 수 있기 때문이다.

수익으로 무난하게 예측하기(수익환원법)

하나의 값이 주어지면 그에 대응하는 값이 유일하게 결정되는 것. 이런 관계를 수학에선 '함수'라 부른다. 이 같은 대응관계는 비단 수학의 세계에 한정되지 않는다. 실이 바늘과 대응하듯 음식의 세계에서도 한편의 이름을 들으면 그 나머지를 쉽게 떠올리는 그런 관계가 있다. 삼겹살에는 기름기의 느끼함과 입 안 텁텁함을 없애주는 상추나 깻잎이 그 대응위치에 있고, 갓 쪄 낸 두부를 보면 잘 익은 매콤한 볶음 김치가 자연스레 연상된다.

공간을 빌려주고 임대료를 수령할 수 있는 수익성 부동산에 실처럼 따라오는 항목이 '수익률'이라는 개념이다. 부동산의 가치 대비 연간 획득하는 임대수익의 비율을 뜻하는 개념인데, 오피스·매장용 빌딩이 즐비한 가로변 부동산 중개소 외부 창문에 어김없이 게시된 '방매물건 내역'에서 쉽게 접할 수 있다. 매가가 '얼마'인지와 임대료 수입은 '어느 정도' 보장되는지 적혀 있는데 단순 계산해도 임대수익률이 파악된다. 물론 이때의 임대료 수입은 수익성 부동산을 운영하면서 수반되는 제반 경비를 공제한 순수익을 가리킨다.

수익성 부동산의 가치 평가에 주로 활용되는 '수익환원법'(income approach)[3]은 부동산 가치와 부동산 임대수익이 연동되고 이 둘 간의 관계가 일정한 규칙성을 보이는 점에 착안한 것이다. 투자자 입장에서 바라본다면, 10억 원에 취득한 수익성 부동산에서 연간 5천만 원의 임대수익이 발생하고 있는 경우 연 5%의 임대수익률로 파

3) 감정평가방식을 원가방식, 비교방식, 수익방식으로 구분하는데, 수익방식 중에서 임대료가 아닌 가치를 구할 경우 이를 '수익환원법'이라고 부른다.

악한다. 부동산 투자 안은 예금이나 주식, 채권 등 다른 투자 대안과 경쟁관계다. 당연히 부동산 투자 전, 금리, 주식시장배당률 등을 검토했을 것이다. 일단 취득가격 10억 원은 고정변수고 투자결과 5%의 수익률을 실현한 것이니, 저금리 기조와 약보합세의 주식시장, 낮은 채권수익률이 개선되지 않는 채권시장을 봐서는 만족스런 투자로 귀결될 가능성이 높다. 투자자의 관심은 '실현된 임대수익률이 투자 전 요구수익률을 충족하느냐'다.

수익환원법은 위 투자의 과정을 다른 시각에서 바라보는 것이다. 매매 계약 금액이 아직 확정되지 않은 상태의 수익성 부동산이 있다면, 투자자는 일단 연 임대수익은 어느 정도 실현되고 있는지 확인해 본다. 계약 성사에 몸 단 공인중개사는 최근의 공실률 추이를 감안해 보수적으로 잡아도 연 1억 원 정도의 임대수익은 보장받을 수 있다고 호언장담한다. 국토교통부에서 매 분기 발표하는 오피스·매장용 빌딩 투자수익률 보고서상 이 지역 내 임대료 수준 역시 만족스러운 편이다. 5% 전후 수익률만 충족되면 당장 계약할 마음이 있다고 치면, 이 투자자는 매입가격으로 20억 원(1억 원/5%)[4]까지는 기꺼이 지불하려 들 것이다. 5% 전후 수익률에 만족할 또 다른 투자자를 염두에 두면, 이 부동산이 20억 원 이상에 거래될 수도 있으나 대략의 기준선은 20억 원 내외다. 임대수익과 요구 수익률을 결합하면 부동산 가치가 대략 추계되는 것이다.

이처럼 시장에서는 이 가격의 부동산이면 이 정도 임대수입은 나와야 한다고 생각하기도 하고, 반대로 이 정도 임대수입을 확정적으로 올릴 수 있는 부동산이면 수익률을 역산한 가격 정도는 부동산 매입비용으로 지불할 수 있다고 생각한다. 수익성 부동산에서는

4) 임대순수익과 부동산 가치의 비율을 '환원율'이라고 부르는데, 부동산 투자자의 요구수익률과 유사한 개념이다.

'임대료'와 '부동산 가치'가 함수관계를 이루고 있는 셈이다. 감정평가에서는 이런 역학 관계를 고려하여 임대수입으로부터 부동산 가치를 역산하는 방법을 수익환원법 중 '직접환원법'으로 부르고 있다.

▎직접환원법 개요

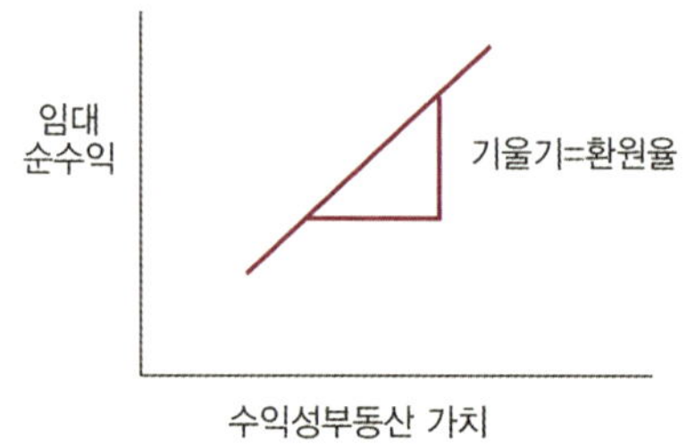

임대순수익÷환원율=부동산 가치

영구 보유하는 수익성 부동산이 아니라면, 투자자는 보유기간의 연간 임대수입 못지않게, 장래 매각가격도 중시할 것이다. 장래 산출할 것으로 기대되는 미래의 현금흐름을 일일이 더해보겠다는 논리와, 현금흐름의 발생 시점에 따라 이를 할인하는 과정이 결합해 '할인현금흐름분석법'[5]이 완성된다. 수익성 부동산뿐만 아니라 기업가치의 평가에도 적극 활용되고 있다.

논리가 정연하고 시장의 행태를 잘 반영하며 '가치'의 정의에도 부합한다는 점에서, 수익환원법의 우수성을 강조하기도 한다. 그러나 현재의 수치가 아닌 장래 추정 숫자만이 등장하니, 예측이 빗나가면 추정가치와 실제 가치는 멀찍이 떨어진다. 낭패 당하기 십상이다. 5년 지난 뒤, 과거 평가 내역을 들춰내 5년간의 실현 순수익과

5) DCF(discounted cash flow)법으로 불리기도 함.

추정 순수익의 괴리가 이렇게 심했냐고 다그칠 경우를 대비해야 한다. 사후 뒷감당의 부담이 상당하지만, 그래도 수익환원법은 정말 매력적인 평가 방법이다.

할인현금흐름분석법 개요

보유기간	1	2	3	4	5	비고
예상순수익	180	180	200	190	210	
복귀가격	-	-	-	-	4,000	5년 말 매각
할인된 현금흐름	171	163	172	156	3,298	5%의 할인율로 할인
부동산가치	3,960					부동산가치=Σ현금흐름

$$P = \frac{NOI_1}{(1+r)} + \frac{NOI_2}{(1+r)^2} + \ldots\ldots \frac{NOI_n}{(1+r)^n} + \frac{P_n}{(1+r)^n}$$ 6)

6) r은 할인율, NOI_n은 n년도의 임대순수익, P_n은 n년도의 순매도가치

가상으로 추정해 보는 방법(조건부가치평가법)

'통상적인 시장', '충분한 거래 기간', '거래 대상에 정통한 거래 당사자', '신중하고 자발적인 거래'. 이 정도 조건이 충족된다면 거래 결과물인 매매금액은 별 무리 없는 가격이라고 생각하는 게 상식이다. 유형 자산과 무형자산의 가치를 추계하는 감정평가사에게 상기 조건이 충족된 거래 사례는 그 무엇보다 확실한 시장 증거자료다. 신중한 거래니 이모저모 따져봤을 것이고, 얼마에 사고 팔지 충분한 기간 고민했을 게 분명하며, 뒷거래도 아닌 통상적인 시장에서의 매매 접점이니 신빙성이 높은 것이다. 반대로 이런 시장 증거를 전혀 발견할 수 없는 '비(非)시장재화'의 몸값을 매겨야 할 때는 난처하다. 수익성 부동산도 아니고, 최근에 조성한 이력을 확인할 수도 없다면 소득, 비용접근법조차 시도해 볼 수 없다.

환경경제학이 태동하기 전부터 몇몇 경제학자가 공공재의 '사회적 가치'를 판단하려는 시도를 했다는 기록이 있다. 이들은 설문 조사라는 방법을 통해 공공재 가치를 추계하려 했다. 여타 시장 거래 물건처럼 이런 공공재의 객관적인 시장 증거를 확인할 길은 없으니 이런 시도가 있지 않았을까. 원래 감정평가에서 추계하는 기준가치인 시장가치도 '성립된 가격'이 아니라 '성립될 가능성이 가장 높다고 인정되는 가격'이니 큰 범주에서는 설문을 통해 추계한 공공재의 사회적 가치를 시장가치로 해석한다고 해서 완전히 잘못된 것이라고 단정 지을 수는 없을 것이다.

설문은 이런 식으로 구성한다. 먼저 현재 공공재를 보존하기 위해 어느 정도 금액의 지불의사가 있는지 묻는다. 예컨대 보존 가치가 있는 희귀 조류를 위해 현재 철새도래지를 반드시 존속시켜야 한다고 생각한다면, 실제로 도래지를 방문할 가능성이 희박한 사람들이 이 도래지의 보존을 위해 어느 정도까지 지불할 용의가 있는지 조사한다. 이를 WTP(willing to pay)라고 부른다. 반대로 현재 공공재의 상실 대가로 어느 정도 금액의 보상금에 동의할 수 있는지 의사를 타진해 볼 수 있다. 도심 내 근린공원의 쾌적한 산책로를 이용하던 인근 주민에게 부득이 이 근린공원을 다른 곳으로 이전해야 할 때 기존에 누려왔던 공원 이용의 편익을 얼마의 보상금으로 대체할 수 있는지 질의·응답받는 것이다. 이를 WTA(willing to accept)로 부른다. 이때 공공재의 사회적 가치는 WTP의 최댓값 또는 WTA의 최솟값으로 추정된다.

가상가치평가법을 적용한 '국가문화재 가격'-2009년 문화재청[7]

구분	WTP(willing to pay)
울주 대곡리 반구대암각화	4,926억 원
정이품송	4,152억 원
창덕궁	3,097억 원
종묘제례 · 제례악	3,184억 원
팔만대장경	3,080억 원

이를 입찰과 할당 그리고 합의의 논리가 개입된 보조적 평가방법으로 이해할 수 있다. 기꺼이 지불하려는 금액은 상한선이 있다. 이른 새벽 수협 직판장에서 하루 수십 톤의 어패류가 경매될 때의 낙찰가가 천정부지로 치솟지는 않는다. 공급이 제한된 토지 시장에서 최고가 입찰자에게 돌아간 택지가 '최고최선의 이용'에 할당되는 것도 같은 논리다. 반면, 공익사업에서 토지소유자는 심중에 양보할

7) 표본은 20세 이상 남녀 5,900명

수 있는 토지 보상금의 마지노선을 정한다. 주택재개발구역 내 현금청산자 역시 조합이 제시한 청산금이 만족스러워야 순순히 물러난다. 합의에 응할 최소 보상금이 있을 것이다.

정리하면, 가상가치평가법[8]은 실제 매매의 형태로 지불하거나 수령하지 않았지만 이런 상황에 처했을 때 어떤 행동을 보일 것인지를 설문의 힘을 빌려 확인하고, 그 결과물로써 가치추계에 나서는 것이다.

8) 조건부가치평가법(Contingent Valuation Method)으로 불리기도 함.

가격의 기준선(기준가치)

그 해 배추 흉작이란 소식만 들려도 당장 김장비용이 오르겠거니 걱정한다. 머지않아 일반음식점은 '채소 값이 올라 부득이하게 가격 올린 점 양해 부탁드립니다.'라고 꾹꾹 눌러 쓴 주인의 해명서를 벽면에 붙일 것이다. 전세품귀 뉴스는 어떤가. 재계약을 코앞에 둔 가구는 전세금 몇천만 원 폭등을 기정사실로 받아들여야 한다. 한국은행 기준금리 인하소식에 부동산 시장은 반색한다. 채무자는 담보대출이자 좀 줄어드니 기뻐하고, 투자자는 쥐꼬리만 한 예금이자에 만족하지 못해 수익성 부동산에 눈을 돌리기 때문이다.

가격의 등락이 현 매매상황, 원가의 변동, 수익의 예측에 좌우됨을 모두가 인식하고 있다. 그렇지만 원가나 수익으로 설명 못하는 상황도 적잖다. 천 원 단위로 뛰는 영화 관람료가 과연 물가상승률만큼 인상되고 있다고 누가 믿겠는가. 그렇다고 영화 관람의 효용이 그만큼 증가했다고 말할 수도 없다. 공급자의 담합을 시장이 용인한다면 때마다 반복되는 큰 폭의 가격 인상은 특수하지만 고착화된 시장상황으로 설명해야 할 것이다. 물론 최저임금이나 봉급쟁이의 급여가 찔끔 오를 동안 공과금처럼 부동산 가격이 계단식 상향패턴을 보이는 현상 역시 그러려니 해야 한다. 반대로 주식폭락만큼 부동산 시장이 급격히 추락하지 않는 것은 퇴출시장이 존재하지 않는 특수성, 곧 하방경직성으로 봐야 한다. 요컨대 원가와 수익으로 설명 안 되면 최후의 변(辯)은 '시장이 그렇다'는 것이다.

가격을 정하는 사람들의 심리에 '보상'이라는 기제가 작용함은 분명하다. 강남권에 위치한 국내 굴지 건설사의 사옥 옆에 저층의 낡은 업무용 건물이 들어서 있다. 그것까지 매입해서 초고층 오피스

빌딩을 올려 쌍둥이 타운을 만들려는 건설사의 바람은 실현되기 까마득하다. 층별로 소유자가 다른 집합건물이라면 성공확률은 더 낮아진다. 모든 구분소유자의 마음을 얻어야 하는데 그중 협상에 응하지 않고 막차를 기다리는 구분소유자는 시가의 몇 배를 당당히 불러 이쪽을 심히 당황케 할 것이다.

가격에 대한 이견, 부동산만큼 심한 게 있을까. 여기저기서 '너무 높다', '너무 낮다' 아우성이다. 재산세 부과 시즌이면 이런 불평은 연례행사다. 공시가격에 대한 불만이 봇물 터진다. 구청장 면담을 요구하고 세금폭탄으로 인한 가계 도산을 운운한다. 올려도 너무 올렸다는 볼멘소리다. 재산세는 안중에 없는 이들은 그 대척점에서 그에 맞는 논리를 내세운다. 재산세 몇 푼보다 재산 가치를 제대로 인정받는 것이 시급하다고 여긴다. 재개발지역 주민은 '도대체 시가가 얼마인데, 공시지가를 이렇게 낮게 책정했냐?' 호통이다. 특히 청산자는 공시가격 수준을 그렇게 못마땅해한다.

토지보상가액은 어떤가. 주민은 시가 이상을 원하고 사업시행자는 저가 평가를 종용한다. 증여세나 양도세 납부예정자는 부동산 과세표준액을 낮추려는 희망을 전달한다. 담보가액을 시가에 근접하도록 높이고 싶어 하고, 개발사업 담보물에 대해선 고개가 뒤로 젖혀질 만큼 눈높이를 더 높여 시장가격을 뛰어 넘는 상상 이상의 숫자를 갈망한다. 별 관심이 없던 경매 법사가도 요즘은 채무자나 입찰자 모두 신경을 곤두세운다. 이래저래 부동산 가격을 결정하기 위한 가이드라인이 필요할 수밖에 없다.

동일한 물건을 이렇게 저렇게 평가하면서 평가액이 넓은 스펙트럼을 이룬다면, 고가니 저가니 하는 지적은 암묵적인 하나의 명제를 인정하고 들어가는 것이다. '기준'이 되는 가치가 있다는 것. 권장소비자가격 역할을 하는 기준가치를 염두에 두고 있다는 말이다.

'가치'를 부동산 같은 자산의 내재적이고 본질적인 절대값으로 여기지 않는다면 시장에서 적정한 가격과 가치는 큰 차이를 보이지 않을 것이다.

감정평가를 함에 있어 등장한 '기준가치'는 감정평가의 기준이 되는 가치로 정의되었다. 구체적으로 무엇을 기준으로 삼았단 말인가. 시장에 몸을 맡긴다는 사실은 분명하다. '대상 물건의 감정평가액은 시장가치를 기준으로 결정한다.'[9]는 규정은 '시장가치'를 '기준가치'로 하겠다는 선언이다. '통상적인 시장에서 충분한 기간 동안 거래를 위하여 공개된 후 그 대상물건의 내용에 정통한 당사자 사이에 신중하고 자발적인 거래가 있을 경우 성립될 가능성이 가장 높다고 인정되는 대상물건의 가액(價額)'이라면 기준선, 곧 적정한 가격으로 볼 수 있는 필요충분조건으로 보고 이를 '시장가치'로 정의했다.

'감정평가에 관한 규칙' 별표상의 괄호감정서 양식

( )감정평가표

<table>
<tr><td colspan="5">이 감정평가서는 감정평가에 관한 법규를 준수하고 감정평가이론에 따라 성실하고 공정하게 작성하였기에 서명날인합니다.
감정평가사 (인)</td></tr>
<tr><td>감정평가액</td><td colspan="4">金</td></tr>
<tr><td>의 뢰 인</td><td></td><td>감정평가 목적</td><td colspan="2"></td></tr>
<tr><td>채 무 자</td><td></td><td>제 출 처</td><td colspan="2"></td></tr>
<tr><td rowspan="2">소 유 자
(대상업체명)</td><td rowspan="2"></td><td>기준가치</td><td colspan="2">시장가치</td></tr>
<tr><td>감정평가조건</td><td colspan="2"></td></tr>
<tr><td rowspan="2">목록표시 근거</td><td rowspan="2"></td><td>기준시점</td><td>조사기간</td><td>작성일</td></tr>
<tr><td></td><td></td><td></td></tr>
</table>

9) 「감정평가에 관한 규칙」 제5조 1항

'시장'이라는 단어 이면에는 거래될 만한 시장이 없거나 거래할 성질의 것이 아닌 물건은 다른 대안을 찾으라는 요구가 담겨 있다. '기준가치'를 '시장가치' 외의 것 중 적합한 것으로 대체해야 할 경우도 있다는 말. 물론 이런 경우는 예외적일 것이고, 대부분 시장가치를 도출하는 목적으로 감정평가를 수행한다. 요즘은 감정평가에도 '정식'이니 '약식'이니 하는 말을 사용한다. 시장가치를 추계하는 데 X-ray로 충분한지 MRI검사까지 마칠지에 대한 구분으로 이해하면 된다. 대부분의 약식평가는 '공동주택가격자문'의 형태로 수행되며 아파트, 다세대, 연립 등 공동주택에 한정된다. 매매사례가 풍부하고 매물검색도 용이하며 지역별로 대략 가격이 어느 정도 수준이라는 감(感)이 드는 물건들이다. 투박해보여도 공인중개사무소에 음료수 한 박스 챙겨 들어가 조언을 구하거나, 가장(假裝)매수인 형태로 중개사무소에 들러 슬쩍 매물동향을 파악하는 일로 적정한 가격대는 추려지기 때문이다.

감정평가 함에 있어 기준을 이렇게 삼았지만, 의뢰자 및 평가자 면면에 따라 기준선이 흔들릴 때가 발생하니 문제다. '시장가치'에 대한 이해가 실무자마다 조금씩 다른 것도 감안해야 한다. '현재의 가격'이냐, '아름다워 보이는 가격'이어야 하느냐로 견해가 나뉘기도 한다. 한편, 의뢰자에 따른 평가 결과의 기울어짐 현상은 가치기준과는 무관하며, 감정평가의 윤리성, 공정성의 문제로 접근해야 한다.

시산가액 조정

육상 혹은 수영 선수의 중장거리 레이스, 초중반 양상은 엇비슷하다. 군(群)을 이루며 질주한다. 선수는 선두권(圈)이나 2위 그룹 혹은 뒤처진 무리 어느 하나에 속해, 한 무리처럼 움직인다. 선수 간 보조를 맞추기는 3천 m, 5천 m 쇼트트랙 계주만한 게 없다. 톱니바퀴다. 30~50바퀴를 내달릴 동안 선두와 꼴찌는 두어 보폭 차이에 불과하다. 0.01초 차이로 메달 색이 달라지는 일을 종종 본다. 결승선 앞에서 스케이트 날을 들이미는 기술이 등장한 이유가 아닐까.

전자상가 내 매장마다 진열된 물품 가격은 대동소이하다. 현실적으로 혼자 튀는 가격에 팔 수 없다. 구획되지 않은 오픈 상가에서, 고객은 서너 걸음이면 다른 매장의 판매가를 확인할 수 있기 때문이다. 가격 경쟁을 할 수 없을 때, 공급자는 피곤하다. 괜히 오가는 손님의 옷자락을 끌어당기는 것이 아니다. 불쾌감을 표해도, 다른 마케팅 전략을 구사할 수 없는 특수성이 있다. 고객 입장은 어떨까. 최소한 천편일률적인 가격수준에 안도감이 들 수 있다. 여기저기 길을 막아서는 상인을 피해가는 게 싫지만, 모든 매장이 다른 판매가격을 내세운다면 그게 더 불안하다. 최저가는 하자가 있을 것 같고, 최고가는 품질 이상의 가격일까 두렵다. 차라리 고만고만한 가격인 게 든든하다. 독점과 과점으로 인한 가격 통제만 없다면.

10여 개의 감정평가기관에 탁상감정을 의뢰한 경우, 회신 받은 '가격들'이 전자상가에서 동일한 상품의 매장별 가격분포와 같다면 안심이다. 10여 개 평가사가 비슷한 가격의 견적서를 보냈기 때문이다. 공급자가 제시한 균일한 가격 못지않게 각 평가방법의 결과물이 서로 엇비슷하다면, 감정평가사도 최종 평가액을 결정하기에 주저 없다. 감정평가업자가 감정평가를 수행할 때 마지막 단계는 '감정평가액의 결정 및 표시'인데, 그 전단계인 '감정평가방법의 선정 및 적용'을 한 결과물이다.

『감정평가에 관한 규칙』 제11조는 감정평가에 적용할 수 있는 평가방식을 열거하고 있다. 크게 원가방식, 비교방식, 수익방식으로 구분한다. 이들은 각각 비용성과 시장성, 수익성의 원리에 기초한 평가방식이다. 감정평가 최종 결과물이 가격인지 임대료인지에 따라 각 방식의 구체적 평가방법은 다시 세분된다. 원가방식에서는 원가법과 적산법으로, 비교방식에서는 거래사례비교법과 임대사례비교법, 수익방식은 수익환원법과 수익분석법이 그들이다.

『감정평가에 관한 규칙』 제12조 1항은, 감정평가를 함에 있어 이 규칙에서 대상물건별로 정한 감정평가방법("주된 방법")을 적용하여 감정평가하도록 강제하고 있다. 하나의 물건마다 하나의 주된 평가방법이 대응된다. 그러나 끝이 아니다. 2항에서 주된 평가방법의 결과물이 정말 합리적인 것인지 다른 방법으로 검토하도록 했기 때문이다. 그 내용은 다음과 같다. '제1항에 따라 어느 하나의 감정평가방법을 적용하여 산정(算定)한 가액["시산가액(試算價額)"]을 제11조 각 호의 감정평가방식 중 다른 감정평가방식에 속하는 하나 이상의 감정평가방법으로 산출한 시산가액과 비교하여 합리성을 검토하여야 한다.' 그래서 이 과정을 시산가액 조정이라 부른다. 물론 복수의 평가방법 적용을 회피할 길은 있다. 대상물건의 특수성 또는 자료 구입의 한계를 내세워, 시산가액 조정이 곤란하다고 핑계 댈 수 있다. 예외는 인정하지만 그래도 원칙은 '다른 방법으로 확인'이다.

시산가액 조정 과정은 감정평가서에 적시될 사항이다. 『감정평가에 관한 규칙』 제13조 1항은 '감정평가서를 의뢰인과 이해관계자가 이해할 수 있도록 명확하고 일관성 있게 작성'하도록 하고 있다.

물론, 일반인들이 보고서 전체를 보고 납득할 수 있게 편하게 쓰기는 어렵다. 이때의 일반인은 또 다른 전문가의 조력을 받는 이해관계인으로 봐야 할 것이다. 핵심은 '명확성'과 '일관성'이다. 그런 면에서, 보고서 내에 복수의 방법으로 검토해 내린 결론이 등장하는 것이 최선이다.

시산가액을 조정하는 과정은 '감정평가액의 산출근거 및 결정의견'에 등장한다. 『감정평가에 관한 규칙』 제13조 3항은 '적용한 감정평가방법 및 시산가액 조정 등 감정평가액 결정 과정'을 이곳에 반드시 기술하도록 했다. 시산가액 조정을 생략한 경우에는 그 사유를 기재해야 한다. 결국, 아무런 핑계도 없이 복수의 평가방법으로 산출된 시산가액이 등장하지 않으면 가이드라인 미준수로 '부실한 평가보고서'로 취급될 것이다.

국가의 공식적인 제안 가격(공시가격)

'공시(公示)'. 국가나 공공 단체가 일정한 사항을 일반인에게 널리 알리는 것을 일컫는다. 상장기업은 종종 특정사안에 대해 공정거래와 투자자 보호 목적으로 증권거래소로부터 답변을 요구받는다. 주요 경영사항이나 그에 준하는 사항에 관한 풍문이나 보도가 있을 때 회사가 직접 입장을 밝혀야 한다. 해당기업에 치명적인 뉴스는 대개 한 주의 장이 마감된 금요일 저녁에 등장한다. 투자자를 우롱하는 늑장공시다. 주말 내내, 월요일 개장과 동시에 하한가로 곤두박질할 것이라는 공포를 달고 살아야 한다.

우리의 경우 정부에서 부동산 가격을 발표한다. 이런 부동산 가격에 대한 공시시스템은 상당히 오래 전에 구축됐다. 다만, 중앙부처별로 제각각 공시가격을 결정했다. '과세시가표준액', '기준시가', '기준지가', '감정시가'를 발표 · 적용하는 부처가 달랐다. 통합 필요성이 제기됐고 89년 토지에 대해서는 공시지가로, 2004년 주택에 대해서는 주택공시가격으로 각각 일원화됐다. 주택은 다시 공동주택 공시가격과 단독주택 공시가격으로 구분 공시하고, 비주거용 부동산에 대해서는 기준시가가 발표된다. 이들 공시가격이 바로 재산세 과표 기준이 된다.

재산세[10)]는 지방세 중 구세(區稅) 및 시 · 군세(市郡稅)이며 보통세다. 6월 1일 현재 토지, 건축물, 선박, 항공기의 소유자에게 부과되며 주택은 개별주택가격, 토지는 개별공시지가, 건물은 기준시가

10) 우리의 경우 주택 분 재산세 절반과 건물 분 재산세가 7월에 1차적으로 부과되고 9월에 2차로 주택분재산세 잔여분과 토지 분 재산세를 납부하도록 하고 있다.

를 이용해 과표 금액을 산정한다. 과표 금액에 따라 세율이 다르고 합산과세대상 및 고급 주택 등에 대해서는 누진세율이 적용되고 있다. 그래도 여전히 다른 나라에 비해 보유세율이 그리 높다고 볼 수는 없다. 예전부터 과세의 형평성이란 말이 등장할 때마다 '보유세의 현실화' 논의가 자연스레 따라붙었다. 참여정부시절 보유세율을 외국 수준으로 맞추려고 정책드라이브를 걸었지만 목표했던 만큼 달성되지는 않은 듯싶다.

❙ 공시가격 수준

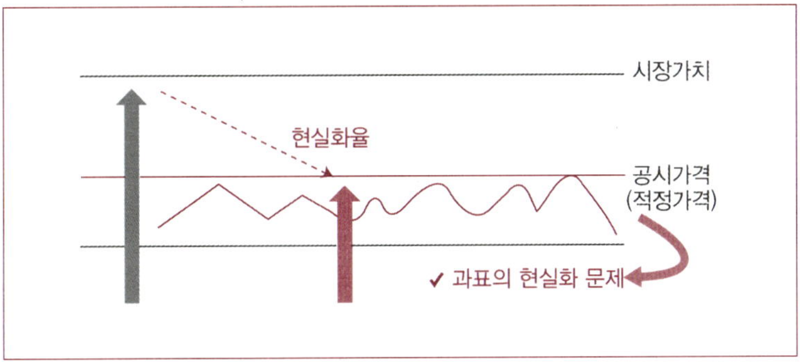

부동산 유형별로, 과표로 활용되는 공시가격의 현실화 정도가 다르다. 공동주택 공시가격의 현실화가 먼저 이뤄졌다. 거래량이 풍부해 가격파악이 용이했고, 공시가격을 계속 올려도 공동주택 가격이 꾸준히 올라 조세저항을 완화시킨 면이 크다. 토지와 단독주택 공시가격은 아직 이보다 낮은 수준이다. 지역별로 현실화율의 격차도 상존한다. 서울을 비롯한 수도권의 현실화율이 전국 평균에 못 미치는데, 공시제도가 도입된 이래 지방보다는 수도권 중심으로 지가가 급등했으나 공시가격이 그 상승폭을 좇아가지 못했기 때문일 것이다. 또 다른 원인은 민원의 강도다. 수도권일수록 과표금액과 재산세 부담이 크다. 전년 대비 한 자릿수 상승률만 보여도 가계의 세 부담이 늘어난다고 항의전화가 빗발치고, 민원에 노이로제가 걸린 지자체 측에서는 단계적인 공시가격 현실화를 강력하게 요구한다. 문제는 연차적으로 현실화시키기로 했음에도 다음 해에 똑같은 현상이 반복되며, 어느 해든 만족할 만큼 상향시키지 못했다는 데 있다.

공시지가와 단독주택 공시가격은 각각 표준지와 표준주택을 선정해 이들을 정밀 평가하고, 통계적인 방법을 활용해 그 주변 개별토지와 개별주택의 가격을 산정하고 있다. 감정평가 영역은 표준지와 표준주택[11)] 평가에 한정된다. 전국적으로 각각 50만 필지와 19만 여 호가 선정되며, 전자는 토지, 후자는 주택의 가격을 평가한다. 이들은 주변 토지와 주택을 대표하는 샘플이므로 표본이 갖춰야 할 요건을 충족해야 한다. 가격 수준을 대표하면서 가격의 층화가 반영될 것, 이용 상황 등의 토지·주택 특성 빈도가 높을 것, 현 이용 상황이 안정적이고 장래 상당기간 지속될 것, 다른 토지나 주택과의 구분·식별이 용이할 것 등이다. 변동사항이 발생하면 다른 샘플로 매년 교체할 수 있다. 일대 목조 주택이 대부분 철거되고 연와조 다가구 주택이 속속 들어섰으면, 목조 개별주택의 공시가격 산정을 위해 심어 놓은 목조 표준주택은 생명력을 다한다. 대표성도 없고 활용 가능성도 떨어지므로 자연스레 삭제되고, 연와조 주택 중 어느 하나가 표준주택으로 신설될 것이다.

표준지와 표준주택 가격이 결정되면, 매년 초 각 지자체별로 지적과와 세무과 공무원이 관내 모든 토지와 단독주택에 대한 개별공시지가, 개별 주택 가격 산정 업무에 착수한다. 눈코 뜰 새 없이

11) 2017년 공시업무부터 한국감정원으로 이관예정

바쁘다. 업무 자체도 적잖이 민감하다. 한 번 이 업무를 맡았다가 민원에 호되게 시달려 본 공무원은 과중한 부담을 느껴 이 부서로의 전출을 꺼려하기까지 한다.

산정 업무를 개략적으로 살펴보면 다음과 같다. 먼저 개별 토지와 개별 주택의 여러 물리적 특성과 공법상 제한 사항 등을 전산 프로그램에 정확히 입력해야 한다. 이어 감정평가사가 선정· 평가한 표준지와 표준주택에 개별 토지와 개별 주택을 잘 연결시켜 놓는다. 표준지(표준주택)와 개별 토지(개별주택) 간 항목별 격차율[12]은 한국감정원에서 매년 용도지역별·행정구역별로 제공해 주기에 개별 토지와 개별주택 가격 산정은 전산 프로그램의 몫이다. 그러나 공무원 두세 명이 수천에서 수만 필지를 다루니 오랫동안 업무를 담당해 왔어도 부주의 혹은 착오로 실수를 할 수 있다. 이 업무에 정통한 제3자의 검토 필요성이 제기될 수밖에 없다.

표준지와 표준주택 평가를 담당했던 감정평가사가, 담당 공무원이 산정한 개별공시지가와 개별주택가격이 적정한지 여부를 검증하는 업무를 담당한다. 검증 절차는 이렇다. 플로터를 활용해 해당 지역 내 표준지와 표준주택, 개별토지와 개별 주택을 표기한 도면을 출력한다. 도면에는 해당 연도 공시가격, 토지 특성, 건물 특성 등이 모두 기입돼 있고, 동일한 표준지와 표준 주택을 활용한 개별 토지와 개별 주택이 같은 색으로 덧입혀 있다. 구역 일대에 같은 표준지를 활용한 경우 바둑판식으로 색깔이 깔끔하게 채워져 있어 알록달록 예쁘게 보이기까지 한다. 이 도면은 숫자로 가득하다. 예컨대 토지 형상을 표기하는 위치에 네모반듯한 정사각형 모양의 토지는 1번, 가로 직사각형은 2번, 사다리형은 4번으로 정하는 식이다. 암호화된

12) 예컨대, 표준지가 8m도로에 접하고 개별 토지는 4m도로에 접할 경우 접면도로의 폭에 따른 가격 격차율

문자는 해독 전문가만 식별할 수 있듯이 해당 도면은 담당 공무원과 감정평가사만 해석할 수 있는 '공시가격 점자'라고 말할 수 있다.

검증업무는 특성 입력의 정확성과 산정 가격을 검토하는 일로 요약된다. 이때 '절대적인 금액'의 높낮이는 크게 중요하지 않다. 가격 수준은 이미 표준지와 표준 주택의 공시가격을 결정할 때 감정평가사가 고민했어야 할 문제이기 때문이다. 이보다는 구역별로 개별 토지, 개별 주택 공시가격이 '상대적인' 균형을 이루고 있는지가 검토 방향이다. 토지와 주택 소유자가 공시가격 절댓값이 올라 세 부담이 늘어나는 데 제기하는 민원만큼, 옆집과 별반 차이가 없는데 합리적인 사유 없이 내 토지와 주택의 공시가격이 얼마라도 더 나왔을 때 민원의 강도가 높은 것을 보면 알 수 있다. 바로 옆에 붙어 있고 공법상 제한, 물리적 특성이 어느 하나 다르지 않은 것 같은데 공시가격의 격차가 있다면 적용 표준지 또는 표준주택 선정의 오류일 수 있다. 옆에 비교하기 좋은 표준지(표준주택)를 놔두고 한참 멀리 떨어진 표준지(표준주택)를 갖다 써 버린 것이 대표적이다. 다행히 이런 오류는 손쉽게 확인된다. 같은 표준지(표준주택)를 활용한 개별 토지(개별주택)를 동일한 색으로 입힌 도면을 쭉 살펴보다 보면 같은 색으로 채색되어야 할 가로(街路)에 홀로 다른 색깔이 칠해진 지점이 미숙함을 보완해 줄 곳이다. 혹은 토지나 주택 특성 항목 중 어느 하나를 잘못 입력했을 가능성도 배제할 수 없다.

감정평가와 대량산정업무의 결과물인 공시가격은 현재 부동산 평가 및 과세에 있어 대체 불가능한 자료다.

대량 평가와 통계(가격비준표)

회사 옆 중국음식점이 '수타면 전문'을 내걸고 야심 차게 출발했다가 얼마 전 기계로 면을 뽑는 평범한 중국집으로 내려앉았다. 몰려드는 점심 고객을 감당하기 힘들었을 것이다. 찰진 반죽에서 나온 꼬들꼬들함, 수타면을 씹는 맛에 길들여지면 기계로 뽑은 면은 성에 안 찬다. 수타면의 탄력성은 주방장의 팔을 빌려 분주히 타원운동을 한 뒤 도마 위로 힘찬 낙하운동을 한 덕택이다. 힘깨나 들여야 되는 일이다. 수타면과 기계면 사이의 타협도 가능하다. 반죽까지는 기계, 면 뽑는 과정은 사람 손이 맡는 분업의 과정이다. 눈에 확 띄지만, 기계면과 수타면을 절반 섞어 내놓는 곳도 있다.

맛을 위해 손수 면을 뽑듯이 청소할 때 유난히 깔끔한 이들이 있다. 청소기의 도움 안 받고 직접 엉덩이 바닥에 붙이고 오밀조밀 걸레질해야 직성이 풀리는 사람들이다. 손으로 훔쳤을 때의 깨끗함, 그 상쾌함이 주는 쾌감의 영향일 것이다. 일단 손이 들어가면 들인 정성은 곧바로 맛으로 연결된다. 손맛 들어간 음식과 인스턴트 음식의 차이는 확연하다. 그러나 산출량이 소득과 수익으로 연결되는 구조라면 기계에 의한 대량생산은 외길이다. 간헐적이 아닌 일상화된 주문 폭주라면 용량을 대폭 늘리기 위해 아쉽지만 가내수공업 생산방식은 접어야 한다.

통계학은 시간과 비용의 제약을 극복하기 위한 보완책이다. 전수조사가 가장 확실하고 정확한 조사 방법인 것을 모르는 이는 없다. 인구 총 조사, 지역 내 사업체조사와 같이 일정 기간마다 전수조사가 이뤄지는 예외가 있으나 대부분은 대표성 있는 표본에 대한 선별조사라고 보면 된다. 모집단의 모수(parameter)를 추정하기 위해 표본의 설계부터 분석까지 최근의 통계분석기법은 다양할 뿐만 아니라 정밀해졌다. 통계 프로그램도 넘쳐난다. 모형의 수도 워낙 많다 보니 반년 정도만 프로그램을 묵혀 놓으면 사용 방법이 가물가물해진다. 휘발성이 강하다는 게 중론이다.

우리나라는 재산세 부과를 위해 정부가 직접 과세 대상의 가격을 산정하는 공적 평가 체계를 갖추고 있다. 과표 금액의 기준이 되는 '공시가격'은 재산권자가 직접 주장하는 것이 아니라 과세권자가 결정한다. 정부가 일일이 전 국민의 재산 가치를 결정한다면 품을 감당할 수 없다. 통계적 기법이 수작업을 대신한다. 표본을 설계, 분포시키는 과정은 통신사의 기지국 설치 작업과 방불하다. 기지국에서 일정거리까지 통화품질을 보장하기 위해 전국단위의 효율적인 기지국 설계와 배치를 도모하고 있다. 공시가격의 표본인 '표준지', '표준주택'도 의도적으로 선별되고 배치된다. 그리고 표본 주위의 일정 권역은 표본의 가격을 기준으로 자동 산정될 수 있도록 시스템을 구축했다. '개별 토지'와 '개별 주택'은 '표준지', '표준주택' 대비 우열의 정도가 통계적으로 산출돼 제값을 가지게 된 것이다.

이 과정에 통계의 힘을 빌린 것은 의심할 여지가 없지만 과정 전체를 전자동 시스템이라고 부를 수는 없다. 전반부는 수작업, 후반부는 프로그램의 힘을 빌리는 반자동 라인쯤 된다. 기지국 역할을 하는 '표준지'와 '표준주택'의 선별, 배치, 주파수 부여 모두 외부전문가인 감정평가사가 맡는다. 이 일에 적지 않은 예산이 매년 투입된다. 한 기지국의 통화품질 보장 권역을 어디까지로 정할지는 공무원이 결정한다. 부동산 가격이나 통계 모두에 전문성이 없어도 충분히 업무 처리가 가능하다. 그 주변 알맞은 기지국과 해당 통신기기를 연결시켜 주는 단순 업무라고 볼 수도 있다. 이후 각 개별 토지와 주택의 공시가격 결정이 통계적으로 처리된다. 그 역할을 하는 '토지가격비준표', '주택가격비준표'는 통계적 방법인 헤도닉 모형을 통해 등장한 것이다.

서울특별시 마포구 서교동 주거지역 도로접면에 따른 비준표_2014년

	광대 한면	광대 소각	광대 세각	중로 한면	중로 각지	소로 한면
광대 한면	1.00	1.09	1.05	0.95	0.99	0.85[13)]
광대 소각	0.92	1.00	0.96	0.87	0.91	0.78
광대 세각	0.95	1.04	1.00	0.90	0.94	0.81
중로 한면	1.05	1.15	1.11	1.00	1.04	0.89
중로 각지	1.01	1.10	1.06	0.96	1.00	0.86
소로 한면	1.18	1.28	1.24	1.12	1.16	1.00

통계의 유용성이 발휘되려면 기지국이 지나치게 조밀하거나 그 반대로 조방적으로 분포해서도 안 된다. 표준지와 표준주택의 주파수도 그 주변 지가와 주택가격 수준에 맞게 균형 있게 부여되도록 조심해야 한다. 공무원은 각 통신 기기의 기능이 제대로 발현되도록 가장 신호가 센 기지국에 연결시킨다. 무선 인터넷 신호가 약하다면 인터넷 액세스 지점을 점검해 볼 필요가 있다. 어떤 표본에 연결되느냐에 따라 가격이 달라지기 때문이다. 개별 통신기기의 모델을 확인하듯, 토지와 주택의 특성을 현장 조사해 파악하는 것도 이들의 임무다. 신호가 지나치게 강하거나 약한 곳은 특성 입력의 오류로 판명되곤 한다. 여기까지 한 치의 오차도 없다면 이제 통화 품질은 통계로 태어난 '가격비준표'가 맡는다.

'가격비준표'는 정밀한 작업으로 기지국을 세워 놓고 기지국의 주파수에 영향을 미치는 요인을 분석하는 과정을 거쳐 작성된다. 기

13) 광대한면(폭 25m 이상의 도로)에 접한 토지에 비해 소로한면(폭 8m 이상 12m 미만 도로)에 접한 토지는 약 15% 열세한 것으로 분석됐음.

지국은 표준지, 주파수는 이의 공시가격에 해당된다. 지가에 영향을 미치는 요인이 한둘이 아니다. 도로조건, 형상, 방위, 지세, 유해시설로부터의 거리 등 물리적 특성과 용도지역, 용도지구, 용도지대(토지이용상황), 공법상 제한사항 등의 요인이 검토해 볼 수 있는 가치형성요인이다. 이런 특성들이 결합해 표준지의 가격이 결정됐다고 이해할 때 각 항목이 가격에 미치는 독립적 영향의 정도를 파악해 산출된 값을 총망라한 것이 '가격비준표'가 된다. 철도에서 100미터 떨어진 표준지 A와 500미터 바깥에 위치한 표준지 B가 제반 토지 특성은 무차별하고 철도에서의 거리만이 차별적 요소라면 이 두 표준지 가격의 격차를 통해 철도라는 유해시설로부터의 거리가 가격에 미치는 영향의 정도를 파악한다. 이 모든 요소의 가격 기여도는 회귀모형 하나에 모두 녹아들어 있는 셈이다.

토지 특성 중 각 항목이 가격에 미치는 영향이 지역별로 균등하지 않다. 작성단위가 용도지역과 행정구역으로 나눠지는 이유다. 특정 지역에 맞는 가격비준표의 필요성에 의문이 든다면, 상권이 성숙한 상업지역과 주택과 상가가 혼재하는 제3종일반주거지역의 비준표를 통일시켰을 때의 문제점을 떠올리면 된다. 표준지와 개별지가 각각 8m도로와 4m도로에 접해 도로 폭의 차이를 반영해야 할 경우, 상업지역은 번화한 상가지대와 후면 상가지대의 격차, 제3종일반주거지역은 주상지대와 주거지대의 가격 수준 격차를 설명할 수 있어야 한다. 후자는 10% 차이 정도에 불과할 수 있으나 전자는 20% 이상 벌어질 수 있다.

가격비준표의 통계적 작성과정은

통계표가 작성되는 기술적 작업은 다음과 같다. 작성단위별로 토지특성 항목을 가변수로 변환한다. 토지특성은 대개 질적 변수다. 토지의 형상은 연속된 값이 아닌, 정방형, 장방형, 사다리형, 삼각형, 자루형, 부정형 등으로 구분해 번호를 부여해 놓았을 뿐이다. 이어 상관분석에 의해 다중공선성이 높은 변수를 제거하거나 투입의 순서에 반영하며 회귀분석을 반복한다. 변수들 간의 위계와 유의성을 점검하며 최적 모형을 도출하는 것이 1단계다. 이 모형의 계수를 뽑아서 공시가격 품질유지를 담당하는 공무원에게 제시한다. 그들의 의견을 반영하기 위해서다. 주거지역에서 방위의 차이가 크게 나타났는데, 실상 조금 줄여줄 필요가 있다는 구체적인 의견 등을 취합해 일부 조정을 거쳐 최종 가격배율을 결정한다. '가격비준표'는 매년 이렇게 작성되고 있다.

'가격비준표'는 헤도닉 모형을 거쳐 등장한 이상, 통계모형이 갖는 약점을 고스란히 안고 있다. 측정치들이 공간적으로 차이가 있는 경우 공간단위에 따라 상관정도의 차이가 있을 수 있다. 작성단위 범위 설정에 따라 토지가격비준표가 달라질 수 있다는 얘기다. 이를 보완하기 위해 그 지역의 개별공시지가 전수 자료를 이용할 것과 작성 지역 범위를 세분화하고 공간단위를 입지 및 지역기능별로 구분해 정밀도를 높이자는 주장도 등장했다. 토지의 특성은 질적 변수로 통계모형을 위해 가변수로 변환하여 사용하기 때문에 변수들에 대한 정밀한 영향력(설명력)의 정도를 파악하기 힘들고, 변수의 수가 지나치게 늘어 분석의 한계를 보인다는 원론적 지적도 있다. 최적의 회귀모델은 너무 많은 변수를 투입하지 않고도 종속변수가 잘 설명되는 날씬한 모형이어야 한다는 주장이다. 그러나 질적 변수를 다루는 이상 항목을 줄이는 데 기술적 한계가 있는 것도 사실이다. 현재 선형모형보다 이중로그모형의 설득력이 높다는 의견, 외부 전문가에 의해 결정된 표준지 공시지가 자체의 불균형성이 가격비준표에 녹아들었다는 주장도 있다.

지금보다 더 정밀한 '가격비준표'를 만드는 것이 가능할까. 신선한 아이디어와 정밀한 통계분석 기법에 의해 개선될 여지는 충분하다. 그러나 통계표가 갖는 근본적 한계는 직시해야 한다. 부모의 직업 및 재산, 학군, 개인교습 여부, 편부모 여부, 지능지수 같은 눈에 띄는 항목만으로 자녀의 학업 성취도를 판단할 수 없다. 각 개인의 학습동기, 가치관, 가정의 화목 등의 정성적 요소의 기여도가 상당하다. 토지나 주택의 가격도 상권 번화함의 정도, 주거의 쾌적성, 장래의 동향, 가로의 계통성, 인근 교통시설과의 거리 등 정성적 요인의 영향을 크게 받는다. 이를 통계적으로 반영할 수 없는 기술적 약점을 염두에 두고 접근해야 한다. 그런 면에서, 현 '가격비준표'는 최선은 아니지만 차선이라고 부를 수 있다.

빅 데이터 시대, 달라진 면모(통계의 설명력)

경기가 냉각될 때 경매 또는 공매 물건이 시장에 많이 쏟아져 나온다. 이런 상황에 반색하는 이도 있다. 부실자산을 싸게 매수해 재매각을 통해 차익을 얻으려는 큰 손 투자자이다. 이들이 투자에 앞서 꼭 챙겨봐야 하는 수치가 있는데 바로 '낙찰가율'이다. 부실 자산에 눈독을 들이는 이들은 최소한 예상 낙찰가보다는 싸게 매입을 하려고 이래저래 분석하기를 쉬지 않는다. 유료회원에게 지역별, 용도별 경매물건의 낙찰사례를 분석해 낙찰률 통계를 제공하는 인터넷 사이트 몇 곳이 적극 활용되고 있다. 낙찰사례가 1~2건이면 미심쩍지만 10건에 대한 통계 결과라면 심증이 가고, 모집단이 30~40건을 훌쩍 넘어가면 확신이 생기는 게 사람 마음이다.

우리 국어사전에는 '통계'를 '수집된 자료를 정리하고 그 내용을 특징짓는 수치를 산정하여 일정한 체계에 따라 숫자로 나타내는 것'으로 정의하고 있다. 감정평가의 영역에도 알게 모르게 통계 자료가 많이 활용된다. 토지를 평가할 때 시간적인 격차를 행정구역별, 용도지역별 지가변동률로 보정하는데 매월의 지가변동률은 대표성을 지닌 '표본지'를 적재적소에 심어 이들의 가격 변동을 통계적으로 집계한 것에 불과하다. 일조, 조망권의 가치를 평가하기 위해 대상 아파트 주변의 아파트 실거래가 자료를 회귀분석기법의 원재료로 활용하는데 역시 통계적인 기법 활용이라고 말할 수 있으며, 비(非)시장재화에 적용되는 '가상가치 평가' 역시 큰 틀에서는 통계적 평가 기법에 속한다.

방매사례를 활용하는 방법이 없을까 고민해 볼 수 있다. 어떤 시점에서 매물의 양이 얼마나 되는지, 방매기간에 따라 매물로 내놓은 매도 희망가가 어떻게 바뀌는지 전국적인 차원의 데이터가 축적되었다면 굳이 최근에 거래가 완료된 사례가 아니더라도, 계약 체결된 사례와 과거 계약이 이루어질 당시 방매 동향과의 연관성을 밝힌다면, 현재 방매 동향을 통해 거래가능가격을 유추해 볼 여지가 없을까 하는 고민이다. 그런데 이미 이런 고민은 여러 분야에서 현실화되었고 현실화될 예정이다.

IT를 본적지로 삼고 있는 '빅 데이터'라는 용어는 기존의 분석 도구나 관리체계를 활용해서는 감당해 낼 수 없을 정도의 막대한 양의 정보를 뜻하는 말이다. 트위터에서 매일 1억 개 이상의 트윗이 이뤄지고 유투브에서는 40억 회 가까운 검색이 날마다 이뤄진다고 알려져 있는데, 트윗의 내용과 검색 동영상이 어떤 것인지와 참여자의 신상 정보를 연결시킬 수 있다면 얻어낼 것이 많다. 최소한 현

서울시 동별 단독/다가구주택 평균 매매가 현황도 http://gis.seoul.go.kr

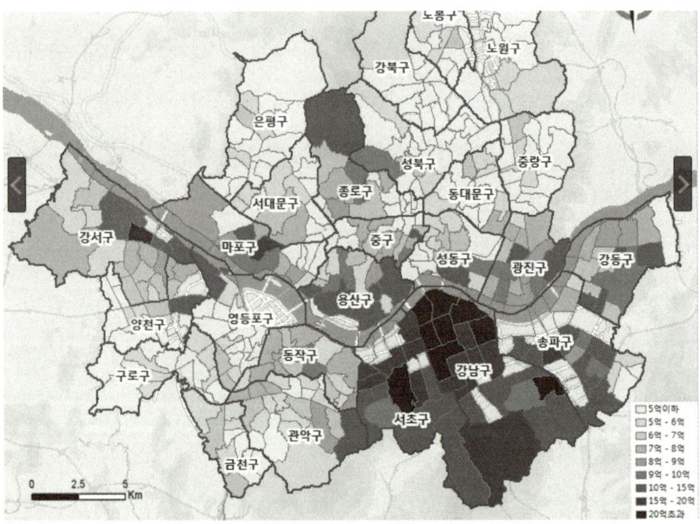

서울시 동별 단독/다가구주택 평균매매가 현황도

시점 시장에서의 특정 물건에 대한 선호도 혹은 구매력을 지닌 자들의 관심사 정도는 밝혀낼 수 있을 것이다. 그렇다면 부동산을 비롯한 여러 자산의 가치를 평가하는 감정평가 영역에도 분명 빅 데이터가 끼치는 영향이 있다.

부동산의 가치형성요인을 크게 일반적 요인, 지역적 요인, 개별적 요인으로 대별한다. 이 중 일반적 요인은 지역적 차원을 넘어선 거시경제상황과 연관된 지표에 주목한다. 인구, 도시형성, 교육, 사회보장, 가족구성 및 가구 분리 상태, 정보화 수준, 저축, 투자, 소비 등의 상태, 재정, 물가, 세 부담의 정도, 기술수준, 교통체계, 토지이용계획 및 규제, 주택정책, 부동산 세제가 그것이다. 이들에 대한 정보는 그간 일반에 쉽게 노출되지 않았다. 일부 노출되었더라도 정제되었던 건 아니다. 빅 데이터 시대에 맞춰 이들 정보는 정제돼 제공된다. 그렇다면 부동산 가치 형성과 관련된 상기 제반 정보를 분석해 인과관계를 도출하고 가치의 변화와 추세를 파악할 수 있다.

다만, 용량 큰 데이터를 활용했다고 해도 이의 통계적 결과물에 절대적 신뢰를 보낼 수는 없다. 통계가 만능은 아니다. 통계에 의해 나온 수치는 '언저리' 수치라고 이해할 수 있다. 부동산을 비롯한 많은 유, 무형 자산들의 가치형성 과정에 분명 법칙성을 발견할 수 있지만 이를 수치화하려면 정량화시키는 산식 못지않게 정성적인 판단과정이 개입될 수밖에 없다. 감정평가업계에서 말하는 '고도의 전문가적 판단'이야말로 이런 정성적인 판단의 핵심이다. 빅 데이터를 활용한 결과물은 표본의 범위가 협소했던 이전 그 어떤 분석보다도 정밀해졌지만, 감정평가를 완전히 대체한다는 건 불가능하다.

포함과 배제의 미학(평가 대상의 확정)

순진한 구매자가 상술에 휘둘리지 않으려 신경을 곤두세워도 빈틈을 보이게 마련. 낭패를 겪기 딱 좋은 상황은 물품 종류와 가격에만 온 정신을 기울였을 때다. 풀 세트 가격인 줄 알았는데 본체만 포함되고 옵션은 별도 구매라는 점을 발견했을 때는 이미 엎질러진 물이다. 추가로 비용을 지불하고 옵션을 구매하면, 결국 구매계획을 세우며 빡빡하게 책정한 원 예산을 넘겨 지출하게 될 수 있다. 보험계약서에 서명하면서 특약사항에 무엇이 들어가는지 확인하지 않을 때 훗날 뒷목 잡는 것과 같다. 옵션의 포함여부를 꼼꼼히 따지게 된 건, 분양받아 입주한 아파트의 현실이 모델하우스와 괴리가 있다는 점이 여기저기서 확인된 결과물이 아닐까. 소송으로까지 번진, 아파트 입주자와 시공사 간 분양물의 완성도에 대한 다툼이 수면으로 올라오기까지 순진한 구매자는 모르는 채 당했을 것이다. 자산의 가치를 평가함에 있어서도 이렇게 '포함'과 '배제'의 문제가 첨예하게 개입할 때가 적지 않다.

보상금에 대한 소유자 불만의 핵심인, '개발이익'의 포함 여부가 그중 하나다. 시가와 보상금액이 괴리됨을 소유자가 주장하지만, 그들이 말하는 '시가'는 소유자의 공로 없이 부풀려진 지가 상승분을 포함한 가격이다. 실제 거래단가가 보상단가를 웃돌면 외견상 그들의 주장이 합리적으로 보인다. 그러나 거래단가에 분양입주권 등 이주대책 대상자가 누리는 프리미엄이 녹아 있을 수 있다. 그런 사유로 인한 가격상승분은 정당보상의 취지에 위배되기에 '배제'의 문제로 접근해야 한다. 또한 영업보상금에 권리금이 왜 포함되지 않느냐고 주장하지만, 법으로 정한 평가 항목은 휴업으로 인해 이전하면서 발생하는 휴업기간 손실이므로 평가자가 임의로 '배제'한 것이 아니다.

재개발, 재건축 등의 정비 사업을 진행할 때도 '배제'의 시각이 등장한다. 2~30년 된 단독주택이 즐비한 가로변으로, 가가호호 마당 한쪽 단풍나무나 감나무 두어 주 정도는 볼 수 있다. 공동주택 등으로 교환해 주기 전 각 조합원 소유 자산의 가치를 평가할 때 이런 액세서리는 명함을 못 내민다. 토지, 건물, 구분소유부동산만이 평가 대상이라고 법률에 규정돼 있기 때문이다. 조합원이 상호 약정한 정관도 토지와 건물 외 별도의 자산을 평가 목록에 포함시킨다는 특약이 없다. 반면, 이들이 조합원의 신분을 포기하게 되면 '포함'의 시각으로 전환된다. 이들은 청산자로 대우받고 이삿짐에 포함시킬 수 없는 모든 자산, 이전할 수 없는 소유물이 모두 평가의 대상이 된다. 토지, 건물 외에 조경수, 울타리, 가로등 같은 소소한 물건의 몸값까지 현금으로 교환된다.

수익성 부동산인 사우나, 모텔, 호텔을 평가할 때, 이들이 창출하는 수익을 환원 또는 할인하는 평가방법을 적용해서 도출된 수익가치가 부동산 가치와 등가는 아니다. 수익가치 중에서 부동산으로 볼 수 없는 부분이 기여한 가치 상당액은 도려낼 필요가 있다. '배제'의 시각으로 접근해야 한다. 대표적인 것이 브랜드 가치다. 호텔을 경영하는 모 기업의 상표, 인지도, 경영 노하우가 결합·조력하지 않았다면 그 정도의 수익이 발생하지 않았을 것이다. 평범한 호텔 내부 인테리어와는 달리, 객실로 진입하는 통로 벽마다 걸린 꽤 비싼 유화 액자는 호텔을 구성하는 부동산이 아니라 비부동산 가치구성 요소로 분류된다. '수익성'으로 추계한 호텔의 가치는 곧 계속기업으로서의 호텔의 가치라고 볼 수 있으므로, 토지, 건물 등 호텔을 구성하는 등기 가능한 자산의 가치를 합산한 것과는 금액 차이가 상당할 수 있다. 혹자는 이 격차 중 동산가치를 공제한 나머지를 무형자산 또는 영업권의 가치로 판단한다.

경제적 가치가 없는 물건은 주된 물건의 가치에 부속되므로 '포함' 평가되는 관행이 있다. 산림을 구성하는 입목이 임지에 포함·평가되는 것이 대표적이다. '경제적 가치가 없는 활·잡목은 임지에 포함 평가하였습니다.'라고 평가의견서에 기재하는데, 산림의 평가액 중 임지와 입목을 구분해 달라는 요구는 무의미함을 설명하는 것과 다를 바 없다. '종물'이 주물의 처분에 따르므로 '포함' 관계가 성립한다. 마찬가지로 주물에 부속돼 분리하면 경제적 가치가 없거나 분리하는 데 본 가치 이상의 비용이 들 정도로 합치된 '부합물'도 주물의 가치 상당액에 녹아 들어간다. 기계 설비를 작동하는 데 반드시 필요한 옵션은 표준적인 부속품이므로 일반적인 기계 평가에서는 이를 구분하지 않고 포함 평가한다.

국·공유지를 매각할 때 인접 필지 소유자가 매수자로 한정된 경우, 매각 필지 단독으로 있을 때의 가치와 인접필지와의 병합 시 증액될 몸값 사이에서 매각평가금액을 저울질하게 된다. '기여도'의 배분 문제, 곧 매각금액에 병합에 따른 '가치 증분' 중 얼마를 '포함'시켜야 할지 고민할 대목이다. 매각 대상 토지 단독으로 봐서 저렴하게 평가해 달라는 요구는 매수자의 지나친 희망사항이며, 어차피 합쳐 쓸 것을 전제로 힘닿는 데까지 몸값 올려달라는 건 매도자의 과한 요구다. 전자는 기여도의 전적인 '배제', 후자는 기여도의 전적인 '포함'입장에 서 있다.

공익사업 지구 내에서 이주에 필요한 이사비는 토지나 건물 보상금 외에 별도 항목으로 책정돼 있어 보상평가액에 포함되지 않는 점, 어떤 부동산이든 소유자의 '주관적 가치'는 고려의 대상이 아니라는 것, 특정한 지분 소유자의 지분만 평가할 때 전체금액의 지분비율이 될지 혹은 현실 점유 위치를 반영한 지분가치가 되는지 역시 넓은 의미에서의 포함과 배제문제로 볼 수 있다. 감정평가에서는 가치 수준의 차이를 논하기에 앞서 항목과 내용물의 포함, 배제를 확정하는 것이 선결 사항이다.

감정평가 관련 규정(규범 체계)

「부동산 가격공시 및 감정평가에 관한 법률」, 「공익사업을 위한 토지 등의 취득 및 보상에 관한 법률」은 감정평가 규범 체계의 양대 축이다. 전자가 감정평가의 일반적인 원칙과 기준을 규율한다면 후자는 '공익사업'이라는 특수한 상황하에서 정당 보상을 실현하기 위한 보상 체계 속에 유형 자산 및 권리 등에 대한 평가 기준을 담고 있다.

「부동산 가격공시 및 감정평가에 관한 법률」[14] 제31조(감정평가 준칙)는 '토지 등의 감정평가에 있어서 그 공정성과 합리성을 보장하기 위하여 감정평가업자가 준수하여야 할 원칙과 기준은 국토교통부령으로 정한다.'고 하여 구체적인 사항을 시행규칙에 위임하고 있고, 「감정평가에 관한 규칙」 제1조(목적)는 '이 규칙은 「부동산 가격공시 및 감정평가에 관한 법률」 제31조에 따라 감정평가업자가 감정평가를 할 때 준수하여야 할 원칙과 기준을 규정함을 목적으로 한다.'고 해서 수임사항을 밝히고 있다. 그런데 「감정평가에 관한 규칙」 제28조(그 밖의 감정평가 기준)는 '이 규칙에서 규정하는 사항 외에 감정평가업자가 감정평가를 할 때 지켜야 할 세부적인 기준은 국토교통부장관이 정하여 고시한다.'고 하여 감정평가의 가이드라인 역할을 또 하위규정에 재위임하고 있다.

국토교통부장관이 정하여 고시한다는 세부적인 기준이 바로 '감정평가실무기준'이다. 그간 감정평가협회 내규로 정한 각종 지침의 도움을 받아 감정평가 업무를 수행해 왔지만, 평가서 내부에 이런 지침을 근거로 평가했다는 언급을 생략하는 게 관행이었다. 자체

14) 2015년 『부동산가격공시법』으로 개정되고, 『감정평가사법』이 신설됨

적으로 정한 평가 규정은 법규성과 강제력이 없으니 이를 일반 국민에게 감정평가 결과의 합리적인 근거로 제시하는 건 위험부담을 떠안는 일이었기 때문이다. 그런데 국토교통부의 '고시'에 따른 것이라면 위험부담은 감정평가사가 아닌 이들을 감독하는 소관 부서로 전가된다.

법률의 형태든 고시의 형태든 규정의 신분과 위상을 드러내는 조항은 예외 없이 제1조에 자리 잡은 이 규정의 '목적'에 있다. 감정평가실무기준 제1조에서 '「부동산 가격공시 및 감정평가에 관한 법률」 제31조 및 「감정평가에 관한 규칙」 제28조에 따라 감정평가의 구체적인 기준을 정함으로써 감정평가업자(소속 감정평가사를 포함한다. 이하 같다)가 감정평가를 수행할 때 이 기준을 준수하도록 권장하여 감정평가의 공정성과 신뢰성을 제고하는 것'을 목적으로 정했다. '기준을 정한다.'고 하지 않고 '기준 준수를 권장'한다고 했으니, 일단 총리실 규제심사 대상에서 빠진다. 그러나 운영을 강행규정 수준으로 하게 되면 실무자인 감정평가사에게는 강제력이 미치는 기준이다. 감정평가실무기준에 대한 해설서도 발간되었다. 기준을 어떻게 해석해야 하는지까지 상술하고 있다.

현재 「공익사업을 위한 토지 등의 취득 및 보상에 관한 법률」과 동법 시행령, 시행규칙은 보상에 대한 일반법령이다. 또한 '감정평가실무기준', '농작물실제소득인정기준' 정도는 실질적인 법규성을 띠고 있다. 그러나 위 규정에 복잡다단한 보상 실무를 모두 담을 수는 없다. 법령 형태는 아니지만, 여러 기관이 쏟아내는 구체적 가이드라인이 있다. 사법기관의 축적된 '판례', 행정기관(국토교통부, 법제처)의 '질의회신', 중앙토지수용위원회의 '재결사례 및 토지수용업무편람', 사업시행자 지위에 종종 서는 LH 등의 '내규·방침' 등이다. 신속한 사업 진행을 위해 협의보상자에 대한 혜택을 어느 선까지 부여할지는 LH 등이 자체적으로 판단할 수 있다. 법정 이주대책 외에 내규나 방침으로 정할 수 있는 내용들이 많다.

같은 행정기관이라도 규정의 해석에 있어서는 법제처가 국토교통부의 입장보다 우선이다. 농지 소유자 또는 경작자에게 지급하는 생활보상 성격의 '농업손실보상금'을, 임야를 불법형질 변경해 농경지로 이용 중인 경우에는 적용할 수 없다고 국토교통부가 회신했다가 법제처 유권해석이 그 반대로 나와 국토교통부가 종전 입장을 번복한 사례가 있다.

보상관련 법규 · 비법규

<table>
<tr><td>상위</td><td colspan="5">헌법 제23조 3항</td></tr>
<tr><td rowspan="4">법규</td><td>법률</td><td colspan="4">『공익사업을 위한 토지 등의 취득 및 보상에 관한 법률』(보상의 일반법적 지위)</td></tr>
<tr><td rowspan="3">시행령, 시행규칙, 훈령</td><td colspan="4">『공익사업을 위한 토지 등의 취득 및 보상에 관한 법률』 시행령</td></tr>
<tr><td colspan="4">『공익사업을 위한 토지 등의 취득 및 보상에 관한 법률』 시행규칙</td></tr>
<tr><td colspan="4">농작물실제소득인정기준, 감정평가실무기준</td></tr>
<tr><td rowspan="2">비 법규</td><td>법원</td><td>행정부</td><td>중앙토지 수용위원회</td><td>사업시행자</td><td>감정평가사 (감정평가협회 내규)</td></tr>
<tr><td>보상 관련 판례</td><td>국토교통부, 법제처 등의 질의회신</td><td>재결사례, 토지수용업 무편람 등</td><td>내규·방침</td><td>토지보상평가지침, 광업권보상평가지침, 어업권등보상평가지침, 영업손실보상평가지침, 선하지의 공중부분사용에 따른 손실보상평가지침, 분묘에 대한 보상액의 산정지침</td></tr>
</table>

요즘은 보상에 대한 일반인의 상식 수준이 상당하다. '얼마나 쳐 줄까'하고 기대 반 걱정 반 보상금 통지서를 기다리던 종래 모습을 찾기 힘들 정도다. 쉽지 않은 보상 관련 규정을 나름 독학으로

공부한 사람도 꽤 된다. 보상지구마다 들어서는 대책위원회의 활동 때문에 자연스레 이것저것 주워듣는 게 많아진 것도 부인할 수 없는 사실이다. 보상금에 불만인 사람들의 이의신청과 소송을 대리하는 행정사나 변호사의 도움을 받는 사람이 많아진 것도 이에 한 몫한다. '권리 위에 잠자는 자 보호받지 못한다.'는 말을 생각하면 보상에 대한 상식선이 높아지는 것은 바람직한 일일 수 있다. 언제든 내 재산이 보상의 대상이 될 수 있는 요즘, 보상에 대한 최소한의 상식 정도는 갖출 필요가 있다.

위에서 소개한 감정평가와 관련된 여러 규정과 실무적 판단 기준은 감정평가사에게는 신뢰성을, 평가의 수요자에게는 예측 가능성을 제공해 주고 있다.

제2부

보상영역에서의 가치평가

강제 매매가 강요되는 상황(공익사업의 특수성)

사인 간에 다툼이 쉬이 해결되지 않으면 법정 다툼으로까지 비화된다. 한쪽이 다른 쪽의 재산에 손해를 끼치거나 신변에 위협을 가했을 때 그에 상응하는 '대가'를 금전적으로 해결하기 위함이다. 상대방이 뭔가 잘못을 했다고 주장할 때는 그 행동이나 결과가 위법함을 전제한다. 의도했건 아니건 누구의 권리를 침해했고 그로 인해 손해가 발생했다는 것이다. 손해배상은 이럴 때 등장하는 용어다.

누구나 자기 재산을 임의로 처분하고 구입할 수 있는 자유가 있다. 그런데 간혹 억지로 팔라고 요청받는 경우가 있다. 산간농경지대에서 경작하는 농민들도 가끔 이런 달갑지 않은 요구를 경험하곤 하는데, 대개 골프장 사업을 하려는 개발업자의 발길이 닿을 때다. 시세에 웃돈을 얹어 줄 테니 팔고 나가는 게 어떻겠느냐는 제안은 그냥 지나치기에는 너무 달콤하다. 꽤 잘 쳐준 가격대로 넘기면 서울에 있는 자녀들 집 근처로 옮길 수 있는 목돈을 손에 쥘 수 있다. 선산이라고 계속 지켜왔지만 수십만 m^2 임야를 이 사람들 아니고는 장차 누구한테 팔 수 있을까 생각하면 구미 당겨지는 제안이다. 개발업자의 제안이 그간 생각지도 못했던 부동산 매매를 저울질하게는 하지만 여전히 칼자루는 내가 쥐고 있다. 안 팔면 그만이다.

그런데 안 팔고는 배기지 못하는 경우가 있다. 공공이 공익을 위한 사업을 한다고 내게 강제로 팔라고 요구할 때다. 마을 간 연결도로를 놓는다든지, 원자력 발전소를 새로 지어야 한다든지, 택지개발을 해야 하니 팔라고 하면 이런 강제 매매 요구는 '위법'의 영역이 아닌 '적법'의 영역에 자리를 튼다. 내 의사에는 반하지만 공익을 위해 '어쩔 수 없이' 팔아야 한다는 요구다.

이런 공익사업을 진행할 때 그 사업에 포함되는 재산을 가진 사람에게 지급해야 하는 적정한 매매금액을 결정하는 것이 바로 '보상평가'다. 꼭 시골에 있는 사람만 해당되지는 않는다. 도심 지하철 공사를 위해 강남 한복판에 있는 땅도 보상을 받을 수 있고 나중에 집 지으려고 공지로 남겨 놓은 땅에 요즘같이 환경에 대한 관심이 높아진 탓에 예정에도 없던 공원이 들어서면서 보상 대상이 되기도 한다. 노후화된 서울 도심을 재정비하는 '재개발'사업에도 막판 보상의 문제가 대두되니 벼락 맞듯 몇몇 사람만 해당되는 일이 아니라, 이제는 '누구나', '어느 정도' 개입될 수 있는 영역 안에 자리 잡았다.

끝까지 살던 집에서 나갈 수 없다고, 경작하는 땅을 넘겨줄 수 없다고 버티는 경우도 적잖다. 소수의 딱한 사정과 이 사업의 공익성을 저울질할 텐데, 공익 쪽으로 기울고 나면 강제 집행 절차가 뒤따르고 결국은 존속보장이 가치보상으로 전환된다. 어쩔 수 없이 팔아야 한다면 소유자 입장에선 제값을 받는 게 중요하다. 그렇다고 공공에서 터무니없이 퍼 줄 수는 없다. 공공이 동원하는 예산은 국민의 세금으로 꾸려지기 때문이다. 그래서 재산 가치를 공정하게 평가하도록 외부에 의뢰를 하게 되고 '감정평가사'가 그 중재자의 자리에 서게 된다.

제3자가 받아야 할 적정한 보상금을 책정한다는 건 여간 부담스런 일이 아니다. 하나라도 누락하면 소유자의 재산권을 침해하게 되고, 제대로 보지 않고 과대평가하면 국가 예산을 필요 이상으로 지출하도록 방조하는 셈이다. 누구나 납득할 만한 기준을 가지고 평가에 임하게 되는데 「공익사업을 위한 토지 등의 취득 및 보상에 관한 법률」이 그 역할을 한다. 물론 애매한 것은 법제처와 같은 국가기관에 질의해 회신을 받아 처리한다. 공익사업이 하루 이틀 시행된 게 아니니 그간 축적한 판례 또한 갈림길에서 길라잡이의 역할을 톡톡히 하고 있다.

보상금은 산술평균값

출석하는 교회에서 추수감사절이 되면 연례행사로 가족 찬양대회를 연다. 가족별로 또는 그룹별로 한 주 또는 몇 시간이라도 소리를 맞춰 앞에 나가 노래를 선보이는 것이다. 노래 실력은 팀별로 천차만별인데 팀 내에서도 그 편차가 작지 않은 경우가 있다. 이런 팀에서 화음을 시도하면 한 파트를 맡은 쪽에서 음 이탈을 두어 마디 넘게 하는 바람에 제창만 못하게 되기 일쑤다. 독창과 독주가 아닌 합창과 합주가 이뤄지는 경우 팀의 실력은 어쩔 수 없이 평준화된다. '평균'의 위력을 우리 모두 익히 알고 있다.

보상평가를 할 때 복수의 평가자가 평가하도록 의무화시킨 이유는 '편의(bias)'를 줄이고 '공정성'을 확보하려는 데 있다. 전문가라 해도 한 사람보다는 두 사람이 할 때 신뢰감을 주고, 세 사람이 하면 적어도 무리 없는 결론에 이른다고 볼 수 있다. 종전에는 사업을 시행하는 쪽에서 평가자 2명을 의무적으로 선정하고, 과반수 주민[15)]의 추천을 받은 평가자가 있는 경우에만 추가로 동참하게 했다. 즉, 2명 혹은 3명이 평가에 참여할 수 있었다. 지금도 다르지는 않다. 다만, 사업시행자가 지명하는 평가자 1명을 해당 공익사업구역이 소재하는 지자체에서 추천할 수 있도록 했다. 정리하면, 현재 평가자는 사업시행자와 지자체 그리고 주민이 각각 1표씩 행사해서 결정한다.

그런데 지자체에 평가자 추천권을 부여한 규정이 의도하지 않았던 방향으로 오용될 수 있다. 지자체 추진 사업이 아닌 이상 평가자가 누구든 보상 평가액이 얼마로 결정되든지 지자체의 부담은 전

15) 동시에 이들이 가진 토지 면적도 전체 사업부지의 1/2 이상일 것

혀 없다. 보상금은 사업을 시행하는 LH, SH, 도로공사 등에서 지급하니 그 지역 주민들이 낸 세금이 축나는 것도 아니다. 반면, 주민들이 보상금이 형편없다고 사업을 극렬하게 반대하면 이래저래 신경이 쓰이지 않을 수 없다. 주민들 항의성 집회나 악성 민원으로 시청이나 구청 담당부서, 더 나아가 구청장이나 시장 집무실이 점거당하는 상황까지 이른다면 골치 아프다. 지자체 입장에서는 초고속 사업 진행을 선호한다. 대규모 산업단지 조성 사업처럼 예정대로 진행되면 지자체 세수에 큰 도움이 되고 지역 내 고용 환경 개선에도 일조하기 때문이다.

이렇다 보니 주민들의 입김에서 자유로울 수 없는 지자체는 주민들 의사를 반영해 평가자를 선정할 여지가 다분하다. 주민들이 추천하고 싶은 평가자가 2명이고 각각 과반수 동의를 얻지 못하고 있다면 지자체가 그중 한 명을 지자체 몫으로 추천하면 상황이 깔끔하게 정리된다. 나머지 한 명에게 동의서를 몰아주면 결국 주민들이 추천한 평가사 2명 모두 평가에 참여할 수 있게 된다.

평가자의 조합이 어떤 식으로 정해지든 보상금은 2인 또는 3인의 평가금액을 산술 평균해서 결정된다. 가급적 평가금액 간 격차가 벌어지지 않는 게 바람직하다. 혹여 보상평가액 중 최고금액이 최저금액의 110%를 초과하면 보상평가금액 간 '편의(bias)'가 발생한 것으로 보고 재평가를 하도록 규정하고 있다. '편의(bias)'가 발생하지 않았다고 아무 문제가 없는 것은 아니다. 주민추천 평가사의 재량이 과도하게 발휘돼 보상평가 금액이 상향평준화된다면 굳이 복수로 평가해야 할 이유가 없다. '평균'이 제대로 작동하려면 추천받은 쪽의 이익을 대변하기에 앞서, 자산의 적정한 가치가 얼마인지, 합리적인 손실 보상액으로 얼마의 금액이 적정할지를 고민해야 한다.

토지보상금, 공시지가기준법에 의한 결과

어떤 공익사업지구이든지 대부분의 보상금은 토지소유자에게 지급된다. 토지보상금 대비해서 건물을 포함한 지장물[16] 보상금은 10%의 비율에도 미치지 못한다. 이렇듯 토지 보상금에 비해 여타 물건에 대한 보상비의 규모가 작고 지장물에 대한 보상금은 큰 불만 없이 책정되고 있는 점에 비춰 보상금에 대한 불만은 거의 예외 없이 토지 보상금에 집중된다.

토지를 평가할 때는 반드시 인근에 위치한 표준지 공시지가를 기준으로 해야 한다. '이 땅을 2년 전 얼마에 샀는데, 보상금을 책정할 때 왜 매매금액에 턱없이 모자라느냐'는 항의는 괜찮지만 '매매된 사례를 가지고 평가해야지, 왜 표준지를 가지고 평가합니까?'라는 주장은 억지주장일 수밖에 없다. 표준지를 심어 놓은 이유 중 하나가 이와 같은 보상금 책정에 활용하기 위해서다. 최종 보상금은 대상 토지와 유사한 가치를 지니는 그 주변 토지의 최근 거래가격 수준으로 수렴할 수 있지만, 평가 방법은 반드시 '공시지가기준법'이어야 한다.

| 공시지가 기준법 산식

표준지 공시지가 (원/m²)	×	시점 수정	×	지역 요인	×	개별 요인	×	그 밖의 요인	=	토지가격 (원/m²)

공시지가기준법은 내 땅 주변에 포진하고 있는 표준지 중 가장 적정한 표준지[17]와 비교해 내 토지의 가격을 결정하는 방법이다.

16) 토지 이외의 보상 대상이 되는 유형 자산을 '지장물'로 부른다.
17) 이를 '비교표준지'라고 부름

표준지는 그 주변에서 '표준적인' 토지여야 한다. 지가수준에서 대표성을 지녀야 하며, 대다수를 차지하는 이용 상황인데다가 그러한 이용 상황이 상당기간 변화 없이 안정적이고, 누구나 식별할 수 있게 구분이 용이한 기준을 충족해야 한다. '대표성', '중용성', '안정성', '확정성'이란 용어가 이 기준을 함축적으로 나타낸다. 그러다 보니 어떤 토지를 평가할 때 그 주변에 심어 놓은 비교할 만한 표준지를 골라 쓸 수 있다. 이런 표준지를 선정하는 과정이 공시지가기준법의 첫 번째 단계다. 표준지를 이걸 쓸지 저걸 쓸지 약간의 재량이 있을 순 있다. 그렇지만 용도지역이 같고, 이용 상황이 동일하거나 유사하며, 부근에 위치해야 한다는 기준을 사심 없이 적용하면 비교표준지 선정[18]에 있어 결론이 달라질 가능성은 아마 2~3%도 안 될 것이다.

표준지는 매년 1월 1일 기준 시점에서 책정된 가격이다. 보상금을 책정해야 하는 시점이 1월 1일인 경우는 거의 없다. 부득이 그 해 1월 1일부터 현재까지 짧게는 며칠, 길게는 수개월 시간 보정을 해 줘야 한다. '내 땅은 연초에 비해 최소한 10% 올랐다.'는 주장을 고스란히 들어줘서는 안 되고 뭔가 공신력 있는 지표를 사용해야 하는데, 보상 평가 시에는 해당 지역의 용도지역별 지가변동률을 적용한다. 시 · 군 · 구별로 매월 용도지역별 지가변동률이 발표되는데, 개별적으로 모든 토지의 지가변동을 파악할 수는 없으므로 평균적인 지가변동 정도를 반영할 수 있도록 조치한 것이다.

18) 기준으로 ① 용도지역 · 지구 · 구역 등 공법상 제한사항이 같거나 비슷할 것 ② 이용 상황이 같거나 비슷할 것 ③ 주변 환경 등이 같거나 비슷할 것 ④ 인근지역에 위치하여 지리적으로 가능한 한 가까이 있을 것

지가변동률 예시

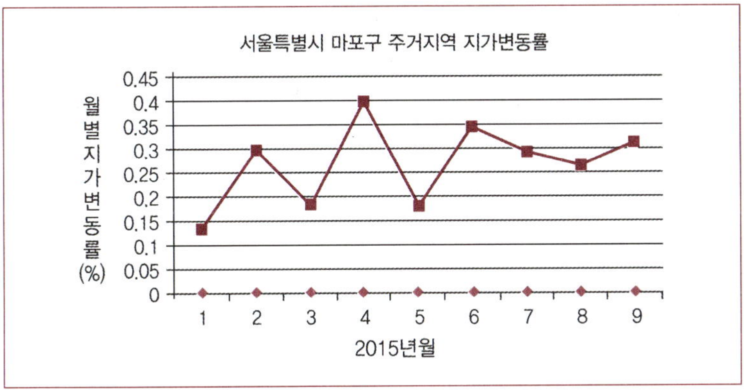

비교표준지의 선정과 지가변동률을 이용한 시점수정 뒤에 비로소 정성적인 분석이 이뤄진다. 지역요인 비교는 지역적인 가격 수준의 격차를 보정해 주겠다는 것이다. 그런데 표준지와 대상 토지가 지역을 달리하는 경우는 극히 예외적이다. 표준지를 적재적소에 심어 놓았다면 굳이 멀리 있는 표준지를 골라야 할 필요성은 없다. 실제 평가 시에도 지역요인이 대등하지 않은 경우는 손에 꼽을 정도다.

이어 표준지와 대상 토지의 개별적인 품등 비교를 수행한다. 상, 중, 하로 매기는 건 아니고 일반인의 상식선에서 토지의 가치에 영향을 줄 것으로 생각되는 요인들을 항목별로 비교한다. 어떤 토지라도 좁은 농로보다는 포장된 2차로에 접하고 있는 게 낫다. 도로조건에 대한 비교는 '가로조건'에서 고려한다. 부근에 버스정류장이나 지하철역, 관공서 등이 있다면 그렇지 않은 경우보다 당연히 가산점을 주어야 한다. '접근조건'의 항목에 들어간다. 도로 건너편에 폐기물처리장이나 화장장이 있다면 불리하다. 이런 요인들은 '환경조건'에서 다룬다. 건물을 짓기에 형상이 삐뚤빼뚤하다면 네모반듯한 토지보다 몸값이 낮아지는 건 당연하다. '획지조건'에 포함될 사항이다. 내 땅만 군사시설보호구역 안에 들어가 있어 맘대로 신축하는데 제약을 받는다면 군사시설보호구역 밖 표준지보다 열세임에 틀림없다. '행정적 조건'을 구성하는 한 항목이 될 수 있다. 위 항목들 외에 비교할 사항은 모두 '기타조건'에 담았다.

주거지대 개별요인비교 표

<table>
<tr><th colspan="3">개별 요인 비교</th></tr>
<tr><th>조건</th><th>항목</th><th>세항목</th></tr>
<tr><td rowspan="2">가로 조건</td><td rowspan="2">가로의 폭, 구조 등의 상태</td><td>폭포장, 보도</td></tr>
<tr><td>계통 및 연속성</td></tr>
<tr><td rowspan="3">접근 조건</td><td>교통시설과의 거리</td><td>인근 대중교통시설과의 거리 및 편의성</td></tr>
<tr><td>상가와의 접근성</td><td>인근 상가와의 거리 및 편의성</td></tr>
<tr><td>공공 및 편익시설과의 접근성</td><td>유치원, 초등학교, 공원, 병원, 관공서 등과의 거리 및 편의성</td></tr>
<tr><td rowspan="7">환경 조건</td><td>일조 등</td><td>일조, 통풍 등</td></tr>
<tr><td>자연환경</td><td>조망, 경관, 지반, 지질 등</td></tr>
<tr><td rowspan="2">인근환경</td><td>인근토지의 이용상황</td></tr>
<tr><td>인근토지의 이용상황과의 적합성</td></tr>
<tr><td>공급 및 처리시설의 상태</td><td>상수도, 하수도, 도시가스 등</td></tr>
<tr><td rowspan="2">위험 및 혐오시설 등</td><td>변전소, 가스탱크, 오수처리장 등의 유무</td></tr>
<tr><td>특별고압선 등과의 거리</td></tr>
<tr><td rowspan="3">획지 조건</td><td>면적, 접면너비, 깊이, 형상 등</td><td>면적, 접면너비, 깊이, 부정형지, 삼각지, 자루형 획지, 맹지</td></tr>
<tr><td>방위, 고저 등</td><td>방위, 고저, 경사지</td></tr>
<tr><td>접면도로 상태</td><td>각지, 2면획지, 3면획지</td></tr>
<tr><td rowspan="2">행정적 조건</td><td rowspan="2">행정상의 규제정도</td><td>용도지역, 지구, 구역 등</td></tr>
<tr><td>기타규제(입체이용제한 등)</td></tr>
<tr><td rowspan="2">기타 조건</td><td rowspan="2">기타</td><td>장래의 동향</td></tr>
<tr><td>기타</td></tr>
</table>

표준지는 4m 도로에 접하는데 내 토지가 6m 도로에 접한다면 도로 폭 2m 차이를 과연 얼마의 격차율로 보정해 주는 게 타당할

까? 혹자는 한 2% 우세하다고 본다. 다른 이는 5%는 차이를 둬야 한다고 판단할 수 있다. 지역에 따라서는 별반 차이가 없을 수 있다는 의견도 나온다. 기존주택지대라면 도로 폭 2m의 차이가 미미하겠지만, 상가가 밀집한 로데오거리라면 2m의 격차는 쇼핑자의 차량 통행에 끼치는 영향이 적지 않을 수 있다. 평가자마다 판단이 다를 수 있으므로 정성적인 판단 사항으로 부를 수 있는 것이다.

'공시지가는 얼마인데, 실제 시세는 얼마다.'라는 표현을 많이 들 한다. 시세와 공시지가 간에 괴리가 있다는 사실을 완곡하게 표현하고 있다고 볼 수 있다. 이렇듯 표준지의 가격 수준이 시가 이하이므로 표준지를 기준으로 아무리 정확히 평가를 진행해도 최종 평가 금액 역시 시가 이하일 수밖에 없다. 그래서 '정당한 보상'을 해줘야 하는 보상 평가에서는 이를 '그 밖의 요인'이라는 항목으로 반영한다. 대상 토지와 비교 가능성이 높은 인근 유사 토지의 거래 내역을 확인한다든지, 완전히 자유로운 협상이라고 보긴 힘들지만 협의에 의해 보상이 완료된 인근 보상 사업지의 보상 평가 선례 자료를 활용한다. 표준지만을 기준으로 평가할 때의 대상 토지의 가격과 거래사례나 보상 선례와 비교한 대상 토지의 가격의 격차를 적절히 판단한 후 '그 밖의 요인' 값을 결정해서 이를 다시 공시지가기준법에 대입하는 것이다. 마치 '자, 서로 비교해 보니 공시지가가 시세 50% 정도 맞죠? 그 밖의 요인으로 2를 대입해서 평가합니다.' 라고 말하는 셈이다.

요즘도 보상지구마다 토지보상금이 얼마일지 왈가왈부할 때면 어김없이 '공시지가 대비 몇 배로 평가하는지'가 주된 관심사다. 공시지가의 1.3배니 1.5배니 하는 말은 실은 공시지가기준법으로 평가할 때 '그 밖의 요인'값으로 얼마를 정하는지와 같은 얘기다. 그 밖의 요인 값은 곧 토지 보상금의 수준이 얼마나 될지를 가늠하게 해 준다.

협의 보상의 단면

『공익사업을 위한 토지 등의 취득 및 보상에 관한 법률』 제14조부터 제17조까지는 협의보상 절차를 담고 있다. 첫발은 토지조서와 물건조서를 작성해 토지소유자와 관계인의 서명 또는 날인을 받는 것. 중개물건을 설명하는 '중개대상 확인서'를 떠올려도 좋다. 거래 대상을 확인하는 일이 매매협상의 첫 단추를 꿰는 일이다. 이 내용과 함께 보상의 시기나 방법, 절차를 신문에 공고하고 당사자에게 열람시켜 수정할 사항이 생기면 반영할 수 있다. 이렇게 확정된 거래대상을 놓고 매수자는 매도자와 성실하게 협의해야 한다. 의견의 합치가 있으면, 도장을 찍는다. 언뜻 중개사무소 내에서 벌어지는 부동산 매매체결 상황을 설명해 놓은 것 같지만, 협의 보상 과정에는 자유로운 매매와 다른 이질적인 요소가 숨어 있다.

어쨌든 계약서를 쓰고 도장 찍는 일, 거래대금을 건넨 후 등기이전되는 모든 절차는 평범한 거래와 다를 바 없다. 협의보상을 사법상 계약의 형태로 해석하는 다수의 의견도 외관상 부동산 거래라는 것이다. 그러나 이질적인 요소를 들먹이는 이유는 '거래의 실질'이 분명 다르다는 것이다. 순수하게 자유로운 계약이라고 할 수 없는 성격 중 하나는, 협상을 백지화시켜도 현상이 유지되지 못한다는 것이다. 이후 버젓이 강제 수용 절차가 대기하고 있다. 수용 방식은 코너에 몰아넣고 강제로 지장(指章)을 찍게 하는 것이다. 좀 심하게 말해, 협의 보상은 '간' 보는 것. 자발적으로 팔아주면 좋고 협상이 어긋나면 강제력을 발동할 수 있다.

보통 부동산 매매에서는 파는 쪽이 가격을 제시하고, 사는 쪽이 흥정하게 마련이다. 공인중개사 역시 매물로 내놓는 쪽의 희망가격을 먼저 신경 쓴다. 중개자의 구미에 맞는 물건이라도 구매자가 터무니없는 가격에 질려버리면 말도 못 붙인다. 반면, 협의보상에서는 사는 쪽이 가격을 제시한다. 감정평가사가 보상평가서를 제출하면 그들의 산술평균값이 매수제안가다. 대중을 위한 보상 안내서 성격의 책자 내용 중 '협의가격은 시세의 90%에서 손을 내민다.'는 표현을 본 적이 있다. 그 이후 재결단계, 소송단계를 거쳐 증액되는 보상금이 협의보상금 대비 10% 안팎에 이르는 점을 고려해 최종 보상금을 시세라고 보고, 협의보상금은 시세의 90%로 편하게 해석한 것이다. 『공익사업을 위한 토지 등의 취득 및 보상에 관한 법률』 시행규칙 제17조에서는 평가를 한 후 1년이 경과할 때까지 보상계약이 체결되지 않은 경우 다른 2인 이상의 감정평가업자에게 대상물건의 평가를 다시 의뢰하도록 하고 있다. 1년이 지나 협상 테이블에 다시 앉았을 때는 기준시점이 달라진 협의 평가보고서를 기초로 이전보다 증액된 매수제안가가 제시될 수도 있다.

❙ 보상평가 절차

협의보상 평가 ⇨ 협의보상평가2 (재평가) ⇨ 수용재결 평가 ⇨ 이의재결 평가 ⇨ 보상금증감청구 소송평가

보상의 첫 단추를 협의보상 단계로 이해한다고 해서 이때의 보상액이 매수자가 제안한 최저가라고 볼 수는 없다. 협의보상 평가 기준과 이후 수용재결, 이의재결, 행정소송 평가 기준이 동일하기 때문이다. 그냥 그럴 것 같은 느낌일 수 있다. 물론, 시점의 차이와 평가 관행으로만 보면 그렇게 해석할 여지도 있다. 재결까지 가면 일단 평가의 기준시점이 달라진다. 협의할 당시와 시차가 발생하니,

이 기간 지가상승이 살짝 얹어지는 경우가 종종 있다. 평가자가 달라지면서 '측은지심'이 발동되기도 한다. 너무 억울하니 협의를 안 했을 것이고, 사정 좀 봐줄 여지가 있는지 찾아보는 이들이 적잖다. 재량의 영역에서는 숨 쉴 틈이 약간은 벌어져 있다. 그런 의미에서 재결 평가금액이 협의보상액보다 낮다면 재결평가사는 철저히 공정하고 사심 없이 평가한 것이다.

협의보상금액이 두둑하다면 특별한 사정이 개입됐다고 추정해 볼 수 있다. 매수자가 일정에 치여 서둘러야 하는 상황에서 소유자가 주도권을 쥐게 된 것이다. 선심 쓰듯 보상금을 지급해서라도 일정에 맞추려는 급박한 사정에 과연 감정평가사가 부응해야 하는가는 다른 문제일 수 있다. 국가적인 사업이니 혹은 시급한 사업이니 하면서 좀 넉넉히 평가하라고 독려하는 사업시행자가 없지는 않다. 담당자가 사업지체에 대한 책임을 져야 한다면 적극성이 남다르다. 토지소유자 등의 '협의 동의율' 자료를 평가의 공정성을 가늠하는 리트머스지로 활용해서는 안 된다. 과다 보상평가액 때문에 예외 없이 도장을 찍을 수도 있고, 자유로운 매매를 통해서는 팔릴 가능성이 거의 없는 열악한 위치에 있는 부동산 소유자 상당수는 보상 금액이 좀 만족스럽지 않아도 이번 기회에 현금화시킨다고 협의 동의율은 치솟을 수 있다. 한때 보상금을 통제하려는 시도도 있었다. 사업시행자가 한정된 예산을 보여주며, 총 보상금액의 쿼터를 시달하기도 한다. 지자체든 공사든 이런 행태를 보이는 곳은 혈세낭비니 과다보상이니 명분을 내걸면서 감정평가사를 압박한다. 실은 경제적 사업을 했다고 자랑거리를 만들려했거나 예산 절감 사유로 진급 명단에 실리고 싶은 바람일 수 있다.

요즘은 지혜로운 이들이 도처에 널려 있다. '건축물 등'의 지장물 보상금은 수령하고, 토지 보상금액에 대해서만 다투는 이들이 그렇다. 일부 협의와 일부 불복을 병행하는 것이다. 토지와 건물 중 상대적으로 넉넉히 주는 것은 후자라는 점을 간파한 것이다. 보상금 총액에서 차지하는 비율 면에서 토지를 물고 늘어지는 것이 현명할 수 있다. 증액비율이 동일하다면 금액 큰 쪽에 콩고물이 많이 떨어진다. 여전히 과다보상과 헐값보상의 주장이 첨예하게 상존하는 곳이 공익사업의 현장이다.

가격의 들썩임과 반영 기준(개발이익)

급성장한 스포츠 스타의 연봉이 계단식으로 상승하는 모습은 '도약'이라는 단어를 연상시킨다. 부동산에서는 주변 개발로 인해 덩달아 내 땅의 가격이 폭등할 때 '개발이익'이라는 용어를 사용한다. 특히 공익사업지구에 근접한 주변 지역의 토지는 투기바람이 아닌 정상적인 개발 호재에 노출된다. 철저히 무임승차로 개발이익을 향유하는 불상사(?)라고 해야 할까.

얼마 전 천안시 야구장에 대한 혈세낭비를 질타하는 기사가 방송에까지 등장했다. 『공익사업을 위한 토지 등의 취득 및 보상에 관한 법률』상에 '재평가' 절차가 있으니 이를 통해 지급된 보상금을 결정했던 당시 감정평가의 적정성 여부를 확인해 볼 수 있을 것이다. 국토교통부에 타당성 조사 요청이 있었을 때라도 「공익사업을 위한 토지 등의 취득 및 보상에 관한 법률」 시행규칙 제17조상의 재평가 조항은 임의조항이 아닌 강제조항이기 때문이다. 해당 규정은 아래와 같다.

> 第17조(재평가 등) ① 사업시행자는 제16조제4항의 규정에 의하여 제출된 보상평가서를 검토한 결과 그 평가가 관계법령에 위반하여 평가되었거나 합리적 근거 없이 비교 대상이 되는 표준지의 공시지가와 현저하게 차이가 나는 등 부당하게 평가되었다고 인정하는 경우에는 당해 감정평가업자에게 그 사유를 명시하여 다시 평가할 것을 요구하여야 한다. 이 경우 사업시행자는 필요하면 국토교통부장관이 보상평가에 관한 전문성이 있는 것으로 인정하여 고시하는 기관에 해당 평가가 위법 또는 부당하게 이루어졌는지에 대한 검토를 의뢰할 수 있다. 〈개정 2013.4.25.〉

그런데 공중파 방송사 한 곳은 토지보상 직전 대상 토지 주변의 용도지역 변경 정황이 의심스럽다는 내용을 파헤쳤다. 위·아래 땅이 모두 자연녹지지역에서 일반주거지역으로 종 상향됐기 때문이다. 문제는, 주변 지가 상승 압박에서 대상 토지 역시 자유롭지 못하다는 것이다. 주변 토지의 '개발이익'이 해당 토지로 고스란히 흘러 들어왔다. '주변 지역이 좋아지면 내 땅도 덩달아 몸값 상승하는 것'은 당연한 일이다. 이런 내막을 알게 됐어도 대상 토지를 보상평가할 때 가격상승분을 무시할 수 없다. 관련 법상으로 보상금의 '군살'이라고 부를 수 없다는 점이 낭패다. 의도하지 않았지만 넘쳐 흘러 들어온 물이 내 저수지에 담겼으니 '분리할 수 없는 부합' 논리를 들어 폭등한 상태의 보상금액을 요구하는 토지 소유자의 목소리를 들어 줄 수밖에 없다.

공익사업에서의 '개발이익'에 대한 상세한 정의, 그리고 보상평가에서 이를 어떻게 다뤄야 하는지 '감정평가실무기준' 해설서에 이렇게 소개됐다. '공익사업의 시행으로 인한 지가의 변동은 사업시행자의 투자 또는 공익사업의 시행으로 인해 발생되는 것으로서 토지소유자의 노력이나 자본의 투자 또는 귀책사유에 의하여 발생한 것이 아니다. 따라서 이러한 가치변동은 형평의 관념에 비추어 볼 때, 토지소유자에게 당연히 귀속되거나 부담시켜져야 할 성질의 것이 아니라, 오히려 투자자인 사업시행자 또는 사회에 귀속되거나 부담되어져야 할 성질의 것이다'. 「공익사업을 위한 토지 등의 취득 및 보상에 관한 법률」 제67조 2항에서도 '보상액을 산정할 경우에 해당 공익사업으로 인하여 토지 등의 가격이 변동되었을 때에는 이를 고려하지 아니한다.'고 했다. 이 규정에 일말의 부족함도 없다. 그런데 보상금 증액 소송을 담당하는 원고 대리인은 피고의 법률 대리인과 합법적인 선에서 치열하게 치고받다가 깔끔한 논리를 찾아냈다. '해당 공익사업으로 인한 가격 변동 외에 그 주변 다른 공익사업에 의한 가격 변동, 즉 대상 토지에 취해진 직접적인 조치와 무관하게 발생한 개발이익은 반영해야 한다'는 논리다.

감정평가사 입장에서도 '개발이익'의 출처에 따라 이를 달리 취급해야 한다는 원칙은 확고하다. 대상 토지를 포함한 일대를 개발하는 공익사업이 미친 영향은 접수조차 받지 않는다. 천안야구장처럼 보상의 원인이 되는 공익사업과 무관하게 발생한 개발이익만이 고려할 대상이다. 이를 반영하여 평가할 때에는 개발이익이 '어느 정도 수준'인지 확인할 필요가 있다. 평가의 성격은 다르지만, '감정평가실무기준 730.3.4 매도청구에 따른 감정평가' 규정에서 합리적인 기준을 유추해 볼 수 있다. 해당 규정은 다음과 같다.

> '재건축사업구역 안의 토지 등에 대한 도정법 제39조의 매도청구에 따른 감정평가는 법원에서 제시하는 날을 기준으로 한다. 다만, 기준시점에 현실화·구체화되지 아니한 개발이익이나 조합원의 비용부담을 전제로 한 개발이익은 배제하여 감정평가한다.'

숨어 있는 합리적 키워드는 '현실화·구체화'이다. 그런 점에서 근거 없는 기대심리가 팽창해 일시적으로 시가 상승이 이뤄졌다면 그 부분은 고려할 개발이익에서 털어내야 한다. 개발이익환수에 관한 여러 법률의 입법 단계에서 환수하려는 개발이익이 반드시 실현된 것인지, 그렇게 실현될 것으로 보이지만 아직은 잠재적인 것까지 포함하는지에 대한 논쟁의 이력이 있다. 투자자의 입장에서 '개발이익'은 정기 적금 만기일에 손에 쥐는 돈에서 원금을 제외한 알짜 수익으로 인식되지만, 공익사업의 보상 주체에게는 그저 '줄줄 새는 세금'일 뿐이다. 그렇게 인식이 다르다. 세간의 잘못된 인식도 있다.

개발행위허가증만 있으면 토지의 감정평가액이 늘어나고 대출금액도 상당히 올라간다는 잘못된 믿음인데, 브로커가 전파하는 낭설의 폐해다. 현실화된 개발이익의 규모를 굳이 찾고 싶다면, 매 분기 국토교통부가 고시하는 오피스·매장용 빌딩의 투자수익률 지표를 참작할 수 있다. 결국 공익사업에서의 '개발이익'은 이를 형성한 주체가 누구인지, 구체적인 증거를 현실에서 찾을 수 있는지에 따라 세심하게 다뤄야 한다.

뒤늦은 보상, 미지급용지의 가격

기존 도로를 넓히든 새로 도로를 개설하든, 토지에 대한 보상을 추진하다 보면 다양한 사례를 접한다. 상시 돌출하는 것도 아니고 그렇다고 희소하다고 볼 수 없는 사례 중 하나가 '미지급용지'다. 종전에 시행된 공익사업의 부지로서 보상금이 지급되지 아니한 토지를 일컫는 용어다. 예컨대, 경부고속도로 확장 사업의 토지보상을 진행하면서 목록 중 이미 도시계획시설도로로 사용 중인 토지가 포함됐는데 이력을 살펴보니 예전에 도로를 내면서 토지 소유자에게 정상적으로 보상금을 지급하지 않은 토지였던 것이다. 소유자는 자기 땅이 도로에 들어갔었는지 새까맣게 몰랐을 것이고, 종전 사업시행자는 착오든 부주의든 보상금 지급을 해태(懈怠)했을 것이다.

보상금 지급 의무자는 종전 사업시행자이므로 뒤늦게나마 토지 소유자가 도시계획시설도로사업의 주체였던 예전 사업시행자를 찾아 보상금지급을 요청할 필요가 있을까. 이런 식으로 누락된 보상금 처리를 하게 되면 새로운 사업시행자는 종전 사업시행자에게 이 토지에 대한 보상금을 추후 지급해야 할 것이다. 토지 소유자가 덜 불편하려면 중간 다리를 끊는 게 경제적이다. 보상금 유통 단계를 줄여 새로운 사업 시행자가 토지 소유자에게 직접 누락된 보상금을 지급하는 것이 지름길이다. 그런 연유로 '미지급용지'에 대한 보상평가가 새로운 공익사업이 있을 때마다 모습을 드러낸다.

용어는 최근에 개정된 것이다. 종전에는 '미불용지'라고 불렀다. 이와 구별되는 '미보상토지'도 있는데, 새로운 공익사업이 예정돼 있지 않기에 종전 사업시행자가 불찰이 있었음을 깨닫고 자발적으로 보상에 나서기를 기다려야 하는 점에서 미불용지보다 사정이 더 불리한 녀석이다. '미불용지'는 일반인이 쉽게 무슨 뜻인지 가늠케 하지 못하는 낯선 용어라는 점에서, '미보상토지'는 공공의 무책임함을 드러낸다는 점에서 다소 껄끄러웠는지, 보상금은 책정했는데 지급만 못했다는 뜻의 '미지급용지'로 개명한 것이 아닐까 추측할 뿐이다.

미지급용지 보상개요

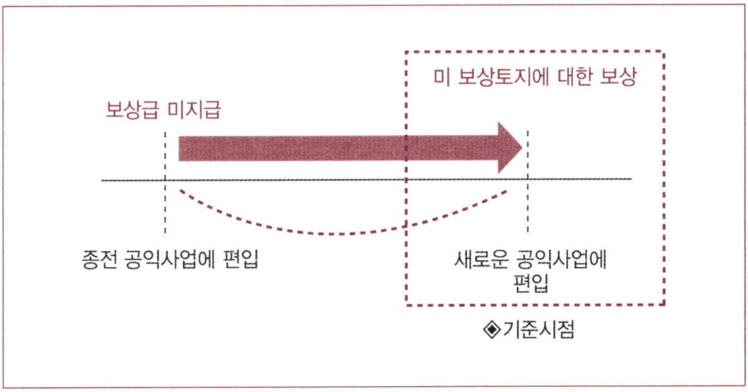

누락된 토지에 대한 보상금은 어느 정도 수준일까? 종전 사업시행자 말대로 책정된 금액이 있었는데 지급만 누락했다고 보면 그 금액에 물가상승률 정도를 감안해서 지급하면 충분할까. 결론은 평가를 해 봐야 안다. 사정이 천차만별이다. 역시나 가장 중요한 논점은 토지의 이용 상황과 용도지역을 판단하는 부분이다. 이용 상황은 최초 보상금 지급 의무가 발생했던 때를 기준으로 잡았다. 보상금 지급도 없이 도로를 개설해 버린 경우 현 상태인 '도로'에 대한 보상금을 주는 것은 불합리하다. '도로' 전환 과정이 자발적인 게 아니었기 때문이다. '도로'로 바뀌기 전 당시 농경지로 쓰던 땅이었다면 현재 시점의 '농경지' 가격으로 보상금을 줘야 할 것이다. 그 당시 어떤 용도였는지 불분명하면 해당 토지의 지목이나 그 주위 토지의 용도를 참작해 추정하기도 하는데 이용 상황에 대한 최종 결정권은 현재 사업시행자의 몫이다. 주변 지역이 일신(日新)하며 농경지대에서 주거지대로 변모했다면 농경지 가격 자료를 찾기는 힘들 것이다. 대지로의 전환을 전제한 농경지 가격 수준(대지가격-형질변경비용)으로 보상해 주는 것이 차선이다.

용도지역의 기준은 현재 시점이다. 예전부터 현재까지 이용 상황이나 주위환경만 달라졌을 뿐 도시관리계획에 의한 용도지역 변경이 전혀 없었다면 불씨 될 만한 부분은 없다. 도시화의 진행으로 고밀개발을 추진하며 용도지역이 상향됐다면 최종 결과물을 적용하면 될 것이다. 기준시점은 금번 보상 시점이기 때문이다. 그런데 주거지역에 조성되는 공원은 오히려 용도지역이 하향되고, 공동주택 중심의 택지개발이라면 용도지역이 상향되는 게 일반적이다. 공원을 조성하고 택지를 개발하는 사업이 종전 공익사업이었다면 용도지역 변경의 사실상 주체가 사업시행자이므로 그 혜택과 피해 모두 토지 소유자에게 전가돼서는 안 된다. 현 시점 용도지역 기준의 원칙을 배제할 수 있는 예외 사유로 볼 수 있다. 물론 미지급용지를 발견하게 된 현재 사업으로 인한 용도 지역 변경에도 동일한 잣대를 들이대야 할 것이다. 그러나 이용 상황과 달리 용도지역은 추정할 수 없다. '도로가 되지 않았다면 상업지역이 될 토지였다'는 항변은 기각사유다. 예외는 최소한이고 한정적이어야 한다.

이용 상황 또는 용도지역 판단의 문제는 결국 보상 문제를 개입시킨 종전 공익사업이나 미지급용지를 발견하게 된 금번 공익사업에 의한 가격의 변동을 일체 고려하지 않겠다는 것이다. 종전의 공익사업으로 대상 토지의 이용 상황이 악화돼 있는 것이 일반적인바 이용 상황을 판단할 때만 소급 규정을 적용했을 뿐, 현재 시점에서 새롭게 보상평가를 하는 것과 다를 바 없다. 다만 그런 내막이 있는 토지임을 이번 공익사업 시행자가 보상평가의뢰서에 표기하도록 강제한 것('미지급용지' 표기)은 '현황평가' 원칙을 배제할 수 있도록 융통성을 발휘한 조치일 것이다.

해마다 각 지자체는 예산을 확보해 이런 미지급용지에 대한 자발적인 보상에 나서고 있다. 과연 새로운 사업이 개시되지 않았다면 영원히 묻힐 보상금이었을까. 그렇지는 않다. 이런 토지를 찾아주고 보상을 누락한 기간의 사용료를 부당이득으로 청구하라고 독려하는 법조인과 유사법조인이 적지 않기 때문이다.

외상이나 미수는 계속적인 거래관계 아래서 편의를 봐 주다 보니 자연 발생한 것이다. 반면, 미지급용지는 행정청의 편의주의 또는 사업시행자의 불찰로 생긴 인위적인 틈이다. 지자체가 자발적으로 보상해 준다고 선심 쓰는 것도 아니고, 이런 영역을 특화시킨 법무법인을 선한 사마리아인으로 볼 필요도 없다. 그저 줘야 할 것을 한참이나 늦게 챙겨 지급한 것뿐이다. 보상 평가 기준도 이용 상황에 대한 특별한 조치 말고는 보상 지구 내 다른 토지와 달리 적용되지 않는다.

10년만의 재회, 환매 토지 가격

낙장불입(落張不入)

성급했건 착각에 의했건 내밀었던 패를 거둬들이겠다는 투전꾼의 통사정이 있을 때면 노름판 여기저기서 지체 없이 튀어나오는 사자성어. 관행과 상황이 충돌하는 순간, 선처를 바라는 당사자의 하소연에 아랑곳없이 물러줄 용의가 없다는 상대편의 추상같은 발언이다. 당일 판 대세에 지장이 없었으면, 당사자가 이미 노름판에 수억 꼬라박았으면, 한 번 봐 주는 관행이 있는 건 분명하다. 그러나 판돈 수북이 쌓인 큰 판에서 한 수의 패착이라면 저쪽도 봐 줄 맘이 생기지 않는다. 급박한 상황이 관행을 무력화시키는 순간, 실랑이는 기본이고 얼굴 붉힐 때까지 통사정과 외면이 대립한다. 최악의 경우 기분 상한 자가 판을 엎어버리며 파국을 맞는다. 노름판에서는 '포커페이스' 전략을 배우기에 앞서 '낙장불입' 원칙을 먼저 익혀야 한다. 으레 봐주다가도 이 한 마디면 실수한 자는 옴짝달싹 못하기 때문이다. 어수룩한 사람 하나 걸리면 피싱이나 스미싱 기법으로 돈 털어가려는 이들에겐 낙장불입만큼 정 가는 사자성어가 있을까.

철도, 도로, 학교, 공공청사, 아파트를 짓는 공익사업에서는 낙장불입(落張不入)의 예외 규정을 두고 있다. 토지 소유자가 특정한 요건이 충족되면 지급받은 보상금을 돌려주고 원래 토지를 되찾을 수 있는 길이 있다. 건물 등은 해당되지 않는다. 소유권에 대한 애착 정도에 따른 차별로 볼 수도 있지만, 이미 철거돼 형체조차 남아 있지 않은 것을 되찾을 길 없는 현실 때문이기도 하다. 헌법에 보장된 재산권 보장 방법은 원칙적으로 존속보장, 곧 '난 그냥 이대로'다. 그게 불가능하므로 가치보장, '얼마 쳐 줄 겁니까?'로 전환되는 것이다. 한껏 버티다 수용 결정으로 돈 받고 토지를 빼앗긴 것은 수용의 강제력 때문이며, 순순히 협상으로 타결했다 해도 그 뒤에 버티고 있는 사업시행자의 수용권한을 의식하지 않을 수 없었을 것이다. 그런데 개인의 재산권을 적정한 몸값 지불로 강제 취득할 수 있는 정당성이 사라지게 된다면, 묻혀 있던 전(前) 토지 소유자의 '존속보장' 목소리가 뿜어져 나온다. 이를 '환매권'이라고 부른다. 『공익사업을 위한 토지 등의 취득 및 보상에 관한 법률』상의 환매권은 법정 환매권이며, 요건이 충족되면 자연적으로 토지소유자에게 부여되는 형성권이다.

토지 환매 개요

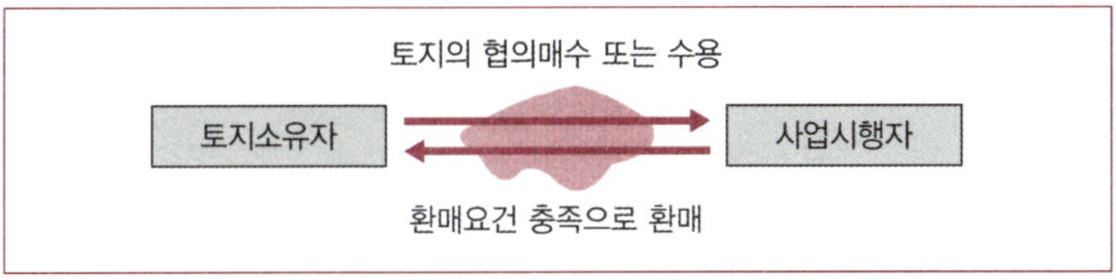

어떤 경우 환매권이 성립하는지 『공익사업을 위한 토지 등의 취득 및 보상에 관한 법률』 제91조가 조목조목 정리해 놨다. 첫 번째 상황은 협의취득일 또는 수용의 개시일(이하 '취득일')로부터 10년 이내에 해당 사업의 폐지·변경 또는 그 밖의 사유로 취득한 토지의 전부 또는 일부가 필요 없게 된 경우다. 당연히 불필요하게 되었으니 돌려주는 게 마땅하다. 다만, 이를 행사하려면 필요 없게 된 때부터 1년 또는 그 취득일부터 10년 이내에 그 토지에 대하여 받은 보상금에 상당하는 금액을 사업시행자에게 지급하고 그 토지를 환매해야 한다. 두 번째 상황은 취득일로부터 5년 이내에 취득한 토지의 전부를 해당 사업에 이용하지 않았을 때다. 수년간 방치할 만큼 굳이 취득할 필요도 없었으니 되돌려주는 건 당연하다. 이 경우 환매권은 취득일부터 6년 이내에 행사하여야 한다. 다만, 자투리땅(잔여지)은 독자적 활용가치가 떨어진다는 이유로 매수해 달라는 소유자의 요구를 받아준 것이므로 원 편입 토지가 환매대상이 아니면 홀로 환매할 수 없다. 환매권 발생 사실은 혹시나 하는 기대로 토지 돌려받기를 기다리던 전 소유자의 발 빠른 정보수집력으로 포착되지 않는다. 사업시행자의 통지가 결정적이다. 명심해야 할 건 통지를 받은 날(또는 공고를 한 날)부터 6개월간 환매권을 행사하지 않으면 이 소중한 권리는 소멸한다. 제척기간이 엄연히 존재함을 신경 써야 한다.

환매대상이 되기까지의 숙성 기간을 재기 위한 기초 시점, 곧 기산일은 과거 취득일인데, 중간에 사정이 생기면 기산일이 한참 늦춰질 때가 있다. 이를 '공익사업 변환'이라고 부르는데, 국가·지자체·공기업이 사업시행자로 나서 사업을 추진하다가 다른 공익사업으로 바꿔 진행하는 것을 말한다. 『공익사업을 위한 토지 등의 취득 및 보상에 관한 법률』 제4조에는 공익사업의 종류를 8가지로 분류하고 있다. 1호에서 5호까지는 각각 국방·군사, 철도·도로 등, 청사·공장 등, 학교·도서관 등, 주택건설·택지조성 등의 공익사업이 들어있고, 6조와 7조는 각각 위 1~5호의 사업에 필요한 통로 등의 부속시설과, 이주단지 조성 사업이다. 이때 변환되는 공익사업은 1~5호의 공익사업이어야 한다. 즉, 사업시행자가 국가·지자체·공기업일 것, 새롭게 변환되는 사업이 1~5호 사업이기만 하면 환매권은 부력을 상실하고 수면 아래로 가라앉는다. 해당 공익사업의 변경을 관보에 고시한 날로 초기화된다. 이 슬픈 소식을 환매권자는 직접 통지받거나, 자신의 주소를 못 찾아 시·군·구 게시판에 게시된 문건으로 확인하곤 한다.

민법 제590조는 당초 매매대금, 즉 지급받은 보상금을 반환하고 동시 이행조치로 환매권 행사가 가능함을 말한다. 원칙적으로 내줬던 토지를 되찾기 위해 과거 수령했던 보상금만 돌려주면 된다. 그러나 협의가 이뤄지지 않고 법원의 판단을 구해야 할 때가 있다. 환매 당시 토지가격이 취득 당시에 비해 뚜렷한 변동이 있을 때다. 볼품없던 토지가 개량돼 가치 증진이 이뤄진 만큼 그 기여분을 보전해 달라는 요구는 합리적인 목소리다. 『공익사업을 위한 토지 등의 취득 및 보상에 관한 법률』이, 환매금액에 대해 사업시행자와 전(前) 토지소유자가 협의하되 협의에 이르지 못하면 환매금액 증감을 청구할 수 있도록 길을 터 준 것을 보면, 환매권 행사 시 쌍방의 첨예한 이해관계가 얽혀 있음을 알 수 있다.

그뿐만이 아니다. 『공익사업을 위한 토지 등의 취득 및 보상에 관한 법률』은 사업시행자에게 환매할 토지가 생겼을 때에는 지체없이 그 사실을 환매권자에 통지할 의무를 부과하고 있다. 사업시행자는 토지를 넘긴 전 소유자의 소재지를 파악하는 데 과실이 없었다면 통지의 의무보다 한결 가벼운 공고의 방법을 취한다. 전국을 보급지역으로 하는 일간신문에 공고하거나 해당 토지가 소재하는 시(행정시를 포함한다)·군 또는 구(자치구가 아닌 구를 포함한다)의 게시판에 7일 이상 게시하는 방법이 그것이다. 만약, 이런 통지를 받지 못하거나 공고가 누락돼 전 토지소유자의 환매권이 소멸됐다면 이후의 절차는 외길이다. 환매권 상실에 따른 손해배상 청구 소송이 제기될 것이다.

요즘 환매권이 발생한 토지를 찾아주고, 적극적으로 환매권을 행사할 수 있도록 조력한 후 그 실익의 일정비율을 요구하는 보상 브로커가 적지 않다. 환매권 행사로 얼마의 돈을 되돌려 주고 토지 소유권을 찾을지, 환매권 상실을 이유로 한 손해배상 청구소송에서 보전받는 금액이 얼마인지, 환매권 행사를 도운 브로커에게 알선 수수료 명목으로 지급될 아까운 돈은 얼마인지, 공통적으로 환매 당시의 토지가격을 확인해야 알 수 있다. 더불어 취득 당시에 비해 현재 토지가격이 현저하게 상승했는지를 판단해 봐야 한다.

환매가격은 이렇게 결정된다

금리는 곧 기회비용의 크기와 동의어다. 투자하는 자, 돈을 빌리고 빌려주는 자 모두 자본의 융통기간에 상응하는 대가를 치러야 하며, 시중 금리는 그 잣대를 제공한다. 고정금리를 선호하는 이는 금리상승기의 이자부담을 피하고 확정이자를 보장받는 대신 금리인하기의 이자할인 기회를 포기하는 것이다. 변동금리 선호자라면 물론 그 반대다. 언제든 융통할 수 있는 현금성 자산이 아닌 토지와 같은 고정자산이라면 '매년 지가상승분'을 금리의 대체어로 활용해도 무방하다. 토지의 소유권을 회복하려는 환매권자도 이 수치를 염두에 둔다. 수년 전 강압성을 띤 거래형태로 토지를 넘기면서 보상금을 수령한 이가, 토지를 다시 되찾을 권리가 생기면 종전 보상금만 돌려줘야 하는지를 판단하기 위해서다.

상황은 이렇다. 공익사업에 의한 강제매매로 수년 전 토지보상금을 대가로 토지 소유권을 넘겼는데 법에 규정된 조건이 충족돼서 토지를 돌려받게 된 것이다. 받았던 돈만 돌려줘야 할지 보상금을 전세금으로 보아 그간의 이자수익까지 더해 뱉어낼지, 갈림길 표지판에는 '현저한 변동' 문구가 새겨져 있다. 보상 받았을 당시에 비해 환매권 행사 당시의 토지가격이 이자수익 이상으로 폭등했는지에 따라 판단한다는 것이다. 이자수익은 대상과 유사한 토지의 지가상승분으로 대체할 수 있다. 정리하면 '종전보상금×(1+인근유사 토지 지가변동률)'과 '환매당시 토지가격'을 키 재 보는 것이다.

환매가격 결정 과정

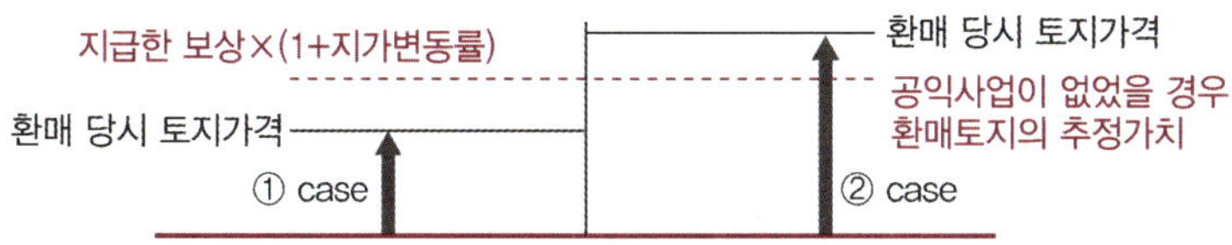

✓환매를 앞둔 현재 토지가격이 최초 취득시점에 비해 얼마나 올랐는지 확인!

	① case	② case
환매금액	지급한 보상금	지급한 보상금×[환매 당시 토지가격 -보상금×(1+지가변동률)]

양자 중 환매당시 토지가격이 낮다면 현저한 변동이 발생하지 않은 것이다. 대상 토지의 가격 동향을 검토해보니 비교할만한 인근 유사토지의 가격상승곡선보다 기울기가 완만한 경우가 그렇다. 남들 가격 들썩일 동안 뭐했는지 모르지만, 어쨌든 소유권을 되찾는 토지소유자 입장에서 이전 받았던 보상금만 돌려줘도 크게 눈치 보이지 않는다. 환매금액은 '종전보상금'으로 귀착된다. 그러나 환매당시 토지가치가 상당하다면 얘기가 달라진다. 종전 공익사업 시행자가 대상 토지가격이 크게 오른 것은 자신의 공(功)이라고 주장할 충분한 이유가 된다. 비교가격이 종전보상금에 인근유사 토지 지가상승분을 더한 값이므로 대상 토지가 달리 가격이 더 오른 이유를 사업시행자의 노력 외에 찾을만한 곳도 마땅치 않다. 사업시행자는 이전에 지급했던 보상금 회수는 원금 보존일 뿐, 주변토지보다 몸값이 더 뛴 부분은 뱉어내라고 주장한다. 이때의 환매금액은 '종전보상금+지가상승초과분'이 되므로, 정리하면 '종전보상금+[환매당시 토지가격-종전보상금×(1+인근유사 토지 지가변동률)]'이다.

토지를 다시 찾아오기 위해 이런 식으로 환매금액을 정하도록 규정되어 있는바, 그 어느 경우든 환매당시 토지가격과 인근유사 토지 지가변동률을 살펴야 한다. 환매당시 토지가격은 환매권을 행사할 당시 곧 현재의 지가를 말한다. 토지의 평가 시 공시지가기준법을 적용하도록 하고 있으며, 대상 토지 주변 적정한 비교표준지의 최근 공시지가를 활용할 것이다. 공익사업 때문에 용도지역이 상향되었거나 이용 상황이 개선된 경우 모두 반영하여 평가해야 한다. 땅을 돌려받는 자는 현 상태, 곧 미운 오리새끼에서 백조로 변신한 개량된 토지의 임자가 되기 때문이다. 다만, 환매 진행 중 공익사업이 변경되거나 폐지돼 용도지역 등의 상향이 없던 일로 되면 현재는 임시상태로 보아 대상 토지가 종국에 처할 상황을 기준으로 해야 한다. 어쨌든 보상금을 산정하는 것이 아니므로 보상 평가 기준이 적용되는 것은 아니다. 그러나 환매 토지가 종전 공익사업의 굴레를 벗어 숨 좀 돌리려 할 때 다른 공익사업에 편입된다면『공익사업을 위한 토지 등의 취득 및 보상에 관한 법률』상의 보상평가 기준에 따라 현 지가를 결정해야 할 것이다.

두 번째, 평균적인 이자 수익으로 보는 인근유사 토지 지가변동률을 확인해야 한다. 원칙적으로 매월 국토부에서 발표하는 지가변동률은 시 · 군 · 구 용도지역별로 추계한 평균 지가상승 · 하락분을 말한다. 모든 토지의 지가변동을 조사하는 것은 여러모로 비효율적이니 통계의 논리에 따라 샘플 토지만 조사해 추계한 것이다. 샘플 토지를 '표본지'라고 부르고 대표성을 지닐 만큼 균형 있게 지역별로 심어 놓는다. 그러나 환매에서는 대상의 '아바타'쯤 되는 유사토지를 주변에서 골라 표본지로 정한다. 단 한 필지의 가격 변동으로 인근유사 토지 지가변동률을 결정하는 것이 특징이다. 막중한 임무를 띤 표본지는 인근지역에 있는 것으로서 대상과 용도지역 및 이용 상황 등이 동일하거나 유사한 토지여야 하며, 공익사업과 무관한 표준지 중에서 선정하는 것을 원칙으로 한다. 표본지는 환매 토지의 아바타인 만큼 취득시점부터 환매당시까지 환매토지와 같은 길을 걸었어야 한다. 환매 토지가 중간에 용도지역이나 이용 상황 등이 달라졌다면 표본지는 동일한 변동 양상을 띠었어야 한다. 주의 깊게 선별한 표본지를 놓고 수년 전 보상금이 지급됐던 취득 당시와 환매 당시 현재 시점까지의 토지가격 변동률을 추출한다. 대부분 표본지가 표준지이므로 모든 연도의 공시지가 자료를 확보할 수 있는 점이 여러모로 다행이다. 취득과 환매 시점이 공시기준일인 1월 1일이 아니라면 취득 또는 환매 연도의 공시지가에, 익년 공시지가와 당해 공시지가 차액(1년 분) 중 1월 1일부터 해당 시점까지의 경과일수만큼을 일할계산해 가산해 주면 된다. 도저히 요건을 충족하는 표준지를 고를 수 없다면 비(非)표준지를 표본지로 정할 수 있으며, 이 표본지의 취득 및 환매 당시의 가격은 인근 표준지를 이용해 결정하는 과정을 거친다. 정리하면, 인근유사 토지 지가변동률은 '환매당시 표본지 적정가격/취득당시 표본지 적정가격'으로 결정한다.

『공익사업을 위한 토지 등의 취득 및 보상에 관한 법률』은 환매할 토지가 생겼을 때 사업시행자가 지체 없이 그 사실을 환매권자에게 통지 또는 공고해야 할 의무를 지도록 하고 있다. 고의 또는 과실로 통지 등을 누락했다면 환매권자는 절대 이를 묵과하지 않을 것이다. 제척기간이 지나 환매권이 상실되었기에 손해배상 청구 요건이 충족된다. 판례는 손해배상액을 정하는 명쾌한 산식을 제시했다. 환매권이 있었다면 얻게 될 수입에서 지불했어야 할 취득금액의 차액이 환매권자의 손해라는 논리다. 얻게 될 수입은 토지소유권이므로 환매당시 토지가격이다. 이를 얻기 위한 지출은 환매금액으로, 종전보상금 또는 '종전보상금+[환매당시 토지가격－종전보상금×(1+인근유사 토지 지가변동률)]'이다. 산식을 정리하면, 만약 환매

당시 토지가격이 취득당시에 비해 크게 뛰지 않았다면 토지소유자가 환매당시 토지가격과 종전 보상금의 차액을 정상적인 이자 수익으로 보아 손해배상액을 챙길 수 있다. 그 반대로 사업시행자 덕택에 환매당시 토지가격이 크게 뛰었다면 그간의 이자수익을 '종전보상금x인근유사 토지 지가변동률'로 보고 손해액을 사정한다.

많은 이들이 불가피하게 보험을 해약하면서 일부 원금까지 날린 불쾌한 기억을 갖고 있다. 원금 보장형 손해보험도 가입기간의 8~9부 능선은 넘어 해약해야 원금 보존이 가능하도록 설계되었기 때문이다. 이에 비하면 환매권은 양반이다. 공익사업의 기여가 분명한 초과지가상승분은 움키지 못해도, 정상적인 토지가격 상승분은 환매권자인 토지소유자에게 귀속하도록 합리적으로 규정되었기 때문이다. 시중은행 수신금리가 요즘처럼 저공 행진하고 금리에 필적하는 물가상승이 이뤄지면 실질적인 이자율은 '0'에 가깝게 된다. 환매권을 행사했을 때, 종전 토지보상금에서 평균적인 지가상승밖에 이뤄지지 않은 토지를 다시 받게 된다면 별로 안 남는 장사일까. 그렇지 않다. 환매권의 근본적 취지는 '공익'의 이름으로 억지로 팔게 된 토지를 다시 찾아올 수 있는 권리를 보장한 것이며, '나 그냥 이대로'를 외쳤던 이의 숙원을 풀어주는 것이기 때문이다. 그런 이에게 그간의 지가상승분은 '덤'이지 약정 이자의 성격은 아니다.

잔여지, 매수하든지 위로금을 주든지

법의 사각지대, 당사자의 불만이 제기되고 학계 및 실무자의 지적이 곁들여지면 사회적 공감대가 형성된다. 입법자가 이에 관심을 보이고 법제화 작업을 거치면 비로소 법 규정으로 명문화된다. 잔여지의 사정을 봐 주자는 규정도 그리 오래된 규정은 아니다. 불과 몇 해 전 신설된 따끈따끈한 규정이다. '수용'의 광풍이 휩쓸고 간 자리, 잔존자의 생활·경작 여건이 극도로 악화되는 예외적인 경우가 있다. 피수용자는 정나미 떨어져 생활 기반을 다 청산하겠다는 바람을 강하게 피력할 수 있다. 마음 추슬러서 근방에 정착하려 해도 사정이 여의치 않기 때문이다. 사업시행자도 사업지구 안에 들어선 토지, 물건에 대해서만 수용권을 발동하는 것이 일반적이다. 잘려 나가고 남은 잔여지의 입장을 고려하려면 비빌 언덕이 있어야 했다. 법제화된 비빌 언덕은, 크게 쓸모없게 되었으니 사 줘야 하는 '매수 보상', 잘려 나가고 남은 땅의 가치 감소분에 대한 '가치하락 보상', 통로설치 등 공사가 필요한 경우의 '공사비 보상' 규정이다.

잔여지 발생 상황

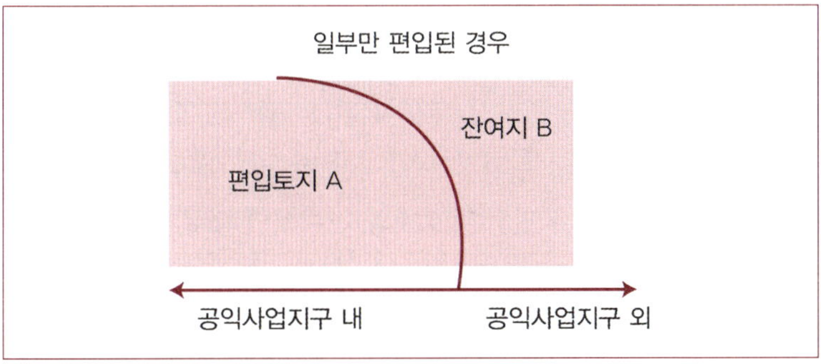

잔여지 매수보상은

'매수 보상'은 토지 일부가 편입돼 잘려 나가고 남은 땅인 '잔여지'를 매입하는 것이다. 일반적으로 잔여지의 매수 요청은 토지 소유자의 몫이다. 그러나 사업시행자가 적극적일 때도 있다. 잔여지의 가치 감소분과 잔여지에 대한 공사비용을 합한 금액이 잔여지의 가치보다 크다면, 수용의 방법을 택하는 것이 낫다. 그러나 이런 자진 매수 사례는 드물다. 대부분 소유자가 강력 요청하고 사업시행자가 부득이 수용하는 모양새다.

잔여지의 매수 보상 요건을 규정하고 있는 「공익사업을 위한 토지 등의 취득 및 보상에 관한 법률」 제74조 1항의 규정은 다음과 같다.

> '동일한 소유자에게 속하는 일단의 토지의 일부가 협의에 의하여 매수되거나 수용됨으로 인하여 잔여지를 종래의 목적에 사용하는 것이 현저히 곤란할 때에는 해당 토지소유자는 사업시행자에게 잔여지를 매수하여 줄 것을 청구할 수 있으며, 사업인정 이후에는 관할 토지수용위원회에 수용을 청구할 수 있다. 이 경우 수용의 청구는 매수에 관한 협의가 성립되지 아니한 경우에만 할 수 있으며, 그 사업의 공사완료일까지 하여야 한다.'

일단, 협의가 우선이다. 협의가 결렬되면 재결의 과정을 거치게 된다. 잔여지가 매수 보상 대상이 되기 위한 첫 번째 요건은 잔여지가 '동일인 소유의 일단의 토지'여야 한다는 것이다. 사실상 동일 소유관계를 포함해 편입된 토지와 잔여지의 소유자가 동일인이어야 한다. 한 필지 일부가 잘려 나가 당연히 잔여지가 되는 것뿐만 아니라 용도상 불가분의 관계에 있는 수 필지가 일단지를 이루고 있는 경우 그중 한 필지만 수용됐다면 수용에서 제외된 일단의 토지 내 여러 필지 모두가 잔여지에 해당된다.

두 번째 요건은 잔여지가 '종래의 목적에 사용하는 것이 현저히 곤란'한 경우로 판단돼야 한다. '종래의 목적'은 일부가 잘려 나갈 때의 이용 상황을 지칭한다. 편입 당시 잔여지의 현실적인 이용 상황대로 계속 사용하는 것이 곤란한 경우에 한정될 뿐, 몇 년 안에 콘도부지로 이용될 장래가 촉망되는 부지였는데 그 꿈이 좌절됐다고 주장하는 것은 어폐가 있다. 따라서 본래의 목적에 활용될 수 없는 '현저히 곤란'한 경우가 제시되지 않는다면 다툼은 쉴 새 없다. 다행히 「공익사업을 위한 토지 등의 취득 및 보상에 관한 법률」 시행령 제39조는 물리적 여건이 뚜렷하게 악화된 구체적인 경우를 열거하고 있다. '대지로서 면적이 너무 작거나 부정형(不定形) 등의 사유로 건축물을 건축할 수 없거나 건축물의 건축이 현저히 곤란한 경우, 농지로서 농기계의 진입과 회전이 곤란할 정도로 폭이 좁고 길게 남거나 부정형 등의 사유로 영농이 현저히 곤란한 경우, 공익사업의 시행으로 교통이 두절되어 사용이나 경작이 불가능하게 된 경우, 위와 유사한 정도로 잔여지를 종래의 목적대로 사용하는 것이 현저히 곤란하다고 인정되는 경우'로 크게 대별했다.

잔여지의 면적이 얼마나 줄어들어야 대지 면적 과소 요건이 인정될까. 명확한 규정은 없지만 참고할 만한 지침은 있다. 건축법 및 지자체 조례에 의해 정해진 대지분할제한면적[19] 이하라면 과소면적으로 주장할 수 있는 근거가 된다. 공유토지의 경우 지분면적이 아닌 전체 면적을 기준으로 판단하고 집합건물의 일부분이 편입된 경우 대지권의 목적이 되는 토지 전체가 매수대상이 될 수 있다. 재결기관인 중앙토지수용위원회도 대지에 대해서는 위 대지분할제한면적 이

19) 주거지역 60m², 상업 · 공업지역 150m², 녹지지역 200m², 그 외 60m²

하의 토지를 대상으로 언급했고, 잡종지는 대지면적 요건을 준용할 것, 잔여지의 면적 비중이 공익사업 편입 전 전체 토지면적 대비 25% 이하일 것, 가급적 잔여지 면적이 330㎡를 넘지 않아야 한다는 세부 판단 기준을 내정하고 있다. 형상에 있어서도 '사각형은 폭 5m 이하, 삼각형은 한 변의 폭이 11m 이하인 경우 등을 부정형으로 보되, 그 이외의 형상은 잔여지에 내접하는 사각형 또는 삼각형을 도출하여 개별적으로 판단'한다고 부연했다. 위의 물리적 측면뿐만 아니라 사회적, 경제적 측면을 고려할 때 종전대로의 이용에 많은 비용이 소요되는 경우도 '현저히 곤란'한 경우에 포함되어야 할 것이다.

잔여지 단독으로는 위와 같은 불리한 요인이 다분해도, 잔여지의 위치, 형상, 이용 상황 및 용도지역 등을 종합 고려할 때 현재 이용을 지속하는 데 큰 지장을 받지 않을 수 있다. 농경지로 쓰고 있는 잔여지가 좁고 길게 남게 됐지만 사방으로 인접한 농경지 모두가 잔여지 소유자의 경작지라면, 잔여지의 경작이 불가능하게 되었다고 인정받기 어렵다. 겸사겸사 잔여지를 현금화시키려는 주관적 동기가 개입된 매수 청구인 것으로 밝혀질 때도 있다.

이미 일부 토지가 편입 보상 과정을 거쳤으므로 동일한 보상평가기준이 잔여지의 매수 보상 평가에 적용된다. 기준시점은 잔여지 매수에 대한 협의 성립 또는 재결 당시, 공법상 제한 및 이용 상황은 편입토지의 보상 당시 기준, 공익사업으로 인한 잔여지의 가치변동 미반영 등의 세부 기준이 그것이다. 간단하게 전체 토지 보상액에서 먼젓번 편입 토지의 보상금액을 뺀 정도가 금번 잔여지 보상액이라고 이해하면 된다. 잔여지 소유자의 매수 요청을 수용한다면 깔끔하다. 그러나 사업시행자가 수용할 의사가 없고 재결기관도 수용의 요건에 해당되지 않는다고 판단하면, 다른 요구 조건을 내세울 수 있다.

잔여지 가치하락 보상은

반복적으로 사용하는 곳에 하중이 걸리는 것은 당연하다. 스포츠 선수라면 몸 이곳저곳에 잔 고장이 부지기수다. 공익사업으로 토지 일부가 잘려나간 '잔여지' 중에는 잔 고장이 아니라 영구적인 신체 결함을 보이는 특수한 경우가 있다. 일부가 편입되기 전의 종래 목적대로 사용하는 것이 불가능하다면 잔여지의 매수, 수용을 청구할 권리가 부여되는데, 그 정도에 이르지 않았다면 영구적인 신체의 결함에 대한 손실을 청구할 수 있다. 이를 '가치하락 보상'이라고 부른다. 잔여지에 대한 '가치하락' 보상은 순순히 협의가 될 수 있고 재결을 거치기도 한다. '가치하락'에 따른 보상금을 다투는 소송 평가도 빈번하다.

「공익사업을 위한 토지 등의 취득 및 보상에 관한 법률」 제73조에는 '사업시행자는 동일한 소유자에게 속하는 일단의 토지의 일부가 취득되거나 사용됨으로 인하여 잔여지의 가격이 감소'하는 경우 그 손실을 보상하도록 했다. 동법 시행규칙 제32조는 잔여지 가격 감소분을 판단하는 구체적인 기준을 담고 있다. '공익사업시행지구에 편입되기 전의 잔여지의 가격에서 공익사업시행지구에 편입된 후의 잔여지의 가격을 뺀 금액'이 해당 손실액이다. 1등급 사과 한 상자를 들고 가던 상인을 밀쳐 사과 몇 개가 바닥에 나뒹굴어 여기저기 멍든 탓에 사과상자가 3등급으로 재조정된다면, 1등급과 3등급 사과 한 상자의 판매가격 차이를 그 손실액으로 보는 것이다. 계속 사용을 전제하므로 현 시점에서 잔여지를 처분하여 뚝 떨어진 몸값을 증빙할 수는 없다. 잔여지 가치하락에 대한 감정평가가 필요한 대목이다.

잔여지 가치하락액 산식

편입 전 잔여지의 가액	–	편입 후 잔여지의 가액	=	잔여지 가치하락액

멀쩡했던 사과에 살짝 멍이 들었다고 맛이 크게 달라지지는 않는다. 그러나 1등급 사과가 띠는 선명한 붉은색 외관에 시퍼런 멍자국이 생겼다면 시각적 효과로 인한 등급 저하는 불가피하다. 잔여지에 발생한 가치 하락은 토지의 가치에 영향을 주는 '가치형성요인'의 변동에 의한 것이다. 대법원은 '토지 일부의 취득 또는 사용으로 인하여 그 획지조건이나 접근조건 등의 가치형성요인이 변동됨에 따라 발생하는 손실뿐만 아니라 그 취득 또는 사용 목적 사업의 시행으로 설치되는 시설의 형태 · 구조 · 사용 등에 기인하여 발생하는 손실'로 가치하락의 범위를 넓게 판단하면서 '현실적 이용 상황의 변경 외 장래의 이용가능성이나 거래의 용이성 등에 의한 사용가치 및 교환가치상의 하락 모두가 포함'된다고 해석했다. 매수요건에서는 장래의 이용가능성을 배제했으나, 가치하락 평가에서는 고려 대상이 된다.

가치하락 요인은 잔여지의 접근조건이나 획지조건이 악화된 것에서 찾는 편이다. 해당 공익사업 자체로부터 발생하는 소음 · 진동 · 악취 등은 사업시행자가 통상적인 수인한도를 넘지 않도록 방음벽 등의 시설을 설치하는 조치로 대응하면서 보상 의무에서 벗어나곤 한다. 정사각형 모양의 반듯한 대지에서 졸지에 삼각형으로 남게 되는 경우, 2차선 도로를 이용해서 접근하고 있었는데 새로운 시설이 들어서면서 비포장 농로를 통해서 겨우 진입할 수 있게 된 경우가 대표적인 '가치형성요인'의 변동으로 볼 수 있다. 편입 후 잔여지의 단가는 악화된 개별적인 사항을 반영해 평가되며, 일부가 편입될 때(최초 보상 당시)의 토지 보상 단가와의 격차에 잔여지 면적을 곱해 잔여지 가치하락 손실액을 결정한다.

잔여지에 특정해서 발생하는 손실이라도 주변 토지의 상황을 볼 때 가치하락 정도가 완화될 때도 있다. 농경지 한 필지의 형상이 악화돼 도저히 경작할 수 없어 손실이 막대하다고 주장할 때는 인접한 토지의 소유관계와 일단의 사용 여부를 확인해야 한다. 잔여지에 인접한 토지 전부를 소유하며 잔여지를 포함한 일대 토지를 경작하고 있었다면 해당 토지의 형상 악화의 영향은 미미할 수 있다. 물론 잔여지 1필지만을 기준으로 잔여지의 가치를 평가하겠지만 나홀로 사용하고 있었을 때보다 가치하락 폭이 크게 도드라지지 않을 것이다.

가치하락이 발생한 잔여지의 구체적인 감정평가 기준은 다음과 같다. 표준지 공시지가를 기준으로 감정평가하며 일부 편입 토지에 대한 보상평가 기준이 그대로 적용된다. 잔여지의 공법상 제한사항이나 이용 상황 모두 편입 당시가 기준이다. 편입 토지의 보상 이후에 잔여지의 용도지역이 변경된 경우는 그 사유가 어떻든 전혀 고려되지 않는다. 당해 공익사업에 의한 변동이라면 '직접적 관련성'으로, 공익사업과 전혀 무관한 경우라면 '외부효과 배제'의 취지로 개입을 차단한다. 일부토지 특성은 악화됐지만 공익사업으로 인한 새로운 시설이 설치돼 개선된 부분이 있다면 선별적인 적용이 이뤄진다. 개선된 부분을 고려하지 않는 것은, 잔여지뿐만 아니라 그 주변 모든 토지가 향유하는 사업 시행 이익을 잔여지의 가치하락과 일부 상쇄시킬 경우의 형평성 시비 때문이다.

잔여지의 가치하락에 대한 보상은 남은 땅이라도 보존하고 싶은 토지 소유자의 바람이 기본 전제다. 사업시행자가 의도하지 않았겠지만 잔여지에 명백하고 계량 가능한 손실이 있을 때 손해 배상이 아닌 '손실 보상'의 틀에서 다뤄지는 것은 정당 보상 원칙에 부합한다. 그러나 판례가 언급한 '장래의 이용가능성이나 거래의 용이성'이라는 대목에서 사업시행자와 잔여지 소유자의 이해관계가 첨예하게 대립한다. 사용가치와 교환가치는 '현재'뿐만 아니라 '장래'의 거래와 이용가능성에 영향을 받는 것이 지당하지만, 사업시행자는 '현재', 잔여지 소유자는 '장래'에 방점을 찍고 싶은 속내가 가득하기 때문이다. 배상 책임을 몇 대 몇으로 판단하는 재판부의 결정이 계량 분석을 거치지는 않았지만 합리적인 기준잣대로 인식되듯, 가치하락 평가와 관련한 감정평가사의 판단도 전문가의 재량이 십분 발휘된 합리적인 산출물로 받아들여지고 있다.

고압선 아래 토지의 처지(선하지 보상)

내 정원으로 유해시설이 들어오는 것은 절대 용인할 수 없다는 '지역이기주의'와 고압선 아래 평생 살며 암 같은 치명적 질병에 노출되는 위험을 감수할 용의가 없다는 '생존권 투쟁'. 우리 모두가 기억하는 밀양 송전탑 사태를 이렇게 단순 요약할 수 있을 것이다. 바라보는 시각은 이처럼 판이하나 결국은 보상의 문제가 결부돼 있다.

공중으로 고압선이 지나는 토지를 '선하지'라고 부른다. 한전에서는 철탑을 세우기 위해 농경지나 임야 일부를 협의 또는 수용에 의해 취득해 '철탑부지'로 이용한다. 그리고 철탑 사이로 길게 늘어선 고압선이 통과하는 땅을 일컫는 '선하지'에 대해서는 영구적 공중부분 사용료를 지불하고 '구분지상권'을 설정한다. 이런 토지의 등기사항전부증명서를 발급받아 보면 구분지상권의 범위와 설정자의 명칭, 설정을 위해 지급한 보상금 총액이 기재돼 있다.

선하지에 대한 보상 평가는 이런 식으로 이뤄진다. 먼저 한전 측에서 새로 개설되는 선로에 맞춰 측량을 실시하고 감정평가 기관에 고압선의 설치 범위와 직하(直下)면적을 제시한다. 평가자는 제시된 설계도면을 구비하여 현장을 조사한 후 선하지 및 인근 토지의 현황, 거래가격수준 및 기 보상 선례, 지역적 특성 등을 면밀히 검토해 선하지의 적정단가(원/㎡)를 추계한다. 이어 해당 고압선이 이 토지에 미치는 불리한 영향의 정도를 '보정률'로 결정한다. 여기에 제시된 선하지 면적을 곱하면 최종 보상금액이 도출된다. 선하지에 대한 보상 평가는 적정 토지단가와 보정률의 책정으로 요약할 수 있다.

선하지 보상평가액

적정단가 (원/m^2)	×	보정률	×	선하지면적 (원/m^2)	=	선하지보상 평가액

적정단가(원/m^2)는 보상평가기준이 적용된 대상 토지의 가격을 말한다. 공시지가기준법으로 평가될 것이고 인근 유사한 토지의 거래가격과 보상금지급 선례를 참작하여 결정될 것이다. 보정률은 고압선이 이 토지에 미치는 불리한 영향을 나타내며 '입체이용저해율'과 '추가보정률'의 합으로 구성된다. 전자는 해당 토지의 수직 공간을 건물이 들어설 수 있는 부분, 지하부분, 기타부분으로 구획할 때 각각의 공간에서 고압선으로 인해 사용이 제한되는 정도를 가중 평균한 비율을 의미하며, 건물 등과 지하, 기타 이용부분의 점유율에

입체 이용도 및 입체이용저해율

입체 이용도

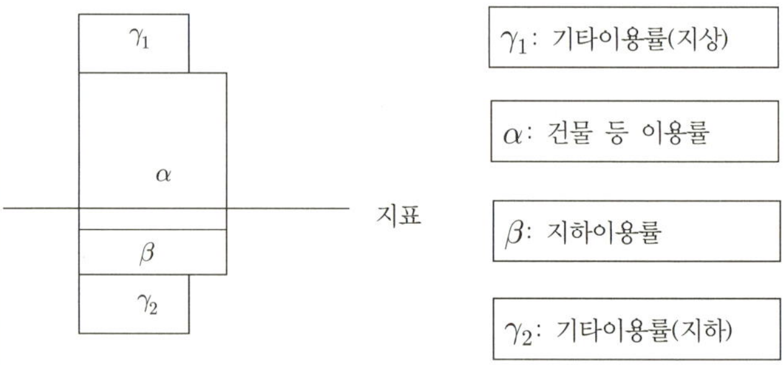

구분		상세
건물 등 이용률		건물 등의 신축에 따라 임대가 가능한 공간에 대한 이용률
지하이용률		주차장 등의 활용이 가능한 공간에 대한 이용률
기타 이용률	지상	광고탑, 통신탑, 굴뚝 등의 활용공간에 대한 이용률
	지하	지하터널, 공동구 등의 활용공간에 대한 이용률

입체이용 저해율

입체이용저해율 = Σ(공간이용률 × 저해율)

각 공간에서의 저해율을 곱한 값을 합산한다. 농경지나 임야지대인 경우 건물이나 지하사용부분의 저해는 없을 것이므로 통상 기타부분의 이용 공간 중 '공중' 부분에서 약간의 저해가 발생하는 것으로 본다.

후자인 '추가보정률'은 고압선으로 인해 대상 토지의 쾌적성과 시장성 등이 취약해지면서 가치하락이 발생하는 정도를 수치화한 것이다. 추가되는 보정률을 가산하도록 한 것은, 입체이용저해율만으로 보상금이 현실적이지 않기 때문이다. 형평성 문제도 제기될 수 있다. 고압선의 수직 위치와 선하지 면적이 같다면 고압선이 토지 중앙을 통과할 때와 모서리에 걸쳐 있을 때, 차별대우가 합리적이다. 추가보정률은 25%의 범위에서 가산할 수 있으며 영구적 사용인 경우 5% 정도를 더 가산할 수 있다. 이래저래 다 합쳐도 보정률은 50%를 넘지 못한다. 고압선 아래서 장기간 경작한 농민은 불치병에 걸려 일찍 죽는다는 속설이 아니더라도 상식적으로 이런 흠결이 있는 토지를 50% 할인 매각한다고 선뜻 사고 싶지 않을 것이다. 실제 선하지의 매매가격 수준과 일반 토지와의 격차를 충분히 분석해 보정률을 현실화시킬 필요가 있다.

선하지 보상규정의 역사

2013년 말 국무회의를 통과하고 2014년 1월 공포된 한 법률은 선하지 및 그 주변지역에 대한 새로운 '보장항목'과 '보상금 지급 기준' 의 내용을 담고 있다. 2014년 7월 29일부터 시행된 「송·변전설비 주변지역의 보상 및 지원에 관한 법률」이 그것이다. 2009년 용산참사의 후속 대책으로 「도시 및 주거환경정비법」의 규정 일부가 개정된 것과 달리, 이 법은 밀양 송전탑 사태를 계기로 기존 법률에서의 미온적인 보상규정과 보상범위를 보완하고자 새로이 제정된 것이다. 갑상선암(癌)에 대한 진단 보험금이 최근 발병률 및 치료 실비 규모를 반영해 타 암(癌)과의 형평성을 고려해 하향 조정된 것은 암(癌)보험에 가입할 의사가 없는 이들이라면 무시해도 되는 얘기지만, 원치 않게 고압선이 내 땅과 우리 지역을 통과하게 되는 건 강요받는 현실이니, 송·변전설비 주변지역주민의 현실적인 재산권 보장 내용을 담고 있는 이 법의 내용은 시행된 지 1년은 훌쩍 지났지만 잘 정리할 필요가 있다.

신설된 법률을 살펴볼 때 기존 법률의 변천사 내지 이력을 뒤적여보는 게 여러모로 도움이 된다. 먼저 고압선이 통과하는 토지에 대한 보상의 규정을 담고 있는 것은 「전기사업법」이다. 그러나 이 법에서 규정한 보상기준이 어느 정도 명확해진 것은 근래 들어서다. 보상 기준이 확정되기 전에는 한동안 한전의 내부 지침에 따라 보상 문제를 처리했다. 1990년 대 부당이득금 반환청구소송에서 '공중의 사용에 따른 구분지상권에 상응하는 임대료'를 논하면서 공중의 가치가 조명됐고, 2003년 한국감정평가협회가 고압선 통과지에 대해 '선하지공중부분사용에따른손실보상평가지침'을 신설해 내부 보상평가 기준으로 삼았다. 2011년 3월경 「전기사업법」 제90조 2의 신설로 비로소 법률의 형태로 보상금액 산정 기준이 등장했지만 「도시철도법」 시행령 제5조에서 보인 지하 공간 보상기준과 같은 명확성은 결여되어 있었다. 암(癌)보험의 '보장범위'가 구체화된 정도지 '보험금 지급 기준'은 여전히 미흡한 수준이었다고 볼 수 있다.

신설된 「송·변전설비 주변지역의 보상 및 지원에 관한 법률」의 규정에서도 일부 준용하고 있는 현재 「전기사업법」 제90조에는 보상범위 토지면적은 언급만 돼 있을 뿐, '손실보상의 구체적인 산정기준 및 방법에 관한 사항은 대통령령으로 정한다.'고 하여 시행령에 구체적인 사항을 위임하고 있다. 시행령 별표에서는 지상의 공간을 송전선로가 존속하는 기간까지 사용하는 경우 보상금액은 '토지의 단위면적당 적정가격×지상 공간의 사용면적×(입체이용저해율+추가보정률)'로 결정하도록 하고 있다. 그러나 비고란을 살펴볼 필요가 있다. '토지의 가격(단위면적당 적정가격 및 단위면적당 사용료 평가가액을 말한다), 입체이용저해율 및 추가보정률 등 손실보상의 산정 방법에 관하여는 「공익사업을 위한 토지 등의 취득 및 보상에 관한 법률」 제67조 및 제68조에 따라 평가한다.'고 재위임했다.

「공익사업을 위한 토지 등의 취득 및 보상에 관한 법률」 제68조는 '보상액의 산정기준 등에 관하여 필요한 사항은 국토교통부령으로 정한다.'고 해서 시행규칙에 위임했고, 수임 규정인 시행규칙 제31조를 들춰보니 '토지의 지하 또는 지상공간을 사실상 영구적으로 사용하는 경우~당해 토지의 가격에 당해 공간을 사용함으로 인하여 토지의 이용이 저해되는 정도에 따른 적정한 비율(이하 이 조에서 "입체이용저해율"이라 한다)을 곱하여 산정한 금액으로 평가한다.'로 귀착된다. 다시 원점이다. 토지가격이야 그렇다 치고 '토지의 이용이 저해되는 정도에 따른 적정한 비율'을 정한 규정은 찾을 길이 없다. 2003년 한국감정평가협회가 제정한 '선하지공중부분사용에따른손실보상평가지침'에서 더 나아간 내용도 없다.

이 지침의 내용은 「전기사업법」 시행령 별표 혹은 「공익사업을 위한 토지 등의 취득 및 보상에 관한 법률」 시행규칙 별표, 즉 법규명령으로 격상시킬 필요가 있다. 「송·변전설비 주변지역의 보상 및 지원에 관한 법률」도 「전기사업법」에 따른 보상수준을 고려할 수 있도록 하고 있어 선하지 보상 문제를 감정평가기관의 내부 평가 기준만으로 규율하는 것은 바람직하지 않다. 지침의 내용이 적정하다면 강제력을 갖는 법률의 영역으로 올려 버리면 그만이다.

송 · 변전설비 주변지역의 보상 및 지원에 관한 법령의 내용은

밀양 송전탑 사태에 떠밀려 입법된 「송 · 변전설비 주변지역의 보상 및 지원에 관한 법률」은 크게 보상의 '공간'과 '대상'의 범위 확대 그리고 잔여지의 손실보상에 상응할 만한 '지원 사업' 추진의 내용을 담고 있다.

먼저 보상의 '공간'은 선하지에서 재산적 보상지역으로 확대됐다. 기존 선하지 면적은, 전선 두 개가 나란히 통과하고 있으면 전선 최외측으로부터 3m씩 보폭을 넓혀 둘러싸인 면적을 1차적 기준으로 삼고 여기에 전압별 이격거리만큼 보폭을 넓혔다. 35,000V를 넘는 10,000V마다 15cm를 가산할 수 있도록 했는데, 765kv 고압송전선이라면 약 11m 폭이 넓어진다. 그렇다면 최종 선하지면적은 전선 양측에서 수평으로 각각 14m(3m+11m)만큼 벌린 직하면적이 될 것이다. 뒤집어 말하면 송전선에서 수평으로 14미터 밖에 위치한 토지

❙재산적 보상지역 등 공간적 범위

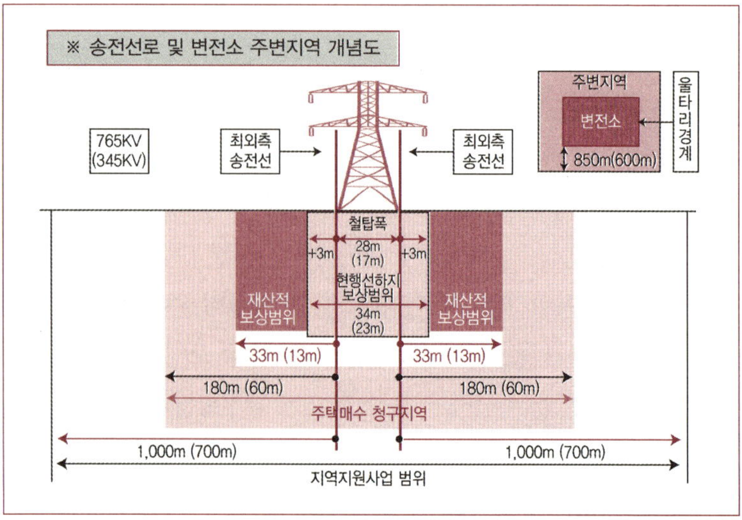

는 이 송전선으로 인한 손실보상을 거론할 원고적격도 인정받지 못했다. 새로이 제정된 법률은 지상 송전선로의 건설로 인하여 재산상의 영향을 받는 지역을 〈재산적 보상지역〉으로 규정하고 전압별로 보폭을 이전보다 꽤 넓혔다. 765kv 송전선인 경우 송전선 양측 가장 바깥 선으로부터 각각 33m, 345kv인 경우 각각 13m만큼 외곽선을 확장할 수 있다. 최소한 종전보다 손실 보상의 공간적 범위가 확대된 것이다.

재산적 보상 지역 내 모든 토지에 대해 기존 선하지 면적에 편입된 부분만큼 동등한 수준의 보상금이 지급되지는 않는다. 이 지역 내 토지가 기존 선하지에 비해 지상송전선로 건설로 인하여 발생하는 경제적 가치 감소의 정도, 종전의 용도대로 토지를 활용하는 데 제한을 받는 정도, 기타 재산권 행사에 특별히 제약을 받는 정도는 미약하기 때문이다. 이 법에서도 「전기사업법」 제90조의 2에 따른 보상수준 이내에서 보상금액을 산정해야 한다고 못 박으면서 재산적 보상지역에 속한 토지는 「전기사업법」 제90조의 2에 따른 보상과는 달리 구분지상권 등 권리 설정등기를 하지 않는 점, 「전기사업법」 제90조의 2에 따른 보상과는 달리 토지의 이용에 어떠한 제한도 받지 않는 점, 「전기사업법」 제90조의 2에 따른 보상토지보다 송전선로에서 더 멀리 이격되어 있는 점을 근거로 내세우고 있다. 최소한 이격거리가 멀어질수록 보상금 수준이 낮아질 것이다.

「송·변전설비 주변지역의 보상 및 지원에 관한 법률」에서 보상의 '대상'을 확대한 것은 〈주택매수 청구지역〉으로 확인할 수 있다. 지상 송전선로 건설로 인하여 주거 및 경관상의 영향을 받는 지역을 정해서 그 안에 있는 주택 소유자의 청구가 있으면 의무적으로 사업자가 주택을 매수하도록 한 것이다. 이 지역은 재산적 보상지역보다 훨씬 광범위하다. 765kv 송전선인 경우 송전선 양측 가장 바깥 선으로부터 각각 180미터, 345kv인 경우 각각 60m로 경계를 삼는다. 축사 혹은 공장과 달리 이 범위 내에 위치한 주택 소유자라면 거주의 불쾌함을 충분히 항변할 수 있다고 판단한 것이다. 매수금액(토지+건물)은 보상평가기준을 적용해 결정하며, 지장물 등에 대해서는 현황 평가 원칙이 적용되므로 노후화 정도가 반영되는 건물 매수 금액은 신축 비용에는 미치지 못한다.

이렇게 재산적 보상지역을 확대하고 주택매수 청구 자격을 부여해도 여전히 지원이 필요한 사각지대는 존재한다. 이들 구역 밖에 살고 있는 같은 동네 이웃 사람들이다. 피해의 직접성을 입증하긴 그렇지만, 혐오시설이 부근에 있는 건 사실이라 기분 좀 꺼림CLR하고, 땅값도 왠지 좀 떨어질 것 같고, 밭 갈러 가려면 고압선 밑을 매일같이 왕래해야 한다면 뭔가 좀 쥐여 주는 것이 상식이다. 그래서 765kv 송전선(옥외변전소)인 경우 송전선(옥외변전소) 양측 가장 바깥 선(외곽경계)으로부터 1,000m(850m), 345kv 송전선(옥외변전소)인 경우 700m(600m)이내 지역을 〈송·변전설비 주변지역〉으로 지정했다. 간혹 이렇게 정한 주변지역의 경계가 마을을 관통할 수 있다. 그러면 내 집과 앞집이 경계선 하나로 희비가 엇갈린다. 이럴 땐 '주변지역 지원 심의위원회'의 심의를 거쳐 주변지역의 범위를 탄력적으로 조정할 수 있도록 했다. 이들 주변지역 내 주민에게 제공하는 당근은 여러 개다. 주택 전기세를 일부 보조해 주는 등의 직접 지원 방법은 '주민지원 사업'에 속한다. 편의증진 혹은 주거 환경을 개선하는 '주민복지 사업'으로 공원이나 체육시설 등을 설치해 줄 수 있다. 마을공동 농산물 가공 공장을 설립해 운영할 수 있도록 이모저모 지원하는 '소득증대사업'도 고려할 만하다. 저소득 가정을 위한 장학기금 적립 또는 기숙사 지원 같은 '육영사업'도 선택 사항 중 하나다.

여태 배상 혹은 보상의 문제에 맞닥뜨린 적이 없다면 곱게 살아온 것이다. 사익은 대못 박혀 찢겨나가고 공익은 흩뿌려지는 것이 현실이다. 찢겨나가는 입장에 우리 중 누군가가 설 수 있다. 그런 의미에서 입법자는 선하지 보상의 문제에 빈틈이 보이지 않도록 본연의 임무에 충실해야 할 것이다. 갈등의 현장에서 입법의 흠결을 메워 보려고 발 벗고 나서는 적극성 이전에, 뒷북치는 땜질 처방을 미연에 방지하는 사전 입법의 농익은 결과물이 더욱 절실하다. '제발 반값이라도 팔고 나가고 싶어요.' 송전선 주변 보상의 사각지대에 놓인 이들의 외침은 오늘도 여전하다.

건물 등 보상금 책정의 논리(지장물 보상)

어떤 낱말의 사전적 정의가 변하지 않았는데도 사람마다 이를 체감하는 정서적 정의는 천차만별이다. 신분과 환경의 영향 때문이다. 연인(戀人) 앞에 내리는 '눈(雪)'은 '낭만의 대명사'지만 이등병에게는 연병장을 뒤덮은 '하늘에서 내리는 쓰레기'일 뿐이다. 보상지구에서도 사업을 시행하는 쪽과 공익사업으로 쫓겨 가는 사람 간에 이와 유사한 인식의 차이가 있다. 앞마당에 심긴 50년 된 감나무와 부뚜막, 화초재배를 위해 설치한 비닐하우스는 이를 가꾸고 이용하는 이에게는 '소중한 피붙이'지만, 사업시행자는 사업에 지장을 주는 '지장물'로 인식된다. 사업하는 쪽에서는 소유자와 함께 늙어가는 50년 된 감나무가 삶의 동반자처럼 느껴질 리 없다. 어서 옮길 비용을 줘서 빨리 반출해야 할 '짐짝'에 불과하다.

이런 '지장물'을 보상할 때는 굳이 물건의 가격대로 쳐 줄 필요가 없다. 사업부지는 취득의 대상이지만, 이런 물건은 반출하게끔 이전비 정도만 주면 족하다. 그래서 '지장물'에 대한 보상 기준은 '물건의 가격 범위 내 이전비'가 된다. 물건의 가격 범위 내라고 특정한

| 지장물 보상 기준

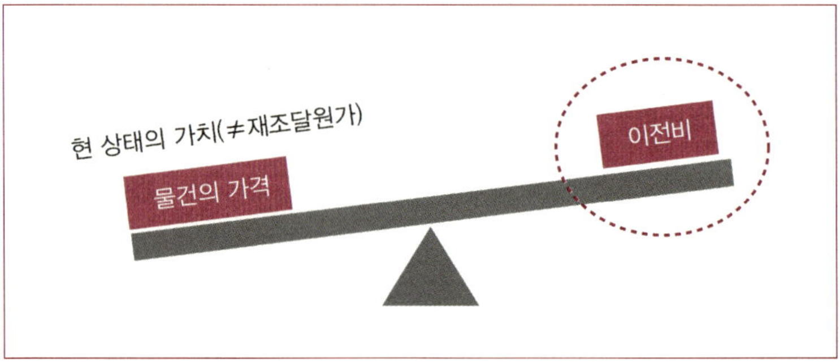

이유는 옮기는 비용이 물건의 가격을 초과할 경우 이전비 상한을 정할 필요가 있기 때문이다. 배보다 배꼽이 클 수 없는 것은 상식이다.

이전비는 옮기는 비용을 말하지만, 물건의 종류에 따라 세부 항목은 달라진다. 이전 대상이 분묘라면 차량운반비보다 제례비용에 더 많은 비용을 책정한다. 그냥 들어 옮길 수 없는 물건의 특수성 때문이다. 또한 사물보다 생물의 운반비가 높다. '생동물할증'이 붙기 때문이다. 이전으로 인한 부득이한 손실도 이전비를 구성한다. 이를 달리 '감손상당액'이라고 부르는데, 물건이 파손되거나 수목이 고사하는 것, 동물이 스트레스를 받아 체중이 감소하거나 산란율이 저하되고 이로 인해 출하가 지연되는 모든 상황을 반영해야 한다.

일반적인 물건의 이전비 항목은 크게 인건비와 운송비, 시설 대여료 정도로 구성된다. 대부분 시중 노임단가에 인부수를 곱하여 인건비를 산출하고, 물건을 다 싣는 데 몇 톤 트럭이 몇 대 필요한지 파악해 운송비를 결정한다. 가끔 지게차나 크레인이 필요한 경우만 중장비 대여료를 가산할 뿐이다.

이런 지장물에 대한 보상액은 토지 보상총액 대비 10%를 넘지 못한다. 총액도 미미한 데다 소유자가 느끼는 물건에 대한 애착을 고려해서인지 전반적으로 지장물 보상금은 후하다. 이사비용이 빡빡한 쪽보다는 넉넉한 편에 가깝다. 이전이 불가능하거나 이전비가 물건의 가격을 상회해 물건의 가격으로 보상할 때는 이런 경향이 더 두드러진다. 콘크리트를 부어 만든 낡은 장독대의 가격으로 몇십만 원을 책정하지만, 집을 사고파는 입장에서 장독대의 보상금이 매매금액에 그 정도 녹아들어갈지는 확신할 수 없다.

후하게 쳐 줬다고 불만제로는 아니다. 삶의 손때 묻은 주택, 가업처럼 대(代) 이어 운영하는 콩나물 공장 소유자는 성에 차지 않는다. 이전할 수 없으니 물건의 가격으로 책정해 줘야 하는데, 소유자의 인식에 일관성이 없다. 건물 상태가 '중고'라는 사실에는 동의하지만 보상금은 '신상품' 수준을 요구하기 때문이다. 이들이 현 주택이나 공장을 양도하고 새로운 거주지에 보금자리나 사업장을 마련하는데 신축만이 유일한 대안이라면 이렇게 요구할 수 있다. 그러나 이런 개별적인 사정이 지장물에 대한 '현황기준원칙'을 무너뜨리지는 못한다. 건물에 대한 보상 평가를 할 때면 평가자는 늘 '이런 중고 건물 값을 얼마나 좋게 봐 줄 수 있을까'에 대한 고민에서 자유롭지 못하다.

나무에 대한 보상 가격

인명피해 없는 가벼운 자동차 접촉 사고라 해도 사후 처리가 더 귀찮은 게 사실이다. 정비소에 차를 맡기러 가야 하고 익숙하지 않은 렌트카를 며칠 몰고 다니다 수리 다 된 차를 찾으러 가야 종결된다. 정비소에서는 사고 차에 대한 수리 견적을 뽑고 작업 전 차량 소유자의 의향을 물을 때가 있다. 수리비가 꽤 나온다 싶으면 자차 부담금과 보험료 할증을 고려해서 이참에 폐차할 용의가 있는지 생각해 보라는 것이다. 보험사 입장에서도 수리비용이 중고차 가격 이상으로 나올 것 같으면 폐차 쪽으로 고객을 설득하는 것이 합리적이다. 중고자동차의 가격과 수리비용을 재보는 것과 같이, 공익사업지구 내 건축물등의 보상도 교체와 수리 중 양자택일해야 한다.

원칙은 수리해 주는 것이다. 현존 위치를 내 줘야 하니 수리비용은 건축물 등을 다른 적당한 장소로 이전해 주는 비용에 대응된다. 『공익사업을 위한 토지 등의 취득 및 보상에 관한 법률』에서는 '건축물 · 입목 · 공작물과 그 밖에 토지에 정착한 물건에 대하여는 이전에 필요한 비용으로 보상하여야 한다.'고 했다. 물론 예외가 있다. 건축물 등을 이전하기 어렵거나 그 이전으로 인하여 건축물 등을 종래의 목적대로 사용할 수 없게 된 경우, 건축물 등의 이전비가 그 물건의 가격을 넘는 경우, 사업시행자가 공익사업에 직접 사용할 목적으로 취득하는 경우에는 교체비용을 줘야 한다. 물론 신상품 가격으로 줄 수는 없다. 노후된 상태의 중고가격에 불과하다.

이전이 가능한 수목류는 생명이 붙어 있는 상태로 이전하는 비용이 책정된다. 옮겨 심는 것과 직접 관련된 항목은 '이식비'라고 부르고, 이전하면서 발생하는 고사(枯死)의 문제와 수확량 감소는 각각 고손액과 감수액으로 처리한다. 이들이 모두 이전비에 포함된다. 이식이 불가능한 수목에는 나이를 꽤 먹은 과수가 해당한다. 8년생 사과나무, 10년생 감귤나무, 9년생 호두나무 모두 이식이 불가능한 연령이다. 과수별 이식가능수령이 『공익사업을 위한 토지 등의 취득 및 보상에 관한 법률』 시행규칙 별표에 규정돼 있다. 이들은 연생을 고려하여 가격으로 보상을 받는다.

수종별 이식가능수령

구분 / 수종	이식가능 수령	이식적기
일반사과	5년 이하	2월 하순~3월 하순
왜성사과	3년 이하	2월 하순~3월 하순, 11월
배	7년 이하	2월 하순~3월 하순, 11월
복숭아	5년 이하	2월 하순~3월 하순, 11월
포도	4년 이하	2월 하순~3월 하순, 11월
감귤	8년 이하	6월 장마기, 11월,12월~3월 하순
감	6년 이하	2월 하순~3월 하순, 11월
밤	6년 이하	11월 상순~12월 상순
자두	5년 이하	2월 하순~3월 하순, 11월
호두	8년 이하	2월 하순~3월 하순, 11월
살구	5년 이하	2월 하순~3월 하순, 11월

과수의 이전비 보상 유형

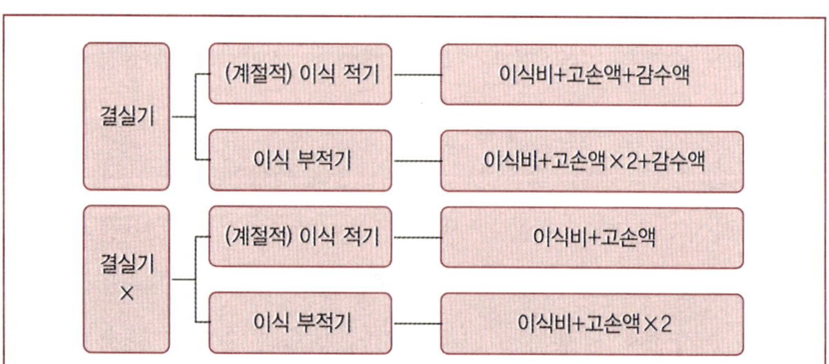

이전을 할 수 있는 수목류의 이식비는 굴취, 운반, 상하차, 식재, 재료, 부대비용의 내용으로 구성된다. 이식이 용이한지 난해한지는 대강의 기준이 있다. 낙엽수가 옮기기 편하고 관목보다는 교목이 수월하다. 직근이 뚜렷하게 발달한 수종보다 잔뿌리가 많은 수종의 이전이 용이하고 맹아가 잘 나오는 수종의 이식 성공률이 높은 것으로 알려져 있다. 이식이 수월할수록 이식비는 적게 잡힐 것이다.

이식비를 구성하는 개개의 항목은 단계별 품셈을 계산하고 거기에 투입되는 인건비와 기계 사용료를 곱해준다. 얼마나 '품'이 많이 드는지 개별 수목마다 판단하지 않고 한국건설기술연구원 건설공사표준품셈의 조경공사 편을 참고할 수 있다. 이 자료에는 나무의 높이와 가슴둘레 직경, 뿌리직경에 따른 주당 품셈이 제시돼 있다. 예컨대 수고가 1m 이하인 경우 굴취단계에서 한 주당 조경공은 0.06인으로 계산된다. 굴삭기와 크레인이 동원되는 수목도 있다. 굴취단계에서든 상차와 하차 단계에서든 기계의 사용 시간에 시간당 사용료가 곱해진다. 운반비는 주당 운반수량과 화물자동차의 거리와 용량에 따른 운임요금을 곱한다. 식재단계는 터파기와 나무세우기, 묻고 물주고 지주목 세우는 일, 손질하고 뒷정리하는 모든 과정에 들어가는 비용을 합산한다. 여기에 굴취와 식재에 들어가는 재료비를 별도로 더하고, 간접노무비와 산재보험료, 기타경비, 일반관리비, 업자이윤 등을 포함하는 부대비용은 통상 앞서 소개한 비용의 누계에 일정비율로 산입된다.

수목의 종류와 수령에 따라 이식하는 데 드는 기준비용을 제시하고는 있지만, 사업장과 개개 수목의 환경이 이식비를 조정하는 요인이 된다. 2~300주 이식하는 비용이 2~3주 수목 이식비의 100배에는 훨씬 미치지 못한다. 규모의 경제가 발생할 수밖에 없다. 굴취단계에 거의 품이 들지 않은 상태의 '임시식재'된 조경수목도 이식비를 조정해야 한다. 언제든 상품으로 출시할 목적으로 판매대기 중인 수목을 옮기는 비용이 뿌리박은 수목과 같아서는 안 된다. 밀식한 경우는 식재의도가 의심스러울 때가 있다. 보상금이 주당 가격으로 책정된다는 단순한 논리를 펴서 과다 보상을 요구하는 이들이다. 『공익사업을 위한 토지 등의 취득 및 보상에 관한 법률』은 수목의 수량 산정방법을 정하고 있으며 '수목의 손실에 대한 보상액은 정상식[20]을 기준으로 한 평가액을 초과하지 못한다.'고 명확하게 규정하고 있다. 보상투기 목적으로 과밀식재된 수목보상에 대한 누적된 사례가 탄생시킨 규정이 아닐까 짐작된다.

계절별로 이식이 가능한 시기가 있다. 이 시기를 넘기면 고사(枯死)비율이 높다. 고손액을 결정할 때 이식적기와 부적기의 고손액은 2배 정도 격차가 난다. 수익수의 경우 이식을 전후해서 2.2년 수확량이 줄어드는 것으로 반영한다. 감수액은 수목 수익가격의 220%를 적용한다.

원래 모판 상태에서 상품으로 거래되는 묘목은, 즉시 상품화 가능 단계라면 이전으로 인해 손실이 있을 수 없다. 다른 장소를 구할 수 없어 일시 매각해야 하는 사정 때문에 발생하는 매각손실액 정도가 보상금으로 책정된다. 묘목 중에서도 출하 전 성장기 상태라면 옮기는 데 비용도 들고 이 기간 적응하지 못해 생명을 다할 수 있다. 이식비와 고손액이 이들의 보상금액이다. 파종 중이거나 발아 중이라면 그간 들인 비용이 '신생아'단계의 묘목 보상금으로 책정된다. 입목의 경우 벌채할 시기에 도달한 '벌기령'에 대해서는 손실이 없는 것으로 보고 있으며, 매각손실액 정도를 보상한다.

보상지구에는 과수 외에도 단풍나무와 느티나무, 소나무같이

20) 경제적으로 식재목적에 부합되고 정상적인 생육이 가능한 수목의 식재 상태

만인에게 알려진 품종이 대부분이지만, 산딸나무, 층층나무, 물푸레나무, 계수나무, 독일가문비나무, 자작나무, 측백나무 등 일반인이 식별하기 힘든 나무들도 산재한다. 수목원 근무자들이 생각하는 나무의 가치와 수목 보상금은 괴리가 상당하다. 보상에서 주관적인 가치 혹은 공익적 가치는 논외다. 수목 보상금은 철저하게 물건의 가격, 이전 가능성, 이식비용, 수령, 이식의 난이도, 투하비용 등 객관적인 입증자료에 기초해 이전비와 물건의 가격 사이에서 결정된다.

영업장에 대한 보상 기준(영업 손실 보상)

공익사업지구에서 토지나 건축물 등을 갖고 있는 사람들은 전자는 취득가격, 후자는 '물건의 가격 범위 내 이전비'로 보상을 받는다. 그러나 이들 외에도 손실이 막심한 이들이 있다. 터 잡고 있는 자리를 내 주고 어디론가 옮겨 영업을 해야 하는 사업장이다. '○○ 맛 집'으로 이름난 식당은 그래도 사정이 덜하다. 홈페이지나 블로그에 이전 소식을 올려놓고 현재 영업장 주변에 이전을 알리는 플래카드라도 걸어놓으면 대개 다 알아서 찾아오기 마련이다. 그 멀리서 찾아 온 사람들이 기존 영업장에서 수 km 더 멀어졌다고 바로 발길을 돌리지는 않는다. 피해는 옆집, 앞집, 윗집에 사는 이웃이 편하게 외상 주고 물건 들고 가는 토박이 슈퍼 같은 작은 영세 사업장에 집중된다. 하루아침에, 막역한 사이라고 편하게 물건 사 주는 동네 이웃이자 고객을 타지에서 만들 수는 없기 때문이다.

사업장이 크든 작든 사업장을 옮겨야 하니 며칠에서 수개월까지 영업을 불가피하게 중단해야 한다. 자원해서 옮기는 것도 아니니, 옮기는 기간 동안 수입이 뚝 끊기는 것은 당연히 보상을 받는다. 그렇다고 일률적으로 책정해 주는 것은 아니고 사업장마다 그간 평균 수익이 얼마나 됐는지 파악해서 4개월[21]의 휴업기간을 정해 영업 이익을 보전해 준다. 문 닫느니 장사하는 게 낫다 생각해 근근이

21) 당해 공익사업을 위한 영업의 금지 또는 제한으로 인하여 4개월 이상의 기간 동안 영업을 할 수 없는 경우, 영업시설의 규모가 크거나 이전에 고도의 정밀성을 요구하는 등 당해 영업의 고유한 특수성으로 인하여 4개월 이내에 다른 장소로 이전하는 것이 어렵다고 객관적으로 인정되는 경우 2년을 초과하지 않는 범위에서 4개월 이상의 실제 휴업기간으로 하되, 이는 주로 소송에 의해 확정되는 사항이다.

영업하는 곳도 있을 텐데, 한 50만 원 남짓 번다고 4개월 치 200만 원을 보상해 주는 건 야박하다. 개인영업의 경우, 도시근로자 3인 기준 4개월 가계지출비를 휴업기간 영업이익의 하한선으로 보장해 준다.

휴업보상 산식

휴업 보상액	=	영업이익 × 휴업기간	+	영업이익 감소액	+	고정적 비용	+	이전비 상당액	+	부대 비용

휴업기간을 4개월로 인정해 주는 『공익사업을 위한 토지 등의 취득 및 보상에 관한 법률』의 현 규정은 2014년 10월 개정된 사항이다. 2009년 1월 용산 4구역 재개발사업구역에서 발생한 물리적 충돌로 인해 상가 세입자의 열악한 보상금이 사회적 논의의 대상이 되자 「도시 및 주거환경정비법」에서 먼저 휴업기간을 기존 3개월에서 4개월로 늘려 잡았다. 『공익사업을 위한 토지 등의 취득 및 보상에 관한 법률』이 여기에 보조를 맞추기 위해 뒤늦게 개정된 것이다.

기존에 지출하던 비용 중에 휴업기간에도 지출이 멈추지 않고 줄줄 새는 돈이 있다. 휴업 중 '고정적 비용'에 대한 보전이 필요한 이유다. 영업장을 이전하는 기간 이를 관리할 근로자에 대한 인건비, 임대차계약에 따라 계속 지급해야 하는 임차료, 제세공과금, 보험료, 광고선전비, 감가상각비 등을 포함한다. 이외에 이전광고비와 개업비 등의 부대비용을 가산한다.

쉬는 기간 소득 손실은 들어와야 할 돈이 막혀버린 것이다. 그러나 새 사업장으로 옮기는 비용은 나가지 말아야 할 돈을 지출하는 셈이다. 이런 지출도 당연히 보상 대상이며 이전하는 데 들어가는 실비는 포장이사 업체를 부를 돈으로 부족하지 않게 책정한다. 유리판매상이라면 한꺼번에 그 많은 유리 제품을 옮기다 파손되는 물량이 있을 수 있다. 이전하면서 파손 물량 비율을 최소한 추려 내서 '감손상당액' 항목으로 보전해 준다.

2014년 10월 개정으로 새로이 추가된 휴업 보상 항목에 '영업이익 감소액'이 있다. 영업 이전 후 곧바로 예년 수준의 매장 활성화에 이르지 못하므로 과도기 매출감소의 피해를 일부 보전하겠다는 것이다. 휴업기간 영업이익의 20%로 상한액은 1천만 원이다.

「도시 및 주거환경정비법」상 주택재개발사업 등에 『공익사업을 위한 토지 등의 취득 및 보상에 관한 법률』의 휴업보상 규정을 준용하고 있는데, 일반적인 공익사업지구와 정비사업 구역이 성격이 다르다는 지적도 있다. 대표적인 지역 상권을 형성하는 주택재개발사업지구는 말 그대로 '내수전용' 상권이다. 그 지역을 통과하는 유동인구가 유효수요층이 아니라 거기 터 잡고 거주하는 주민들이 소비층을 형성하고 있다. 재개발사업은 1~2년 만에 끝나는 정비 사업이 아니고 길게는 10년 걸리기도 한다. 사업이 성숙기에 접어들면 실제 거주하지 않는 외지인들이 늘어나고 세입자들도 불안해 속속 전출한다. 시 외곽 농경지대 등을 개발하는 택지개발사업과 달리 보상금을 지급하기 전에 이미 배후지의 쇠퇴가 발생하고 서서히 매출감소로 인한 피해를 입고 있는 셈이다.

휴업하는 기간 동안 영업장의 소득 상실이나 새 사업장으로의 이전 실비는 그야말로 최소한이다. 가장 큰 피해는 영업 배후지를 잃는다는 것이다. 새로운 정착지에서 예전과 같이 영업기반을 잡을지는 불확실하다. 규모가 큰 공익사업은 사업 후 들어서는 상가 분양권이나 대체용지를 제공한다. 그렇다 해도 적게는 수개월, 길게는 수 년 동안 지금처럼 편하게 장사할 수 있는 배후지를 또 만들어야 하는 불편함은 부득이 감수해야 한다.

한편, 폐업을 해야 하는 부득이한 경우 2년의 영업이익 등을 보상해 주고 있지만 혐오시설 등 일부 사업장에만 해당하는 사항이다. 폐업이나 휴업보상의 요건을 충족하지 못하면 이전비 등 실비만을 지급받는다. 이 외에 무허가건물 등의 세입자와 무허가영업에 대해서는 보상에 대한 특례를 정하고 있다.

❙ 영업보상 유형

구분	상세
폐업 보상	• 공익사업으로 영업을 폐지해야 하는 아래와 같은 사정이 있는 영업장 - 영업장소 또는 배후지의 특수성으로 인하여 당해 영업소가 소재하고 있는 시 · 군 · 구 지역 안의 다른 장소에 이전하여서는 당해 영업을 할 수 없는 경우 - 당해 영업소가 소재하고 있는 시 · 군 · 구 또는 인접하고 있는 시 · 군 · 구 지역 안의 다른 장소에서는 당해 영업의 허가 등을 받을 수 없는 경우 - 도축장 등 악취 등이 심하여 인근주민에게 혐오감을 주는 영업시설로서 해당 영업소가 소재하고 있는 시 · 군 · 구 지역 안의 다른 장소로 이전하는 것이 현저히 곤란하다고 특별자치도지사 · 시장 · 군수 또는 구청장이 객관적인 사실에 근거하여 인정하는 경우
휴업 보상	• 공익사업으로 영업을 이전해야 하는 경우, 임시 영업소를 설치해야 하는 경우
이전비 보상	• 폐업이나 휴업 등의 사유 없이 이전해서 계속적인 영업활동이 가능한 경우
특례 보상	• 폐업 또는 휴업 보상의 일부 요건(장소의 적법성, 행정적 요건)이 충족되지 않은 경우

한강 변 개간 토지의 상황(개간비 보상)

국·공유재산 중 일부 토지를 점유자에게 매각할 때가 있다. 사용허가 또는 대부계약을 맺고 도로였던 땅을 텃밭으로 개량해서 사용해오던 점유자가, 제시받은 매수제안을 수락할 때다. 이런 경우 얼마에 매각해야 할까. 『국유재산법』 시행령 제42조에는 '일반재산을 법 제45조에 따라 개척·매립·간척 또는 조림하거나 그 밖에 정당한 사유로 점유하고 개량한 자에게 해당 재산을 매각하는 경우에는 매각 당시의 개량한 상태의 가격에서 개량비 상당액을 뺀 금액을 매각대금으로 한다.'고 규정했다. 같은 내용을 담고 있는 『공유재산 및 물품관리법』 시행령 제28조는 '개량비의 범위는 형질 변경, 조림, 부속시설 설치 등에 드는 인건비·시설비·공과금 및 그 밖에 해당 재산을 개량하기 위하여 실제 지출한 비용으로 한다.'고 해, 결국 그간 점유자가 들인 품은 인정받을 수 있다. 다만, 공유재산일 경우 개량한 자가 제시한 개량비가 적절한지는 지방자치단체의 장이 심사·결정한다.

'점유자의 상환청구권'을 규정한 민법 제203조 2항도 같은 맥락이다. '점유자가 점유물을 개량하기 위하여 지출한 금액, 기타 유익비에 관하여는 그 가액의 증가가 현존한 경우에 한하여 회복자의 선택에 좇아 그 지출금액이나 증가액의 상환을 청구할 수 있다.' 이 경우 앞서 국·공유 재산의 매각 시 인정받았던 개량비보다 선택 폭이 넓다. 지출액보다 개량을 통한 가치 증가가 월등했다면 개량 전·후의 가액 차이를 청구할 수도 있기 때문이다. 유익비 지출로 인한 가액 증가분을 점유자가 아닌 소유자가 취득한다면 이는 민법 제741조[22] 부당이득의 내용에 해당될 것이다.

이런 논리가 '보상'에 관한 일반법이라 할 수 있는 『공익사업을 위한 토지 등의 취득 및 보상에 관한 법률』에도 스며들어 있다. 법 제64조는 '손실보상은 토지소유자나 관계인에게 개인별로 하여야 한다. 다만, 개인별로 보상액을 산정할 수 없을 때에는 그러하지 아니하다.'는 규정인데, 이때의 '관계인'을 '사업시행자가 취득하거나 사용할 토지에 관하여 지상권·지역권·전세권·저당권·사용대차 또는 임대차에 따른 권리 또는 그 밖에 토지에 관한 소유권 외의 권리를 가진 자'로 정의했다. 개량행위를 한 점유자도 이때의 관계인에 포함되는지 불분명해 보이지만, 개간비 보상에 관한 규정인 동법 시행규칙 제27조 3항[23]을 통해 심증이 확증으로 바뀐다.

개간한 토지에 대한 보상금 수령

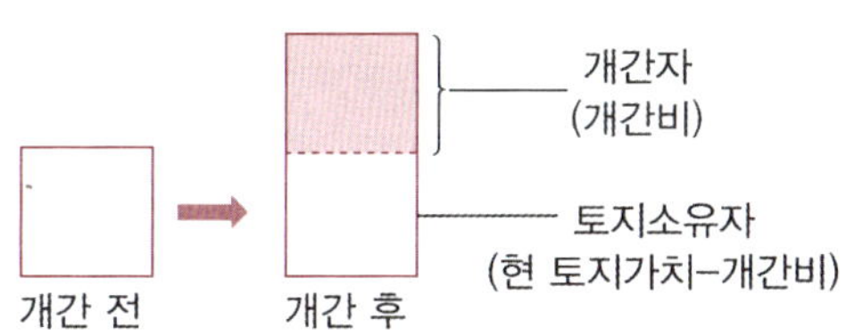

토지의 개량행위 중 하나인 '개간'이 반드시 부족한 농경지를 확보하기 위한 토목공사만을 의미하는 것은 아니다. 매립, 간척 등 땅의 가치를 높이는 일련의 행위를 모두 포함한다. 홍수 때면 강물이 둑을 넘어오는 한강변 저지의 땅 대부분이 국·공유지였다. 이곳

22) 법률상 원인 없이 타인의 재산 또는 노무로 인하여 이익을 얻고 이로 인하여 타인에게 손해를 가한 자는 그 이익을 반환하여야 한다.

23) 개간비를 보상하는 경우 취득하는 토지의 보상액은 개간 후의 토지가격에서 개간비를 뺀 금액으로 한다.

에 오갈 곳 없는 사람들이 정착하면서 마을을 이루게 된 곳이 적잖다. 그 옛날 제대로 된 행정절차를 거쳐 점유했겠는가. 간이 구조물 설치하고 판잣집으로 거처를 마련한 후 되는 대로 터 잡아 경작했을 것이다. 경작지와 거주지를 확보하기 위해 둑을 높게 쌓았을 수도 있지만 저지(低地)상태를 개선하려고 성토해 지반을 높이는 데 주력했을 것이다. 근래 들어 점용허가를 진행하고 대부료를 납부하며 합법적인 점유자의 지위를 회복한 이도 있지만 농경지로 점용허가 받고는 공장으로 사용하다가 고발돼 점용허가 연장 없이 변상금 처분을 받은 집도 드물지 않다.

이런 지역 일대가 공익사업의 형태로 개발되면, 개간비 보상의 문제가 대두된다. 『공익사업을 위한 토지 등의 취득 및 보상에 관한 법률』 시행규칙 제 27조에는 개간비 보상 대상자가 되기 위한 요건을 3가지로 정리하고 있다. 동시 충족할 때만 가능하다. 첫째는 개간한 토지가 국가나 지자체 소유자의 토지, 즉 국·공유지여야 한다. 당연히 사유지에 대한 개량 문제는 사인 간의 다툼으로 해결해야 한다. 둘째, 관련 법령에 따라 허가·인가 등을 받고 개간을 진행했어야 한다. 『국토계획법』에 따른 형질변경허가뿐만 아니라 『국유재산법』 및 『공유재산 및 물품관리법』에 따른 사용허가 또는 대부계약은 정상적인 허가·인가로 취급된다. 공익사업 직전에 계약기간이 만료돼 이주한 사람은 안타깝게도 눈앞에서 개간비 보상금을 날릴 수밖에 없다. 마지막으로 개간한 자가 개간 당시부터 보상 당시까지 계속하여 적법하게 해당 토지를 점유하고 있어야 한다. 개간비 지출자와 보상대상자가 동일인이어야 함을 말하며, 개간한 자가 사망한 후 그 상속인이 계속하여 적법하게 해당 토지를 점유하고 있는 경우 예외를 인정받는다.

개간비 보상액은 '개간에 소요된 비용'으로 정했다. 개간당시와 보상을 받은 기준시점 간의 화폐가치 차이는 보정될 수 있다. 개간은 과거에 이뤄졌지만 현재 시점 그러한 개간을 해야 할 경우 추정되는 비용 상당액으로 정하면 깔끔하게 해결할 수 있다. 다만, 개간비 상당액이 개간 전·후 토지 가치 차액보다 크게 되면 개간비의 상한선은 당연히 '개간 후의 토지가격-개간 전의 토지가격'이 된다. 개간비에 대한 보상 평가 시 개간 전·후의 지세나 지질, 비옥도, 이용 상황과 개간의 난이도가 고려될 것이고, 개간비용 추정이 어렵다 싶으면 개간 후 토지가격에 실무적으로 정한 일정한 비율을 곱하는 식의 접근도 이뤄지고 있다.

개간을 한 것은 분명한데, 어느 한 요건 때문에 보상 대상에서 탈락된다면 또 다른 구제책이 있다. '보상'의 테두리를 벗어났으니 '소송'의 영역으로 다퉈야 하고, '부당이득반환'의 논리를 적용할 수 있다. 개간으로 인한 가치 증가분은 토지 소유자 입장에서 '타인의 노무에 의한 이익'이기 때문이다. 그러나 점유자이자 개간자는 무난한 손실보상의 틀에서 개간비가 다뤄지길 희망한다. 남들 보상금 받을 때 동참해서 보상금을 수령하는 것이 속 편한 일인 건 분명하다. '무조건 보상금 내줘라'고 사업시행자 사무실 앞에서 시끄럽게 항의한다고 무턱대고 나무라서는 안 될 게, 송사에 휘말리는 것 자체에 피로감을 느끼고 혹시나 하는 불안감에 떠는 모습이, 우리 중 누구라도 당사자가 됐다면 보였을 행태이기 때문이다.

어업권 보상평가

바닷가 주변 골프장이나 산업단지가 들어서면 어민은 초장부터 긴장한다. 즉각적으로 직접적인 피해가 발생하면 어업권 보상을 청구할 수 있는데, 이들은 은연 중 피해를 끼친다. 토사가 유입되거나 제초제 사용 등으로 오염된 담수가 해수로 유입되는 상황이 연출되기 때문이다. 방사성 폐기물 운반전용선이 원전에 보관된 중·저준위방사성폐기물 운반을 위해 입·출항하면서 어업권이 제약받기도 한다. 연간 입·출항횟수, 1회당 정박시간 등을 고려해 보상협의에 나설 것이다. 세월호 침몰사고로 인한 어업 피해도 상당했다. 선박에서 유출된 유류로 인해 인근 양식장이 피해를 봤고, 어선의 어업활동이 일정 기간 제한됐다. 민물에서 작업하는 이들은 가뭄탓에 생계곤란을 호소하기도 한다. 수도권 용수공급을 위해 방류량을 늘리면서 상류 수위가 낮아져 어로활동에 심각한 타격이 가해지기 때문이다.

「수산업법」 제34조는 '1.수산자원 증식·보호, 2.군사훈련 또는 주요 군사기지의 보위, 3.국방부장관이 요청한 국방상 필요, 4.선박의 항행·정박·계류 또는 수저전선의 부설, 5.폐기물 해양배출로 인한 배출해역 바닥 서식 수산동물의 위생관리 목적 등으로 면허한 어업을 제한 또는 정지하거나 어선의 계류 또는 출항·입항을 제한할 수 있다'고 규정하고 있다. 공익적 목적의 처분이니 감수해야 하지만, 어민은 중대한 손실을 입는다. 굳이 처분이 없어도 공익사업이 시행돼 어장이 폐쇄되거나 아예 매립돼 사라질 수도 있다. 당장 산업단지 조성을 위해 공유수면이 매립되면 어장은 자취를 감춘다. 이런 경우 모두 손실보상 대상이 된다.

어업보상의 유형은 대략 7가지다. 첫째로 면허어업이 제한·정지 또는 취소되었거나 어업면허 유효기간의 연장이 허가되지 않는 경우다. 취소되었다면 '평년수익액÷0.12+어선, 어구 등 시설물 잔존가액'이 보상금액이다. 정지된 경우 '평년수익액×정지기간+시설물(양식물)이전·수거 등 비용+정지기간의 통상 고정적 경비'를 보전받는다. 일정한 제한을 받는 경우 제한의 정도 등을 고려하여 산출하되 취소된 경우의 보상금액을 상한으로 한다.

둘째, 허가 또는 신고어업이 제한, 정지 또는 취소된 경우다. 취소되는 경우 '평년수익액×3년+어선, 어구 등 시설물 잔존가액'이 보상금액이다. 면허어업자는 약 8.33(1÷0.12)년의 평년수익액을 보장받는 데 비해 허가·신고어업자는 3년의 수익 보전이 적다고 느낄 수 있지만 면허어업의 독점적, 배타적 어로활동을 고려하면 그에 상응하는 격차다. 정지되는 경우 '평년수익액×정지기간+정지기간 통상 고정적 경비', 제한되는 경우 면허어업에서의 제한처럼 제한의 정도를 고려하고 상한액이 있다.

셋째, 취소 또는 유효기간 연장이 불허되었으나 다른 어장으로 이전해 어업이 가능한 경우, 실제 손실은 이전 기간 동안에만 발생한다. 따라서 손실보상금은 '평년수익액×정지기간+정지기간 통상의 고정적 경비+(시설물, 양식물의 이전·수거 등 비용)'이 된다.

넷째, 측량·검사에 장애가 되는 물건에 대한 이전 또는 제거명령을 받고 이전 또는 제거를 한 경우와 소하성어류의 통로에 방해가 되는 물건에 대한 제거명령을 받고 제거공사를 한 경우, '물건의 이전 또는 제거 공사에 드는 비용과 이전 또는 제거로 인하여 통상적으로 발생하는 손실'을 보상받는다.

다섯째, 무면허·무허가·무신고 어업자의 경우다. 면허나 허가, 신고 없이 어업활동을 하고 있지만 어업 개시가 공익사업에 관한 계획의 고시 등이 있기 이전인 경우 보상 대상이 된다. 「공익사업을 위한 토지 등의 취득 및 보상에 관한 법률」 시행규칙 제52조에는 무허가영업자에 대한 손실보상 특례를 규정하고 있다. '「통계법」에 의한 도시근로자 3인 가구 기준 3개월분의 가계지출비+영업시설 등의 이전비 및 감손상당액'을 보전해 준다. 후단은 영업장의 이전에 따른 실비 성격이다. 전단의 소득상실에 대한 보전금액은 3인 가구의 3개월 가계지출비다. 현 시점 기준, 천만 원을 살짝 넘기는 수준이다. 무면허 · 무허가 · 무신고 어업자의 경우 상기 무허가영업자에 대한 손실보상 특례 규정을 준용해 보상받는다.

여섯째, 공익사업지구 밖의 어장에서 손실이 발생한 경우다. 「공익사업을 위한 토지 등의 취득 및 보상에 관한 법률」 시행규칙 제63조에서 '공익사업시행지구 밖의 어업의 피해 등에 관한 손실보상'을 다루고 있으며, 취소나 연장기간 불허 시의 보상금액을 상한으로 한다. 핵심적인 사항은 실제 피해액을 확인할 수 있을 때 보상금 지급의무가 발생한다는 것이다. 어업자는 실제 피해를 증빙하려 애쓸 것이고 사업시행자는 추정치는 전부 반려하고 확정 값만 추려 낼 것이다. 어떤 경우든 원만한 협의에 이르는 것이 최선이다.

마지막으로 내수면어업 중 사유수면에서의 신고어업인 경우, 「수산업법」상의 어업손실 보상 대상에 포함되지 않는다. 어업권 손실보상을 청구해봐야 소용이 없다. 혹, 어획량을 고정 판매처에 납품하고 있는 등 어업자이면서 동시에 영업자라면, 영업 손실 보상 규정을 충족하는 경우 영업 손실 보상을 청구할 수 있을 것이다.

완전보상을 지향하는 생활보상

공익사업 지구에서 토지와 건축물 등 그리고 영업에 대한 손실은 현금으로 보전받는다. 일정면적 이상의 토지소유자는 공익사업으로 조성되는 택지와 교환할 수 있는 선택권이 부여되는데, 『공익사업을 위한 토지 등의 취득 및 보상에 관한 법률』 제63조에서 규정하고 있는 '대토' 제도다. 개인의 재산권 보호에 대한 인식이 높아지면서 '생활 보상'이라는 영역이 법 테두리 안에 들어오게 됐다. 특히 주택 소유자에 대한 보상은 '종래 생활상태의 재건 지원'이라는 기치 아래 그 중심에 자리 잡고 있다. 가장 큰 대목은 '이주대책'이다. 주거용 건물을 제공함에 따라 생활의 근거를 상실한 자에 대해 새로 이주할 주택지를 조성하거나 주택을 건설해 주는 것이다.

| 주거용 건축물 소유자에 대한 보상

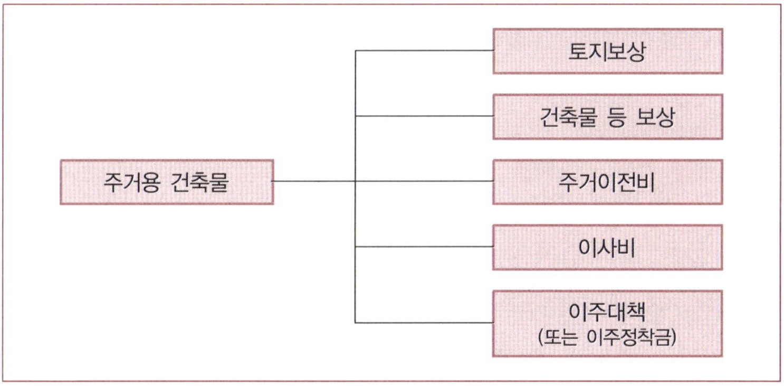

「공익사업을 위한 토지 등의 취득 및 보상에 관한 법률」 제78조 1항은 '사업시행자는 공익사업의 시행으로 인하여 주거용 건축물을 제공함에 따라 생활의 근거를 상실하게 되는 자를 위하여 대통령령

으로 정하는 바에 따라 이주대책을 수립·실시하거나 이주정착금을 지급하여야 한다.'고 규정하고 있다. 공익사업시행지구의 인근에 택지 조성에 적합한 토지가 없는 경우 또는 이주대책에 필요한 비용이 당해 공익사업의 본래의 목적을 위한 소요비용을 초과하는 등 이주대책의 수립·실시로 인하여 당해 공익사업의 시행이 사실상 곤란하게 되는 등의 부득이한 사유가 없는 한, 이주대책대상자 중 이주정착지에 이주를 희망하는 자의 가구 수가 10호(戶) 이상인 경우에는 반드시 이주대책을 수립·실시하도록 강제한다.

이주자의 새로운 생활의 근거지 조성을 위해 국가나 지방자치단체가 주택지를 조성하고 주택을 건설함에 있어 「주택법」에 따른 국민주택기금을 우선적으로 지원하도록 하고 있다. 앞서 언급한 이주대책 수립 불가 사유가 있는 경우와 이주대책대상자가 이주정착지가 아닌 다른 지역으로 이주하려는 상황이라면 이주대책을 갈음할 금전적 보상이 뒤따르는데 이를 '이주정착금'이라고 부른다. 주거용 건축물에 대한 평가액의 30퍼센트를 기준으로 하한 6백만 원, 상한 1천 2백만 원을 책정해 놓고 있는데, 정착자금치고는 큰 도움이 되지 못할 액수다.

이주대책이 법률에 최초로 등장한 것은 1973년 「산업기지개발촉진법」 제정당시이며, 이때 이주정착지 조성에 관한 사항이 소개됐다. 물론 그 이전에 이미 정부에서 조성한 많은 이주정착지가 존재했다. 1950년대 도심지 주택상가 밀집지역(양동, 남창동, 남산동 등)의 화재민이나 한강변, 청계천변 등의 수재민을 위한 정착지 조성 사업, 1958년 도시철거민을 위한 미아리 정착지 조성사업에 의한 것이다. 법률상 의무에 의한 것은 아니지만 내용상 이주대책성격이 짙었다. 그러나 이들 이주정착지역 대부분은 서울 변두리 주변에 위치한 국공유지로서 교통 접근성이 매우 취약한 고지대 황무지였다. 상하

수도, 전기 등 생활필수 기반시설조차 전혀 갖추지 못했다. 단지 30제곱미터 남짓의 값싼 토지만을 제공해 준 것이다. 생활기본시설을 제대로 갖추지 못한 이주정착지는 예상한 대로 많은 문제를 야기했고 급기야 1971년 광주이주단지에서 발생한 폭동의 중요한 원인 중 하나로 지적됐다. 이에 대한 제도적 개선으로 1976년 제정된 「공공용지의 취득 및 손실보상에 관한 특례법」 시행령 제5조는 이주정착지에 도로·급수시설 등 지역조건에 따른 생활기본시설을 설치하도록 했고 이에 필요한 비용은 사업시행자가 부담토록 하였다. 현재 규정도 이와 동일하다.

한편, 우리 법원은 이와 같은 이주대책을 재산권의 정당한 보상 영역으로는 보지 않는 듯하다. 사업시행자가 기본적인 생활시설이 포함된 택지를 조성하거나 그 지상에 주택을 건설하여 이주자들에게 그 투입비용 또는 원가만의 부담하에 개별 공급하는 것을 이주대책으로 정의하면서, 그 본래의 취지는 이주대책대상자들에 대하여 종전의 생활 상태를 원상으로 회복시키면서 동시에 인간다운 생활을 보장하여 주기 위한 이른바 생활보상의 일환으로 국가의 적극적이고 정책적인 배려에 의하여 마련된 제도[24)]라고 보았기 때문이다.

보상 대상자 간 형평성의 불만이 싹트는 사각지대가 제대로 조명을 받아야만 법 개정으로까지 이어진다. 주택 소유자에 대한 국가의 적극적이고 정책적인 배려로 이주대책 규정이 명문화됐다고 해도, 이후 이주대책 대상자를 확대하는 법 개정은 예정된 수순으로 볼 수 있다. 2011년 신설된 「공익사업을 위한 토지 등의 취득 및 보상에 관한 법률」 제78조 2는 택지개발, 산업단지개발사업 등과 같은

24) 대법원 2002.3.15.2001다67126

공익사업 시행으로 인하여 공장부지가 협의 양도되거나 수용됨에 따라 더 이상 해당 지역에서 공장을 가동할 수 없게 된 자가 희망하는 경우 「산업입지 및 개발에 관한 법률」에 따라 지정·개발된 인근 산업단지에 입주하게 하는 등 대통령령으로 정하는 이주대책에 관한 계획을 수립하도록 하는 내용을 담고 있다. 공장 옮길 곳을 두루 찾아야 하는 제조업체 경영자의 고충 역시 새로 살 집을 찾는 이들과 크게 다르지 않다는 생각에까지 이른 것이다.

주거용 건물 소유자, 세입자 모두 거주지를 옮기는 비용과 그 기간 생활 안정 자금이 필요하다. 이런 부분은 '주거이전비' 명목으로 도시근로자 가계지출비를 기준해 세입자는 4개월, 소유자는 2개월분을 지급해 준다. 가재도구의 이사비용은 실비성격으로 주거이전비와 별도로 주택 연면적에 따라 차등 지급된다.

보상 규정은 그간 세밀하게 정비·보완돼 왔고 앞으로도 '완전보상'의 취지에 부합하게 손질이 가해질 것이다. 보상 규정이 흠결되었던 부분은 입법론을 통해 해결 가능하고 보상 항목이 미비한 부분은 현실과의 괴리를 해결하는 방향으로 개선될 것이다. 보상지구에 편입된 부분만 신경 쓰다, 잘려 나가고 남은 자투리땅과 건물인 '잔여지'와 '잔여 건축물'에 대한 보상 규정이 몇 년 전 신설된 것은 전자에 해당되고, 주거용 건물에 대한 보상금의 하한선이 3백만 원에서 5백만 원, 6백 만 원까지 순차적으로 상향된 것은 후자에 속한다고 이해할 수 있다. 주거용 건물소유자에게 주어지는 이주대책, 소위 '딱지'를 얻으려고 축사나 상가 건물을 임의로 주택으로 용도 변경하는 경향을 발견하고 '무허가용도변경' 건물을 이주대책에서 제외되는 '무허가건축물 등'에 포함시킨 것은 법의 사각지대를 파고드는 편법에 대한 대응 차원에서 이뤄진 것이라 미뤄 짐작할 수 있다.

보상 평가 영역에서는 있는 그대로의 '사익'을 잘 챙겨 보전해 주는 게 지향해야 할 가치라 할 수 있다. 피보상자의 자리에서 생각해봐야 한다. 보상받아야 할 게 누락된 것만큼 그렇지 않아도 심리적 박탈감 상태에 있는 피보상자의 마음을 아프게 하는 것은 없다.

재산권 분쟁의 다툼 그 종착역(보상금증감청구소송)

현대인의 삶이 바쁜 만큼 가급적 여러 고충을 전문가에게 위임하려는 경향이다. 예전 같으면 사고 차량 운전자끼리 삿대질하며 누구 잘못이니 따졌겠지만 이제는 보험사 직원이 이 피곤한 업무를 대리해 준다. 상속세나 증여세를 절감하기 위해 조세 전문가의 힘을 빌리기도 하고 혼자 주체할 수 없는 많은 자산의 관리를 외부 전문기관에 위탁하기도 한다. 부동산에 대한 소송에서 판사는 누구 말이 합리적인지 가치 추계 전문가인 감정평가사의 판단을 구한다. 법원에 등록된 소송감정인은 부동산과 관련된 여러 소송에서 판사의 판단에 도움이 될 수많은 소송평가를 담당하고 있다.

사인 간의 재산에 대한 다툼은 민사법원이, 그 일방이 행정청 등인 경우 행정 법원이 맡는다. 공익사업지구에서 보상금액에 대한 협의가 결렬되고 수용재결과 이의재결을 거쳤어도 피수용자나 사업시행자 어느 한 곳이 포기하지 않으면 맨 마지막은 법원에서 지정한 소송감정인을 통해 보상금 증감 청구 소송이 수행된다. 「도시 및 주거환경정비법」에서는 주택재개발사업, 도시환경정비사업 등에서는 사업의 주체인 조합, 곧 조합원의 모임에 예외적으로 수용권한을 부여해 준다. 그리고 이때도 수용에 대해서는 『공익사업을 위한 토지 등의 취득 및 보상에 관한 법률』을 준용하도록 하고 있으므로 행정소송을 통한 보상금증감청구는 도심 내 정비구역에서도 한창이다.

법률 대리인을 통하지 않고 스스로 의견서를 작성해 행정법원에 소송을 청구하는 자립심 강한 이들도 있다. 이들은 복잡한 서면 대신에, 현장에서 소송 감정인을 만나 자신의 입장을 구술하는 전략을 취한다. 말도 안 되는 억지주장을 담은 부풀려진 의견서를 읽는 것보다 이렇게 대면해서 소박한 증액 주장을 접하는 게 수월하다. 행정법원에 접수되는 보상금 증감 청구 소송의 상당수는 법률 대리인의 부추김의 결과라고 볼 여지도 많다. 감정인이 소송 감정을 진행하기 전에 대략 판단한 증액 가능한 금액의 정도가 법률 대리인의 최소 수임료에도 못 미칠 것으로 보일 때가 많기 때문이다.

행정소송은 수용 또는 사용재결취소송의 타이틀을 달고 있지만 실질은 보상금의 현실화 요구다. 그러나 요구하는 보상금 현실화의 기준선은 시가가 아닌 주관적 호가에 머물 때가 태반이다. 의견서는 보상금을 올려 달라는 요구를 맨 마지막에 배치하고, 서두는 적법한 절차를 거친 것인지 확인할 것을 주문한다. 증거 몇 호 이런 식으로 여러 자료들을 취합하고, 해당 평가와 관련된 법조문과 유사 판례, 국토교통부 및 법제처 등의 유권해석 중 끈이라도 닿을 법한 자료들은 죄다 실어 놓았다. 두꺼운 의견서에는 법률 대리인의 날카로움보다는 변호사의 성실함이 배어있을 수 있다. 증액을 외치는 목소리는 천차만별이다. 법률대리인의 감정평가에 대한 소양이 일취월장하고 있음이 체감될 때도 많다. 예전 같으면 인근 호가가 얼마에 형성된다는 주장, 호가가 얼마로 뛰었는데 보상금이 거기에 미치지 못한다는 주장을 해서 '본 사업 때문에 가격이 들썩인 것은 개발이익이므로 평가 금액에 포함시킬 수 없다'는 답변을 듣기 일쑤였다. 그런데 요즘은 본 사업에 의한 가격 상승분은 빼고 인근에 같이 개발하고 있는 다른 구역의 영향으로 인한 지가 상승은 포함시켜 달라는 합리적이고 타당한 요구를 하고 있다. 학습효과일 것이다.

감정평가사 입장에서 가장 곤혹스러울 때는 법률에 규정한 평가사의 재량의 영역을 무시하고 생떼 쓰듯 주장할 때다. 예컨대 토지를 공시지가기준법으로 평가할 때 종전 평가자가 법률이 정한 비교표준지 선정 기준에 따라 적정한 비교표준지를 선정하였음에도, 굳이 비교가능성이 더 떨어짐에도 종전보다 공시가격이 높은 다른 비교표준지를 소송감정 시 적용해 달라고 요구하는 목소리가 그렇다. 지인과 얼마에 계약하기로 했던 이력을 확인받아 증거 몇 호로 제시하기도 하는데, 인근 시가의 2~30% 정도 증액된 정도라면 충분히 그럴 수 있다 치지만 3~4배가 되는 금액을 적어 놓고 '이것 보라'는 식으로 나올 때도 있다.

항상 그런 것은 아니지만, 협의보상부터 수용재결, 이의재결까지 평가액을 쭉 깔아놓으면 기울기가 1~2도 내외의 상승곡선을 그리고 있다. 감정인이 재량을 발휘할 수 있는 꼭짓점을 찾아 다만 얼마라도 증액될 소지가 있는지 피수용자 측의 입장에 서기 때문으로 해석할 수 있다. 물론 그래도 재량의 범위를 일탈하는 것은 아니다. 극히 소수의 평가자가 의뢰자의 입김에 휘둘리고 수수료에 목숨 거는 정신없는 평가를 해 사회적 물의를 일으키지만, 일주일 넘게 평가에 임하면서 일당에 미치지 못하는 수십만 원의 수수료를 받으며 갈등의 조정 현장을 성실하게 누비는 많은 소송감정인도 있다. 이들이 현실적인 수수료 부족분을 '갈등 조정 전문가'의 자부심으로 채우고 있으니 그나마 다행이다.

제3부

거주영역에서의 가치평가

정비구역의 탈출기, '출구전략'

2002년과 2012년은 서울시 내 개발 방식이 반대 방향으로 달리기 시작한 원년이다. 2002년에는 뉴타운개발이 본격화됐다. 민간주도 정비 사업을 공공이 계획하는 사업으로 진행하겠다는 취지는 좋았지만 서울시 전체를 공사판으로 만들었다. 주민에게 부동산 차익 실현을 통한 재산증식의 환상을 줬고, 지역구 정치인은 이에 편승해 뉴타운 지정을 선거 공약으로 들고 나왔다. 각 지자체도 지역 개발의 호재로 받아들였다. 이후 금융위기와 부동산 가격 폭락을 경험하면서 아파트 불패신화가 한풀 꺾였고 재개발이나 재건축으로 손실을 볼 수 있다는 인식이 생겨났다. 용산사태는 탐욕스런 도심 개발 사업의 민낯을 보여줬다.

도심 내 개발사업 유형

구분	뉴타운	재정비촉진지구	균형발전촉진지구
근거법	서울시 지역 균형발전 지원에 관한 조례	도시재정비촉진을 위한 특별법	서울시 지역 균형발전 지원에 관한 조례
사업 방식	주택재개발, 주택재건축, 주거환경개선사업, 도시환경정비사업	주택재개발, 주택재건축, 주거환경개선사업, 도시환경정비사업	도시환경정비사업
특징	소규모 구역 중심으로 이뤄지던 기존 개발방식을 적정 규모의 생활권으로 묶어 종합적으로 도시미관 및 기반시설을 조성하는 도시계획사업	정부의 특별법 지원을 받아 추진되는 도심 광역 개발단위로 면적이 50만 m^2 이상인 주거지형과 20만 m^2 이상인 중심지형으로 나눌 수 있음	자치구별로 중심거점 지역을 지정, 육성해 서울 도시 공간구조를 전환하는 복합도시 개발사업

당시 정보가 '닫혀 있는' 사회 분위기 탓도 컸다. 정보 제공의무자가 자진해서 시의 적절하게 정보를 제공하는 경우는 찾아볼 수

없었고 내놓으라고 호통치거나 통사정할 때야 비로소 내 재산권과 관련된 정보를 가까스로 획득할 수 있었다. 사업시행인가고시가 지나고 관리처분에 임박해서 종전자산 결과를 통지하고 조합원에게 이도저도 못하는 상황을 만든 후 '루비콘 강을 건넜다'는 식으로 은근슬쩍 사업을 속개시키는 추태가 만연했다.

2012년에는 '출구전략'이 부동산 시장을 강타했다. 정비사업 지구를 공공이 관리 · 지원하겠다고 천명했고 구역지정 이전으로 돌아가고 싶다는 주민 합의가 있으면 '해제' 절차를 밟을 수 있게 길을 터 줬다. 구역별 사업성 검토가 병행됐고 촉진과 존치, 해제될 곳을 분류했다. 2013년, 2014년 각각 15개 구역과 29개 구역이 해제됐고 2015년 20개가 넘는 구역이 해제에 동참했다. 현재 200여 곳이 재정비촉진구역으로 남아 있다.

출구전략에서는 조합원들이 정비 사업에 미련이 없다면 의견을 모아 해제를 신청할 수 있다. 더 나아가 사업추진이 어려운 구역은 서울시가 직권해제할 수도 있다. 직권해제의 기준이 있다. '토지 등 소유자의 과도한 부담이 예상되는 경우'와 '정비예정구역 또는 정비구역 등의 추진상황으로 보아 지정 목적을 달성할 수 없다고 인정하는 경우'다. 사업성이 없는 곳이면 주민의 과도한 부담이 예상될 것이다. 서울시 조례는 조합이 입력한 정비계획에서 산정된 추정비례율과 구청장이 실시한 실태조사 결과로 도출된 추정비례율이 80% 미만인 경우 그런 열악한 사업장으로 보고 있다. 비례율 80%면 현 재산의 20%를 손해 보고 개발하겠다는 것이다. 추진상황이 안 좋다고 볼 수 있는 구역은 추진위 승인 후 3년째 조합설립인가, 조합설립인가 후 4년 내 사업시행인가가 신청되지 않는 곳이다. 정비사업 중 도시환경정비 사업에 대해서는 추진위원회 승인 후 2년 안에 조합설립인가 신청이 없거나 조합설립인가 후 3년 안에 사업시행인가 신청이 없는 경우 시장·군수가 시·도지사에게 정비구역 해제를 요청할 수 있다. 개발 대기기간이 늘어날수록 매몰비용은 늘어갈 수밖에 없다. 이 외에 해당구역 및 주변지역의 역사·문화적 가치 보전이 필요하다고 인정하는 경우도 서울시가 직권으로 해제할 수 있다.

이미 27개 구역이 직권해제됐고 2016년에도 상당수의 구역이 직권해제될 것으로 보인다. 또한 2012년 1월 31일 이전에 정비계획이 수립된 추진위원회에 대하여도 일몰제를 확대 적용할 수 있도록 했다. 뜨거운 감자였던 각 구역 매몰비용의 지원도 구체성을 띠고 있다. 주민들이 자발적으로 해제를 신청한 구역뿐만 아니라 직권해제된 구역도 비용이 검증된 항목에 대해서 70%를 보전해주겠다는 카드를 내놨다. 해제된 구역이 도시재생사업 등으로 제대로 관리되지 못하면 도시공동화나 슬럼화를 초래할 수 있다는 우려도 있다. 해제된 구역에 우후죽순 빌라와 다세대만 빼곡하게 들어서고 있어 난개발의 폐해가 있다는 보고도 있다.

해제되지 않은 존치, 촉진구역 개발의 잰걸음을 위한 조치도 있다. 신탁업자 및 기업형임대주택업자의 정비사업 참여 허용을 통해 정비 사업을 원활하게 추진하고, 토지 등 소유자의 30퍼센트 이상 또는 시·도지사 등이 일몰기한이 도래할 정비구역을 자동 해제하는 것이 불합리하다고 인정하는 경우 2년의 범위에서 일몰기한을 연장할 수 있도록 했다.

정비사업도 조합원에게 돈을 벌어주는 사업에서 쾌적한 공간으로 거주지를 탈바꿈시키는 사업으로 이미지가 변화될 것이다. 흉악범죄가 후미진 주택가에서 주로 일어나고 있고 삶의 질에 대한 욕구가 높아져 환경에 대한 가치를 높이 사는 요즘 추세라면 도시를 정비하는 일이 중단되지는 않을 것이다.

정비구역, 가격 문제의 '백화점'

활황인 주식시장에서는 모두가 돈을 번다. 2015년 초 몇만 원에 불과하던 한 제약회사의 주가가 1년도 안 돼 10배가 뛰었다. 수조 원에 달하는 신약 기술 수출 확정 소식이 전해지면서 그 사유가 밝혀졌다. 투기세력이 아예 들어오지 않았다고 할 수는 없지만, 이 정도 실적이면 10배 폭등의 합리적인 근거로 삼을 수 있다. 한때 '재'가 접두어로 붙은 사업지역도 부동산 가격 폭등이 예견된 곳이었다. '재건축을 한다', '재개발을 한다'는 말은 이들 지역 내 부동산 투자의 보증수표였다. 웃돈을 얹고라도 조합원만 되면 수천만 원에서 수억 원까지 손쉽게 돈을 벌 수 있었다. 「도시 및 주거환경정비법」에 투기과열지구에서의 재건축 전매를 제한하는 규정을 신설한 것은 투기바람이 너무 매서웠기 때문이었다.

정비사업 구역 내 부동산 불패신화는 이제 생명력이 다했다. 부동산 가격도 꺾일 수 있고 숨고르기가 아닌 대세 하락이 나타날 수 있다는 목소리도 커졌다. 재건축과 재개발에 대한 시각을 달리할 필요가 생겼다. 이 구역 내 낡은 부동산은 '재'테크의 신기루에서 '재'정비할 원래의 자리로 회귀한 것이다. 도시도 나이 들면 이마에 주름 생기고 기미가 눈에 띄게 는다. 도시를 '정비'한다는 말은 그대로 두면 안 될 지역을 좀 수선하겠다는 것이다. 건물은 노후화되니 허물어질 위험성도 다분하고 늘어난 인구를 감당하자니 종전 낮은 건물을 헐고 고층으로 올리는 방안이 최선 혹은 차선이다. 이렇게 손보는 '정비사업'에서는 여러 유형의 감정평가가 수행된다.

진행단계별 감정평가

- **조합설립**
  - 정비기반시설의 무상양도 · 무상양수 평가
  - 매도청구소송평가
- **사업시행인가**
  - 종전자산평가
  - 분양예정자산평가
  - 국·공유지의 처분평가
  - 현금청산평가, 법인세 산정을 위한 평가
- **관리처분계획**
  - 택지비 평가(분양가 상한제 관련)
  - 보상평가(재결)
  - 일반분양가 평가(부가세 평가)
- **분양 및 사업완료**
  - 행정소송 평가

국가 · 지자체와 정비조합 간 교환을 위한 평가가 우선한다. 국 · 공유재산 중 도로, 공원 등으로 사용 중이던 토지에는 공동주택 등이 들어서게 되고, 기존 사유지였던 곳에 정비계획에 따라 넓은 도로와 공원이 새롭게 조성된다. 기존 도시계획시설은 용도가 폐지돼 조합에 넘어가고 조합은 새로운 기반시설을 조성해 기부채납하는 구조에서, 이들의 교환을 돕기 위한 감정평가다. 이를 무상 양수 · 도 평가라고 부른다. 교환대상 간 차액이 발생하면 현금 또는 용적률 인센티브로 정산한다.

매도청구소송평가는 재건축사업에 등장한다. 재개발사업 등에서는 수용권한이 있어 강제로 취득할 수 있는 권한이 부여되지만, 재건축사업에서는 강제매매를 청구할 수 있는 '매도청구'만이 인정된다. 조합설립에 동의하지 않는 자가 핵심이지만 조합원 자격을 부여받지 못하는 자의 재산도 포함된다.

사업시행인가를 받고 나서 다시 국·공유재산에 대한 평가를 거친다. 도로로 사용 중이었던 지자체 소유 토지라도 도시계획시설로 설치된 도로였다면 조합설립 후 무상 양수·도 평가에 의해 이미 정리되었을 것이다. 이번에 평가대상인 국·공유재산은 도시계획시설이 아닌 토지다. 점유하는 자가 우선매수권을 갖고 있는데, 매수의향이 없으면 조합이 떠안는다. 교환의 개념도 아니고 매수 대상을 특정해서 처분하는 것이므로 이를 매각 혹은 처분평가라고 부른다.

이어 조합원들이 갖고 있던 자산에 대한 평가를 하고 사업 후에 분양받을 공동주택이나 상가에 대한 감정평가를 수행한다. 전자를 '종전자산 평가', 후자를 '분양예정자산평가(종후자산평가)'라고 부른다. 종전과 종후자산 평가도 일종의 교환을 위한 평가라고 할 수 있다. 모든 조합원이 출자한 구(舊)자산을 신(新)자산으로 돌려받는 구조에서 정산을 하기 위해 주고받는 물건 가격을 평가하는 것이기 때문이다.

조합원 자격이 없거나 조합원 중 분양신청하지 않은 사람, 분양신청 후 철회한 사람은 원래 갖고 있던 자산 가치만큼 현금을 주고 내보낸다. 이때 '현금청산 평가'가 진행되고 상가세입자에 대한 '영업 손실 보상평가'도 병행된다. 재건축사업에서는 각 조합원의 자산을 조합명의로 신탁 등기하는 시점을 현물출자 시점으로 보고 있다. 법인세 산정을 위해 출자 시점 당시를 기준으로 감정평가하게 되는데, 종전자산의 평가 기준일과 큰 차이는 없지만 개별 세대의 신탁 등기시점이 달라지면 평가 결과는 종전자산가액과 차이를 보인다.

택지비 평가는 공동주택 분양가를 결정하기 위한 토지원가를 평가하는 것이다. 분양가상한제하에서는 공동주택 분양가를 결정하는 실질적인 독립변수였다. 일반분양가 평가는 조합원에게 대물

교환하고 남은 세대와 호수를 일반에 분양하기 위한 분양가를 결정하는 평가다. 그러나 실질은 분양가에 대한 규제를 걷어 버린 후 국민주택[25] 규모를 초과하는 공동주택 및 모든 근린생활시설에 대해 납부할 부가가치세를 결정하기 위한 것이다. 토지는 면세이므로 토지와 건물의 배분비율이 정해지면 건물분에 대해서만 과세가 이뤄진다.

현금청산에 대한 협의가 결렬되면 강력한 중재자가 개입한다. 수용의 권한이 부여되는 주택재개발사업, 도시환경정비사업 등에서는 수용재결과 이의재결절차가 예정돼 있다. 현금청산평가가 『공익사업을 위한 토지 등의 취득 및 보상에 관한 법률』상 협의평가의 성격을 가지므로, 공익사업에서의 강제 수용절차를 그대로 밟게 된다. 마지막에는 보상금증감을 청구하는 행정소송평가가 대기하고 있다. 소송은 다툼의 종국절차다.

위의 모든 평가가 정비사업구역에서 수행된다. 어느 단계에서 평가하더라도 감정평가는 늘 조심스럽다. 국·공유재산과 사유재산을 모두 다뤄야 하고, 교환과 매각, 수용, 과세, 소송목적의 평가가 실타래처럼 엉켜 있다. 그런 점에서 정비구역이야말로 감정평가의 '백화점'이라 부를 수 있다.

25) 「주택도시기금법」에 따른 주택도시기금(이하 "주택도시기금"이라 한다)으로부터 자금을 지원받아 건설되거나 개량되는 주택으로서 주거의 용도로만 쓰이는 면적(이하 "주거전용면적"이라 한다)이 1호(戶) 또는 1세대당 85제곱미터 이하인 주택(「수도권정비계획법」 제2조제1호에 따른 수도권을 제외한 도시지역이 아닌 읍 또는 면 지역은 1호 또는 1세대당 주거전용면적이 100제곱미터 이하인 주택)

정비구역 내 조합원 재산 변환 논리(관리처분방식)

대부분의 정비 사업은 '관리처분방식'으로 진행한다. 이 방식은 현물출자 구조와 유사하다. 원래 갖고 있던 낡은 단독주택이나 연립, 작은 상가나 빈 땅을 정비 '계'에 넘긴다. '계주'는 조합원들로 구성된 '정비조합'인데, 순번으로 원리금을 내 주는 것은 아니고 일괄로 모았다 현물로 나눠주는 식이다. 돌려받는 현물은 새 아파트나 단지 내 상가다. 이를 좀 더 거창하게 표현하면 종전 '수평적인 토지이용'을 '수직적 혹은 입체적 토지이용'으로 변환시켜주는 사업진행 방식이다.

현물로 출자하기 전에 갖고 있던 자산은 얼마인지 공정하게 평가를 받아야 한다. 현금을 맡기는 것은 아니니 십 원 단위까지 정확히 계수할 필요까지는 없다. 무난하면서도 주변 물건 몸값과의 균형은 어그러뜨리지 않을 정도면 충분하다. 이를 '종전자산' 평가라 부른다. 절대적인 금액보다 상대적인 균형이 중요한 감정평가다. 평가의 기준시점은 사업시행인가고시일이다. 그러나 구역 대부분은 사업시행계획이 일부 변동돼 사업시행변경인가고시를 받곤 한다. 이런 경우 종전자산평가를 다시 받을 필요는 없다. 이 구역이 추후 어떤 식으로 개발되든, 정비계획이 반영되지 않은 상태를 전제로 하는 평가이기 때문이다. 결론적으로 개발소식에 한참 몸값 뛰어서 거래되는 수준에는 못 미친다. 이걸 '개발이익 배제'니 '거품 제거'니 부르기도 하지만, 취지 자체가 사업 초기 자산 가격 수준을 정하자는 것이니 사업을 전제하지 않는 원래 몸값으로 책정하는 게 합리적이다.

종전자산의 범위에 대한 오해도 적잖다. 소유하고 있는 물건전부를 평가하는 것으로 알고 있어, 옆집과 달리 우리 집 앞마당에 식재한 감나무나 단풍나무가 평가에 포함되지 않는 것을 보고 이의를 제기하는 이들이 많다. 이들은 교환의 대상에 포함되지 않는다. 등기 혹은 대장 같은 공적장부를 발급받았을 때 누구나 확인할 수 있는 물건만 인정해 준다. 또한 구청의 증축 허가도 받지 않고 슬그머니 만든 옥탑방도 예외다. 이런 옥탑을 인정해 주면 불법을 용인하는 것과 다를 바 없다. 실체는 있지만 공부 서류에서 확인할 수 없으면 원칙적으로 구제책이 없다. 조합원마다 자기 재산으로 인정받는 부분은 '권리명세서'에 기재되어 있는데, 공적 장부에 등재된 토지와 건물 등에만 자격이 부여된다. 실측을 통한 현황 인정은 조합원의 의결을 통해 정관을 수정하는 방법이 외길이다.

이어 분양받을 자산, 공동주택과 상가 등에 대한 평가를 진행한다. 분양예정자산 평가 혹은 종후자산 평가라 부르는데, 아직 완공되지 않았지만 현재 준공된 상태로 분양을 전제할 때 형성되는 가격 수준으로 평가가 이루어진다. 인근 정비구역에서 신규 공급되는 아파트나 상가 시세 수준에서 결정된다. 정비 '계'에서 조합원에게 이 완성품을 배분할 때는 당연히 원래 갖고 있었던 자산 가치 상당액과 새로 받는 자산 가치의 차액만큼은 징수하거나 지급해야 할 것이다.

사업초기 자산, 사업 완료 후 새로 확보될 자산에 대한 평가를 통해 정비사업의 '사업성'을 검토해 볼 수 있다. 정비 사업을 원가와 산출물의 구조로 파악하면 '종전자산+사업비용 ⇨ 분양예정자산'이 된다. 원 자산이 '장래 비용을 감안한 자산'으로 변환된다고 보면 '종전자산 ⇨ '분양예정자산−사업비용'이 되고 좌측은 기회비용, 우측은 투자수익으로 볼 수 있다. 이때 '[(분양예정자산−사업비용) ÷ 종전자산] ×100%'를 '비례율'로 정의하고 비례율 100%를 수지균형점으로 설정할 수 있다. 이 값만 보면 분자는 비용 투입을 감안한 장래 자산, 분모는 현재 자산으로 볼 수 있으니 사업으로 인해 기존 자산 가치가 상승 또는 하락하게 될지 판단할 수 있다.

종전자산, 종후자산(분양예정자산), 비례율 등이 모두 확정됐다면 재산 변환은 일사천리로 진행된다. 조합원들은 조정된 종전자산 가치인 '권리가액'을 확보하는데, 이는 종전자산 가치에 비례율을 곱한 값이다. 사업성과를 단적으로 표현하는 비례율에 따라 기존 종전자산은 조정과정을 거쳐 줄어들 수도 늘어날 수도 있다. 예컨대 비례율이 90%로 추계되었다면 이 정비 사업은 10% 손실이 발생하는 사업이다. 이를 선반영해 권리가액은 종전자산의 90%로 감액된다. 당연히 분양받을 재산과의 차액이 조금 더 커진다. 반대로 110%의 비례율이 추계되었다면 권리가액은 종전자산 가치 대비 10% 증액되고 차액으로 지불해야 할 분담금이 줄어들거나 수령해야 할 정산금이 그만큼 늘어난다.

비례율이 80%인 재개발사업을 강행하려면 일단 기존 재산가치 20%를 기회비용으로 날리게 된다. 해마다 아파트 값이 조금씩이라도 올라주면 증발한 기회비용을 보전받을 길이 있지만 시장 여건이 좋아지지 않으면 손실은 매몰비용이 돼 버릴 가능성이 높다. 관리처분방식을 따르는 정비 사업에서 모든 조합원은 현물 출자자이므로 투자원금을 일부 날릴 수도 불릴 수도 있는 위치에 있다.

공동채산제에서의 비용 항목(정비사업 비용)

| 정비사업 비용 분류

구분	상세
토지원가	종전자산, 조사측량비, 건축물철거비, 특정폐기물처리비, 지장건축물이설비, 기반시설공사비, 보상비(현금청산, 영업손실, 주거이전, 국공유지 매수),
건축시설비 원가	직접공사비, 간접공사비, 공사비 예비비
공통원가	외주비, 관리비, 부대경비

정비 사업에서 종전자산도 전체 사업비용에 포함시키고 나면, 사업비용은 그 성격에 따라 토지원가, 건축시설원가, 공통원가로 나눌 수 있다. 철거하기 전 건물을 포함해 사업부지는 토지의 원가를 구성한다. 이들은 종전자산에 해당되고, 생돈 들어가는 것처럼 보이지 않기에 기회비용 성격을 갖는다. 그렇다고 기회비용이 고정된 것은 아니다. 조합원으로 참여했던 자가 발 빼버리면 해당 자산의 가치는 토지원가에서 빠지고 공통비용인 현금청산비용으로 계정을 갈아탄다. 사업 초기, 구역 이곳저곳 발품 팔며 용역업체가 조사 측량하는 비용도 토지원가를 구성한다.

'정비'란 말이 주는 의미는 단순한 '개량'을 넘어선다. 주거환경관리사업 정도가 '개량'의 범주에 머무를 뿐, 대부분은 전면 철거방식을 취한다. 건축시설의 원가 우두머리는 단연 건축도급공사비다. 규모가 수백억 원에서 수천억 원에 이른다. 공급연면적당 공사단가(원/m²)로 계약하며 가계약과 본 계약의 과정을 거친다. 최종 계약에 대한 합의가 늦춰지면 쌍방에 부담이다. 조합은 금융비용이 눈덩이처럼 불어나는 위험, 시공사는 대기기간이 늘면서 전체 공기(工期)가 예상치를 넘어 건설사 내부 자금 압박 부담이 생기기 때문이다. 공사 진척되는 만큼 가계약 단가로 공사실비를 지급하고 최종 계약 시 정산하는 고육책이 등장하기도 한다. 이견이 좁혀지지 않으면 공사비 조정신청까지 간다.

뉴타운, 재정비촉진구역 내 사업장이 여러 개로 쪼개져 비슷한 시기 경쟁적으로 사업이 진행되면, 첫 공사계약을 하는 사업장이 자천타천 기준잣대 역할을 하게 된다. 시공사의 브랜드 파워가 비슷하면 공사 단가의 편차는 크지 않다. 직접공사비를 좀 낮추고 간접공사비를 부풀리는 경우도 있다. 단지 내 도로와 조경공사 등은 공동주택 신축 공사와 분리될 수 없는 것인데, 이를 별도의 비용으로 청구하게 되면 전체 도급공사비는 오히려 불어난다. 건축시설에 대한 설계나 감리에도 별도의 용역수수료가 지급되며 건축시설 원가의 한 축을 구성한다.

토지, 건축시설 원가가 정비사업 비용, 곧 원가의 양대 축을 형성하지만 소소하게 지출되는 비용도 만만치 않다. 이들은 공통원가로 분류되는데 딱히 토지나 건물 소속이라고 말할 수 없는 양측의 교집합이기 때문이다. 비용의 성격상 보상비로 분류되는 항목에는 현금청산 비용, 영업 손실에 대한 보상금, 주거이전비를 포함한 이주비, 국공유지에 대한 조합 매수비용이 해당된다. 현금청산 비용은 종전 자산과 현금을 교환하는 이들이 챙겨 나가는 돈이다. 분양자격을 취득하지 못해 청산자로 분류된 이들도 있고, 추가 분담금 규모에 아연실색해 도중에 분양받기를 포기한 이들도 상당수다. 후자에게 지급되는 청산금은 앞서 언급했듯 토지 원가였던 종전자산에서 빠져 나와 여기 공통원가로 주소지를 이전한다. 어떤 조합은 자발적인 청산자가 감당치 못할 정도로 너무 많다고 토로하는 곳도 있다.

주택재개발사업과 도시환경정비사업에서는 상가 세입자에 대한 영업 손실 보상금을 지급해야 할 의무가 있다. 대단한 금액은 아니고 몇 달분 영업이익과 시설이전비 정도를 보전해 준다. 주택재개발사업이라면 구역 크기에 따라 다르겠지만 대략 100~300곳의 사업장이 포진하고 있다. 이 중 요건을 충족하는 사업장만 시설이전비 외에 영업이익까지 보전받는 휴업 보상 대상자로 분류된다. 1곳당 평균적인 보상금 규모도 2~3천만 원에 불과해 손실 보상금 총액은 몇십억 원 정도다. 한편, 주택에 거주하는 자에겐 주거이전비 명목으로 역시 몇 달분의 생활비가 지급된다. 국공유지를 점유하고 있던 조합원에게 해당 국공유지에 대한 우선매수권을 부여하고 있다. 그런데 살 용의가 없으면 조합이 떠안아야 한다. 이 비용도 보상비 항목을 구성한다.

외주비용으로 처리하는 항목은 외부 용역업체에 일을 맡기면서 지급하는 보수를 일컫는다. 감정평가수수료도 그중 하나며 정비업체 행정용역비와 함께 단일 항목으로는 꽤 큰 금액이다. 교통영향이나 주거환경, 인근 철도의 영향을 평가하기 위한 용역비도 여기 주소지를 두고 있고, 기반시설비용 혹은 임대부지의 가산 항목 산출, 공기 중 석면농도 측정, 방음시설 후 소음 측정, 도시가스폐관공사설계에 들어가는 비용도 여기에 자리를 튼다. 지자체를 설득했든 로비를 했든 용적률을 다만 얼마라도 상향시킬 수 있다면 이를 수행한 업체는 성공보수를 받는다. 한몫 단단히 챙긴 용역비 역시 외주비용으로 집계된다. 석면조사 비용, 통신설비의 이전비용, 친환경 인증을 위한 용역비, 회계감사비도 독립된 명패를 달고 외주비용의 한 자리를 차지한다.

관리비로 분류되는 항목은 조합운영비, 총회경비, 보존등기비, 변호사비용 등이다. 건물의 준공과 입주가 끝나고 조합의 청산 절차를 밟기까지 조합운영은 최소 5~6년 계속되므로 상근 임원과 직원에 대한 급여와 임차료는 대표적인 기간비용이다. 고정비용이니 쌓이다 보면 무시하지 못할 금액이 된다. 중간 중간 총회를 개최하면서 강당 대여료나 조합원 배포 책자 인쇄비용으로도 얼마를 지급했을 것이다. 총회경비와 소유권 보존등기비 또한 관리비로 분류된다. 정비 사업에 이해관계를 가진 사람이 수백 명이니 법적 다툼은 피할 수 없다. 조합설립 무효소송에 휘말린다든지 하면 사업이 지체되는 사이 금융비용은 눈덩이처럼 불어난다. 적극적인 소송 제기는 불필요하지만 조합을 상대로 한 소송에 즉각적이고 현명하게 대응할 법률 대리인의 역할은 필수다.

부대경비 중 가장 큰 항목은 대여금 이자다. 금융기관으로부터 사업비 명목으로 대여 받은 것도 있고, 조합원에 대한 무이자이주비에 대한 금융이자도 있다. 지자체의 정비기금을 융통하면서 정비자금대여금이자로 지출하는 비용은 앞선 두 가지 이자비용에 비하면 미미하다. 추가용적률 더 받겠다고 관리처분을 미뤄 10% 용적률 상향을 이끌어 내더라도 그 기간 이자비용과 비교하면 손해일 수 있다. 전체 사업 기간은 짧을수록 좋다. 교통시설분담금과 하수도원인자부담금, 분양보증수수료 상당액도 부대경비에 배치된다. 마지막으로 예비비를 책정해 추후 예상치 못한 지출에 대비하게 하면 부대경비 페이지는 마무리된다.

관리처분 한 번으로 끝나는 사업장은 드물다. 사업 기간이 늘어지면 기간에 연동된 비용이 증가하므로, 최초 정비 사업비 추산액은 가장 경제적인 사업일정하에서의 최소 비용으로 볼 수 있다. 시행착오 없이 일사천리로 진행되는 정비사업구역의 사업성이 높을 수밖에 없다.

법률로서 비용접근이 강제되는 특수성(종후자산 평가)

정비사업 구역 내 분양예정자산에 대한 평가는 크게 임대주택, 근린생활시설 그리고 조합원에게 분양할 공동주택에 대한 것으로 대별된다. 임대주택은 국토교통부에서 고시하는 건축비와 임대주택이 들어서는 대지부분의 가치를 합산하는 금액으로 지자체에 매각하게 돼 있어 평가의 재량이 발휘되는 영역은 아니다.

임대주택 매각가격 결정 산식

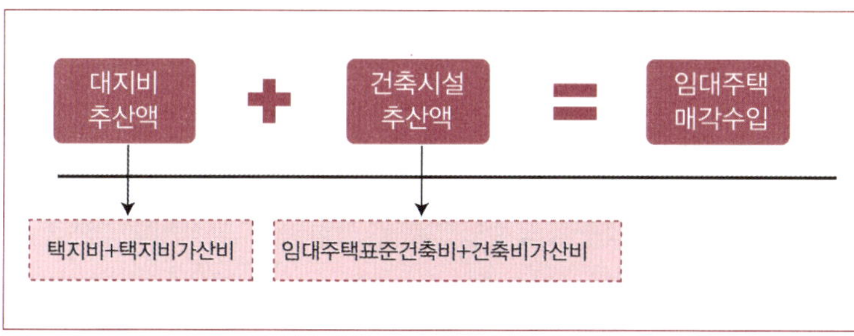

주거지원시설인 근린생활시설(단지 내 상가)은 인근 신규 상가의 분양가를 기준으로 거래사례비교법으로 평가한다. 종후자산 평가에 있어 이견이 발생하는 부분은 조합원에게 분양할 공동주택에 대한 평가 방법이다. 서울시의 '도시 및 주거환경 정비조례'에서는 임대주택 이외의 공동주택은 사업시행자가 제시한 원가[26]산출근거에 따라 평가하도록 하고 있으며, 감정평가실무기준에서는 '종후자산을 감정평가할 때에는 인근지역이나 동일수급권 안의 유사지역에 있는 유사물건의 분양사례 · 거래사례 · 평가선례 및 수요성 등과 해당 사

26) 대지비 · 건축비 및 그 밖에 사업시행에 소요된 제반 비용

업에 드는 총 사업비 등 원가를 고려한다.'고 규정했다.

규정에 따르면 공동주택 평가에 앞서 원가분석이 선행되어야 한다. 사업구역 내 기존 건축물과 토지는 이 사업을 위한 기회비용이므로 종전자산에 대한 평가액은 원가의 한 축을 차지한다. 여기에 새로 들어설 아파트(임대아파트 포함), 근린생활시설에 대한 도급공사비가 원가 주요항목이 되며 조합운영비와 용역수수료, 세입자에 대한 영업 손실 보상금 역시 이 사업을 위해 지출한 비용이 된다. 관리 처분 계획 인가 시점이면 대부분의 비용 집행이 완료되므로 원가는 상당부분 확정비용이고 이 중 조합 청산 시까지 집행될 조합운영비 등 미미한 부분만 추후 집행될 예상 비용으로 볼 수 있다.

이렇게 원가분석을 마치면 이 원가총액이 정비 사업으로 벌어들일 분양예정자산에 대한 분양수입 총액이 된다고 간주한다. 이 중 임대주택 매각수입과 근린생활시설 평가액을 공제하면 잔여분은 조합원에 대한 공동주택 매각수입으로 충당한다는 설정이다. '해당 사업에 드는 총 사업비'인 원가를 갖고 전체 분양가를 먼저 집계한 것이다. 각 세대별 평가액은 전체 분양가를 각 호에 배분해서 결정한다. 평형에 대한 선호도를 반영한 평형별 지수, 층과 호에 대한 효용을 담은 위치지수 등을 종합한 '주거효용지수'에 의해 세대별 평가액의 격차가 발생한다.

주택재개발사업을 조합원들의 '자기들만의 잔치'로 규정한다면 이렇게 원가를 배분하는 작업이 마냥 이상한 것은 아니다. 어차피 조합원 간 재산의 변환과정에 필요한 감정평가라면 '공정하고 적절한 배분'이 평가의 주안점이 돼야 한다. 그러나 '감정평가서'의 신분이라면 그 안에 담겨진 개개 자산에 대한 평가방법은 「감정평가에 관한 규칙」에서 정한 규정에 부합해야 한다. 동 규칙 제16조는 '감정평가업자는 「집합건물의 소유 및 관리에 관한 법률」에 따른 구분

| 종후자산 중 공동주택가격 평가 틀

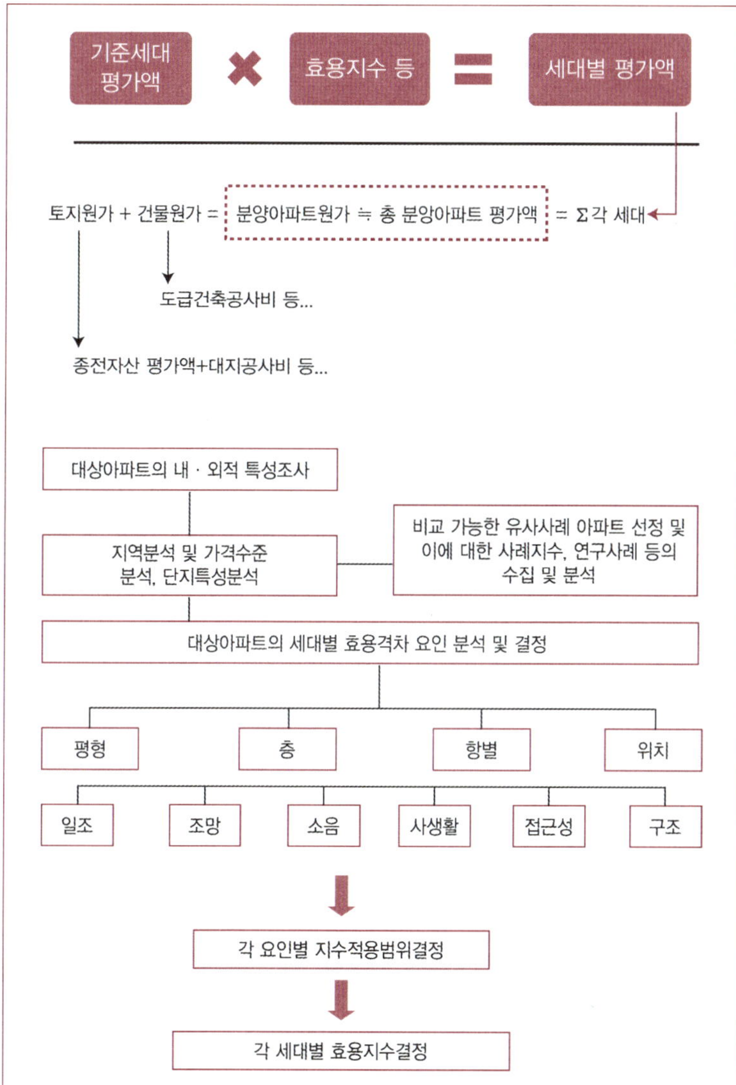

소유권의 대상이 되는 건물부분과 그 대지사용권을 일괄하여 감정평가하는 경우 등 제7조제2항에 따라 토지와 건물을 일괄하여 감정

평가할 때에는 거래사례비교법을 적용하여야 한다.'고 정하고 있으므로 조합원에게 공급될 공동주택을 원가로만 접근하면 규정에 정면 배치된다.

이런 점에서, 원가에 기초한 조합원의 재산변환이라는 특수성과 공동주택에 대해 강제하는 평가방법을 조화시킬 필요가 있다. 최소한 기준세대만이라도 인근 정비사업 구역에서 분양계약 체결이 완료된 조합원 분양 아파트의 계약사례(거래사례)를 포착하여 이와 비교하는 과정을 적시해야 한다. 기준세대 이외의 공동주택은 기준세대와의 효용 격차를 반영할 수 있는 효용지수로 조정되는바 결국 전체를 거래사례비교법으로 평가했다고 볼 수 있다.

정리하면, 개별세대는 수요성에 의해 평가되고 평가총액은 총원가에 수렴하는 독특한 양상이 정비구역 내 공동주택의 평가에서 나타나고 있다.

동일한 재산, 민간과 공공의 다른 대접(국·공유재산 평가)

| 정비구역 내 도로의 현황

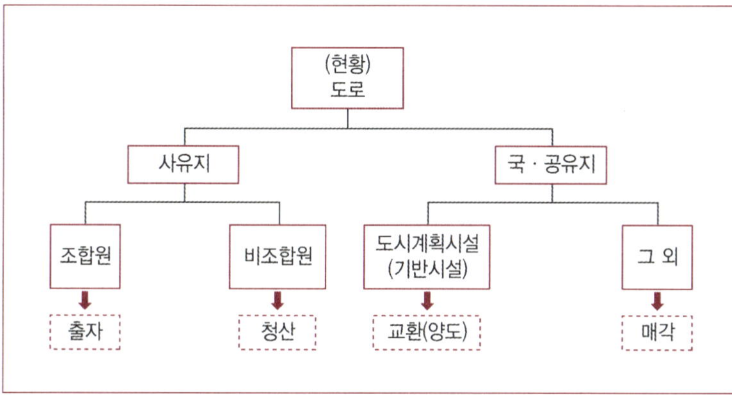

전국적으로 국가나 지자체의 소유로 된 부동산이 생각보다 많다. 단일주체로는 가장 많은 부동산을 소유한 당사자가 공공일 것이다. 국·공유재산은 크게 행정재산과 일반재산으로 나뉜다. 행정목적으로 사용하는 사무, 사업, 주거용 부동산이나 보존 필요성이 있어 관리하는 경우 행정재산으로 분류하고 그 외는 일반재산으로 취급한다. 공공의 통행에 제공되는 도로, 철도가 대표적인 행정재산인데 정비사업 구역 내에는 이런 행정재산이 다수 소재한다.

조합원들은 자기가 소유한 토지, 건물을 출자하는 형태로 조합에 넘기고 추후 신축되는 아파트나 상가로 돌려받는다. 그렇다고 구역 내 산재하는 국·공유재산을 빼고 개발하는 것은 비합리적이다. 구역 내에 있는 부동산을 다 확보해야 구역을 가장 효율적으로 이용할 수 있는 그림이 나온다. 국가나 지자체가 소유하고 있는 구역 안 행정재산을 확보해야 하는 건 당연한 수순이다.

행정재산이 조합의 손에 넘어갈 때 국가나 지자체가 유리한 입장에 선다. 용도 폐지되는 기반시설과 새롭게 설치되는 기반시설의 맞교환을 무상 양수·도라고 부르는데, 국가나 지자체 입장에서 교환의 대상으로 내놓는 자산이 현재 도로 등 기반시설로 이용 중인 토지다. 원래 기반시설은 팔지 못하는 행정재산인데 이를 민간에 넘길 수 있도록 하기 위해 '용도폐지' 절차를 거친다. 행정재산에서 일반재산으로 계정이 바뀌게 된다. 반면, 조합 입장에서는 주택이나 상가 등의 부지에다 새로운 도로 등 기반시설을 조성해서 국가·지자체에 넘겨야 한다. 정산의 문제에서 현금 지출 부담은 조합에게만 있다. 넘겨받는 행정재산의 가치가 넘겨주는 재산 가치보다 크면 그 차액만큼 현금으로 납부해야 한다. 그 반대면 국가나 지자체로부터 차액을 받으면 될 텐데, 국가나 지자체는 용적률 인센티브를 주는 방식으로 해결한다.

양측의 이런 거래형태도 민간에 불리한데, 더 불합리한 상황은 교환 대상의 가격을 정할 때 행정재산에만 유리한 전제를 붙인다는 점이다. 공공의 입장은 '현재는 도로나 철도부지로 사용되지만 이제 곧 공동주택 예정부지로 신분이 바뀌지 않느냐, 들쭉날쭉 볼품없는 형태지만 일단의 공동주택 예정부지로 묶여 정비 사업에 기여하는 것을 땅값에 반영해야 합리적이다.' 정도로 정리할 수 있다. 도로 등 기반시설 부지를 '대지'로 보고 '공동주택 예정부지'에 걸맞은 평가를 요청하는 셈이다. 이런 요구조건은 무상 양수·도에서만 그치지 않고 기반시설이 아닌 국·공유재산의 매각 평가에서도 부가된다. 좁고 긴 형태의 부정형 토지를 단독주택이나 상가가 들어선 땅과 같은 수준으로 평가해 달라는 근거를 '일단의 공동주택 예정지'에서 찾고 있는데, 현황보다 장래의 이용에 편향된 접근을 유도하고 있다.

행정재산과, 조합원들이 현물 출자하는 재산(종전자산) 및 현금청산 대상물건과의 형평성 문제를 생각해 봐야 한다. 지목 '대'인 토지의 일부 면적이 후면 주택에 진입하는 도로로 사용 중이면 현황 측량을 통해 '대'와 '도로'로 면적이 구분돼 평가의뢰목록으로 제시된다. 이 '도로'는 지목과 무관하게 '사실상 사도'로 취급받고 인근 주택부지의 1/3 가격 수준으로 평가된다. 협의보상 성격의 현금청산 평가에서도 사정은 다르지 않다. 국·공유 재산에 적용되는 '일단의 공동주택 예정지' 논리가 사유토지에는 적용되지 않고 있다.

소유자가 누구냐에 따라 같은 사업구역 내에서 동일한 이용 상황의 토지가 다르게 평가되고 있다. 용도 폐지되는 기반시설은 혹 '대지'를 취득하여 도로포장을 했다고 이해하면 '대지'로 평가받을 수 있다고 해도, 골목길로 이용되는 토지의 성격을 모두 '사실상 사도'로 판단하고서도 국가나 지자체 소유라면 '대지'에 근접하게 보고 사유지일 경우 현황대로 평가하는 것은 바람직하지 않다. '도로'의 평가목적이 교환과 매각일 때와 출자와 청산일 때 구분해야 할 근거도 박약하다.

그들만의 잔치에서 소외된 이들(현금청산 평가)

주택재개발사업 등에서 조합원 자격이 없거나 분양대상에서 배제된 이들은 잔치가 한창 벌어지는 와중에 자리를 정리해야 한다. 원래 갖고 있었던 재산에 대해서는 그 가치에 상당한 '현금'을 받고 툭툭 털어버려야 하는데, 이들 재산에 대한 평가를 '현금청산' 평가라 부른다. 공익사업에 따른 토지 등의 보상에서는 일정한 요건하에서 일부 채권이나 보상금에 상당하는 토지를 보상금 대신 받기도 한다. 전자는 토지투기우려 지역 등 특정 요건이 충족되었을 때, 후자는 토지소유자의 요청이 있을 때 각각 만기가 있는 채권과 대토로서 현금보상을 갈음한다. 반면, 정비 사업에서의 청산자에게는 반드시 현금 다발을 쥐어줘야 한다. 그래서 이를 '현금청산'이라고 부른다.

▎현금청산자 발생 시점

조합 설립인가	⇨	사업 시행인가	⇨	관리처분 계획인가	⇨
	•조합설립(사업시행자지정)미동의자 •조합원 자격 미달자		•분양신청을 하지 아니한 자 •분양신청기간 종료 이전에 분양신청을 철회한 자		•관리처분계획에 따라 분양대상에서 제외된 자 •분양계약체결기간 내 계약하지 않은 자

주택재건축사업이나 가로주택정비사업의 경우, 조합설립(또는 사업시행자 지정)에 동의하지 않는 순간 조합원의 자격이 부여되지 않는다. 투기과열지구 내 주택재건축사업의 경우 조합설립인가 이후라도, 조합원이었던 자에게 건물이나 토지를 넘겨받았는데 종전 소유자가 근무 · 생업 · 치료 · 취학 · 결혼의 사유로 이주하면서 양도한

경우 등이 아니면 역시 조합원 자격을 얻지 못한다. 토지나 건물 어느 하나만을 갖고 있어도 마찬가지다. 이들에게 현금을 주고 청산시키는 것은 같지만, 청산의 방법으로 사업시행자에게 '매도청구권'을 인정해 주므로, 이를 현금청산과는 별도로 취급하기도 한다.

조합원의 자격은 부여했어도, 분양 대상에서 배제될 수가 있다. 관리처분계획에 분양대상자로 이름을 올리지 못하면 역시 현금으로 청산하게 된다. 새 아파트나 상가를 분양받지 않고 조합에서 탈퇴하고자 분양신청서를 아예 내지 않는 사람도 이 부류다. 변심하는 경우도 흔하다. 깨끗한 새 아파트가 공짜로 생긴다는 말에 덥석 동의해 줬지만 분담금이 1~2억 원에 달한다는 소식에 이래저래 둘러봐도 돈 나올 구멍은 없어 분양신청을 철회한 이들이다. 물론 분양신청기간 내 철회 의사를 표시해야 한다. 막차를 타는 이들은 분양계약체결기간 동안 계약을 체결하지 않은 이들이다. 단, 조합정관에 계약 미체결자에 대한 현금청산 규정이 있고 조합이 분양계약체결기간을 설정한 경우만 현금청산으로 빠져나올 수 있다.

원래부터 조합원 자격이 주어지지 않았던 자들은 이번 현금청산평가가 첫 평가이겠지만 새 아파트와 상가를 분양받고자 조합에 동참했던 조합원은 관리처분을 위한 종전자산 평가에 이어 두 번째 감정평가가 된다. 일반적으로 현금 청산 전에 청산 대상 자산에 대한 실측을 진행한다. 실측 후에는 건축물대장에 있는 면적보다 적게는 수십 m^2, 많게는 수백 m^2 면적이 늘어나는 것이 상례다. 종전자산 평가를 받았던 이들은 현황 면적이 아닌 등기사항전부증명서 등에 등록된 면적으로 평가받았을 것이다. '건폐율' 개념이 무색하게 토지에 꽉 들어찬 무허가건물[27]은 무허가건물확인원에 기재된 면

27) 89.1.24 이전 무허가건물은 종전자산에 포함되며, 종전자산 평가 시 무허가건물확인원상 면적으로 평가를 받는다.

적으로 종전에 평가받았다가 청산 시에는 두 배 이상 늘어난 면적으로 목록이 수정될 때도 있다. 월세 좀 더 받으려고 구청 허락 없이 만든 옥탑방도 청산 대상에 포함될 것이다.

현금청산을 하는 사정이 다양하지만 최고의 수혜자는 종전자산 평가 당시 재산 목록에는 빠졌다가 금번 평가에서 새롭게 추가되는 굵직한 부동산을 소유하고 있던 자들이다. 89년 1월 24일 이후에 무허가로 지은 건물이었거나 위반건축물로 등재돼 이행강제금을 물면서까지 불법 증축한 건물을 유지하고 있는 경우가 대표적이다. 과연 이런 재산까지 평가에 포함시켜야 하는지 의문이 들 수 있지만 현금청산평가금액으로 조합과 소유자 간 협의가 이루어지지 않으면 조합은 강제 '수용'할 수 있는 권한을 부여받고 있으므로 「공익사업을 위한 토지 등의 취득 및 보상에 관한 법률」상 협의보상과 동일한 논리로 접근하는 것이 합리적이다. 현재 상태의 모든 물건이 있는 그대로 평가를 받게 된다.

예전에는 굳이 감정평가를 받지 않고 협의를 통해 현금청산을 진행하기도 했다. 청산단계까지 가지 않고 조합이 '이 정도 줄 수 있는데 넘기겠느냐' 의사를 타진해서 매매계약 형태로 무난하게 취득하는 유형이었다. 이런 경우는 개별주택가격이나 개별공시지가 등의 공시 지표를 활용해 몸값을 매기고 여기에 웃돈 몇천만 원을 얹어 주는 식이었다. 과세를 위해 책정하는 몸값인 개별주택가격, 개별공시지가가 현 시세보다 낮다는 건 누구나 인지하고 있으니 이 웃돈은 공시가격의 현실화 정도를 고려해 시가와 공시가격의 차액분 성격이 짙다. 재개발구역에서 공시가격을 이런 식으로 활용하기도 했으니 이런 학습효과 때문인지 재개발구역 주민은 너도나도 공시가격 올려 달라 민원이 상당했다.

일부 청산자는 금번 기회에 자연스레 자산 매각이 이뤄졌으니 만족하기도 한다. 그러나 대부분의 현금청산자는 탐탁지 않게 여긴다. 이 익숙한 환경에서 등 떠밀려 나가는 모양새인 데다 나갈 때 쥐어주는 돈도 타지에서 새로 이만한 집이나 상가를 얻는 금액에 턱없이 부족하기 때문이다. 현금청산평가도 감정평가 대원칙인 '현황기준 원칙'[28]이 적용되므로, 특히 건물가액에 대해서는 불만이 상당한 편이다.

28) 「감정평가에 관한 규칙」 제6조. '감정평가는 기준시점에서의 대상물건의 이용 상황(불법적이거나 일시적인 이용은 제외한다) 및 공법상 제한을 받는 상태를 기준으로 한다.' 이 원칙에 따르면 낡은 건물은 노후화된 정도를 고려하여 평가해야 한다.

자연스레 피고소인으로(매도청구소송 평가)

재산권자는 '수용'이란 용어에 굉장히 민감해한다. 때 되면 강제로 뺏겠다는 선전포고이기 때문이다. 수용권은 아니라면서 강제로 취득할 수 있는 준수용권(準收用權)의 성격인 '매도청구'에 의해 공익사업이 아닌 '재건축사업'에서 재산권의 강제 취득이 이뤄진 것은 어제오늘의 일이 아니다.

「집합건물의 소유 및 관리에 관한 법률」 제48조는 구분소유권 등의 매도청구를 규정하고 있다. 내용인즉 '재건축의 결의가 있으면 집회를 소집한 자는 지체 없이 그 결의에 찬성하지 아니한 구분소유자(그의 승계인을 포함한다)에 대하여 그 결의 내용에 따른 재건축에 참가할 것인지 여부를 회답할 것을 서면으로 촉구하고, 촉구를 받은 구분소유자는 2개월 이내에 회답해야 하는데, 분명한 반대의사를 표하거나 정한 기간 내 무응답으로 일관했으면 불참으로 간주해서 이들의 재산인 구분소유권과 대지사용권을 조합에 시가로 매도하라고 청구할 수 있다'는 것이다. 매도청구의 권리가 조합 일방에만 부여된 것은 아니다. 재건축 결의일로부터 2년 이내에 건물 철거공사가 착수되지 않으면 종전에 청구를 당했던 자가 '환매권'과 유사한 재매도청구를 할 수 있으니 조합설립 반대자 등도 예외적으로 매도청구 권한을 갖는다.

주택재건축 사업 초창기에 이뤄지는 매도청구소송은 「집합건물의 소유 및 관리에 관한 법률」 제48조를 준용하도록 한 「도시 및 주거환경정비법」 제39조에 근거를 두고 있다. 해당 규정은 '사업시행자는 주택재건축사업 또는 가로주택 정비 사업을 시행할 때 조합설립 미동의자, 건축물 또는 토지만 소유한 자, 시장·군수 또는 주택공사 등의 사업시행자 지정에 동의를 하지 아니한 자의 토지 또는 건축물에 대하여는 「집합건물의 소유 및 관리에 관한 법률」 제48조의 규정을 준용하여 매도청구를 할 수 있으며, 이 경우 재건축 결의는 조합 설립에 대한 동의(제3호의 경우에는 사업시행자 지정에 대한 동의를 말한다)로 보며, 구분소유권 및 대지사용권은 사업시행구역의 매도청구의 대상이 되는 토지 또는 건축물의 소유권과 그 밖의 권리로 본다.'고 명시했다.

재건축사업이 일정 궤도에 올라 분양신청 등의 절차가 진행될 때면, 분양 신청을 하지 않는 등의 이유로 조합 자진 탈퇴자가 속속 등장한다. 이들 청산 희망자의 재산을 현금과 교환하는 것도 매도청구소송을 통한다. 그런데 이때는 현금청산이라고 달리 부른다. 굳이 이 둘을 구분하자면 사업초기 매도청구와 사업 중·후반기 현금청산자는 각각 '선 볼 때 한 번에 퇴짜 놓은 이', '사귀기로 했다가 이별을 통보한 이'에 비유할 수 있다. 둘 다 부동산을 현금으로 바꿔 퇴장하는 것은 동일하다.

수용권이 발동하는 주택재개발사업에서는 매도청구라는 용어를 사용하지 않고 '현금청산'이라는 통일된 표현을 쓰는데, 용어의 차이도 있지만, 진행 절차도 판이하다. 재개발 현금청산은 청산평가를 통해 협의를 거치고, 협의가 성립하지 않으면 수용재결평가, 여기에도 불복하면 이의재결평가, 그리고 마지막으로 보상금증감청구소송으로 다툰다. 그러나 재건축사업의 매도청구는 성실한 협의를 거치고는 곧바로 소송으로 이어진다. 만일, 소송평가자의 평가금액이 큰 무리가 없다고 재판부가 인정하면 이 금액에 확정력이 발생한다. 청산자의 법률대리인이 사력 다해 재감정을 관철시키려는 것은 소송평가 결과로 통보된 불만족스러운 '시가'가 또 한 번의 감정평가를 통해 증액되도록 절차 한 번을 더 밟겠다는 것이다.

매도청구소송 감정평가는 법원의 평가명령을 통해 제시된 날이 기준일자다. 이 날의 '시가'를 결정하는 것이다. '시가'라 하였으니 기준시점의 적정가격일 텐데 대법원은 이 '시가'의 성격을 '노후하여 철거될 상태를 전제로 하거나 재건축사업이 시행되지 않은 현황을 전제로 한 거래 가격이 아니라, 그 토지나 건물에 대하여 재건축 사업이 시행된다는 것을 전제로 토지나 건물을 평가한 가격, 즉 재건축으로 예상되는 개발이익이 포함된 가격'이라고 상술했다. 그런데 감정평가 실무기준은 '기준시점 현재 현실화, 구체화되지 아니한 개발이익이나 조합원의 비용부담을 전제로 한 개발이익은 배제하여 평가'한다고 해서 마치 양자가 배치되는 것으로 보일 수 있다. 그러나 잘 들여다보면 대법원은 재건축으로 예상되는 개발이익이 포함된 현재 시점의 가격을 말하고 있고, 감정평가실무기준은 기준시점 현재 미 실현된 개발이익을 뺀 실현 개발이익만을 포함시키도록 한 것이다.

최근의 대법원 판례는 주택재건축 사업구역 내 매도청구 대상 부동산의 '시가'를 결정하는 데 중요한 잣대를 제공한다. 해당 사안은 『도시 및 주거환경정비법』에 의한 주택재건축사업의 시행자가 같은 법 제39조 제2호에 따라 乙 등이 소유한 토지에 대하여 매도청구권을 행사하였는데, 토지 현황이 인근 주민의 통행에 제공된 도로였다. 원심은 현황이 '도로'라는 이유로 『공익사업을 위한 토지 등의 취득 및 보상에 관한 법률』상의 사실상 사도 평가 규정을 준용해 인근 대지 가액의 1/3로 감액 평가한 금액을 시가로 이해했는데, 대법원은 토지의 현황이 도로일지라도 주택재건축사업이 추진되면 공동주택의 일부가 되는 이상 시가는 재건축사업이 시행될 것을 전제로 할 경우의 인근 대지 시가와 동일하게 평가하되, 각 토지의 형태, 주요 간선도로와의 접근성, 획지조건 등 개별요인을 고려하여 감액

평가하는 방법으로 산정하는 것이 타당하다고 못 박았다.

매도청구소송을 통해 확정되는 '시가'에 소유자와 조합 어느 한 쪽은 반색하고 다른 쪽은 사색이 된다. 원소유자는 늘 금액의 부족함을 느낀다. 특히나 사업성이 있는 구역인 데다 조합이 매도청구소송을 제기한 시기를 사업의 초창기로 보면, 아직 가격이 더 오를 가능성이 있는 자산을 저렴하게 넘기고 떠나야 한다고 느낄 수 있어 억울할 수 있다. 다만, 몇 년의 기다림이 싫고 두 번 이주해야 하는 불편함, 추가 분담금 마련이 부담스러워 나가기로 한 것이라면 아쉬움은 묻어야 할 것이다. 기대치에 크게 못 미치면 법률대리인을 통해 재감정을 요청하기도 한다.

조합의 입장은 더 민감할 수 있다. 미동의자의 재산가치가 예상했던 것보다 높게 나온 경우, 잔류를 결정했던 조합원들의 이탈을 우려해야 한다. 이 정도 금액이면 그냥 현금 잔치로 끝내도 불만이 없다고 느낀 조합원의 탈출행렬이 이어질 가능성이 높다. 또한 현금청산금 증가와 분양신청률 저조로 전체사업성이 저하되는 것을 걱정하지 않을 수 없다. 시공사의 대여금에 대한 이자가 불어나 사업비용 증가로 이어지는 것도 정해진 수순이다. 최악의 경우 시공사의 사업 참여 철회도 대비해야 한다.

주택재개발에서 기반시설의 교환과 관련된 '무상양수 · 도 평가'의 결과가 종전자산의 개략추정치로 받아들여지는 시장 인식이 있듯, 매도청구소송평가액 역시 청산자뿐만 아니라 기존 조합원의 종전자산 기대치를 형성하곤 한다. 재건축 사업과 관련해 '처음' 등장하는 가격이기 때문이다.

공동주택 재건축에서의 가격 바로미터(무상지분율)

일반적인 공산품의 판매가격을 결정할 때 원가를 고려하지 않을 수 없다. 최종 원가를 확정하는 과정은 일관성을 띤다. 먼저 재료비와 인건비는 '직접원가'를 구성한다. 원재료에 대한 매입금액과 제조활동에 투입한 인부의 품삯은 모든 원가의 출발점이다. 여기에 제조간접비[29]를 더하면 '제조원가'가 계산된다. 앞선 인부의 품삯에 판매와 관리 역할을 하는 자들의 인건비 등은 포함되지 않았다. 판매관리비가 제조원가에 더해져 비로소 '총원가'가 추산된다. 우리가 통상 말하는 원가는 '총원가'를 지칭한다. 여기에 얼마의 이익을 더해 판매할지에 따라 최종 판매가격이 튀어나오는 것이다. 원가는 달리 보면 투자원금의 성격이다. '얼마의 이익'은 투자수익에 대등되고 원가와 판매가격의 비율에서 이익률이 도출된다.

원가 추산 과정

직접원가 (재료비+인건비) ⇨ 제조원가 (직접원가+제조간접비) ⇨ 총 원가 (제조원가+판매관리비)

주택재개발사업에서는 여러 종류의 주거형태가 혼재된 상태에서 전면 철거 후 고층의 공동주택으로 변모한다. 기존에 어떤 이는 단독주택, 또 다른 이는 연립이나 다세대를 소유하고 있고 공지만

29) 제조공정에서 공산품 여러 종류가 만들어지고 우리가 관심 있는 것은 그중 하나라면 직접원가 외에 공통으로 발생하는 비용, 예컨대 전력비 등을 일정한 기준에 따라 해당 공산품의 원가로 배분해야 한다. 이렇게 배분된 금액을 '제조간접비'라고 부른다.

가진 이도 있다. 이들의 소유물을 공동주택과 교환하기 위해 교환의 기준으로 삼는 건 교환 전 소유자산의 가치일 수밖에 없다. 주거유형이 달라 각각의 몸값 외에 별도의 공통 인자를 발견하기 어렵기 때문이다. 그래서 2억짜리 단독주택, 1억 상당의 연립주택, 3억 원에 달하는 토지는 그 가치에 비례해 수익이 가산된다. 재개발사업의 수익률이 10%라면 이 사업을 진행하고 나면 각각 2.2억, 1.1억, 3.3억으로 불려진다. 현금교환을 해 주는 것은 아니고 불어난 가치에 상당하는 공동주택으로 대응시키는 물물교환이다. 이때 수익률 10%를 '비례율 110%'라고 달리 표현한다. 비례율은 원가 대비 판매수입의 비율, 대출원금 대비 상환원리금수입 비율과 유사한 개념이다. 물론 마이너스 수익률을 보이는 사업장도 적지 않다.

그런데 공동주택 재건축사업에서의 관심사는 비례율이 아니다. '아파트 재건축'을 키워드로 인터넷 검색을 하면 비례율이라는 말 대신 '무상지분율'이라는 단어의 출현 빈도수가 높다. 백과사전 등에서는 '아파트 재건축을 할 때 시공사가 대지지분을 기준으로 어느 정도 평형을 추가 분담금 없이 조합원에게 줄 수 있는지 나타내는 비율'로 무상지분율을 정의하고 있다. 비례율은 쏙 빠지고 그 자리를 무상지분율이 차지하고 있는 이유는, 대응의 관계가 공동주택 대 공동주택으로, 저층의 낡고 노후화된 공동주택이 고층의 신축 공동주택으로 변환되기 때문이다. 이때 소유자의 관심사는 추가 분담금을 내지 않고 배정받을 수 있는 아파트 연면적이다. 그런데 기존 공동주택의 가치, 즉 원가는 건물이 낡은 탓에 해당 호가 점유하고 있는 대지지분에 뭉쳐 있다. 대응의 관계를 주된 관심사로 살짝 바꿔 놓으면 '기존 공동주택 대지 지분' 對 '신축 아파트 건물 평형'이 된다. 이 둘의 비율이 무상지분율로 정의되는 것이다.

▌무상지분율 산정 과정

개발이익 = 분양수입(조합원+일반) + 임대아파트 매각수입 + 근린생활 시설 등 분양수입 − 공사비 − 기타 사업비

(수입: 분양수입(조합원+일반), 임대아파트 매각수입, 근린생활 시설 등 분양수입 / 지출: 공사비, 기타 사업비)

(대지)평형당 개발이익 = 개발이익 ÷ 전체 대지평형

무상지분율 = 평형당 개발이익 ÷ (조합원) 평형당 분양가

그런즉 무상지분율이 높은 재건축 사업이라면 꽤 수익성 있는 사업장으로 이해할 수 있다. 조합원에게 많은 면적을 무료 배정하고도 남은 면적을 일반에 분양해 공사비를 충당할 수 있는 살림살이라고 볼 수 있기 때문이다.

한편, 무상지분율 용어의 등장 배경이 사업방식 중 '지분제' 방식과 관련돼 있음을 미뤄 짐작할 수 있다. 주택재개발사업과 달리 공동주택 재건축사업은 개발이익이 발생할 수밖에 없는 구조다. 단적으로 현재 6층 아파트를 철거 후 20층까지 올릴 수 있다면 13층~20층 분양수입은 철거비와 건축공사비를 기회비용으로 지불하고 얻게 되는 수입이다. 이런 수익성 높은 사업장에 건설사가 관심을 갖는 것은 당연하다. 그들은 더 나아가 주도적으로 사업을 할 테니 시행자의 입장에 서게 해 달라고 자원할 수 있다. 기존 시공자의 입장은 도급공사비를 약정하고 건축공사를 담당하는 것이었다. 이를 '도급제'라고 부른다면 시공사가 무상지분율을 약정하고 시행자의 위치에서 공사비 회수뿐 아니라 추가수익까지 노리는 사업방식을 '지

분제'로 보면 된다.

그래서 한동안 재건축사업장에서는 지분제 사업방식을 선호했고, 각 건설사는 간택을 받기 위해 무리할 정도의 무상지분율을 보장하겠다고 입찰지원서를 내기도 했다. 도덕적 해이는 그렇게 무리수를 둔 건설사가 시행을 맡으면서 심심치 않게 관찰된다. 약정한 무상지분율을 보장하면 자칫 일반 사업장에서 거둘 수 있는 도급공사비조차 확보하기 어렵다는 것을 알고, 공사 기간 내내 지속적으로 무상지분율의 재조정을 요구했기 때문이다. 조정해 주지 않으면 공사 중단이나 사업 포기를 협상 카드로 내밀었다. 이 전략이 먹혀 들어가 실질적인 무상지분율이 입찰 당시에 비해 크게 떨어지니 '지분제'이긴 하지만 '변동지분제'의 변형된 형태로 왜곡·운영됐던 게 사실이다. 사업 전반을 공공이 지도, 감독, 지원하는 공공관리제하에서 '확정지분제' 도입을 강제한 결과 시공사를 아예 못 찾거나, 부족한 수입을 만회하기 위해 공사비를 낮추려고 부실 시공하는 부작용이 터져 나오기도 했다. 한두 해 전까지 분양시장 침체로 지분제 사업장에 대한 인기는 크게 시들해졌고 일부 대단위 아파트 재건축 사업장에서 지분제 사업 추진방식이 도급제로 전환됐던 것은 이를 방증해 준다.

미니 주택재건축(가로주택정비사업)

대규모 개발방식에 따라 도심을 정비해 왔던 것이 최근까지 일관된 정부와 지자체의 입장이었다. 외벽에 금 가고 금방이라도 빗물 떨어질 것 같은 낡은 저층 주택지를 개선하기 위해 주택만 헐고 새로 지으면, 협소한 도로, 공원 하나 없는 삭막한 주거환경은 그대로다. 1만 제곱미터 이상을 재개발 · 재건축 정비사업구역으로 지정해 정비계획에 따라 체계적인 공동주택지대로 변모할 수 있게 구역의 몸집을 어느 정도 불릴 필요가 있었다. 그러나 해당 구역의 거주여건개선효과는 있었지만 광역적 측면에서 체계적이고 효율적으로 기반시설이 갖춰진 것은 아니다. 넓게 보면, 도로의 연계성, 공원의 합리적 배치에는 실패했다는 것이다. 그래서 다수의 정비사업구역을 묶어 광역단위 뉴타운지구로 지정한 후 개발계획은 공공이 수립하고 그에 맞춰 개별 정비사업구역에서 민간이 사업을 추진할 수 있게 해 줬다. 서울시가 뉴타운 폭탄을 곳곳에 심어놓게 된 이력이다. 그런데 급작스레 부동산 시장이 고꾸라졌다. 특히 아파트 시장은 처참했다. 기존 재개발, 재건축사업구역, 뉴타운지구가 별수 있겠는가. 한창 진행되던 사업은 기약 없이 지연되고, 몇몇 구역은 해제 요건이 완화된 틈을 놓치지 않고 서둘러 사업을 백지화했다. 사업을 잠시 보류하거나 철회했다고 능사가 아니다. 개발이 필요한 지역은 그대로 있다. 그러니 덩치를 줄이면서 어쨌든 개발을 해 나갈 수 있는 방안이 필요했다. 국토교통부나 서울시가 가로주택정비사업에 잔뜩 기대를 거는 이유가 바로 혼기를 놓친 이런 뉴타운, 정비 구역을 정리해 줄 구원투수로 보기 때문이다.

| 가로주택정비사업 요건

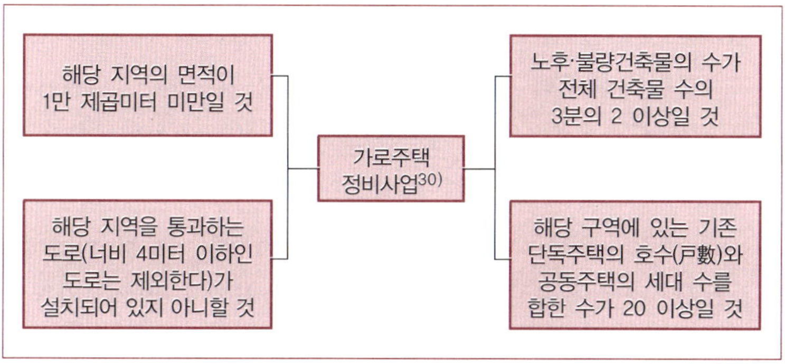

가로주택정비사업이 지닌 장점을 열거하다 보면 정비사업의 만능열쇠처럼 보인다. 서울시 통계에 따르면 정비사업 평균 추진 기간이 대략 8년이라 한다. 그런데 이 사업은 길어야 3년을 넘지 않는다. 기본계획수립이나 정비구역지정, 안전진단, 추진위원회 승인이라는 법정 절차가 생략되므로 다른 정비 사업에 비해 빠를 수밖에 없다. 물론 사업지의 위치, 사업성, 조합원의 호응 정도에 따라 다소 증감될 수 있다. 전반적인 사업기간 단축은 비용절감으로 이어질 것이다.

규제완화 혜택도 본다. 대지조경, 건폐율산정, 건축물의 높이제한, 대지안의 공지, 부대 및 복리시설 설치 기준 등 건축규제가 심의를 거쳐 완화될 수 있다. 비용지원은 크게 3가지다. 주민 10% 이상이 해당 구청에 추정분담금 산정 서비스를 신청하게 되면, 서울시가 해당 구청에 필요한 비용을 지원해 준다. 건축공사비의 40% 이내에서 최대 30억 원을 연 2%이율로 빌릴 수도 있다. SH 등 공공 사

30) 이 사업이 시행되는 '가로구역'은 도시 · 군계획시설로 둘러싸인 일단(一團)의 지역(해당 지역의 일부가 광장, 공원, 녹지, 하천, 공공공지 및 공용주차장 등에 접한 경우에는 해당 시설을 도로로 본다)을 말함.

업시행자를 맞이할 경우 기반시설, 임시수용시설 건설비용을 시에서 보조해 준다.

조합원에게 주택 세 채까지 분양이 허용되는 점도 장점이다. 관련 법률의 개정으로 현재 재건축도 3주택 분양이 가능해지긴 했다. 3주택이라면 1가구는 거주공간으로 2가구는 임대용으로 활용하면 노후 세대의 재테크로도 만점이다. 노후 임대소득에 의지하는 어르신들의 불안감을 잠재우기에 충분하다. 아직까지 얼마의 가격으로 매입하는지 명확한 규정은 없지만 미분양 시 SH가 잔여세대를 떠안는 점도 사업의 리스크를 낮춰준다. 조합원수가 적으니 제 목소리 내기도 한결 부담 없을 것이다.

호의적이지 않은 시각도 있다. 사업지의 규모가 10,000㎡ 이하이므로 대규모 개발을 원하는 주민들을 만족시켜줄 수 없다. 미분양에 대한 부담은 덜하지만, 용도지역별 층수 제한은 사업성에 의구심을 품게 한다. 1종일반주거지역이면 4층에 용적률 150% 이하, 2종일반주거지역일 경우에는 7층에 용적률 200% 이하로 설계해야 한다. 2종일반주거지역의 경우 15층 이하의 범위에서 조례로 정하도록 하고 있는데, 서울시의 경우 7층 제한을 풀지 않고 있다.

동의율 80% 요건도 부담스러워한다. 종전 90% 규정에서 완화된 효과는 있겠지만 재건축 사업 등의 75% 동의율 수준까지 하향되길 희망하는 것이다. 실무자들 입장에서 75%와 80%의 격차는 단순한 5%p 격차가 아니라는 분위기다. 넷 중 셋을 포섭하는 것에서 다섯 중 넷을 설득시키는 요건으로 크게 강화됐다고 본다. 원래 동의율 기준선에 임박해 1%p 동의율을 상향시키는 데 그렇게 품이 많이 든다고 알려져 있다.

이 사업이 종국적인 지역 개발계획의 밑그림은 될 수 없다는 시각도 있다. '소규모재건축'이라는 별칭답게 주택은 개량하지만 지역 개선효과까지 기대할 수 없다는 것이다. 나 홀로 아파트를 양산한다는 우려도 그중 하나다. 이 구역을 포함한 지역 일대가 뉴타운이나 재정비촉진지구로 개발된다면, 가로주택정비사업으로 신축된 새 아파트가 약관도 되기 전 재건축·재개발의 길에 편입될 수도 있다. 자산증식을 기대하는 평범한 1주택소유자의 기대수준에 부합하지 못할 가능성이 높다는 지적도 틀린 말은 아니다. 그렇게 괜찮은 사업이면, 정부와 서울시의 법적, 행정적 지원에도 활성화되지 않는 이유를 설명하기 어렵다는 점도 있다. 아직까지 뉴타운, 재정비촉진지구, 정비구역에서 해제된 이들이 가로주택정비사업으로 전환된 사례는 많지 않다.

이들의 재산변환과정도 기존 정비사업의 관리처분 방식을 따른다. 한편, 에너지절약형 친환경주택으로 신축된 공동주택의 시장가치를 평가할 때 고려할 사항이 많다. 종후자산을 원가성을 고려하여 평가한다면, 평범한 공동주택 이상의 건축비가 반영될 것이다. 시장성을 고려한다면, 냉·난방비가 거의 들지 않는 공동주택은 내용연수 말까지 관리비를 절감시키므로 비용절감효과가 가치 증진으로 이어질 것이다.

공동주택 고쳐 쓰는 방법(리모델링 평가)

방송에 얼굴을 내미는 이 중 얼굴에 손을 댄 이들이 다수다. 당사자는 성형이라는 용어가 부담스러워서 '시술'이라고 격을 낮춰 부르기도 한다. 건물로 치면, 대수선(大修繕)과 수선의 차이로 볼 수 있을 것이다. 낡은 건물을 많이 고치고 손질한다는 의미의 '대수선'은 주택법에서 건축물의 노후화 억제 또는 기능 향상을 위한 행위로 정의되어 있다. 리모델링은 이런 대수선을 포함해 15년[31] 이상 된 공동주택의 전유면적 또는 세대수를 일정 범위 내 증가시키는 증축 행위를 가리킨다.

리모델링에 포함되는 증축의 범위는 기존 주거전용면적에 따라 다르다. 일반적으로는 기존 면적의 30% 이내에서 증축할 수 있으며, 주거전용면적이 85제곱미터 미만인 경우에는 40% 이내로 완화된다. 필요에 따라 계단, 주차장과 같은 공용면적을 별도로 증축할 수 있다. 기존 세대의 면적을 확장하는 것 외에 세대수를 증가시키는 리모델링도 가능하다. 수평적인 확장에 의한 세대 신설은 쉽지 않다. 늘어나는 세대수는 수직 증축의 결과물이다. 이것도 제한을 뒀다. 15층 이상은 3개 층, 14층 이하인 건물은 2개 층까지다. 또한 건축 당시의 구조도를 보유하고 있어야 수직 증축이 가능하다. 수직 증축은 2012년 주택법 개정에 의한 산물이다.

리모델링은 오래된 아파트나 연립 주택을 기존의 골조는 그대로 두고 새롭게 고치는 일이다. 수직증축을 허용하기 전 리모델링은 공동주택 재건축 방식에서 홀대를 받았다. 수평 증축으로 세대수를 늘리는

31) 15년 이상 20년 미만의 연수 중 특별시 · 광역시 · 특별자치시 · 도 또는 특별자치도의 조례로 정하는 경우에는 그 연수로 한다.

것은 어렵다. 별동 증축이 가능해도 대지 여유분을 갖고 있는 아파트 단지 사업장은 제한적이었다. 리모델링 공사비를 완충할 수 있는 일반 분양수입이 발생하지 않으면 각 세대가 짊어질 분담금이 적지 않다.

공동주택 단지의 특성에 따라 전면 철거하는 재건축과 리모델링 중 어느 것이 유리한지 엇갈린다. 판단 기준은 사업성이고, 현재 용적률과 관련 있다. 주거지역 내 200% 이상의 용적률 또는 20층 이상인 공동주택 단지는 전면철거가 부담스럽다. 재건축 비용을 감당할 수 있는 추가용적률 확보가 어렵기 때문이다. 사업기간도 짧고 최근의 도시재생 흐름에 부합하는 리모델링이 선호될 것이다. 실무자들은 용적률 180%~200% 중간 어디쯤 수직증축 리모델링과 재건축의 사업수지 교차점이 있는 것으로 보고 있다.

리모델링 공사는 세대별 전용면적을 늘려준다. 부족한 주차공간의 문제는 지하주차장 증축으로 해결할 수 있다. 복도식 건물을 계단식으로 전환할 수 있고, 내진 및 층간소음 방지공사로 오래된 민원을 해결할 수 있다. 공사비가 만만치 않다. 단지 규모가 1,000세대 이상이면 수백억 원에서 수천억 원 사업비용이 투입된다. 세대수를 늘릴 경우 일반분양 수입으로 일부 공사비를 충당할 수 있지만 기존 세대가 적지 않은 분담금을 책임져야 한다.

각 세대의 분담금 규모는 세대별 리모델링 면적에 비례한다. 총공사비에서 일반분양수입을 뺀 차액이 전체 세대의 분담금 총액이며 이를 단지 전체의 리모델링 면적으로 나누면 단위면적당 리모델링 사업비가 된다. 각 세대의 분담금은 단위 사업비에 세대별 면

일반적인 분담금 산정 방식

$$\frac{\text{총공사비(−일반분양수입}^{32)}\text{)}}{\text{전체 리모델링 면적}} \times \text{각 세대별 면적} = \text{각 세대별 분담금}$$

적을 곱하면 된다. 기존 분담금 산정 방식이 이랬다.

분담금 산정 방식에 누군가는 불만일 수 있다. 전체 사업비가 정해져 있을 때 특정 세대가 특혜를 얻어 비용을 덜 부담하면 그 몫은 나머지 조합원에게 1/n로 전가된다. 주택법 시행령에서는 이러한 점을 의식해, '대지 및 건축물의 권리변동 명세를 작성하거나 조합원의 비용분담 금액을 산정하는 경우에는 「부동산 가격공시 및 감정평가에 관한 법률」에 따른 감정평가업자가 리모델링 전후의 재산 또는 권리에 대하여 평가한 금액을 기준으로 할 수 있다.'고 규정했다. 감정평가 과정이 개입하는 이유는 면적에만 연동되는 분담금 산정 방식의 불합리함 때문이다.

연면적에 의한 배분 방식에서는 같은 동 101호와 501호의 바닥면적이 리모델링으로 각각 10㎡ 증가할 경우 같은 분담금을 낸다. 그런데 자산 가치 상승액은 다르다. 공동주택은 층별, 위치별로 단가 격차가 발생하기 때문이다. 동일하게 6천만 원을 부담시켰는데, 1층은 9천만 원, 10층은 1억 원 이득을 봤다면 1층 세대는 상대적으로 손해 봤다고 주장할 수 있다. 이런 폐단을 해소하기 위해 감정평가를 통해 각 세대별로 리모델링 전, 후의 가치를 평가하고 '리모델링 후 가치÷(리모델링 전 가치+분담금)'이 동일하도록 분담금을 배분할 수 있다. 각 세대별 투자수익률을 균등하게 맞추는 것이므로 수익-비용 대응원칙에도 부합한다.

▎감정평가에 의한 분담금 산정 방식 예시

$$\frac{\text{리모델링 후 각 세대 평가액}}{\text{리모델링 전 각 세대 평가액}+\text{각 세대 분담금}} = \frac{\text{리모델링 후 전체 평가액}}{\text{리모델링 전 전체 평가액}+\text{분담금 총액}}$$

32) 수직증축 리모델링에 의한 세대수 증가로 일반분양세대가 발생하는 경우

임차인 최근 검색 1순위(권리금 평가)

상가 권리금 보호방안은 정부의 경제혁신 3개년 계획 내 포함된 내용이다. 기존에는 임차인이 투자한 비용이나 영업활동의 결과로 쌓은 지명도나 신용 등의 경제적 이익이, 임대인의 계약해지 및 갱신거절에 의해 침해되는 것을 그대로 방치할 수밖에 없었다. 임대인은 법적 보호를 받으며 새로운 임대차계약을 체결하고 직접 권리금을 받아 챙겼다. 임차인이 애써 형성한 해당 점포의 영업적 가치를 부동산 소유자라는 미명하에 아무런 제한 없이 취득·이용한 것이다. 새로운 공간에서 다시 설비를 투자하고 신용확보와 지명도 형성을 위하여 상당기간 비용과 시간을 재투자해야 하는 부담은 오롯이 임차인 몫이었다. 낳은 자식만큼 기른 자식 정 가는 게 세상 이치인데, 애써 경작한 농작물을 두고 나가야 하는 딱한 사정이 2015년 5월 개정 법률에 의해 어떻게든 고려될 여지가 생긴 것이다.

「상가건물 임대차보호법」 제 10조의 4(권리금 회수기회 보호 등)항이 그 핵심 조항이다. 1항에서 임대인은 임대차기간이 끝나기 3개월 전부터 임대차 종료 시까지 특별한 사유가 없으면 권리금을 회수하려는 노력을 방해하지 못하도록 했다. 임대인은 특별한 사정이 없는 한 새로운 임차인과 정상적인 임대차계약을 체결하기 위해 노력만 하면 되고, 임차인은 새 임차인으로부터 권리금을 받아 나가면 그만인 것이다. 이를 강제하기 위해 같은 조 3항에서는 '임대인이 제1항을 위반하여 임차인에게 손해를 발생하게 한 때에는 그 손해를 배상할 책임이 있다. 이 경우 그 손해배상액은 신규임차인이 임차인에게 지급하기로 한 권리금과 임대차 종료 당시의 권리금 중 낮은 금액을 넘지 못한다.'고 규정했다. 임대인의 귀책사유로 임차인이 권리금을 제대로 지급받지 못하면 법적 책임을 묻겠다는 것이다.

권리금을, 임차인이 수령할 정상적인 경제적 대가로 인식한 것이 유의미하다. 또한 권리금을 명확히 '정의'한 것도 바람직하다. 규정에 들어온 권리금의 정의는 '임대차 목적물인 상가건물에서 영업을 하는 자 또는 영업을 하려는 자가 영업시설·비품, 거래처, 신용, 영업상의 노하우, 상가건물의 위치에 따른 영업상의 이점 등 유형·무형의 재산적 가치의 양도 또는 이용대가로서 임대인, 임차인에게 보증금과 차임 이외에 지급하는 금전 등의 대가'이다. 권리금의 형성 주체는 '현재 영업자'이며 수수주체도 '현재 또는 장래 영업자'로 명시한 것이 권리금의 내용만큼 중요한 의미를 갖는다.

손해배상의 문제가 생길 때 권리금 가액이 특정될 것인데, 제10조의7(권리금 평가기준의 고시)은 '국토교통부장관은 권리금에 대한 감정평가의 절차와 방법 등에 관한 기준을 고시할 수 있다.'고 규정했으니, 분쟁의 해결을 위해 법의 힘을 빌리며, 배상금액은 감정평가를 받아본 후 확정된다. 기존 임차인은 새로 들어올 임차인과 구두상 얼마에 합의했다고 주장하며 그 금액을 배상해 달라고 요구하고 싶겠지만 임대인은 그에 못 미치는 권리금 평가액을 원할 것이다. 물론, 그 반대일 수도 있다.

권리금 평가 규정을 살펴보기에 앞서, 권리금에 대한 기존 논의를 정리해 볼 필요가 있다. 동네 소매점이 거래될 때는 관행적으로 재고자산 외에 1년 수익 정도를 권리금 명목으로 넘겨주는 편이다. 업종마다 다르고, 지역, 위치별로 천차만별이니 이런 논리를 근저에 깔 수는 없다. 시장 관행을 간편 수식이나 틀로 정형화시킬 수 있는 길이 없어 논의가 크게 진전되지 못한 것도 사실이다. 권리금에 대한 논문에서는 상가 권리금의 유형을 일단 3가지로 분류·정의하고 있다. 점포 내에 설치된 인테리어, 영업시설, 비품 등 유형물에 대한 대가를 '시설 권리금', 거래처, 신용, 영업상의 노하우 등 점포의 상호와 고객을 모두 인수하는 대가는 '영업 권리금'으로, 빈 점포에 존재하는 기본 권리금으로서 점포 위치에 따른 영업상의 이점이 반영된 장소적 이익의 대가를 '바닥 권리금'으로 파악한다. 바닥 권리금은 '빈' 점포를 전제하므로 임차인에게 귀속하는 권리금 내용에 포함시켜서는 안 된다고 주장하는 이들도 있다.

권리금이 현재의 법 테두리 안에 경제적 자산으로 인식되기 전이었으므로, 마땅히 권리금을 평가할 규정이 전무했다. 그렇다고 권리금에 대한 다툼이 전혀 없었던 것은 아니다. 간헐적으로 이뤄지는 평가는 소송감정인의 몫이었는데, 해당 평가서에서는 권리금이 뭉뚱그려서 거래되며, 당사자 간 협상력에 의해 증감되는 현실을 전제했다. 그리고는 상가 자리를 찾는 임차인을 가장한 탐문조사로 시장에 형성된 권리금 수준을 파악한 후, 소표본 자료인 점을 고려해 t-분포이론을 적용하여 허용한계(허용오차)를 파악한 후 추정권리금을 범위로 제시하며 결론을 내린 점을 확인할 수 있었다.

권리금의 감정평가는

감정평가를 진행하는 과정의 첫걸음은 평가 대상을 확정하는 일이다. '권리금'을 감정평가하려면 권리금을 구성하고 있는 세부 내용물이 무엇인지 정의해야 한다. 영업활동에 사용하는 영업시설, 비품, 재고자산 등 물리적·구체적 형태를 갖춘 재산을 '유형재산', 영업활동에 사용하는 거래처, 신용, 영업상의 노하우, 건물의 위치에 따른 영업상의 이점 등 물리적·구체적 형태를 갖추지 않은 재산을 '무형재산'으로 규정하고 이 둘의 가치를 합하여 권리금으로 인식한다. 두 번째, 개별 평가와 묶음 평가 중 택일해야 한다. 낱개 가격으로 판매가 되는지, 패키지 가격으로 거래되는 관행과 논리가 있는지를 검토하는 것이다. '권리금을 감정평가할 때에는 유형・무형의 재산마다 개별로 감정평가하는 것을 원칙으로 하고, 권리금을 개별로 감정평가하는 것이 곤란하거나 적절하지 아니한 경우에는 일괄하여 감정평가할 수 있다.'는 규정은 감정평가 방법에 대한 원론적 내용이며, 토지・건물, 토지・건물・기계, 토지・건물・기계・무형자산 등 2개 이상의 자산이 결합된 경우 또는 재원・연식이 다른 기계 여러 점을 평가할 때 3가지 감정평가기법[33] 적용에 앞서 검토해야 할 내용이다. 권리금을 양도하면서 냉방, 난방, 냉동설비 및 자동문, cctv 등 시설물 중고가격을 얼마로 인정하기로 하고, 든든한 매출자원인 단골고객 수를 기준으로 '자릿세' 상당액 얼마를 추가로 받았다면 개별 평가의 논리로 접근할 수 있다. 뭉뚱그려 지불되는 현실이면 '전부 얼마'라고 일괄 평가할 수 있을 것이다.

개별 평가의 논리를 따를 때, 눈에 보이는 유형재산의 평가 원칙은 원가법이다. 신품의 현재 취득가격과 시설의 사용연수를 기준으로 판단한다. 매장을 구성하는 중고 설비의 가격이 재원이 동일한 신품가격의 영향을 받는 것은 당연하고, 몇 년도 모델인지에 따라 신품 대비 하락폭이 있게 마련이다. 가치가 매년 일정한 금액씩 뚝뚝 떨어지는지 일정한 비율로 줄어드는지에 따라 정액 또는 정률 가치하락 패턴을 적용할 수 있다. 워낙 범용성이 커 제조사와 구입연도만 대면 중고시세가 손쉽게 검색되는 것들은 거래사례비교법 적용도 가능하다. 신규 영업을 위해 중고 설비를 매입할 때와 폐업하는 자가 중고상에 넘길 때 받는 가격이 판매상의 이문(利文)만큼 격차가 있다는 점도 고려할 필요가 있다.

33) 거래사례비교법, 원가법, 수익환원법

권리금 평가의 핵심이면서 평가 금액 과부족 문제로 논란의 소지가 있는 부분은 '무형재산'에 대한 감정평가 방법과 그 결과물이다. 모든 무형자산에서와 같이 권리금의 평가원칙도 '수익환원법'인데, 구체적인 형태를 띠지 않는 이 재산은 장래 수익성으로밖에 식별되지 않기 때문이다. 권리금 5천만 원, 7천만 원, 1억 원 등을 아무렇지 않게 요구하는 기존 임차인의 생각은, 일반점포에 비해 그간 공들여 만들어 놓은 충성된 단골고객이 장래 그 정도 수익은 거뜬히 올려준다는 셈법이다. 규정에서 구체적으로 정한 평가방법은 1. 해당 영업이 지속하는 동안 무형재산으로 인하여 달성할 것으로 예상되는 영업이익을 현재가치로 할인하거나 환원하는 방법 2.수익환원법으로 산정한 전체 영업의 가치에서 유형재산의 가치를 차감하는 방법이다. 후자는 권리금 일체를 평가한 후 여기에서 유형재산 상당액을 빼 주면 무형재산의 가치가 확정된다는 접근법이다.

수익환원법을 적용할 때 실무자 입장에서 두어 가지 어려움이 예상된다. 할인 또는 환원할 영업이익을 '무형재산으로 인하여 달성할 것'으로 확정했는데 현금흐름의 대상을 어느 선까지 인식하는지에 대한 문제다. 상식적으로 임대차기간 동안의 영업이익 합계를 모두 권리금이라고 주장할 수는 없을 것이다. 무형재산이 없는 상가와 비교해 초과하는 이익만 고려하는 것이 합리적이다. 권리금에 연결될 초과이익의 추정방법도 고민거리다. 초과이익의 기준선 역할을 하는 평균이익을, 지역 내 매장의 평균적인 영업이익으로 할지, 동일 업종으로 제한할지, 객관성을 기한다는 명목으로 도시근로자 가계지출비 상당액으로 볼지 이견이 있다. 가장 낮은 수준의 평균이익으로 보면, 이 영업장에 투입하는 투자금 총액의 이자상당액으로 볼 수도 있다. 권리금 원금을 임대차 기간 동안 영업이익 중 일부를 적립해 분할 회수한다고 가정하면 초과이익 셈법은 좀 복잡해진다. 권리금 원금에는 시설비로 인정받은 '유형재산 투자금'이 포함되기 때문이다. 한편, 경기 상황, 금리 수준, 인근 상가 공실률은 외부 변수 역할을 하며 초과이익 규모 상당액을 조정할 여지가 있다.

두 번째 어려움은 초과이익을 무형재산의 가치로 전환하기 위한 기술적 방법에 대한 것이다. 할인과 환원의 방법 중 후자는 실제 적용하기 어렵다. '환원'은 기본적으로 현금흐름이 영구적으로 발생할 경우 이를 가치로 환산하는 방법이다. 상가 임차인이 보장받는 최소 임대기간은 1년이지만 「상가건물 임대차보호법」 제10조에 따른 계약갱신요구권에 의해 최대 5년간 현재 공간을 사용할 수 있다. 물론 그 기간 연 9% 상한으로 정한 임대자의 '차임증감청구권'에 따라 임대료 일부 상향 조정은 불가피하다. 이와 같이 기간이 한정된 현금흐름을 영구 환원하는 방법은 논리적 흠결을 피하기 어렵다. 할인하는 방법이 합리적이라고 할 때 할인율을 결정함에 있어 현금흐름의 특성을 고려한 조정 할인율 적용 문제는 좀 더 고민해야 할 대목이다. 오피스·매장용 빌딩의 투자수익률 자료 중 '소득수익률', 시중 금리, 채권수익률 등 제반자료가 검토 대상이며, 가급적 현장에서 확보한 데이터를 기준으로 시장 추출하는 방법을 최종 목표로 삼아야 한다.

감정평가 기법 적용의 대원칙 중 하나는 '주된 평가기법을 적용하되, 이가 곤란하고 부적절하면 다른 평가기법을 적용'하는 것이다. 무형재산도 거래사례비교법 또는 원가법 적용이 불가능하지 않다. 주변 상권 내 권리금 수수 내역을 포착해서 우리 매장과 비교하는 식이다. 일체의 시설 없이 무형재산만이 거래된 것으로 확인되면 이를 직접 비교할 수 있고, 권리금 일체가 거래되면서 시설 상당액에 대한 합의 금액을 알 수 있다면 이를 차감한 가액을 대상 무형 재산과 견줘야 한다. 원가법은 대상 매장에 입점하게 된 과거 시점 지불한 권리금 상당액에서 출발한다. '대상 상가의 임대차 계약 당시 무형재산의 취득가액을 기준으로 취득 당시와 기준시점 당시의 수익 변화 등을 고려하여 감정평가한다.'는 규정은 권리금의 시세를 고려한다는 점에서 거래사례비교법과 유사하나, 비교 대상이 인근 매장이 아닌 과거 시점 대상 매장이라는 점에서 이질적인 면이 있다.

지적재조사가 진행되는 토지(지적불부합지 평가)

'지적불부합지'가 전 국토의 15%에 육박한다고 알려져 있다. 정리가 잘 안 돼 있는 토지로서 필지의 공부상 경계가 실제와 약간 틀어져 있는 토지가 상당하다. 그중에는 알게 모르게 남의 땅에 본인 건물이 걸쳐 있을 때도 있고, 그 반대로 일부 침범을 당했지만 인지를 못하고 방치한 경우도 다반사다.

한국국토정보공사(구 대한지적공사)에서 실측한 결과에 따르면, 울릉도 실제 위치는 도면의 위치에서 약 465m 동측으로 가야 한다. 일제강점기 평판과 대나무자 등 낙후된 기술로 만든 종이지적도가 원본이기 때문이다. 종이지적도 도면상에서 경계선의 굵기를 읽어내야 하는데, 측량자에 따라 판독에 차이가 있을 수 있다. 측량성과에 대한 오차의 인정범위를 「공간정보의 구축 및 관리 등에 관한 법률」 시행규칙으로 정하고 있는데, 축척 1/3000의 경우 도면상 0.1mm가 지상에서는 90cm차이로 이어진다. 측정 원점을 기준으로 도면 경계선 판독 오차가 조금씩 쌓이면 도면상에 울릉도가 400~500미터 실제와 다른 위치에 놓여 있는 것이 충분히 가능하다.

이런 수많은 토지를 정리할 필요가 있다. 1980년대 초부터 지적불부합지 정리사업, 지적경계 정비사업, 토지조사사업, 디지털지적 구축사업 등 명칭은 달리하고 있으나 지적불부합 문제의 해결을 위한 국가적 차원의 조정 작업이 있었다. GPS 위성측량장비를 도입하여 지적경계선을 수치화해 놓는다면, 화산과 지진 등에 의한 불가피한 물리적 충격만 없다면 새 지적은 현실에 그대로 포개질 것이다. 이를 위해 「지적재조사에 관한 특별법」이 2012년 제정돼 1단계로 2020년까지 50%, 2단계로 2030년까지 100% 위 사업을 완료할 예정이고 총 사업비로 3조 7천억 원 정도가 소요될 것으로 추산됐다.

지적불부합의 예: 한국국토정보공사 홈페이지

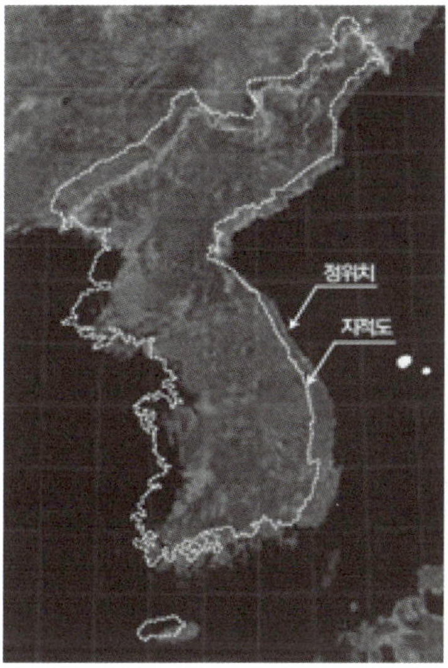

「지적재조사에 관한 특별법」의 내용을 대강 정리하면, 법의 목적을 '토지의 실제 현황과 일치하지 아니하는 지적공부(地籍公簿)의 등록사항을 바로잡고 종이에 구현된 지적(地籍)을 디지털 지적으로 전환함으로써 국토를 효율적으로 관리함과 아울러 국민의 재산권 보호에 기여함'으로 정하고 있다. 오류 수정과 등록방법 전환이 두 개의 큰 축이다. 현재 「공간정보의 구축 및 관리 등에 관한 법률」상 지적공부는 토지대장, 임야대장, 공유지연명부, 대지권등록부, 지적도, 임야도 및 경계점좌표등록부 등 지적측량 등을 통하여 조사된 토지의 표시와 해당 토지의 소유자 등을 기록한 대장 및 도면(정보처리시스템을 통하여 기록·저장된 것을 포함한다)을 가리킨다. 이 중 현황과 어긋나는 부분은 현황에 맞게 조정하겠다는 것이다. 그리고 종이도면을 사용함으로써 발생했던 수치오류 등을 개선하기 위해 수작업의 오류가 발생하지 않는 디지털 지적으로의 대체를 시도한다.

이 사업을 위한 기본계획은 국토교통부장관이 밑그림을 그리고 시·도지사가 지적소관청의 의견에 자신의 의견을 첨부하여 제출한 내용을 검토한 후 중앙지적재조사위원회의 심의를 거쳐 최종 수립한다. 사업시행자는 지적소관청이며 한국국토정보공사와 지적측량업 등록을 한 민간업자에게 대행하게 할 수 있다. 세부적인 시행계획인 실시계획은 지적소관청이 담당하며 시행시기 및 사업지구의 결정, 사업비 추산이 주 내용이다. 전 국토를 동시다발적으로 뜯어고치는 것이 아니라 지적소관청이 주민을 설득하여 사업 추진 동의를 얻은 사업지구에서만 개시할 수 있다. 지적공부의 등록사항과 토지의 실제 현황이 다른 정도가 심하여 주민의 불편이 많은 지역인지, 사업시행이 용이한지, 사업시행의 효과가 분명한지는 소관청이 판단해서 사업지구로 생각하는 지역의 토지소유자 총수의 3분의 2 이상(동시에 토지면적 3분의 2 이상에 해당하는 토지소유자)의 동의를 확보해야 한다.

지적기준점을 정하기 위한 기초측량과 일필지의 경계와 면적을 정하는 세부측량이 원활하게 이뤄지기 위해서는 경계 설정 기준을 합리적으로 정해야 한다. 「지적재조사에 관한 특별법」 제14조에서는 1. 지상경계에 대하여 다툼이 없는 경우 토지소유자가 점유하는 토지의 현실경계 2. 지상경계에 대하여 다툼이 있는 경우 등록할 때의 측량기록을 조사한 경계 3. 지방관습에 의한 경계의 순위를 정하고 있다. 가장 우선되는 것은 토지의 현황이다. 옆 필지의 불필요한 땅을 이쪽에서 효율적으로 사용하고 있었다면 경계를 재조정하는 것이 피차 유리하며 합리적이다. 이런 명확한 기준이 없으면 본인 땅을 네모반듯하게 만들고 싶어서 차제에 불필요한 땅 일부를 옆 필지에 넘기려고 이 사업을 이용하려는 이가 생길 수 있다.

지적재조사와 경계 조정 등으로 인한 당사자의 실익은 적지 않다. 지적도상 맹지여서 건축허가 등에 제한받는 토지를 도로와 접하게 하여 토지의 가치를 증대시킬 수 있다. 토지형상이 삐뚤빼뚤하여 토지이용에 제한이 있는 불규칙한 토지형상을 반듯한 사각형 형태로 정형화시킨다면 조정이익이 발생한다. 필지 중심으로 도시계획선 변경을 도모하면 도시계획사업으로 훗날 필지가 분할돼 불리한 형상으로 남은 잔여지에 가치하락이 발생하는 것을 방지할 수 있다. 사회적 비용 면에서의 이득도 상당하다. 재조사를 통해 얻은 최신 자료는 재조사가 없었을 때 현황 확인을 위한 측량과 지적공부 정리를 위해 매년 찔끔찔끔 들이는 비용을 감축시킨다. 한 번의 대량 주문과 수십 차례 단품주문 시의 공급 단가 차이는 적잖다. 타인 토지 일부를 내 건축물이 점용하여 경계다툼으로 이웃 간 분쟁이 생길 경우 법원의 확정 판결 없이도 토지 경계 분쟁을 해결할 수 있어 막대한 소송비용을 절감시킨다. 물론 시간적 비용 절약의 효과까지 고려해야 한다.

지적불부합지의 정산은

합리적인 방향으로 지적이 재조정되면 지적공부상의 면적 증감이 발생할 수 있다. 일부를 떼 준 사람에게는 적정 매도가격을 지급하고, 그 반대로 일부를 넘겨받은 사람에게서는 합리적인 매수가격만큼 징수해야 한다. 조정 전·후 토지가격 차액을 결정할 때 특별법은 '사업지구를 지정하여 고시하였을 때의 「부동산 가격공시 및 감정평가에 관한 법률」에 따른 개별공시지가를 기준으로 정하거나, 같은 법 제28조에 따른 감정평가법인에 의뢰하여 평가한 감정평가액으로 산정'할 수 있도록 했다. 평가의 과정을 거치지 않는다면 단순히 증감된 면적에 개별공시지가를 곱한 금액을 조정금으로 손쉽게 결정할 수 있다.

공시지가를 활용하는 방법과 감정평가를 통하는 방법 모두 장·단점이 있다. 소유자는 지적재조사를 통해 면적이 늘어날 경우와 줄어들 경우의 유·불리를 파악할 수 있다. 조정금을 징수당하는 입장에서는 제값 이하로 싸게 살 수 있다면 마다할 이유가 없다. 토지의 과표 금액인 개별공시지가가 대부분 시가를 하회하고 있으니 이 수준으로 조정금을 징수하겠다면 소유자에게는 득 될 것이다. 조정금 징수 또는 지급 어느 쪽에 속할 수 있는 위험부담을 고려해 개별공시지가로 조정하도록 안전 운행하는 것도 현명하다. 조정 면적이 비교적 크지 않은 점을 고려한다면 공시지가 산정 방식이 일견 합리적일 수 있다. 반면, 면적 감소가 이뤄져 보상의 개념으로 줄어든 면적에 상응하는 토지가액을 지급받는다면, 공시지가 수준의 조정금은 수용하기 어렵다.

이런 법정 청산방식에 감정평가를 활용할 경우 세부 기준은 통일되지 않았다. 증감된 면적에 증감 전 또는 후를 기준으로 평가한 토지단가를 곱할 수 있다. 아예 조정 전·후 토지 총액을 비교하여 조정금을 파악할 수도 있다. 감소한 경우는 토지보상평가, 증가된 경우는 환지처분과 유사한 것으로 보면 전자는 증감 전 면적 기준 단가, 후자는 증감 전·후 토지 총액을 기준으로 접근하는 것이 합리적이다.

도시개발사업에서의 가격 문제(정리 전·후 평가)

서울올림픽 당시 철거민이 집결해 형성된 구룡마을은 그간 서울시 최대 규모의 판자촌이라는 명성을 얻었다. 최근 매각된 한전부지는 고밀 개발이 가능한 강남의 마지막 금싸라기 땅이라면, 구룡마을은 어떤 요리 재료로 사용해도 좋은, 때 묻지 않은 '유기농 채소'와 같은 개발 후보지다. 흔히 개발 후보지의 매력을 도심과의 접근성, 거주의 쾌적성으로 판단할 때 구룡마을은 강남 세곡이나 내곡 보금자리주택 지구에 견줘 전혀 밀리지 않는다. 이 구역은 민간, 공공 중 실질적인 개발 주체가 누구냐에 따라 막대한 개발이익 귀속 주체가 결정되기에 개발방식은 첨예한 문제일 수밖에 없었다. 강남구가 서울시의 일부 변경된 개발계획에 제동을 건 것은, 특정 토지 소유자의 경우 100만 m^2에 달하는 토지를 보유하고 있어 자체 토지 개발을 용인할 경우 과도한 개발차익을 보장한다는 문제 제기였다. 쌍방의 감사 청구로 갈등을 빚다 서울시가 강남구의 공영개발방식을 수용해 극심한 갈등은 일단락됐다.

신도시 택지개발사업의 규모에는 미치지 못하지만 도시개발사업은 도심 내 미개발지를 효율적으로 활용하는 사업방식이다. 『도시개발법』 제2조에서는 도시개발 사업을 '도시개발구역에서 주거, 상업, 산업, 유통, 정보통신, 생태, 문화, 보건 및 복지 등의 기능이 있는 단지 또는 시가지를 조성하기 위하여 시행하는 사업'으로 정의하고 있다. 도시지역 내 주거, 상업, 녹지지역의 경우 1만 제곱미터 이상, 공업지역은 3만 제곱미터 이상의 규모 요건이 있다. 비도시지역은 30만 제곱미터(「건축법 시행령」 별표 1 제2호의 공동주택 중 아파트 또는 연립주택의 건설계획이 포함되는 경우로서 초등학교용지 확보나 도로 요건 등을 충족하는 경우 20만 제곱미터) 이상을 확보해야 하므로 미니 신도시 급으로 개발이 진행된다. 용도상으로는 주거단지 조성이 큰 비중을 차지한다.

이 사업은 국가나 지자체, 일부 공공기관 및 정부출연기관, 지방공사 외에도 소유자가 주축이 돼 시행할 수 있다. 민간 개발은 대부분 소유자로 구성된 조합을 통해 진행된다. 토지면적의 3분의 2 이상에 해당하는 토지 소유자와 그 구역의 토지 소유자 총수의 2분의 1 이상의 동의를 받으면 조합 설립이 가능하다. 도시개발구역 지정은 국토교통부장관, 시·도지사 또는 대도시 시장이 할 수 있고, 시장·군수 또는 구청장은 구역 지정을 요청할 수 있다. 지정에 앞서 주민 등의 의견청취를 듣는 절차가 강제되는데, 의견청취 공고가 있는 곳은 건축물의 건축, 공작물의 설치, 토지의 형질 변경, 토석의 채취, 토지 분할, 물건을 쌓아놓는 행위, 죽목의 벌채 및 식재 등 일체의 개발행위에 대해 허가를 받아야 한다. 개발이 예정된 지역에서의 '투기를 노린 신분 변화' 혹은 '불필요한 행정상의 비경제'를 방지하자는 취지다.

구룡마을 개발 논란의 핵심을 개발이익 귀속 주체로 파악한다면, 이는 사업 방식의 문제와 결부된 것이다. 『도시개발법』 제21조는 도시개발사업의 시행 방식을 3가지로 정하고 있다. 수용·사용 방식, 환지방식 그리고 이를 혼용하는 방식이다. 동법 시행령 제43조는 '① 대지로서의 효용증진과 공공시설의 정비를 위하여 토지의 교환·분합, 그 밖의 구획변경, 지목 또는 형질의 변경이나 공공시설의 설치·변경이 필요한 경우, ② 도시개발 사업을 시행하는 지역의 지가가 인근의 다른 지역에 비하여 현저히 높아 수용 또는 사용방식으로 시행하는 것이 어려운 경우'는 환지방식을, '계획적이고 체계적인 도시개발 등 집단적인 조성과 공급이 필요한 경우'는 수용방식, 사업지역이 위 요건에 두루 걸치는 경우 혼용방식을 할 수 있다는 원칙을 두고 있다. 동 조에서 '사업의 용이성·규모 등을 고려하여 필요하면 국토교통부장관이 정하는 기준에 따라 도시개발사업의 시행방식을 정할 수 있다.'고 했는데, 국토교통부 장관이 정하는 기준은 국토부 훈령 형태의 '도시개발업무지침'을 말한다. 그러나 이 지침에 구체적인 사업방식 결정 세부 기준이 들어 있지는 않으며 사업방식에 대한 계획을 수립함에 있어 '사업의 수익 측면뿐 아니라 형평성도 함께 고려'하라는 정도의 기준만 눈에 띈다.

수용 또는 사용방식은 최근 확정된 구룡마을 개발 방식처럼 공영개발주체인 사업시행자가 「공익사업을 위한 토지 등의 취득 및 보상에 관한 법률」을 준용해 토지 및 지장물에 대한 보상금을 지불하고 사업구역 내 토지의 소유권을 취득하는 것이다. 구룡마을 지근거리의 보금자리주택사업으로 조성된 세곡이나 내곡 지구에서의 종전 보상절차를 그대로 따르게 된다. 소유자 등은 자신의 재산 가치에 상당한 적정가격으로 보상금을 받고 자리를 내 주면 된다. 보상과 소유권 이전 절차가 마무리되면 우선분양이나 임대주택 입주 등의 이주대책 성격의 후속 조치가 뒤따를 것이다.

환지방식은 물물교환의 형태를 띠고 있다. 정비 사업에서의 재산 변환과정과 다를 바 없다. 토지를 토지로 전환시켜 주는 것을 평면환지, 공동주택 등 구분 건물로 대체되면 입체환지로 불린다. 이 모든 계획은 환지 방식이 적용되는 지역의 토지면적의 3분의 2 이상에 해당하는 토지 소유자와 그 지역의 토지 소유자 총수의 2분의 1 이상의 동의를 받아 세운 '환지계획'에 따른다. 재개발이나 재건축 사업에서는 조합원 분양세대를 제외한 일반분양물량으로 사업비를 충당하고 부족분은 각 조합원의 분양가액과 권리가액의 차액으로 확정되는 분담금으로 보전한다. 도시개발사업의 환지방식도 이와 유사하다. 일반분양수입에 대응되는 보류지 또는 체비지는 조성이 완료된 토지 형태로 매각된다. 모두 환지하지 않고 일부를 남겨 그 매각수입으로 사업비용을 감당하는 것이다. 평면환지인 경우 사업비용은 기존 건축물 보상비용, 철거비용, 기반시설 설치비용, 조합 운영비 등이다. 정비 사업에서 가장 큰 비용을 차지하는 건축공사비가 포함되지 않으므로 정비 사업처럼 사업비용이 부담스러울 정도는 아니다.

환지방식의 경우 구역 내 모든 토지가 환지의 대상이 되는 것은 아니다. 면적이 작은 과소(過小) 토지는 환지 대상에서 제외할 수 있고, 주민 등의 의견청취 공람일 또는 투기억제를 위해 정한 기준일 이후 의도적으로 환지대상자를 늘리려는 시도는 용인되지 않는다. 1필지의 토지가 여러 개의 필지로 분할되는 경우, 단독주택 또는 다가구주택이 다세대주택으로 전환되는 경우, 하나의 대지범위 안에 속하는 동일인 소유의 토지와 주택 등 건축물을 토지와 주택 등 건축물로 각각 분리하여 소유하는 경우, 나대지에 건축물을 새로 건축하거나 기존 건축물을 철거하고 다세대주택이나 그 밖의 「집합건물의 소유 및 관리에 관한 법률」에 따른 구분소유권의 대상이 되는 건물을 건축하여 토지 또는 건축물의 소유자가 증가되는 경우는, 해당 토지 또는 건축물에 대하여 금전으로 청산(건축물은 보상)하거나 환지 지정을 제한할 수 있다. 한때 유행했던 재개발구역 내 지분 쪼개기 관행이 도시개발사업구역에서도 문제가 됐음을 짐작할 수 있다.

도시개발 사업에서의 감정평가는

'배분'에 대한 문제는 간단치 않다. 이혼에 따른 재산분할로 주택 한 채를 나눠 가져야 한다면 어떨까. 2층짜리 단독주택을 등기상에는 공유지분으로 설정하고 각 층을 나눠 점유하는 구분소유적 공유는, 이혼 후 나쁜 감정 없는 친구 사이로 남는 무난한 결별이었다면 생각해 볼 수도 있다. 그렇지 않다면 일방이 소유하고 지분에 상당하는 금액을 지불하는 청산방식을 취해야 한다. 채권채무관계도 깔끔한 현금변제, 부득이한 대물변제를 통해 정리될 수 있다. 재개발이나 재건축과 같은 정비 사업에서도 조합원의 자격을 지니는 이중 완주자는 신상품을 받는 것으로 퉁친다. 중도 포기자나 조합원 자격이 안 되는 이는 현금정산을 하고 뛰쳐나간다. 물물교환 또는 현금청산에 의한 재산권 정리 방식은 도시개발 사업이라고 다르지 않다.

도시개발 사업을 수용방식으로 진행한다면 보상평가는 필연이다. '수용'이라는 말만 들어도 미간이 찌푸려지는 이들이 적지 않다. 당사자는 '헐값취득'의 의미로 받아들이기 때문이다. 그렇다고 가격 거품과 기름기 싹 빼고 폐업 정리 중인 의류 매장의 이월 상품 가격 정도는 아니다. 꽤 합리적인 보상가액이었어도 피해 심리가 심리적 보상가를 상향시켜 부족함을 느끼게 하는 것이다. 어쨌든 이 방식으로 도시개발을 진행할 때 수용·사용의 대상이 되는 토지의 세부목록 고시가 있었다면 시행자에게 강제 취득 권한이 부여된다. 「공익사업을 위한 토지 등의 취득 및 보상에 관한 법률」에서 정한 사업인정 고시로 의제되기 때문이다. 『공익사업을 위한 토지 등의 취득 및 보상에 관한 법률』의 절차와 평가 기준에 의해 종전 토지의 도매 혹은 소매가격이 결정된다.

환지방식은 '교환'의 의미가 강해 수용방식보다 손해 본다는 느낌은 상대적으로 덜하다. 일단 환지예정지로 지정되면 입주할 새 아파트의 동·호수가 정해진 셈이다. 헌 집에 대해 갖고 있던 권리는 고스란히 새 집으로 이전되며, 철거를 앞둔 건물은 비행 청소년의 임시적인 탈선 장소로 의도치 않게 쓰이는 것 외에 본래의 목적대로 사용·수익할 수 없게 된다. 환지처분 공고는 교환의 종국적인 절차에 해당된다. 입주민이 오고 나가며 정산하는 장기수선충당금처럼 정산해야 할 돈이 이때 확정된다. 공고 다음날은 집 명패까지 떼 와 설치할 수 있고 새 토지의 소유권을 정식으로 취득한다.

교환 양상에 따라 평면과 입체 환지로 나눌 수 있다고 했는데, 종전 건축물은 교환의 목록에서 빠져 손실 보상 대상으로 취급된다. 평면환지에서는 일체 예외가 없고 입체 환지라면 혹 환지의 대상으로 살아남는 일부 건축물을 제외하면 거의 예외 없이 소유자는 건물 보상금을 수령할 수 있다. 따라서 환지방식이라고 부르지만 기존 토지에 대해서만 환지방식일 뿐, 건축물에 대해서는 수용 방식이 혼용돼 있는 것이다.

구체적으로 교환 설계 방식은 '평가식'과 '면적식'이 있다. 기존 토지가액을 기준으로 하는지 기존 토지면적에 비례해 환지를 결정할지에 따른 구분이다. 단, 환지설계의 일관성을 위해 두 설계 방식을 한 환지구역에서 혼용할 수는 없다. 면적식으로 환지 계획을 수립하는 것이 일반적이지는 않다. 토지의 이동이 경미하거나 기반시설의 단순한 정비 등인 경우에만 예외적으로 적용된다. 이 방식의 핵심 키워드는 '토지부담률'이다. 도시개발 사업을 위하여 무상 출연하는 종전 토지면적의 비율을 일컫는다. 도시개발사업 구역을 정비하려면 도로를 확충하고 공원을 조성하는 데 추가 토지가 필요하다. 이런 공공시설용지의 면적과 사업비용을 충당하기 위해 미리 떼 놓은 체비지를 포함한 '보류지'의 규모가 확정되면 전체 사업구역의 토지부담률을 결정할 수 있다. 산식은 다음과 같다.

토지부담률 산식

평균 토지부담률 = [(보류지 면적-제27조 제5항 각 호에 해당하는 토지의 면적)/(환지계획구역 면적-제27조 제5항 각 호에 해당하는 토지의 면적)]×100

※ 제27조 제5항 각 호에 해당하는 토지: 용도폐지돼 시행자에게 무상 귀속되는 토지와 시행자가 원래부터 소유하고 있었던 토지

도시개발사업 조합원 입장에서 절반 이상 토지 면적이 줄어든다면 심리적인 방어 기제가 작용하기 쉽다. 그런 이유 때문인지 원칙적으로 평균 토지부담률은 50%를 초과할 수 없도록 했고, 토지 소유자 총수의 2/3 이상이 기꺼이 동의할 경우에만 상한선을 높일 수 있다. 해당 환지계획구역의 특성을 고려하여 지정권자가 인정하는 경우 60%로 상향되고 토지소유자 전원이 찬성한다면 60% 이상도 가능하긴 하다. 평균 토지부담률은 전체 토지의 가중평균 출혈면적일 뿐 개별 토지는 헌납 면적의 격차가 상당하다. 대지 소유자와 임야 소유자에게 동일 토지부담률이 적용돼 나머지 면적에 대해서는 동일 단가의 대지로 교환된다면 대지 소유자에게는 지극히 불평등한 교환이다. 토지의 용도, 곧 교환 전 기존 토지의 가치에 따라 부담률이 차등 적용되는 것이 상식이다. 『도시개발법』 시행규칙에서는 '토지의 이용도가 높은 지역과 저지대·임야 등 토지의 이용도가 낮은 지역에 대하여는 토지부담률을 차등하여 산정하되, 사업시행 전부터 도로·상하수도 등 기반시설이 갖추어져 있는 주택지에 대하여는 토지부담률을 최소화할 것'을 규정했고, '지목 상 전·답·임야이나 사실상 형질변경 등으로 대지가 된 토지와 도로 등 공공시설을 지방자치단체에 기부채납 또는 무상 귀속시킨 토지는 그에 상당하는 비용을 고려하여 토지부담률을 산정할 것'을 정했는데 요약하면 비싼 땅은 낮은 부담률, 지가가 낮은 토지는 높은 부담률이

적용된다는 것이다. 임야 80%, 농경지 50%, 대지 10% 등의 토지부담률이 등장하는 것은 이런 연유다. 이렇게 정한 토지부담률은 부득이한 경우를 제외하고는 변경하지 못하게 했고, 토지 소유자가 동의하거나 환지 전 토지가 보류지로 책정된 경우 또는 토지이용계획에 따라 필요한 경우가 아니고서는 현재 위치에 조성되는 환지로 교환받게 된다.

평가식은 도시개발사업 시행 전·후의 토지의 평가액에 비례하여 환지를 결정하는 방법으로 일반적인 환지 설계 방식이다. 입체환지가 이뤄진 경우 평가식 적용은 강제사항이다. 면적식에서도 토지부담률 결정에 있어 실질적으로 평가식을 적용했다고 볼 수 있다. 따라서 정리하기 전·후의 토지 평가는 정해진 수순이고 감정평가의 과정이 개입된다. 정리 전 현 상태의 토지가격은 최초 환지계획인가 곧 실시계획인가시점이 기준시점이 되고, 도시개발 사업으로 인한 도시·군 관리계획 (변경)결정을 반영하지 않은 사업 이전 상태를 전제로 평가된다. 이렇게 정한 평가금액은 변경할 수 없다. 정리 후 토지, 곧 환지 후 토지 및 건축물의 평가액은 환지처분일이 기준시점이며 환지계획에 따라 변경된 용도지역과 토지용도를 반영하여 평가하고 실시계획의 변경으로 평가 요인이 변경된 경우에만 환지계획의 변경인가를 받아 평가금액을 고칠 수 있다. 공동주택이 들어설 땅의 용적률과 최고층수가 완화됐다면 토지가치는 다만 얼마라도 상향시켜야 할 것이다. 감정평가 수행 시점은 '환지계획 수립 전'이다.

평가식에 의해 환지가 이뤄지는 과정은 다음과 같다. 이 과정은 '환지사'가 개입돼 기타 조율하듯 세밀한 조정 작업을 진두지휘한다. 평면환지 방식이라고 전제하면, 먼저 정리 전 토지와 정리 후 토지 전체를 평가하고 감보되는 면적을 확정한다. 그럼 자동적으로 정비사업의 '비례율'에 해당되는 값을 얻을 수 있다. 도시개발 사업을 통해 모든 토지의 가치가 평균적으로 몇 % 증감되는지를 나타내는 수치다. 정비 사업에서는 '(분양예정자산－사업비용) ÷ 종전자산'이 비례율 산식이었는데 도시개발 사업에서는 '증진율 × (1－감보율)'로 추산된다. 증진율은 정리 전·후 평균 토지단가의 격차를 말하며 감보율은 감소되는 면적 비율을 일컫는다. 예를 들어 평균 토지단가 100만 원/m²인 사업구역이 잘 정리돼서 평균 토지단가 220만 원/m²으로 상향되고 택지면적은 50% 줄어들었다면 비례율은 220/100 × (1－0.5) = 1.1로 결정된다. 이 사업을 통해 전체적으로 10% 재산가치 증가가 이뤄진다고 이해할 수 있다. 권리가액은 '정리전 토지 가치 × 비례율'이 되며, 이를 환지로 지정된 토지의 단가로 나누면 권리면적이 된다. 그런데 각 토지소유자에게 필요한 권리면적으로 토지를 맞춤 분할하는 것은 불합리하다. 바둑판식 토지 분할로 정돈된 느낌을 줘야지 토지 면적이 들쭉날쭉 제각각으로 설계된 도면은 인가권자와 시행자 모두가 바라지 않는 그림이다. 따라서 환지토지면적의 과부족이 발생하기 마련이다. 이를 금전적으로 청산해야 하며, (환지면적－권리면적) × 청산단가[34]의 산식에 의해 청산금이 결정된다. 위 내용을 정리하면, 정리 전 토지는 현황대로 평가되고, 정리 후 토지는 각 필지별 부여된 용도지역, 허용용적률, 최고층수, 토지용도 등에 따라 가치가 결정된다.

그간 도시개발 사업이 수도 없이 진행되다 보니 정리 후 용도별 토지 단가의 명목 값은 구역마다 차이가 있지만 상대적 가격비율은 대략의 범위가 있다. 공동주택용지 대비 상업용지, 주상용지, 연립주택용지, 단독주택용지, 학교용지 등이 몇 % 우세하고 열세한지에 대한 통계가 시장에 노출돼 있다는 것이다.

34) 환지처분 시점을 기준으로 평가한 환지단가

환지처분조서 양식

<table>
<tr><td>순번</td><td></td><td rowspan="2">주소</td><td rowspan="2"></td><td rowspan="2">성 명</td><td rowspan="2"></td><td rowspan="2">주민등록
번호</td><td rowspan="2"></td></tr>
<tr><td>환지
예정지</td><td>**브럭
**롯트</td></tr>
</table>

<table>
<tr><td colspan="9">종전 토지의 표시</td><td colspan="4">환지의 표시</td><td colspan="6">청산 내역</td><td rowspan="3">비고</td></tr>
<tr><td rowspan="2">동</td><td rowspan="2">지번</td><td rowspan="2">지목</td><td rowspan="2">토지
대장
면적
(m^2)</td><td rowspan="2">편입
면적
(m^2)</td><td rowspan="2">가산
면적
(m^2)</td><td rowspan="2">기준
면적
(m^2)</td><td rowspan="2">감보
면적
(m^2)</td><td rowspan="2">감보율
(%)</td><td rowspan="2">동</td><td rowspan="2">지번</td><td rowspan="2">지목</td><td rowspan="2">환지
면적
(m^2)</td><td rowspan="2">권리
면적
(m^2)</td><td rowspan="2">과도
면적
(m^2)</td><td rowspan="2">부족
면적
(m^2)</td><td rowspan="2">m^2당
토지
가격
(원)</td><td colspan="2">청산금액
(원)</td></tr>
<tr><td>징수</td><td>교부</td></tr>
<tr><td></td><td></td><td></td><td></td><td></td><td></td><td></td><td></td><td></td><td></td><td></td><td></td><td></td><td></td><td></td><td></td><td></td><td></td><td></td><td></td></tr>
</table>

임대주택가격, 염가 여부(임대주택 평가)

2014년 기준 국내 주택보급률(주택수를 전체 가구 수로 나눈 값)은 103%를 넘었다. 다주택자가 적지 않은 점을 감안해도 외견상 웬만한 사람은 집 한 채씩 마련한 것으로 보인다. 혹자는 이 수치가 주거의 질을 보장해주는 것은 아니라고 한다. 도심에 고시원 크기의 원룸이 대규모로 공급되면서 주택 보급률은 높아졌을지 몰라도 거주 여건이 열악한, 낡고 좁은 집을 빼고 셈하면 살 만한 주택은 여전히 부족한 상황이라는 주장이다. 주택보급률 수치와 더불어 주거의 질을 논할 때면 임대주택 얘기를 빼놓을 수 없다. 무주택자와 저소득층을 위한 이 소중한 공간에 대해 정부는 공공임대주택을 전체 가구 수(혹은 주택 수)대비 10% 비율까지 끌어올리겠다는 계획을 누차 밝혀 왔다. 현재는 6% 내외로 알려져 있으며 가구 수로는 100만 가구를 웃돌고 있다.

임대주택을 확보하는 방법에는 건설과 매입, 전세계약이 있다. 처음부터 임대주택 공급 목적으로 건설할 때는 『임대주택법』 제14조가 원군이 된다. 임대사업자가 전용면적 85제곱미터 이하의 임대주택을 건설하기 위하여 사업 대상 토지 면적의 10분의 9 이상을 매입한 경우 나머지 토지를 취득하지 아니하면 그 사업을 시행하기가 현저히 곤란해질 사유가 있다면 지자체에 공익사업으로 의제해 줄 것을 요청해 잔여 토지를 매수할 수 있도록 했다. 국가, 지자체, 지방공사 외에 민간 임대사업자에게도 이러한 수용권이 인정된다. 이 사업의 공익성이 그만큼 크다는 것을 방증한다. 직접 신축하는 것 외에도 개인의 주택을 매입하거나 전세를 통해 확보하는 방법으로 임대 공간을 늘릴 수 있다.

건설, 매입 등으로 임대주택을 확보했을 때 임대사업자의 지위에 따라 이를 공공과 민간으로 분류한다. 우리가 흔히 알고 있는 공공임대주택도 크게 4가지로 세분할 수 있다. 주로 저소득층의 주거안정을 위해 공급된 '영구임대주택', 국가나 지자체 재정 또는 국민주택기금을 지원받아 30년 동안 임대하는 '국민임대주택', 5년이나 10년의 임대기간 만료 시 입주자에게 우선 분양 전환되는 '공공임대분양전환 주택', 정비 사업이 시행되는 지역에서 일정한 비율로 임대하는 '주거환경임대주택' 등이다. 매입이건 건설이건 국가, 지방자치단체, 한국토지주택공사, 지방공사가 전세계약 방식으로 공급하는 임대주택은 '장기전세주택'으로 분류하는데 이 역시 큰 범주에서는 공공으로 분류된다. 매입임대주택도, 임대사업자가 국가, 지방자치단체, 한국토지주택공사, 지방공사 외의 민간이라도 최소임대기간 10년과 전용면적 85제곱미터 이하의 임대주택공급 조건이면 준공공임대주택으로 분류되고 세제혜택 등의 편의가 보장된다. 강산이 변하는 10년의 기간이 임대공간으로 제공된다면 절반은 공공의 색채를 띠었다고 민간을 특별 대우하는 것이다.

주거의 안정성을 제공한다는 측면에서 임대주택에 대해서는 임대의무기간을 두고 있다. 물론 투자자는 이를 매각제한기간으로 보고 언제 분양전환하는지 목 놓아 기다리는 기간이다. 건설임대주택[35] 중 국가나 지방자치단체의 재정 또는 국민주택기금의 지원을 받은 경우 영구적 임대는 50년, 그 외는 30년의 임대의무기간을 두고 있다. 장기전세주택은 20년, 준공공임대주택으로 등록된 민간 건설 또는 매입임대주택은 10년, 그 외 민간건설 임대주택은 5년간 본

35) 임대사업자가 임대를 목적으로 건설하여 임대하는 주택, 주택건설사업자가 사업계획승인을 받아 건설한 주택 중 사용검사 때까지 분양되지 아니한 주택으로서 임대사업자 등록을 마치고 임대하는 주택

래 목적으로 활용해야 한다.

영구임대의 임대료는 시세 대비 30% 정도며 국민임대와 공공임대는 각각 60~80%, 80~90% 수준으로 알려져 있다. 관련 법률에서도 국토부고시 표준임대보증금과 표준임대료를 상한으로 해서 시세보다 낮게 책정하도록 하고 있다. 물론 공공건설, 공공매입, 장기전세, 준공공임대주택이 해당되며, 민간이 건설하거나 매입한 임대주택은 시세대로 받을 수 있다. 공공임대주택은 이런 저렴한 임대료에 일부에 대해서는 분양전환받을 수 있는 자격을 부여하므로 누구나 군침을 흘리는 거주대상이다. 이런 이유로 공공임대주택에 대해서는 임차인의 자격을 『임대주택법』으로 정하고 있다. 공공건설 임대주택은 무주택 세대주로서 기초생활수급자, 보호대상 한부모가족, 저소득 국가유공자, 일군위안부 피해자, 북한이탈주민, 장애인 등 저소득층으로 한정하며, 청약저축 가입 상황, 무주택 기간 등에 따라 순위는 달리한다. 공공매입 임대주택은 무주택 세대주를 대상으로 국민기초생활보장수급자, 한부모가족 등을 1순위로, 월평균소득 하위층을 2순위로 정하고 있으며 동등 조건이라면 관리감독부서인 국토교통부가 정한 항목별 채점표로 결정하고 이 역시 동일하면 전입일 순서로 최종 결정하는 식이다. 물론 민간 건설 또는 민간 매입 임대주택은 자유롭게 임차인을 선정할 수 있다.

내 집 마련 방안 중 초기자금이 없는 자도 가능하고, 불확실한 곳에 빚낸 돈이 묶일 위험도 없으며, 막상 살 때쯤이면 시세보다 다만 얼마라도 싸게 살 수 있는 혜택까지 주어지는 것. 이 모두의 교집합에는 '분양전환 임대 아파트'가 있다. 분양전환 임대 아파트는 대개 5~10년 임대기간이 지난 후 임차인에게 분양해 주는 조건으로 공급된 아파트 유형이다. 공공이나 민간 모두 건설할 수 있으나, 공공 건설 임대 아파트에 대해서는 분양전환 조건 및 가격 산정 방법이 관련 법률로 정해져 있다.

▬ 임대주택의 분양전환 가격은

공공건설 분양전환 임대아파트는 10년 임대와 5년임대로 대별된다. 판교신도시에 들어선 공공임대아파트가 대표적인 10년 임대이며 이 역시 임대의무기간의 절반(5년)이 지나면 임대사업자와 입주민의 합의 아래 분양전환이 가능하다. 그런데 10년 임대와 5년 임대의 분양전환 가격 산정 방법은 다르다. 전자는 추천받은 2곳의 감정평가법인의 감정평가액 산술평균으로 정한다. 그런데 실상 '공공건설임대주택 분양전환가격의 산정기준'에서는 산정 방법의 구체적 기준은 없고 상한 금액만을 명시하고 있다. '임대의무기간이 10년인 경우 분양전환가격은 감정평가액을 초과할 수 없다'라는 조항이다. 물론 임대사업자는 최초 입주 당시 입주자와의 표준임대차계약서에 분양전환금액은 분양 전환 당시 감정평가액으로 하도록 조항을 넣어 분양전환금액 산정 방법을 외길로 만들었다.

5년 공공건설임대주택의 분양전환가격은 건설원가, 감정평가금액의 산술평균으로 정하고 있다. 10년 임대와 단순 비교할 때 감정평가금액이 공통항목이기에 건설원가가 감정평가금액보다 낮으면 그 격차의 절반만큼 분양전환가격은 낮아지게 마련이다. 물론 이렇게 산정된 분양전환가격이 임대주택의 산정가격[36)]에서 임대기간 중의 감가상각비를 뺀 금액을 초과하지 못하도록 상단 펜스는 설치했다. 건설원가는 이 아파트를 신축할 때 투입된 원가를 말하지는 않는다. 분양시점의 주택가격에서 이자비용은 더하고 감가상각비는

---

36) 국토교통부 장관이 고시한 분양전환 당시의 표준건축비에 최초 입주자 모집 공고 당시의 택지비와 택지비 이자를 더한 금액

공제한 값이다. 입주자와 임대사업자의 갈등 진원지는 다름 아닌 분양시점 주택가격 중 건축비 항목이다. 서울·경기, 광역시 등 도심은 아파트 분양가격 중 택지비의 비중이 크다. 땅 값이 비싼 곳이니 그렇다. 그러나 지방은 구성비가 뒤바뀐다. 토지구입비용은 얼마 안 되고 대부분 건축비가 사업비용의 대주주 위치에 있다. 택지비는 찬밥 신세고 건축비에 대한 관심이 상종가인 건 지극히 당연하다. 물론 임대사업자는 입주자 모집 분양공고 때 주택가격을 구성하는 건축비와 택지비를 구분 공고해야 하며, 이때 건축비가 모습을 드러낸다. 입주자 측은 강하게 이때의 건축비는 분양전환시점이 아닌, 준공 당시의 건축비가 들어가야 한다고 주장했을 것이다. 수년 전 돈 별로 안 들이고 지은 걸 아는데, 현재 시점의 건축비를 집어넣으면 부풀려진다는 논리다. 그러나 원가법(재조달원가-감가수정)에 의해 건물을 평가할 때 재조달원가는 항상 평가의 기준이 되는 시점의 값이다. 건축비 산정 기준 시점에 대한 다툼이 끊이질 않다 보니 임대주택법 시행규칙이 개정돼 건축비 산정 시점은 분양시점으로 못 박게 됐다.

건축비 산정 기준 시점에 대한 논란은 종식시켰으나, 적정한 건축비 금액이 얼마인지 홍역을 치르기도 했다. 임대사업자가 분양공고 당시 건축비에 국토교통부가 고시하는 표준건축비를 적용했기 때문이다. 공신력 있는 자료를 대입한 척 했지만, 실은 상한가격을 슬쩍 껴 넣은 것이다. 해당 항목은 5년 임대 분양전환가격의 상한으로 정한 '산정가격'에 등장하는 건축비 근거 자료이기 때문이다. 초기에는 울며 겨자 먹기로 분양받은 입주자 측에서, 뒤늦게 뭔가 이상하다는 낌새를 채고는 법률 전문가의 도움을 받아 과도한 분양가로 피해를 봤다며 부당이득금 반환소송을 제기했다. 실제 건축비가 아닌 표준건축비를 적용해 분양전환가격 산정의 기준이 되는 건설

원가를 부풀렸다는 주장이다. 법원도 입주자 측의 손을 들어줬다. 임대사업자가 분양전환 승인신청을 하면서 상한가격 표준건축비로 건축비를 제출했더라도 임대아파트 취득 신고 시 제출했던 과세자료를 통해 실 건축비를 확인하게 되면 이 금액을 기준으로 할 수 있다는 것이다. 물론, 취득 당시부터 현재까지 건축비 상승률을 반영한 값으로 조정은 되어야 할 것이다. 그래도 현재 시점 표준건축비에는 미치지 못하니 그 차액의 절반[37]만큼 분양가는 하향됐어야 했다.

분양전환과정에서 무수한 갈등을 빚고 있지만 분양전환 임대아파트는 내 집 마련의 대안 중 매력적인 카드다. 세입자가 5~10년 세입자 신분으로 살다가 훗날 주택 시장 상황을 봐가며 구매 결정을 할 수 있으니 훌륭한 '징검다리' 내 집 마련 전략일 수 있다. 직접 거주로 상품 파악은 다 됐으니, 모델하우스와 분양주택의 품질 차이로 인해 뒤늦게 구매 결정을 후회하는 불상사도 미연에 방지할 수 있다. 전세 값은 치솟고 그렇다고 집을 사기는 꺼리는 무주택자에게 이보다 안전한 주택 구매 패턴도 없을 것이다. 무주택 세대주는 기존 입주자로부터 합법적인 방법으로 임차권 양수가 가능하다. 기존 임차인은 프리미엄을 받고 분양자격을 팔고, 분양권 양수자는 예상 분양가격과 시세와의 격차를 넘지 않는 프리미엄이면 다만 얼마라도 시세차익을 볼 수 있어 임차권 매입에 적극적이다.

37) 표준건축비의 증감은 곧 건설원가의 증감으로 이어지며, 감정평가금액과 산술평균해야하므로 증감된 금액의 절반만큼 분양전환가격의 조정이 이뤄지는 것

집합건물 상가의 불합리한 과세가격(비주거용 부동산 평가)

다른 곳으로 빠져나갈 수 없는 중요한 통로의 좁은 곳을 '목'이라고 한다. 사람들이 자주 오가서 장사하기 썩 좋은 곳은 '목이 좋은 곳', 특정한 날 장사가 크게 잘 되는 경우는 '대목'으로 부른다. 그런 곳에 위치한 상가는 입지의 수혜자다. 요즘은 영화 예매 시에 좌석까지 선택할 수 있다. 뒤늦게 예매에 나서면 그나마 남아 있는 좌석은 대부분 스크린 맨 앞자리, 목 뻣뻣하게 쳐들고 봐야 하는 이코노미석이다. 동일한 공간 내에서 점유 위치에 따른 선호도는 분명 존재한다. 영화관처럼 선점의 논리에 따라 동일한 가격을 내고 후미진 곳을 피해 목 좋은 곳을 고를 수 있다. 그러나 대부분 목 좋은 만큼의 웃돈을 요구한다. 어느 지역 어느 위치에 있는 부동산인지에 따라 지가 수준이 천차만별인 것처럼 동일한 건물 내에서도 점유 위치에 따른 가치의 차이는 무시하지 못한다.

수평적 공간의 제약을 수직적 고밀화로 타개한 건 공간을 활용할 줄 아는 인간의 지혜다. 만약 성냥갑처럼 일자로 올라간 건물이라면 수평적 좌표가 동일한 각 층별 공간의 가치는 격차를 보인다. 이는 수직적 공간 가치, '목'에 대한 문제다. 간단히 15층 아파트를 생각해 보면. 1층과 9층은 분양가, 매매가, 전세가, 월세 모두 차이가 있다. 일반인들은 방범 문제 등으로 1~2층은 가급적 기피하고 소위 로열층을 선호한다. 딱히 로열층에 대한 정의는 없지만 공동주택 공시가격 산정을 맡고 있는 한국감정원에서는 최고층의 절반 높이부터 최고층 바로 밑층까지를 로열층으로 인식하고 있다. 그렇다고 수직적인 '목'이 확정되어 있는 것은 아니다. 층간소음문제 때문에 이전보다 저층의 선호도가 조금 개선됐고, 난방비의 우려를 조망

가치로 상쇄한 최고층의 인기는 더 올랐다. 이처럼 수직적 공간에 대한 '목'은 이들을 대하는 사람들의 선호도 및 만족감을 나타내며, 집합건물 내 각 층별 가치를 평가할 때 '효용비율'이라는 수치로 반영된다. 상업용 부동산은 주거용에 비해 층별 효용비율이 각 층별로 큰 편차를 보인다. 수직적 공간의 '목'은 고객의 접근편의성과 관련되며 입점한 상가의 매출과 영업이익을 좌우하므로 층별 분양가, 임대료에 고스란히 녹아든다.

층별 효용비 예시(N혁신도시 상업지역 내 상가분양가)

구분		전용면적		공용면적		계약면적		분양가	
층	호	m²	3.3m²	m²	3.3m²	m²	3.3m²	원/3.3m²	총액
1	101	49.14	14.86	24.50	7.41	73.64	22.27	23,000,000	512,210,000
2	201	156.51	47.34	78.01	23.60	234.52	70.94	6,000,000	425,640,000
3	301	156.51	47.34	78.01	23.60	234.52	70.94	4,300,000	305,042,000
4	401	156.51	47,34	78,01	23.60	234.52	70.94	4,200,000	297,948,000

집합건물은 수직적 공간의 위치 못지않게 수평적 공간의 위치에 따른 가치차이도 확연하다. 특히 상업용 부동산이 그렇다. 흔히 말하는 전면, 후면 상가는 고객이 접근하는 주 도로변과 주 출입구를 기준으로 판단한다. 흔히 주(主)도로에서의 접근성 등으로 전·후면의 효용비율을 고려하지만 위치적 유·불리는 인근 선호 혹은 혐오시설에 의해서 가중된다. 정리하면 수평적 위치 효용비율은 해당 공간의 위치적 '매력도'라고 말할 수 있다. 세종문화회관 내 좌석등급을 S석, R석으로 나누는 근본 이치가 그렇다.

집합건물의 가치를 평가할 때 층별 효용비율, 위치별 효용비율의 값은 정형화되어 있지는 않다. 일정한 범위를 나타내는 건 맞지만 고정된 값은 아니다. 성숙한 상업지대 내 10층짜리 집합건물에서

2층 상가는 대략 1층의 절반 가치를 보인다. 그러나 아파트상가는 2층에 좀 더 후한 점수를 줄 수 있다. 이는 아파트 단지 내 주민이 해당 상가의 층별 업종과 상호를 숙지하고 있어 접근성 측면에서 1층 대비 2층의 효용비율 열세를 완화시키기 때문이다. 그 반대의 경우도 가능하다. 상권이 고도화될수록 1층의 매력은 돋보여 위층의 매력도를 낮추는 효과가 있다. 이런 경우 전면과 후면의 격차 역시 더 벌어지는 경향이 있다.

이처럼 집합건물에 있어 수직적 혹은 수평적 효용비율은 공간의 단위면적당 매력도를 나타내며 시장가치의 차이로 반영된다. 특히 용도상 상업용 건물에서 그 격차가 뚜렷하다. 그러나 이들 공간의 재산적 가치에 과세를 함에 있어서는 효용비율의 격차, 곧 몸값의 고저(高低)가 전혀 고려되지 않는다. 과세 목적의 재산 가치 산정 논리가 불합리하기 때문이다. 현재 산식은 집합건물의 건물가치와 대지권가치를 별도로 추계해 합산하고 있는데, 전자는 국세청 기준시가, 후자는 개별공시지가를 적용한다. 공간면적이 같다면 동일건물에서 구조와 경과연수가 동일하므로 층별로 건물가치는 차이가 없다. 또한 집합건물에서 층과 위치에 관계없이 공간면적이 같다면 대지권면적은 동일하게 배분되므로 대지권가치도 격차가 없다. 공간의 매력도는 깔아뭉개지고 규모만이 반영되는 과세 구조인 셈이다. 극단적으로 1층 슈퍼 100㎡와 지하층 창고 100㎡는 동일한 재산세를 납부하고 있다. 전자는 부당한 혜택을 누리고 후자는 불합리한 피해를 입는다.

효용비율이 고려되지 않는 과세구조를 개선하려면 재산 가치 산정 논리를 바꾸면 된다. 매년 단독주택에 대한 공시가격을 공시하듯이 이런 비주거용집합건물에 대한 공시제도를 도입하면 해결된다. 이 제도에 의한 공시가격에는 수직적, 수평적 공간 매력도가 당연히 반영될 수 있다. '비주거용공시제도'를 도입해 이런 공평 과세 원칙이 훼손되는 현상을 바로잡으려는 정부의 계획은 이미 서 있긴 하다. 비주거용 집합건물에 대한 현 과세제도는 차량 크기가 비슷하다고 비싼 외제차와 국내 소형차의 자차보험료를 동일하게 책정한 것과 다를 바 없다.

역모기지와 감정평가

국내 모든 유형의 부동산 중 혜택이 가장 큰 것, 짐작하는 대로 주택이다. 다른 유형의 부동산에 비해 취·등록세, 재산세 부과 시 낮은 요율을 적용받는다. 중개수수료도 마찬가지다. 주택에 대한 선심은 이뿐 아니다. 국민연금, 의료보험료의 과세표준액으로 활용되는 공시가격도 혜택을 누린다. 감정평가사에 의해 표준주택 평가액이 나오면 시가인정비율 80%를 곱해 공시하고 있다. 반면 표준지는 민낯이다. 개별주택과 개별공시지가는 표준주택과 표준지 가격에 연동되므로 단독주택에 대한 감싸기는 분명한 현실이다.

위험은 최대한 분산시키면서 수익률은 양보할 수 없다는 고심 끝에 나온 것이 포트폴리오 이론이다. 위험과 수익률이 상쇄 관계인 것은 분명하나, 최적의 조합으로 둘 다 건지고 싶은 바람을 나무랄 수 없다. 주택 한 채가 전 재산인 노부부, 살 집은 있어야 한다. 그런데 당장 현금 확보할 곳이 없다. 생활비를 충당하기 위해 집을 처분하기는 싫은 상황, 해결책은 계속 살면서 티 안 나게 집을 조금씩 떼어먹는 것. 주택연금, 곧 역모기지로 불리는 제도가 이것이다.

주택금융공사 홈페이지에는 '집을 소유하고 있지만 소득이 부족한 어르신들이 평생 또는 일정기간 안정적인 수입을 얻을 수 있도록 집을 담보로 맡기고 자기 집에 살면서 매달 국가가 보증하는 연금 제도'라고 역모기지 제도를 소개하고 있다. 가입요건은 만 60세 이상, 부부기준 1주택 원칙, 9억 원 이하 주택 소유자여야 한다. 주택이라 했으니, 아파트, 단독주택, 연립주택 등에 한정되며, 주상복합건물 중 주택비율이 절반에 못 미치거나 주택면적이 일정 면적 이하인 경우 등은 가입이 제한된다. 재개발·재건축으로 인해 멸실

된 경우 연금 지급 중단 및 상환 의무가 발생하나, 재건축된 주택에 들어가거나 다른 주택을 구입하면 연장이 가능하다.

2015년 8월 기준, 주택연금의 상황은 다음과 같다. 가입자의 평균 연령은 72세, 평균 월지급금 98만 원, 평균 주택가격은 2억 7천 9백만 원이다. 총 가입자는 2만 6천여 명인데, 이는 60세 이상 자가 가구 수 대비 0.8% 수준이다. 2007년 515호에서 시작해 급격히 상승하는 추세이긴 하나, 전체 가입률은 여전히 미미한 수준이다. 그리고 대부분 종신지급방식 중 정액형을 선호하고 있는 것으로 나타났다.

88만 원 세대로 불리는 비정규직 젊은이들의 애환이 일상이니, 노부부가 100만 원가량 수령하면 기초연금 등과 결합해 최저생계비 역할은 할 수 있다. 은행금리가 바닥을 기고 있으니 주택에서 원룸으로 갈아타며 차액을 예금해도 이자만으로는 생활비 충당이 버겁다. 그런 면에서 집 주인 행세하며, 부부가 사망할 때까지 주택을 담보로 연금을 지급받는 역모기지 제도는 최선 또는 차선이다.

월 수령액은 가입 당시 주택 가격과 연금 수령 기간에 좌우된다. 동일한 조건에서 가입 당시 주택가격이 높을수록 수령액은 올라간다. 늦게 가입하면 수령 기간이 짧아지니 매달 흡족하게 받을 수 있다. 주택가격이 계속 오를 것 같으면 한도는 늘어날 것이다. 대출자에게 이자납입의무가 있는 것처럼 주택연금제도도 연금 만기 시 실수령액 외에 이자총액까지 더해 상환해야 할 돈을 정한다. 다만, 적용되는 이자율은 담보대출금리보다 낮다. 정리하면 고령자의 가입연령, 주택가격, 주택가격 상승률과 이자율(할인율) 등에 의해 대출 한도가 결정된다.

지급방식은 3가지 중 하나를 선택할 수 있다. 부부의 사망 시까지 지급받는 종신지급 방식은 떼어먹을 수 있는 데까지 주택보유를 연장시킨다. 주택 가격이 3억 원인 경우 65세에 가입한 이는 81만 원,

70세 가입자는 98만 원, 가입시점이 80세라면 150만 원가량을 수령할 수 있다. 확정기간 방식은 수령 기간을 사전에 지정한다. 주택가격이 3억 원인 경우 70세 노인이 10년을 약정하면 160만 원, 15년 약정 시 120만 원 정도를 수령할 수 있다. 종신혼합방식은 일시불과 연금의 조합이다. 목돈인출 한도를 설정하고 나머지를 월 지급금으로 평생 받는 방식이다. 자녀 결혼자금같이 목돈이 당장 필요한 노부부에게 안성맞춤이다. 종신지급 방식을 선택했어도 월 수령액에 변화를 줄 수 있다. 일반적인 정액형 외에 '증가형', '감소형', '전후후박형'이 마련돼 있다. 물가상승에 따른 자연스런 생활비 증가를 걱정하면 증가형을, 나이 들수록 씀씀이가 줄 것을 예상하면 감소형이 적합하다.

주택가격에 대한 불안이 큰 편은 아니다. 건물은 계속 낡아지는 것이니, 주택가격 중 건물비율만큼 최종 주택가격이 하락하는 것을 감안할 필요까지는 없다. 노후화된 공동주택이 주택연금 가입 당시 가격대를 버텨내 줄지 우려스럽긴 하지만 아파트와 연립주택은 노후화돼도 재건축 수요가 존재한다. 주식시장과 달리 주택가격의 하방경직성은 여러 차례 실증된 바 있다. 수도권 내 단독주택은 이런 걱정의 무풍지대다. 주택에서 상가로 전환하는 수요, 단독주택을 다세대, 원룸, 도시형생활주택으로 전환하는 수요가 줄어들고 있지 않은 이상 가격 하락 위험성은 상대적으로 낮다. 이에 더해 주택가격 총액을 모두 연금으로 지급하지 않고 한도비율을 적용했으니 주택가격의 폭락과 이로 인한 상환 불이행 사태에 대한 시름은 기우일 수 있다.

가입 당시 주택가격은 한국감정원 인터넷 시세, KB국민은행 인터넷 시세, 국토교통부 고시 주택공시가격을 활용하는 것으로 알려져 있다. 공동주택 시세는 조사주기가 짧고 표본이 많은 점을 고려할 때 가격 대표성을 보인다. 반면, 단독주택 공시가격은 여전히 시가에 미치지 못한다. 가급적 감정평가를 통해 가입 당시 가격을 결정하는 것이 합리적이다.

농지연금 가입자가 수천 명에 육박하고 산지연금에 대한 논의도 새롭게 수면 위로 올라와 있다. 연금이 실질적인 생활비가 되지 않으면 이 모든 출발점은 사상누각이다. 가입 당시 주택과 농지, 산지의 가격을 알기 위해 감정평가를 거치려면 얼마의 수수료 부담이 있겠지만, 초고령사회를 목전에 둔 우리의 실정에 적극적으로 역모기지 제도를 활성화시키려면 미미한 부담이다. 주택담보대출로 인한 가계부채 뇌관도 냉각시킬 수 있다.

제4부

투자영역에서의 가치평가

투자가치는 색다른 개념인가

2014년 9월 18일 아침, 온통 삼성동 한전부지 낙찰소식으로 어수선했다. 한전이 소유한 8만 m²가 조금 안 되는 강남 알짜배기 땅의 매수제안가가 10조 원을 넘겼기 때문이다. 10조 원이 천문학적 돈이라는 데 다들 이의는 없다. 도대체 얼마나 큰 금액인가? 2014년 확정 지출 예산이 355조 원 상당이다. 이것의 3% 금액이니, 대한민국의 열흘 분 생활비다. 2015년 문화, 체육, 관광, 환경 분야 예산 총액에 살짝 못 미치는 금액이다. 컨소시엄 대표사인 현대차의 2013년 영업이익 8조 3천여 억 원을 웃돌고 평균 출고가 기준으로 현대 자동차 70만 대와 등가다. 초봉 3천만 원 신입사원 35만 명을 채용할 수 있는 규모이기도 하다. 이 정도면 얼마나 큰돈인지 감이 잡힐 것이다. 현금 유보액이 많기로 소문난 현대그룹이기에 자금 조달을 우려하는 목소리는 없었다. 대기업이 사내 보유 현금만 쌓아놓고 투자를 기피하며 안전 운행을 해 온 단적인 증거라며 과도한 입찰액을 비판하는 목소리도 튀어나왔다. 누군가는 강남 일부 필지에 대한 지가(地價)가 저 정도면 서울시 토지 가치는 과연 얼마일지 궁금해 했을 것이다.

연초 시장의 예상치를 웃도는 기업 실적이 발표되면 이를 어닝 서프라이즈(earning surprise)라고 부른다. 당시 낙찰가는 제반 가격 자료를 살펴봐도 큰 충격이었다. 해당 부지의 과세 기초가격인 공시지가는 1조 중반, 2010년 1월 1일 기준 공정 가치로 평가한 자산재평가액은 2조 초반이었다. 그로부터 4년이 지나 대상 부지 매각을 위한 감정평가 금액으로 3조 초반을 통보받았다. 마지막으로 2등 입찰 기업의 매수제안금액은 5조 원 전후로 알려져 있다. 이런 상황에서 최종 낙찰가는 자릿수를 달리한 것이다. 낙찰가 총액이 아닌 토지 단가로 접근하면 @1억 3천만 원/m²이 산출되는데, 2014년 공시된 전국 최고 지가[38] @7천 7백만 원/m²에 비해서도 한참 올라가 있다. 물론, 예정된 기부채납액과 각종 세금 및 부담금을 고려하면 실질 매수 단가는 더 치솟을 것이다.

주목할 부분은 시장가치[39]와 낙찰가의 괴리다. 낙찰가를 현대 그룹의 투자가치로 부른다면 시장가치와 3배 이상 차이 나는 이유가 분명 무엇인가 있을 것이다. 시장가치는 '통상적인 시장에서 충분한 기간 동안 거래를 위하여 공개된 후 그 대상물건의 내용에 정통한 당사자 사이에 신중하고 자발적인 거래가 있을 경우 성립될 가능성이 가장 높다고 인정되는 대상물건의 가액(價額)'으로 정의한다. 현대차 경영자가 100년을 내다본 투자라고 말했다는 대목 하나만 주목해도 그들의 입찰액이 시장가치가 아님을 알 수 있다. 투자 대상의 100년 뒤 잠재가치까지 고려해서 매수 금액을 높였다는 의미일 수 있다. 그룹 이미지·상징성을 고려한 입찰이라는 점, 그룹 입장에선 대체 불가능한 토지인 점, 오너의 실패 없는 입찰 지령까지 있었다면 웃돈 주고 사야 하는 건 당연하다. 한전부지의 그간 가격 자료와 주변 시세를 고려할 때 매각 평가액은 정상적인 시장가치고, 낙찰가는 투자가치인 셈이다.

투자가치가 이처럼 시장가치와 괴리될 수 있는 것은, 가치의 성격 때문이다. 시장가치가 가장 보편적이고 객관적이라면, 투자가치는 주관적 가치라고 이분법적인 도식을 시도해도 과하지 않다. 투자의 타당성을 검토할 때 투자가치가 시장가치를 상회하면 적극적으로 투자를 권유하는데, 시장가치로 매입하면 투자가치만큼 기여

38) 서울 중구 충무로 1가 24-2, 화장품 판매점 nature republic 자리
39) 감정평가에서의 기준가치는 '시장가치'다.

할 수 있다고 보기 때문이다. 매수자 입장에서 전국에서 가장 비싼 땅으로 인정했으면 충무로 최고 지가보다 낮게 가격을 매길 필요도 없을 것이다. 100년을 내다봤으니 잠재가치를 고려한 것이다. 삼성 서초타운처럼 현대가의 시너지를 얻을 수 있는 요지(要地)가 필요했으면 강남 마지막 노른자위 땅엔 사심이 듬뿍 들어간다. 통상 컨설팅 보고서에나 등장할 토지 매매 단가가 현실로 나타난 것은 거래당사자가 누구인지, 거래당사자의 상황이 어떠했는지, 거래목적물이 무엇인지, 거래 의도가 무엇인지, 거래 이후의 상황은 어떻게 변화될 것으로 예상했는지를 파악해야 설명이 가능하다.

기업 인수합병 시 거래대금이 순자산가치를 초과하면 이를 영업권으로 인식한다. 권리금도 무형의 '자리 값'인 셈인데, 현대그룹이 이 토지를 인수할 계획을 세우며 무형의 프리미엄을 얼마로 계산해 냈는지 내부 산출근거를 요구할 수는 없는 노릇이다. 그렇더라도 이번 투자의 사후 타당성이 입증되면 결국은 수십 년 지나 낙찰가는 시장가치로 자리매김할 것이다.

감정평가는 모든 이를 위한 가치를 재단하기도 하지만, 특정 당사자에게만 유의미한 가격도 제시할 수 있다. 단, 평가의뢰에 앞서 반드시 시장가치가 아닌 투자가치를 추계해 달라고 요청해야 한다. 투자가치는 종잡을 수 없다. 비싸게 샀다고 타박 듣는 투자자는 과감한 투자의 주관적 근거를 내세울 것이다. 그리고 종종 이 가격이 모든 이에게 통용되는 시장가치로 격상되는 기회를 얻기도 한다.

계속 시장에 출회되는 실거래가격

부동산 가격 정보 상당수가 강제 노출되고 있다. 2006년부터 시행된 실거래신고제에 따른 것이다. 최근 들어 주거용 오피스텔, 아파트 분양권도 거래 내막이 일반에 공개되게 됐다. 사실상 '주택'의 범주에 들어가는 모든 유형의 부동산은 이제 거래 이력을 숨길 수 없다. 원래 신고는 계속 해 왔다. 가격의 신뢰성 문제를 이유로 공개를 차단했던 것뿐이다. 분양권 거래량만 2014년 30만 건에 달한다고 하니, 부동산 거래가격 검증시스템을 가동시켜 노출 대상으로 전환시킨 것이라 짐작된다. 최근 구체적인 지번을 가린 토지거래가격도 공개대열에 이름을 올렸다.

「부동산 거래신고에 관한 법률」 제3조는, 거래당사자는 부동산 등에 관한 매매계약을 체결한 경우 그 실제 매매가격 등을 거래계약 체결일로부터 60일 이내 부동산 등이 소재하는 시·군·구에 공동으로 신고하도록 하고 있고, 개업공인중개사가 거래계약서를 작성·교부한 경우 공인중개사에게도 신고 의무가 부과된다. 동법 제5조에 따라, 신고받은 내용이 누락되거나 정확하지 않다고 판단되면 보완 요청도 할 수 있지만, 소속 공무원이 거래당사자와 개업공인중개사에게 거래계약서, 거래대금 지급 증명 자료 제출을 요구할 수 있다. 사전 검증시스템 구축에 대한 내용도 있다. 동법 제6조에서 신고내용, 토지 및 주택의 공시가격, 부동산 가격정보를 활용하여 부동산거래가격 검증체계를 구축·운영토록 의무화시켰으며, 현재 한국감정원이 이 업무를 대행하고 있다.

동법 시행령 제2조에 나열한 부동산 거래 신고의 내용 중 핵심은 역시 '실제 거래가격'이다. 시행령 제3조에서는 거래대금 지급을 증명할 수 있는 자료로 입금표, 통장 사본, 거래대금 지급을 위한 대출, 예금 수령 및 해약, 주식·채권 등의 처분 내역을 열거하고 있다. 가계 대출 풍선 효과를 억제할 때마다 'DTI'카드를 뽑는데 이 역시 상환 능력을 소득으로 입증시키도록 하고 있으니, 돈 나올 구멍을 확인한다는 취지는 같다.

이상매매, 급등, 주가조작 등 주식시장에서는 평범하지 않은 현상을 감지하는 '경보시스템'이 작동하고 있다. 부동산 시장에서도 끊임없이 '조기경보시스템'을 정치하게 구축하려고 시도해 왔다. 그럴 조짐이 있으면 사전 예방책을 쓰는 게 상책이고, 토지거래허가구역, 투기과열지구 등의 지정 역시 이런 대책의 일환으로 볼 수 있다. 실제 거래가격이라고 신고 된 숫자가 엉터리인지를 누군가는 검토해야 할 터인데, 부동산 거래가격 검증시스템의 실질적 운영자로 지정된 곳이 한국감정원이다. 허위 신고에 의한 탈세도 문제지만, 잘못된 신고가 어떤 제재도 받지 않는다면 일반에 공표되는 이런 거래 자료는 있느니만 못하다. 사회적 비용만 낭비하고, 잘못된 의사결정에 조력할 수 있다. 과태료를 무기로 내세웠지만, 뭔가 미심쩍은 물건을 사전에 발굴하는 시스템이 잘 가동돼야 순도 높은 정보가 사회에 유통된다.

어떤 식으로 허위 신고 물건을 포착하는지는 알 수 없다. 정상적인 가격만을 노출시키기 위한 검증이겠지만, 검증기관이 내부 검증 기준을 노출할 리 없다. 이 기준이 일반에 알려지면, 이 범위 안에 한 발 걸치는 면피성 신고가 폭주할 게 뻔하다. 불법이 안 되면 편법의 영역으로 넘어가는 게 우리 사회다. 당장의 거래비용을 낮추기 위해 기준선 바로 안쪽에 대다수 신고 가격이 몰릴 것이다. 추정컨대, 검증기관은 공시가격, 이미 신고된 정상적인 거래내역 등을 가공해 일정 지표를 만들었을 것이다. 여기에 신고 물건의 내용물과 거래 금액을 넣어 큰 편차를 보이는지 걸러 보고, 의심물건으로 분류된 것들만 추려 재검토의 단계로 보낼 것이다.

부동산 가격 정보도 질 좋은 것들만 유의미할 뿐이다. 계량분석에서도 이상치를 제거해야만 아름다운 추세와 회귀식이 도출되고 통계량도 만족스럽다. 물론, 알아서 이상치를 제거해줄 수 있는 기능이 통계 패키지에 포함돼 있다. 이상치로 볼 수는 없지만 차라리 없었으면 좋은 자료라면 어떨까. 그런 의미에서 '데이터 마사지'라는 미명하에 연구자의 연구결과에 도움이 안 되지만 유의미한 정보를 담고 있는 자료가 슬그머니 사라진다. 요즘, 이상치가 발생하는 영역을 집중 분석하는 고급 통계 기법도 다수 등장했고 오히려 그런 영역을 논의의 주제로 삼는 연구자도 생겨나고 있다.

부동산 거래가격 신고와 관련해, 그간 축소신고 관행이 주류였다. 토지의 경우 개별공시지가에 맞춰 매매가격을 신고한 건수가 다수였다. 그러나 공시가격을 시가로 인식하고 급매물 가격이 그에 맞춰 나오기도 한다. 공시가격이 일반인에게 중요한 가격 자료의 역할을 하고 있음을 알 수 있다. 남들 다 축소신고하며 거래비용을 낮추려는 마당에, 외람되게 비싸 보이는 가격을 떡하니 올려놓는 사람도 있다. 분양권 액면가가 이들의 신고 금액이다. 없는 가격은 아니다. 할인 분양 광고가 대문짝만하게 인터넷을 도배하고, 대폭 할인을 알리는 플래카드가 주변지역에 널려 있는데, 버젓이 명목상 최초 분양금액으로 매수했다고 신고했으니, 선심성 매수자가 아니면 의도적인 부풀리기다. 취득세 등 거래비용은 조금 더 부담하고, 잔금대출을 양껏 받으려는 고도의 전략일 수 있다.

감정평가 시, 이처럼 오염된 가격 자료는 이상치로 간주된다. 주거용 부동산의 공시가격과 거래가격이 노출됐고, 노출 전 거래가격의 사전 검증절차는 덩어리 큰 찌꺼기들을 한 번 걸러주고 있다.

부동산의 가격이 이제까지의 추세와 각종 통계만으로 결정되는 것은 아니지만, 순도 높은 가격 정보가 거래, 투자, 과세 등의 영역에서 시장 투명성을 높여주는 것은 분명하다. 시장은 '양질'의 가격 정보에 목말라 있다.

사전 타당성 검토와 감정평가

나라 곳간에 쌓인 예산이 한두 푼이 아니므로, 돈이 새지 않도록 체계적으로 감시할 필요가 있다. 정부가 1999년부터 시행하고 있는 예비타당성조사는 재정 집행 전 매몰비용으로 전락할 우려가 있는 사업을 골라내는 안전장치다. 『국가재정법』 제38조는 총사업비가 500억 원 이상이고 국가의 재정지원 규모가 300억 원 이상인 신규 사업 중 대규모 사업은 예비타당성 조사 실시를 강제하고 있다. 건설공사가 포함된 사업, 「국가정보화 기본법」 제15조제1항에 따른 정보화 사업, 「과학기술기본법」 제11조에 따른 국가연구개발 사업, 그 밖에 사회복지, 보건, 교육, 노동, 문화 및 관광, 환경 보호, 농림해양수산, 산업·중소기업 분야의 사업이 그 대상이다.

규모가 상당해도 공익성이나 시급성 등이 인정되는 사업 등은 조사에서 제외된다. 교육시설 건립, 문화재 복원, 국방 관련, 재난복구 등이 해당되며, 타당성 조사 실익이 없거나 정책적 목적이 다분하면 역시 면제 사유가 된다. 최근, 사회간접자본(SOC) 분야에 대한 예비타당성조사 대상사업 기준이 총사업비 500억 원 기준에서 1,000억 원으로 완화된 바 있다.

그간 예비타당성조사의 실익은 충분했다. 1999년부터 2013년까지 총 665개 사업(303조 8,000억 원)에 대한 예비타당성조사를 통해 37%인 243개(129조 5,000억 원) 사업에 불합격점수를 줬다. 재정 누수로 이어질 수 있는 경제성 없는 사업을 걸러내 준 것이다.

예비타당성조사에서 다루는 항목은 경제성 분석과 정책성 분석, 지역균형 발전분석, 기술성 분석 등으로 나눌 수 있다. 경제성 분석은 비용편익분석으로 보면 된다. 손익을 따지는 것이다. 정책성

분석에서는 정책의 일관성과 위험요인을 다룬다. 낙후지역에 얼마나 도움이 되는지는 지역균형 발전분석에서 파악한다. 최근 지역균형 발전 항목의 가중치가 조금 상향됐다. 기술성분석에서는 기술의 실현 가능성과 기존 사업과의 중복여부를 검토한다.

지자체의 재정이 투입되는 사업 역시 이런 검토가 필수적이다. 그런데 검토가 부실해 이미 수백억 원의 지자체 재정이 투입된 사례도 있다. 우면산 터널이 대표적이다. 서초구 서초동과 우면동 사이를 잇는 연장 2.96km의 터널에 민간이 1,402억 원의 사업비를 투자했고, 2034년까지 30년간 민간사업자가 운영한 뒤 서울시에 귀속시키는 BTO(Build Transfer Operate) 방식의 사업이다.

재정 누수의 단초는 '최소운영수입보장제(MRG)'다. 1998년 외환위기 당시 민간 투자 활성화를 위해 도입된 이 제도는 민자도로 등 건설에 기여한 바가 크다. 2006년에는 민간제안사업에서, 2009년에는 정부고시사업까지 MRG가 폐지됐지만 그 이전 완공과 동시에 기부채납 조건으로 최소 수입을 보장받은 민간사업자는 현재까지 이용수입의 부족분을 지자체 예산으로 보전받고 있다. 우면산 터널은 보장수익률이 8% 초반으로 알려져 있고 2023년까지 추정 수입의 79%(2024년부터는 78%)에 미달하는 경우 시가 부족분을 예산으로 메우게끔 돼 있다. 그런데 예비타당성조사에서 하루 4만 2,988대의 차량이 통과한다고 예측한 것과 달리 2014년 실제 통행량은 2만 7,101대에 그쳤다. 예측 수요 37%분량의 통행료를 지자체가 떠안아야 했던 것이다.

민간 자본의 인프라 투자 시 적정 이윤을 보장해 주어야 하는 것은 지극히 당연한 얘기다. 한두 푼 들어가는 것도 아니고 완공 후에는 소유권을 지자체에 넘기는 조건인데 투자원금에 대한 적정 이윤을 할부 형태의 매년 사용수익으로 보장받지 못한다면 어떤 민간

사업자도 참여하지 않을 것이다. 이 제도의 순기능이 사장되고 폐해만 부각된 이유는 수요 예측에 실패한 부정확한 '사업 타당성 용역 보고서'에서 찾아야 한다. 부산-김해 경전철의 예상 일일 이용객수 17만 명과 실제 이용객수 3만여 명, 의정부 경전철의 일일 예상 이용객수 7만 9천 명과 실제 이용자수 2만여 명의 데이터는 이런 부실한 보고서 작성자가 지자체 '혈세누수'의 책임에서 자유롭지 못함을 말해 준다.

국가의 여유자금 또는 일반 투자자의 투자금을 모아 집합투자에 나서는 이들 역시 예비타당성조사를 거치도록 하는 것이 합리적이다. 재산적 가치가 있는 투자대상자산을 취득 · 처분, 그 밖의 방법으로 운용하고 그 결과를 투자자 또는 각 기금관리주체에게 배분하여 귀속시키는 이들 집합투자업자는 투자자 또는 각 기금관리주체로부터 일상적인 운용지시를 받지 않는다. 따라서 이들이 경제성 낮은 사업에 투자해 투자원금을 날릴 위험은 상존한다. 특히 부동산개발 사업은 늘 위험이 도사린다. [자본시장과 금융투자업에 관한 법률] 제94조 4항은 '집합투자업자는 집합투자재산으로 부동산 개발 사업에 투자하고자 하는 경우에는 추진일정 · 추진방법, 그 밖에 대통령령으로 정하는 사항이 기재된 사업계획서를 작성하여 「부동산가격공시 및 감정평가에 관한 법률」에 따른 감정평가업자로부터 그 사업계획서가 적정한지의 여부에 대하여 확인을 받아야 하며, 이를 인터넷 홈페이지 등을 이용하여 공시하여야 한다.'고 규정하고 있다.

| 타당성 검토 항목

『국가재정법』	『자본시장과 금융투자업에 관한 법률』
경제성분석	추진일정
정책성분석	추진방법
지역균형 발전분석	건축계획 등이 포함된 사업계획
기술성분석	자금의 조달·투자 및 회수
	추정손익
	사업의 위험
	공사시공 등 외부용역
	그 밖에 투자자를 보호하기 위하여 필요한 사항으로서 금융위원회가 정하여 고시하는 사항

감정평가영역에서 부동산개발 사업 등에서의 사업계획서 타당성 검토는 예비타당성조사와 동일한 성격이다. 여러 항목을 검토하도록 했지만, 핵심적인 것은 위험과 추정손익의 적절성 여부다. 장래 분양수입을 추산하는 일은, 현재 전반적인 경기 동향을 이해하고 부동산 수요공급에 대한 분석을 거친 후 시장 가격 자료를 살펴보면서 서서히 좁혀 들어가는 작업이다. 부동산 경기변동의 진폭이 클 것으로 예상되는 경우 확률분포의 형태로 분양수입을 추산해 볼 수도 있다. 당연히 위험이 반영되어야 한다. 현재 분양시장은 호조를 보이고 있지만 부동산 공급 과잉이 지적되고 가계 대출 규제 효과

가 임박했다면, 장래의 공동주택 수입은 최대한 보수적으로 잡는 게 상식적이다. 정비 사업에서의 추정 분담금 산정 용역과 함께 이런 사전 타당성 검토는, 통행 차량대수에 대한 예측과 일일 사용자수 추산으로 국책 사업의 경제성을 검토하는 작업을 부동산 영역에 도입한 것뿐이다. 진정한 부동산 컨설팅은 부동산 감정평가의 정밀성에 뒤지지 않는다.

타당성 분석 기법

가장 많이 생겨나고 없어지는 자영업이 치킨집이라 한다. 별다른 창업 노하우나 전문 기술이 요구되지 않는 탓이다. 그러나 이들 중 개업의 타당성을 꼼꼼히 검토해 본 이가 과연 얼마나 있을까. 퇴직금과 주택담보대출로 목돈을 모으긴 했으나 그저 장밋빛 전망만 세우고 개업한 이가 한둘이 아니다. 창업 컨설턴트라는 새로운 직업이 이 나라에 발붙인 것도 어림셈법으로만 접근하는 어수룩한 개업자의 누적된 투자 실패 사례 때문이다. 이들 대다수는 수익과 비용 분석이 동반되는 타당성 분석은 뒷전인 채 낙관 일색의 사업 전망에 몰두한 공통 인자를 갖고 있다.

부동산과 관련된 개발 사업의 타당성 분석 용역이, 가치 추계 업무를 담당하는 감정평가사의 일거리로 등장한 건 본업과의 연관성 때문이다. 타당성 분석의 과정이 수입과 지출을 분석하는 일일진대, 개발 후 발생하는 수입은 개발 후 부동산 가치 혹은 임대수입이므로 감정평가의 개입 여지가 생긴다. 타당성 분석의 범위를 넓게 잡으면 사업 자체가 기술적으로 가능한지(물리적 타당성), 법적으로 허용되는지(법적 타당성), 투자가치가 투자비용을 상회하는 경제성이 담보되는 사업인지(경제적 타당성)를 확인하는 과정을 포괄하고, 좁게 해석하면 이익이 발생하는 사업인지를 판단하는 경제적 타당성 분석에 국한된다.

하중 지지가 안 되는 지반 혹은 개펄에 관광호텔을 지으려는 시도를 갖고 있으면 논의의 진전이 없다. 수십년 간 농림지역, 농업진흥 구역으로 지정된 경작지가 대규모 관광지로 전용됐을 때를 분석하는 것은 지구단위계획 등 별도의 개발 계획이 없다면 뜬구름

잡는 얘기다. 이런 물리적·법적 측면을 분석하는 일은 사전 작업으로 볼 수 있다. 이들이 충족되고 나야, 지정된 용도로 개발했을 때의 수익성을 분석하는 것이 가능하다. 이것을 경제적 타당성 분석이라고 부른다.

| 타당성 분석 기법

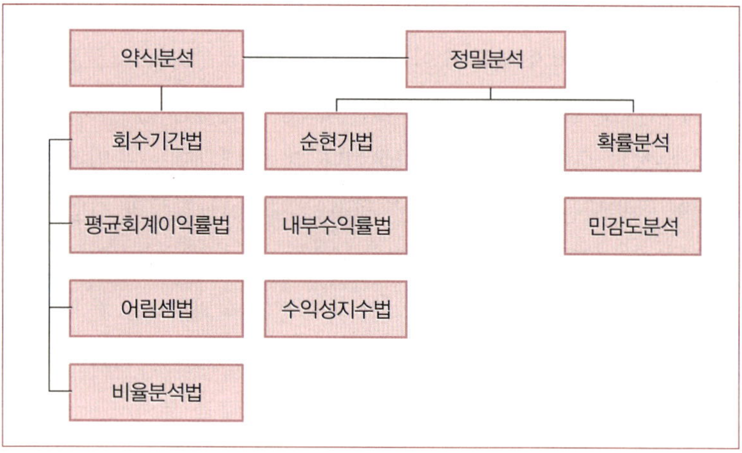

권리금과 점포 인테리어, 집기 등 시설에 대한 투자로 총 2억 원을 쏟아 부어 만두집을 개업할 때 경제적 측면에서 타당한 사업인지 검토하는 일은 약식으로 살펴볼 수도, 정밀하게 분석할 수도 있다. 향후 5년간 2억 원의 투자비용을 뽑아낼 수 있는지 판단하는 방법은 대표적인 약식검토다. 이를 회수기간법이라고 부르는데, 기준 회수기간으로 정한 5년 안에 명목상 순수익 누계가 2억 원에 못 미치면 투자를 안 하겠다고 결정하는 식이다. 대부분의 약식 타당성 분석 기법은 화폐의 시간가치에 대한 고려가 없다. 투자 후 5년 째 순수익 4천만 원과 투자한 이듬해 4천만 원의 순수익은 무차별하다. 4년간 물가상승률을 고려한 명목상 화폐가치 하락은 염두에 두지 않는다.

정밀 타당성 분석 기법은 수입과 지출의 발생 시점을 고려해 명목금액 조정을 한다. 수입이 연차적으로 증가하는 것이 운영자 입장에선 안정적이나 투자자 입장에선 역 방향의 현금흐름이 더 매력적인 수입 구조다. 발생 시점을 고려한 명목 금액 조정은 화폐의 시간가치로 할인하는 과정이며, 할인 폭은 상황에 따라 다르다. 투자비용을 제2금융권에서 충당했을 경우 고리의 이자를 내야 하므로 시간의 기회비용은 크게 잡아야 하고 이때 장래 수익의 현재가치는 명목 수익에서 대폭 할인된다.

투자금과 투자수익의 지급·발생 시점 보정을 거쳐 '조정현금유입-조정현금유출'을 순현재가치(Net Present Value)라고 부르고 한 푼이라도 남았다면 타당성이 있는 것으로 보는 타당성 분석 기법을 '순현재가치법(NPV법)'이라고 부른다. 현금유출은 초기 고정비용의 성격이 강하다. 반면, 미래현금유입은 할인의 폭에 따라 현재가치로 전환 시 등락이 크다. 할인율을 얼마로 정하느냐에 따라 순현재가치는 부호를 달리할 수 있다. 순현재가치가 '0'이 되는 손익분기점, 이때의 할인율을 '내부수익률'이라 부른다. '내부수익률법'에서는 이 내부수익률을 기대수익률로 보고, 투자자가 책정한 요구수익률을 웃도는 투자 건은 타당성이 있는 것으로 판정한다. 매년의 현금흐름을 10%로 할인해야 투자비용과 같아지는 유·출입구조에서, 사전에 8% 수익률에 만족하기로 했다면, 투자안의 내부수익률(10%)이 요구수익률(8%)를 충족시키므로 타당한 투자 건으로 결론짓게 된다. 할인의 과정을 거친, 곧 조정된 순수익의 합계를 조정된 투자비용의 합계로 나누면 전 기간 최종 수익률이 나온다. 등가일 때가 '1'이므로 분자가 분모보다 커지는 상황을 모두 타당성이 있는 것으로 분석하는 기법을 '수익성지수(Profitability index)법'이라고 부르는데, 조정된 수익이 비용의 2배라면 수익성 지수는 '2'가 된다.

개발 후 순수익이 변동될 여지는 충분하다. 분양수입이 줄어들 수 있고, 반대로 경상비용이 늘어날 수 있다. 불황기, 호황기에 따른 결과는 차이가 날 것이다. 시나리오를 쓰고 각각의 상황에 확률을 부여해 분석하는 확률분석 기법은 독자적인 타당성 분석 기법이라기보다는 정밀 분석 기법의 보조적인 수단으로 볼 수 있다. 수입과 지출 예산을 짤 때 비용과 수익의 항목이 1단위 바뀔 때마다 순현재가치를 비롯한 결과물이 어떻게 달라지는지 확인해 보는 것을 민감도 분석이라 하는데, 이 역시 보조 수단으로 이름을 올린다. 발표를 듣던 오너가 '조달금리가 1% 올라가면 순수익은 얼마나 늘어나지?' 물을 때를 대비한 보완장치다.

엑셀 프로그램을 활용하면 누구라도 타당성 분석 기법대로 계산해 볼 수 있다. 규모가 있는, 체계적 투자라면 현금 수지 테이블이 등장한다. 경비비율을 조정해 보고, 화폐의 시간가치를 나타내는 할인율에 손대 보고, 분양 수입을 조금씩 건드려 보면 함수식으로 연동된 최종 결과는 출렁인다. 꽤 남는 장사처럼 보여도 수익률면에서 정기예금 이자율에도 못 미치는 구조였다면 '순현재가치법' 외에 '내부수익률법'의 병용이 필요할 것이다. 타당성 분석은 모든 예측을 함에 있어 사심을 배제해야 한다. 낙관적인 쪽에서 수입을 늘려 잡고, 비관적인 쪽에서 지출을 확대 책정하면 배는 산으로 간다. 감정평가의 과정이 중립적이어야 하듯, 타당성 분석과정도 다를 바 없다.

투자시점의 문제(시점수정)

입맛에 맞게 늘리거나 줄이기. 문서 작업의 달인으로 칭송받고자 한다면 때에 따라 문서의 양을 조절할 수 있어야 한다. 수북이 쌓인 리포트 채점을 선풍기 바람에 떠밀려서 가는 정도, 곧 중량의 차이로 단순화시킨 건 힘써 양을 늘린 학생의 '성의'만을 본 것이다. 페이지 수 증감만 조절할 수 있는 것은 아니다. 재생 속도의 조정도 가능하다. 교육 동영상 업체의 재생 플레이어마다 재생 속도 조절키를 모두 갖추고 있다. 강사의 말이 좀 느리다 싶으면 2배속으로 빨리 감을 수 있고, 헷갈리는 단원에서는 2~30% 늦출 수 있다.

'시시각각.' 양을 의미할 때는 '시간'이 되고 영구한 시간 속의 한 점을 말할 때는 '시각'이라 한다. 초고속 카메라의 등장으로 짧은 시간을 한없이 더디게 재생시킬 수 있게 됐으니, '시각'은 더 분화된 셈이다. 분화의 속도는 아찔하다. 일반 카메라가 1초에 수십 장 규칙적으로 촬영할 때 초고속 카메라는 수백 장을 찍다가 요즘은 수천 장 이상을 거뜬히 담아낸다. 짧은 시간을 더 잘게 '시각'으로 바꾸고 '찰나'의 감상을 가능케 해 준 것은 실로 경이롭다. 그런가 하면, 반대로 24시간의 변화를 한 순간으로, 계절의 바뀜을 몇십 초에 응축할 수도 있다. 갓 심긴 씨앗이 발아하여 열매를 맺는 인고의 시간을 수초에 고속 압축해 보여준다. 길게 빼고 짧게 자르는 일은 시청각 면에서는 모두 가역적이다.

인간이 조절할 수 없는 '시간'을 '시각'별로 정리해보려는 성과물이 각종 지수와 변동률이다. 한참 발육이 남다른 사춘기 아이를 둔 가정, 돌출되지 않은 거실 벽면 어딘가에는 키를 재 본 자국이 시간의 흔적을 담고 있다. 아래로 내려갈수록 연도별로 되어 있다가, 위를 향해서는 '월' 혹은 '주'로 측정 주기가 단축된다. 본인도 며칠 만에 또 커졌을 것 같은 기대감에 측정 주기를 짧게 가져갔을 것이다. 이처럼 모든 요건은 그대로고, 단지 '시각'의 차이를 보정하는 지수는 공신력 있는 데이터를 활용해 특정 값을 시시각각 정리해 놓은 결과물이다. 생산자물가지수, 소비자물가지수, 생활물가지수, 수출입물가지수, 지가지수, 종합주가지수, 임금지수, 건설공사비지수, 임대가격지수, 주택가격지수 등 헤아릴 수 없이 많다. 각 지수도 더 구체화시키면 다자녀 둔 가정처럼 줄줄이 세부 지수로 배가된다. 예컨대 소비지출이 큰, 소위 '시장바구니'를 구성하는 재화와 용역을 선별해 이들의 가격수준을 지수화한 '소비자물가지수'는, 내구소비재를 제외한 생필품 위주의 품목으로 체감물가를 파악하는 '생활물가지수'를 하위에 두고 있다.

'지수'의 이름을 달고 있더라도 '시각' 보정의 목적이 아닌, 국가와 지역 간 객관적인 비교를 위해 태생된 이도 있다. '빅맥지수(Big Mac index)'가 대표적이다. 맥도널드 햄버거인 '빅맥'(Big Mac)은 세계적으로 품질, 크기, 재료가 표준화돼 있다. 각국에서 팔리는 빅맥의 가격을 달러로 환산하면 전 세계 120여 개국의 물가수준과 통화가치를 비교할 수 있다. 각국 환율의 왜곡 여부 또한 진단이 가능하다.

그 외 대부분의 지수는 독립변수를 '시각'으로 설정하고 있다. 생산자가 생산한 물건을 도매상에 판매하는 단계에서 산출한 물가지수로, 기업 간에 거래되는 생산재나 환성 소비재를 선정하여 산출하는 '생산자물가지수'는 가장 대표적인 물가지수로 불린다. 국민 경제 전체로 본 노동자 1인당 수입수준의 변동을 나타내는 '임금지수'도 있고, 기본형건축비나 표준건축비의 상향 조정 근거가 되는 공동주택 건설공사비 지수도 발표되고 있다.

땅 값의 변동을 나타내는 '지가지수'는 꽤 오래전부터 조사돼

왔다. 1975년까지 거슬러 올라가야 한다. 여러 기관이 이 업무를 담당했고, 요 몇 년 전 감정평가협회에서 한국감정원으로 업무가 이관됐다. 기준시점의 지가지수를 100으로 잡고, 비교시점의 지가지수를 도출하면 지가변동률이 자동 산출된다. 지가지수는 표본지의 가격총계로 결정되는데, 전국의 모든 토지 중 용도지역과 이용 상황의 층화를 반영하는 57,000여 샘플 필지를 선별해 이들을 매월 조사하고 있다. 표본이 그대로 있다면 면적은 불변일 것이고 가격 총계의 변화는 단가의 차이에 연동된다. 현재 지가지수는 기준시점(최초)의 면적이 현재까지 유지된다고 전제하는 라이파이레스(Laspeyres) 산식의 틀을 취하고 있다. 지가지수를 통해 매월 발표되는 지가변동률은 감정평가의 시점수정 자료로 쓰이고 있고 전국적인 토지 정책 수행을 위한 기초자료로 대접받고 있다. 이를 담당하는 한국감정원 홈페이지에는 '전국 지가변동률 통계는 일반적인 지가수준의 변동을 측정하는 하나의 지표로서 특정지역이나 개별토지의 가격수준 및 가격변동을 측정하는 것은 아님'이라고 단서를 달았다. 물론 맞는 말이지만, 조사자에 따라 지가지수의 편이 현상이 발생할 수 있는 일말의 가능성이 있음도 부인하기 힘들다.

주택가격지수도 매월 공표되지만, 이러쿵저러쿵 잔소리를 많이 듣고 있는 천덕꾸러기다. 매매가격지수, 전세가격지수, 월세가격지수 중 매매가격지수는 빈약한 표본수의 문제와 실거래신고제도의 빈틈이 결합해 통계 신뢰성을 의심받기도 했다. 표본수가 전국주택의 0.07%라고 해서 대표성의 문제가 꼭 발생했다고 볼 수는 없다. 60일간의 시차를 허용하는 실거래 신고제의 특성상 시세와의 시간적 괴리현상은 떠안아야 하지만 취·등록세 및 양도세 부담을 염려한 다운계약서 작성 및 저가신고의 폐단은 신뢰성을 갉아 먹고 있다. 거래량이 드문 지역은 일부 사례가 전체 결과를 좌지우지할 정도로 대표성이 남용되는 문제도 고질적인 약점이다. 미국의 대표적인 가격지표인 케이스쉴러(case-shiller)지수가 경기 변동양상을 정확히 짚어내 신뢰성을 얻고 있는 현실과 대비될 때마다 질타가 쏟아진다.

가치추계를 할 때 이러한 각종 지수는 평가금액과 직결된다. 거래시점과 현재시점의 시간 격차를 보정하기 위해 평가 대상 물건이 토지라면 행정구역별 용도지역별 지가변동률을 적용하고 있다. 상업 · 업무용 부동산이라면 국토부에서 매분기 발표하는 오피스 · 매장용 빌딩의 분기별 자본수익률(빌딩의 가치변동률)데이터를 사용할 것을 권장받고 있고, 공동주택은 주택매매가격지수 등 주택가격동향지수를, 이도 저도 적용하기 곤란하면 생산자물가지수의 세부 지수 중 가장 유사한 항목을 채택하면 될 것이다. 원가법을 적용할 때 특수한 자산은 과거 신축당시의 공사비를 현실화시키는 지수 적용이 외길이고, 수년간의 임대계약이 만료돼 갱신을 앞두고 있다면 임대가격지수를 참고할 필요가 있다.

각 지수의 조사기관은 어느 한 시점을 분석해 통계량을 공급하고 있다. 이런 시계열 자료가 누적돼 추세 선을 이루면 비로소 일반인도 가격의 흐름을 보게 된다.

어떤 조건에서의 가격인가(평가조건)

행정청과 민간의 거래에 '선의'라는 것은 어색한 말이다. 규정대로 차별 없이 민간을 대해야 말이 없다. 행정청의 자유재량이 발휘될 수 있는 명문의 규정이 있고 민간이 과도한 수혜자가 될 때는, 행정청에서 민간에 족쇄를 채울 때가 있다. 조건 · 기한 · 부담 등과 같이 법률행위로부터 통상 발생하는 효과를 제한하기 위하여 표의자가 법률행위에 즈음하여 그 법률행위의 일부로서 특히 부가하는 제한을 일컫는 '부관'이 대표적이다. 사업시행인가와 동시에 공익에 기여할 수 있는 기반시설 기부채납을 강제하는 것은 상식 수준으로 승화된 '부관'의 하나다. 행정청이 인가 등의 행정처분과 실질적인 관련이 없는 반대급부와 결부시키는 폐단을 막기 위해 부당결부금지의 원칙(不當結付禁止의 原則, Koppelungsverbot)이 단단히 지키고 있다.

법원은 감정평가 의뢰처 중 하나다. 경매를 진행할 때, 손실 보상금에 대한 다툼이 있을 때 물건 값은 감정평가사에게 외주를 준다. 그런데 특히 보상금 증감청구에 대한 다툼에서는 종종 쌍방의 요청 사항을 받아들여 두 가지 가격을 제시한다. 편입 당시 이용 상황에 대한 다툼이 대표적이다. 지목은 '임야'인데 오래전부터 '전'으로 사용 중이었으니, 한쪽은 개량된 현황을 기준으로 보상금 지급을 구하고, 다른 쪽은 불법 용도변경으로 몰아가며 개량 전 지목을 기준으로 보상금을 지급하고 싶어 한다. 권위 있는 사법기관이 '조건'을 제시한 경우 평가자는 조금의 심적 부담도 없다. 「감정평가에 관한 규칙」도 이런 '조건' 설정은 허용하고 있기 때문이다.

어느 물건이든 현재 상태대로 몸값이 책정된다. 신상품과 중고품은 물건의 상태가 다르므로 거래 가격 수준을 달리한다. 중고가격도 천차만별이다. 수요자와 공급자 모두 보는 눈이 있고, 보이는 대로 사고판다. 매매시점 당시의 물건의 상태가 거래 참여자의 흥정 기준이다. 「감정평가에 관한 규칙」 제6조의 '현황기준 원칙'은 '감정평가는 기준시점에서의 대상물건의 이용 상황(불법적이거나 일시적인 이용은 제외한다) 및 공법상 제한을 받는 상태를 기준으로 한다.'는 것이다. 울창한 산림을 평가하면서 1~2년 내 펜션부지로 탈바꿈될 희망사항을 반영해, 수영장과 야외 바비큐장을 갖춘 펜션단지 가격을 내주지 말라는 당부다.

그러나 법원의 요청과 같이, 부득이한 조건 상정의 필요성도 있다. 이를 위해 같은 조 2항에서는 ① 법령에 다른 규정이 있는 경우, ② 의뢰인이 요청하는 경우, ③ 감정평가의 목적이나 대상물건의 특성에 비추어 사회통념상 필요하다고 인정되는 경우라면 기준시점의 가치형성요인 등을 실제와 다르게 가정하거나 특수한 경우로 한정하는 조건을 붙여 감정평가할 수 있도록 예외를 두었다. 외국의 감정평가기준 중 RICS의 'Red Book'도 특별상정조건(Special assumptions)을 예시하고 있다. '결정된 계획과 사양에 따라 건축 기타 제안된 개발이 완료된 경우', '기준시점에 실제로는 공실 상태지만 계약상 임대되어 있는 경우', '손상된 부동산의 경우, 보험금 청구에 반영하기 위해 원상회복된 상태를 상정해야 하는 경우' 등을 포함해 감정평가 시 부가할 수 있는 여러 조건을 나열하고 있다.

「공익사업을 위한 토지 등의 취득 및 보상에 관한 법률」 제70조 및 동법 시행규칙 대부분의 규정은 대표적인 법령 조건부 감정평가를 강제하고 있다. 토지소유자가 느끼는, 시가와 괴리되는 보상금의 진원지가 바로 해당 법률이다. 해당 사업으로 인한 개발이익을 배제하면서 토지주의 피부에 와 닿는 현재 가격수준이 철저히 부인되는 특약이 있다고도 볼 수 있다. '표준지 조사 · 평가기준' 역시 마찬가지다. 사권이 복잡하게 설정된 표준지를 평가할 때 일체의 제한이 없다고 전제하는 것은 '나지상정평가' 원칙을 조건으로 내걸었기 때문이다.

의뢰인이 감정평가 조건 부가를 요청하는 것도 가능하다. 물론 그러한 조건이 합리적이고 적법하며 실현 가능한 것인지 입증해야 하는 책임은 평가자가 진다. 도시계획변경을 전제로 한 요구 중에는 종 상향된 용도지역하에서의 평가 요청이 가장 많다. 최소한 지구단위계획 입안 단계에서 이런 내용이 검토되었다는 정도는 확인돼야 응할 수 있을 것이다. 건물 멸실을 전제로 토지만을 평가해 달라는 조건도 빈번하다. 철거가 예정된 건물을 빼고 담보를 잡겠다는 은행 측의 요구는 담보평가의 안정성 측면과도 부합해 어떠한 부담 없이 수용 가능하다. 사회통념상 필요하다고 인정되는 경우는 국·공유지 처분 평가 기준을 들 수 있다. 매각 시 용도폐지를 전제하는 「국유재산법」, 「공유재산 및 물품관리법」 규정의 취지는 현 상태 도로를 '대지예정지'로 볼 수 있다는 것이다. 공공의 재산을 제값 받고 팔라는 요구는 사회통념에 부합하며 저가매각 의혹의 눈초리로부터 자유로울 수 있는 최선책이다.

실무적인 측면에서 '조건부 평가'의 정리가 필요한 대목도 있다. 현황평가원칙의 예외로 조건부 감정평가를 허용한 것이라면, 현황의 변동사항에 '현존하지 않는 물건'을 포함할 수 있는지 여부다. 규정상 부가할 수 있는 조건의 내용은 '기준시점의 가치형성요인 등을 실제와 다르게 가정하거나 특수한 경우로 한정'하는 것이다. 이 경우 물건의 상태 변동에 새로운 물건의 추가도 포함되는지 논란이 있을 수 있다. 다만, 「도시 및 주거환경정비법」에서 현존하지 않는 분양예정자산이 평가시점 현재 준공되어 있다는 조건으로 감정평가를 수행하고 있는 현실, 보상평가 이전 사업시행자의 착오로 보상

대상 건물을 철거해 버린 경우 철거 전 사진자료 등을 참고해서 건물 보상 평가를 수행하는 예외적인 상황을 우호적으로 해석하면, 이미 그런 조건부 평가가 이루어지고 있다고 볼 수도 있다.

그러나 평가 대상이 완공조건의 건물에 국한된 경우 신중하게 접근할 필요가 있다. 시공의 질을 담보할 확실한 방책은 없다. 기존 설계와 달리 시공된 경우 조건부 평가액은 신뢰성을 잃는다. 토지와 일괄 평가하는 집합건물이라면, 전체 가치에서 토지가 차지하는 비중이 상당해 건물의 품등이 설계 당시와 조금 달라진다고 전체 평가 결과가 크게 흔들리지는 않는다. 그런 면에서 '감정평가업자는 감정평가조건의 합리성, 적법성이 결여되거나 사실상 실현 불가능하다고 판단할 때에는 의뢰를 거부하거나 수임을 철회할 수 있다'는 제한 규정을 꼭 숙지해야 한다. 의뢰자가 조건을 제시한다고 조건부 평가의 합리성이 자동 보장되지 않는다.

개발부담금과 감정평가

「개발이익환수에 관한 법률」은 제1조에서 '이 법은 토지에서 발생하는 개발이익을 환수하여 이를 적정하게 배분하여서 토지에 대한 투기를 방지하고 토지의 효율적인 이용을 촉진하여 국민경제의 건전한 발전에 이바지하는 것을 목적으로 한다.'고 규정하고 있다. 토지에 대한 용도변경 등으로 인해 정상적인 개발비용을 초과해 이윤이 발생하면 일부분을 환수하도록 하겠다는 것이다. 부담금의 과표 기준이 되는 '개발이익'은 정상지가상승분을 초과하여 개발 사업을 시행하는 자나 토지 소유자에게 귀속되는 토지 가액의 증가분으로 정의하고 있으니, 불로소득은 아니지만 과도한 개발차익에 대해서는 일부를 거둬 가겠다는 취지로 볼 수 있다. 납부의무자는 그러한 개발이익을 향유하는 자다. 통상 개발사업의 시행자겠지만 남의 토지를 빌려 개발 사업을 시행하는 경우 토지소유자가 당사자다. 따라서 '사업시행자 등'으로 정하고 있다.

부과대상사업은 택지개발사업, 산업단지개발사업, 관광단지조성사업 등에다 지목변경이 수반되는 사업으로 한정하고 있으며, 개별법령에서 특정한 사업에 대하여 인가·허가·면허 등[40]을 받을 시 개발 부담금 부과 대상 사업의 인가 등을 받은 것으로 의제되는 경우 역시 부과 대상이다. 자투리땅 얼마를 개발했다고 여기서도 차익을 거둬들이는 것은 얌체 같을 수 있다. 부과대상 면적은 관계 법률에 따라 국가 또는 지방자치단체로부터 인가 등을 받은 사업 대상 토지의 면적이며, 특별시와 광역시 중 도시지역은 660제곱미터 이상, 그 이외 도시지역은 990제곱미터 이상, 개발제한구역과 비도

40) 신고를 포함

시지역은 1,650제곱미터 이상인 경우만 적용받는다. 물론 복수지역에 걸쳐 개발하는 경우도 있다. 이때는 위 지역별 면적 기준을 적용하여 어느 한 지역의 면적으로 통합 환산할 수 있다. 단, 기부채납부분이 있다면 언제든 부과 대상 면적에서 배제시킨다. 그리고 개발사업의 준공 전 개발이 완료된 경우 건축물의 용도, 도시지역 여부, 용도지역에 따라 건축물 바닥면적의 몇 배수로 부과대상 토지면적을 확정한다.

개발이익의 향유 주체가 공공이라면 개발 이익 환수 취지가 무색하다. 국가, 지자체가 시행하는 공익성이 강한 택지개발사업 등은 원칙적으로 부과 제외, 지자체 · 법정 공공기관 등이 시행하는 다른 사업에 대해서는 50~100%에 해당하는 경감률을 차등 적용할 수 있다. 과표 기준은 이 사업으로 인한 개발이익인데, '부과종료시점지가−부과개시시점지가−부과기간 정상지가상승분−개발비용'으로 정했다. 100원짜리 땅을 사서 100원 들여 개발했고 그 기간 중 해당 토지가 속한 지역의 평균적인 지가변동이 20원 정도라면 220원은 원가로 인정해 주겠다는 것이다. 이 토지가 개발된 후 300원의 가치

| 개발부담금 개요

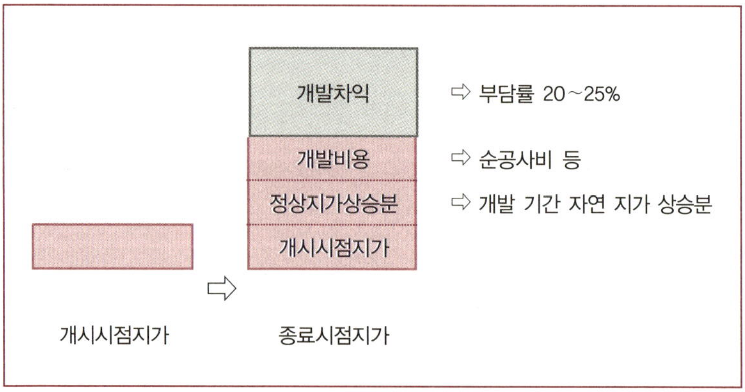

를 지닌다고 입증되면 그 차액인 80원이 부과대상이 된다. 이 개발 차익에 대한 세율, 즉 부담률은 택지개발사업 등의 경우 20%, 지목 변경이 수반되는 사업 등은 25%다.

과표 기준이 이와 같으므로 사업시행자 등 입장에선 과표 금액을 줄일 수 있는 최선의 길을 모색할 것이다. 부득이 개발이익을 구성하는 각 항목에 대한 분석을 선행할 수밖에 없다. 일단 시점에 대한 문제다. 부과개시시점은 국가, 지방자치단체로부터 개발 사업의 인가 등을 받은 날이며, 인가 등을 받기 전 5년 이내에 용도지역의 변경 등 토지이용계획이 변경된 경우나 인가 등의 변경으로 부과대상 토지에 새로 편입된 경우는 해당 변경일 혹은 토지의 취득일을 부과개시시점으로 본다. 물론, 취득일에 대한 정의는 소득세법의 규정을 일일이 확인해야 할 것이다. 부과종료시점은 관련 법률에 따라 준공인가 등을 받은 날이 되며, 사실상 개발이 끝난 토지를 양도하는 경우 혹은 신축한 건축물 사용을 시작하는 경우 등은 각각 소득세법 규정에 따른 양도일과 착공신고일, 임시 사용승인일 등으로 달리 정했다. 시작과 끝을 맘대로 조정하는 것은 일단 불가능하다.

두 번째, 개시·종료시점의 지가는 원칙적으로 개별공시지가가 적용된다. 물론, 개시지점 지가와 달리 부과종료시점 지가는 당해 연도 개별공시지가가 공시되지 않았을 경우가 태반이다. 이때는 개별공시지가를 결정하기 위한 비교표준지를 복수로 정해 지가를 산정해 본 후 이를 시·군·구 부동산평가위원회의 심의를 통해 결정한다. 표준지 혹은 개별공시지가 모두 해당연도 1월 1일 가격이다. 이를 종료 시점까지 시·군·구 평균 지가변동률을 이용해 시점수정해 줘야 한다. 이 시점수정 값을 정상지가상승분이라고 부른다. 개시시점 역시 대부분 1월 1일이 아니므로 정상지가상승분 가산 과정은 동일하다. 일반적으로 공시가격은 지역별·용도별 편차는 있으나 시가와 비교해서는 일정 비율 낮게 책정돼 있는 점은 동일하다. 개시시점과 종료시점 간 공시가격의 차이는 양 시점의 시가 차이에 공시가격의 현실화율[41]을 곱한 값이 된다. 납부자 입장에서 공시가격의 격차에 만족 못한다면 개시시점 지가를 최대한 올릴 수 있는 방안을 찾을 것이다. 그래서 개시시점 공시가격보다 훨씬 비싼 가격으로 매입했다고 주장할 수 있다. 이를 주장할 수 있는 합리적인 사유, 예컨대 국가나 지자체로부터 매입한 경우, 경매·입찰·보상에 의해 매입한 경우 등은 매입가격에 정상지가상승분을 반영한 값을 개시시점 지가로 할 수 있는 규정이 있다. 이때는 종료시점 지가 역시 매입가격에 상응하는 처분가격으로 대체해야 한다. 이때의 처분가격은 관련 법률에 따라 허가권자의 승인 등을 받은 분양가를 지칭하는데, 그래야만 개시 및 종료시점의 '공시가격 對 공시가격'의 대응관계가 양 시점의 '시가 對 시가'로 대체될 수 있다.

세 번째, 개발에 따른 이익 중 개발 여부와 관계없이 해당 토지의 보유로 인한 정상적인 지가의 상승분은 개발자의 정상 이윤이므로 비과세항목으로 챙겨줘야 한다. 해당 부분은 부과개시시점부터 종료시점까지 각 연도의 정상지가상승분[42]의 합계액으로 결정하며, 이때 대상 토지가 속한 시·군·구의 평균 지가변동률을 적용하되, 시중은행의 1년 만기 정기예금 평균 수신금리를 고려하여 국토교통부장관이 매년 결정·고시하는 이자율을 하한선으로 한다. 토지를 보유하는 기간 최소한 이자율 정도의 지가 상승분은 인정해 주겠다는 것이다. 마지막으로 개발비용 역시 개발이익 창출을 위해 투입한 정상적인 비용이므로 부담금 적용 과표 금액에서 공제해야 하며, 순공사비, 조사비, 설계 및 일반관리비 등의 항목으로 각각 산정해 합

41) 예컨대 시가반영비율 60%이면 0.6
42) 매년 1월 1일 지가에 해당 연도의 정상지가변동률을 곱한 금액

산한다. 이 비용의 항목별 한도비용은 정해져 있으며, 예외적으로 이 한도를 초과해서 인정받을 수 있는 경우[43] 역시 규정해 놓고 있다.

결국, 개발 부담금을 산정함에 있어 감정평가기관이 개입될 여지는 한정된다. 첫째, 기준시점 개별공시지가가 없는 경우 개시시점과 종료시점의 지가 결정을 위해, 매입가격을 개시지점지가로 인정받았을 때 종료시점 지가를 결정하기 위해 감정평가를 의뢰받을 때다. 둘째, 개발비용을 자격 있는 용역기관에서 증빙받아 제출하도록 하고 그 증빙기관 중 한 곳을 감정평가법인으로 정하고 있는 규정에 따라 이 부대업무를 의뢰받아 착수할 때다. 전자는 감정평가 본연의 업무, 후자는 감정평가 영역의 확장분야로 볼 수 있을 것이다.

43) 감면기관이 지출한 비용 또는 전문용역기관에서 증빙한 경우 등

가격에 앞서 시장상황부터(시장분석)

서울 영등포구 여의도동과 당산동은 올림픽대로를 경계로 나뉜다. 당산동에서 파천교를 건너면 바로 여의도다. 파천교 주변을 기준으로 요 몇 년 가장 큰 지역 변화를 보인 곳은 당산동 '버드나루로' 일대다.

▎당산동 '버드나루'로(路) 전경 변화

2008년 전경　　2015년 전경

2008년부터 2015년까지 지역 변화는 상당하다. 2008년 이 지역은 주택지대 치고는 주변이 꽤 어수선했다. 노변으로 소규모의 자동차관련시설이 몇 개 들어서 있었고 공터도 꽤 됐다. 주위환경을 감정평가보고서에 기재했다면 '아파트 등 공동주택, 소규모 공업용 부동산, 근린생활시설 등이 혼재하는 미성숙 주거지대'로 기술됐을 것이다. 2010년부터 노변 양상이 크게 달라진다. 이곳저곳에서 도시형 생활주택 신축공사가 왕성했다. 아파트 옆으로 처음 들어선 도시형 생활주택이 성황리에 분양되고 임대수익률이 시장 이자율의 2배를 훌쩍 넘어선다는 소식에 개발업자들이 속속 가세했다. 2013년까지 10여 개 동이 완공됐고 준공이 임박한 5개 동, 터파기 중인 5~6개

사업장을 합치면 채 500미터도 안 되는 거리 양편으로 스무 개 가까운 도시형생활주택이 입지하게 된 것이다. 현재 이 지역을 기술하는 내용은 확연히 달라진다. '아파트, 도시형생활주택 등 공동주택, 일부 근린생활시설이 혼재하는 성숙한 주거지대'가 된 것이다.

어떤 부동산을 평가하기 위해서는 그 부동산이 몸담고 있는 시장을 먼저 분석해야 한다. 현재 이 지역은 어떤 유형의 부동산이 주를 이루고 있는지 현황분석에서부터 전반적인 부동산 경기의 동향, 장래 특정한 부동산이 공급될 경우 어느 정도 기간에 걸쳐 분양이 완료될지에 대한 분석까지를 포함한다. 앞서 예시한 지역은 여의도의 인접권역으로 통근자 주거지대로 발돋움할 수 있는 입지적 장점을 갖고 있었다. 그러던 것이 미혼 금융종사자를 위한 맞춤형 거주유형인 도시형생활주택과 궁합이 맞은 것이다. 물론 「국토의 계획 및 이용에 관한 법률」이 때맞춰 개정돼 이런 개발붐의 가속화에 일조했다. 개정된 법률은 한 필지가 두 개 용도지역에 걸친 경우 기존에 주된 용도지역을 기준으로 용적률과 건폐율 등을 적용하던 것을 용도지역 면적별로 가중평균하도록 했다. 이 지역은 일반상업지역과 제3종일반주거지역에 걸쳐 있었는데, 개정 법률이 시행되기 전에 착공이 이뤄질 경우 전체를 일반상업지역에 해당하는 용적률을 적용받게 돼 개정법률 시행 후 착공하는 것과 비교해 최소한 건축규모를 두 배 늘릴 수 있었다. 개발을 촉진할 충분한 유인책이었다.

서울시는 도시형생활주택을 매입해 임대주택으로 활용하고 있다. 분양이 되지 않은 도시형생활주택도 상당수다. 도시형생활주택이 전반적으로 과잉공급돼 있는 시장상황이라고 단정해 볼 수 있다. 한때 도시형생활주택의 분양단가는 인접한 아파트와 비교해 1.5배 가까이 높았다. 잔금 대출을 위해 감정평가를 받을 때도 실제 이런 높은 수준의 평가가 이루어졌다. 그러나 포화상태가 되고 공급 과잉

상황까지 치닫게 되면서 감정평가 단가도 이에 맞춰 하락했다. 기존과 같은 높은 수준의 분양사례와 매매사례를 포착할 수 없기 때문이다. 현재 터파기 중인 사업장이 완공돼 잔금 대출을 위해 감정평가를 받는다면 한창 때에 비해 3~40% 낮은 가격을 통보받을 수도 있다.

가끔 미분양 아파트 단지의 통매각 평가가 의뢰된다. 확인해 보면 대형 평형으로만 구성된 단지인데, 부동산 포털 매물 란을 검색하면 원 분양가보다 한참 낮은 급매물로 나온 세대가 한둘이 아니다. 미분양 아파트의 감정평가금액은 계약이 완료된 급매물 가격이 상한이 될 것으로 예상해 볼 수 있다. 이런 상황에서 전국적으로 DTI 규제를 강화하면 이 지역 내 미분양 공동주택의 시장흡수율은 더 떨어진다. 지역 환경 못지않게 부동산 제반 환경도 부동산 가격에 큰 영향을 미친다.

이처럼 시장분석은 부동산의 가치에 영향을 미치는 시장상황을 속속들이 해부해 보는 것이다. 지역 환경과 시장 환경을 모두 포함한다. 물건은 동일한데 시기에 따라 평가금액이 달라지는 이유도 여기에 있다. 추징금을 압류 부동산의 매각으로 확보하려 할 때도 시장상황에 따라 결과는 달라진다. 현재 추정한 재산 가치와 공매절차를 통해 환수할 시점의 낙찰 금액은 큰 차이를 보일 수 있다. 부동산 시장은 변모를 거듭할 것이고 몸값은 시시각각 출렁이기 때문이다. 감정평가를 함에 있어 시장분석을 선행하는 이유가 여기에 있다.

NPL매각, 채권자와 투자자의 교집합

10년 남짓 경과하면 자동차 엔진 성능이 저하된다. 중년의 몸 상태도 시간의 무게를 견디지 못한다. '부실'이란 말은, 예전에 보여줬던 왕성한 때의 모습이 사라지고 취약한 부분이 드러날 때 등장한다. 국내 조선업계 또는 건설업계는 해외 사업장의 부실화를 호되게 경험했다. 수익성 있는 사업장이 적자 사업장으로 돌변하는 경우다. 원가율을 잘못 계산했다면 변명의 여지가 없다. 공기(工期)연장 등의 원가 변동요인이 우발적이고 일개 사업자가 제어할 수 없는 외부환경이면 불가피한 부실화다. 채권도 예고치 않게 이런 부실 대열에 합류할 수 있다. 이들은 작동하지 않는 채권이라 불리는 '부실채권(Non Performing Loan)'이다. 요즘 개미 투자자도 곧잘 입질하는 NPL이 그것이다.

❙2015년도 3분기 말 국내은행 부실채권 현황_금융감독원

국내은행의 부실채권 추이

(단위: 조 원, %, %p)

구분	'12년		'13년		'14년				'15년			증감	
	3/4	4/4	3/4	4/4	1/4	2/4	3/4 (a)	4/4	1/4	2/4 (b)	3/4 (c)	연간 (c·a)	분기 (c·b)
부실채권 계	21.9	18.5	25.7	25.7	26.6	25.7	26.1	24.2	24.7	24.1	23.2	△2.9	△0.9
기업여신[1]	18.0	15.0	22.0	22.7	23.3	22.4	23.0	21.5	22.0	21.7	20.9	△2.1	△0.8
가계여신	3.6	3.2	3.5	2.8	3.1	3.1	2.9	2.6	2.5	2.3	2.2	△0.7	△0.1
신용카드	0.3	0.3	0.2	0.2	0.2	0.2	0.2	0.1	0.1	0.1	0.1	△0.1	△0.0
부실채권 비율[2]	1.56	1.33	1.79	1.79	1.81	1.73	1.72	1.55	1.56	1.50	1.41	△0.31	△0.09

주: 1) 공공 기타부문 포함
2) (고정이하여신) (총여신)

여신부문별 부실채권비율

(단위: %, %p)

구분	'12년		'13년		'14년				'15년			증감	
	3/4	4/4	3/4	4/4	1/4	2/4	3/4 (a)	4/4	1/4	2/4 (b)	3/4 (c)	연간 (c·a)	분기 (c·b)
부실채권비율	1.56	1.33	1.79	1.79	1.81	1.73	1.72	1.55	1.56	1.50	1.41	△0.31	△0.09
기업여신[1]	1.93	1.66	2.32	2.39	2.38	2.27	2.29	2.09	2.11	2.04	1.91	△0.38	△0.13
(대기업)[2]	1.41	1.26	2.52	2.75	2.65	2.36	2.39	2.28	2.32	2.35	2.13	△0.26	△0.22
(중소기업)	2.34	1.96	2.16	2.11	2.16	2.19	2.20	1.94	1.95	1.79	1.74	△0.46	△0.05
가계여신	0.80	0.69	0.74	0.60	0.65	0.64	0.58	0.49	0.48	0.40	0.40	△0.18	△0.03
(주담보)	0.76	0.65	0.71	0.56	0.57	0.54	0.49	0.42	0.38	0.32	0.32	△0.17	△0.03
(신용대출 등)	0.88	0.78	0.81	0.69	0.82	0.86	0.78	0.67	0.70	0.60	0.60	△0.18	△0.03
신용카드	1.59	1.48	1.41	1.34	1.42	1.47	1.33	1.11	1.30	1.22	1.14	△0.19	△0.08

주: 1) 공공 기타부문 포함
2) 기업여신 중 중소기업여신 제외분

금융기관은 '신용'을 담보로 자금을 융통해 줄 수 있다. 변호사, 회계사, 감정평가사 등 전문자격을 취득한 이들은 소득 증빙 없이 곧바로 수천만 원에서 수억 원 대출을 해준다. 전문의 자격을 취득하고 개업 준비 중인 의사나 한의사 역시 이런 융숭한 대접을 받는다. 최소한 자격증을 갖고 있으니 그들의 신용에 상응하는 소액(?) 대출은 부실 발생 위험이 낮다고 보니 가능한 것이다. 그러나 이들이 속한 시장이 포화상태에 이르고 더 이상 예전 같은 고수익, 초과수익을 기대할 수 없게 되면 신용 대출 한도의 조정이 뒤따른다. '신용'은 이렇듯 가변적이라 할 때 부동산을 담보로 한 대출실행은 그나마 안정적이라 할 수 있다. 땅이 꺼지고 빌딩이 천재지변으로 허물어지는 위험은 극히 낮다. 채무자가 소유한 자산을 담보로 대출을 실행할 때도 자산의 가치만큼 꽉 채워 빌려주는 것은 아니다. 자산 유형별 LTV(Loan to Value)는 그런 안전장치다. 그러나 예고치 않게 부실의 위험은 찾아온다. 채무자의 신용상태 또는 자금상황의 악화가 발단이 돼, 부실의 대열에 합류할 수 있다.

부실채권은 신용을 담보로 한 무담보부와 부동산을 담보로 한 담보부채권으로 분류한다. 부실의 기준은 통상 원리금 연체기간 3개월로 본다. 전자는 채권추심을 통해 빌려준 돈을 회수한다. 채무자를 위협하고 귀찮게 하고 불편하게 만드는 갖가지 방법이 고안돼 사회적 병폐가 되는 것은 빌린 자가 어떻게든 돈을 마련치 않으면 받아낼 길이 없기 때문이다. 그러나 후자는 담보로 잡은 자산이 있어 이를 처분할 수 있는 손쉬운 방법이 있다. 이들 자산의 등기사항전부증명서 '을 구'란에 설정된 저당권은 이런 연체가 지속될 경우 경매에 의한 처분이 가능토록 허용하는 채무자의 약정에 의한 것이다. 이런 자산이 수만 개 중 두세 개라면 별 문제 없을 텐데, 그 비율이 올라가면 금융기관이 난처해진다. 경매기간이 길어지면 그 기간 대손충당금을 계속 쌓아야 되고, 은행이 그토록 중시하는 자기자본비율이 하락한다. 자동적으로 은행의 신용도에도 빨간불이 켜진다. 그래서 약간의 손실은 보더라도 시간의 기회비용을 줄이고, 재무 건전성 지표를 보전할 수 있는 전략을 들고 나왔다. 채권 자체를 팔겠다는 것이다.

부동산에 설정된 저당권에 기해 빌려준 돈을 받을 수 있는 '권리'를 파는 것이 NPL매각이다. 개별로 매각하는 것보다는 묶어서 할인 가격으로 파는 게 쌍방에 유익이다. 이를 POLL매각이라 부르고 인수 금액이 수백억에서 수천억 원에 달하기에 자금력이 있는 금융기관, 기관투자가, 유동화전문회사 등이 참여할 수밖에 없었다. 초창기 이런 대규모 매각에 참여하지는 못했지만 꽤 괜찮은 투자처라고 인식한 개미투자자는 진입방법을 찾아냈다. 낱개로 부실채권을 인수해 수익을 올릴 수 있는 빈틈을 발견한 것이다. 물론 일반 대중에게 소개된 것은 그리 오래되지 않았다. 시중 대형 서점 부동산 분야 신간 중 투자를 권유하는 여러 서적의 빈출 키워드에 종래 '경매' 일색이던 것이 '경매', '공매', 'NPL'로 다양해진 건 'NPL'투자방법이 하나의 부동산 투자처로 자리 잡았다는 것을 방증한다.

개인이 이들 부실채권을 매입할 수 있는 여러 가지 길이 있다. NPL을 매수한 유동화전문회사(SPC)나 중소형 자산관리회사(AMC)가 개별 채권을 재매각할 때 입찰이나 수의계약에 참여할 수 있다. 투자를 대행하는 펀드매니저가 추진하는 공동 투자 명부에 이름을 올리는 것도 가능하다. 금융기관 자체적으로 경매를 진행할 때 직접 저당권자를 찾아가 인수를 타진하는 것도 대안 중 하나다. 이렇게 입맛에 맞는 부실채권을 손에 넣은 후에는 이를 여러 방법으로 요리해 수익을 창출한다. 저당권을 발동해 경매에 집어넣고 또 다른 개인 투자자가 낙찰받게 하여 낙찰대금에서 배당받는 것이 무난한 회수 방법이다. 중개자가 아닌 중계무역상의 지위에 올라 입맛을 다시고 있는 또 다른 NPL투자자에게 중계수수료 정도의 수익만 남기고 채권을 재매각하는 것도 가능하다. 시간적 여유도 있고 급히 자금을 회수할 필요도 없을 경우 부동산 자체가 탐나는 자는 직접 경매에 참여해 자신이 낙찰받아 소유권을 취득할 수 있다. 이를 이 시장에서는 '유입'이라고 부른다. 실채권금액보다는 낮게 인수했기에 채무자와 협의해 채권금액과 인수금액 사이 적당한 금액으로 자진 변제할 수 있도록 접촉해 볼 수 있다. 채무자는 원리금 일부를 탕감받고 부동산을 강탈당할 위기에서 벗어나게 되므로 매력적인 흥정이다.

NPL투자가 주식보다는 안전하고, 오랜 기간 쟁여둬야 하는 일반 부동산 투자보다는 회수기간 대비 수익률 면에서 각광받고 있음은 분명하다. NPL매입금액의 7~80%를 저축은행, 새마을금고 등 제2금융권에서 대출로 충당할 수 있어 실투자금액이 적은 것도 매력적이다. 이에 투자해서 발생하는 차익이 비과세라는 점은 개인 투자자의 시선을 홀린다. 보유기간 1년 미만인 부동산의 처분 차익에 50%의 단일 세율이 적용되고 일반펀드 수익에 대해서도 14.4%의 소득세가 부과되고 있으니 유일한 과세 청정지역처럼 보일 수도 있다.

다만, 권리분석에 대한 기본 지식은 필수다. 말소주의니 인수주의니 하는 것이 무얼 의미하는지도 모르고, 낙찰로도 말소 안 되는 몇몇 권리가 있음에도 낙찰만 받으면 등기사항전부증명서가 말끔히 정리된다는 착각을 하고 덤빈 자는 백전백패다. 상황별 배당표를 작성해서 안정적인 수익이 발생하는 입찰지점을 찾을 수 있는 내공은 필요하다. 물론 가장 중요한 것은 가치 추계의 기본 원리다. 채권의 원본이 되는 부동산의 시장 가치가 어떤 식으로 형성되는지 가늠할 기본기는 필수다. 채무자의 급박한 사정이 개입돼 그렇지, 알짜배기 물건은 언제든 시장에서 제값을 받을 수 있다. 정상적인 매물과 급매물이 포진하는 가치의 스펙트럼 구간 정도는 대강이라도 볼 수 있어야 한다.

양 갈래에 선 공유(共有)재산 가격

'모든 자의 소유물은 어느 누구의 소유물도 아니다.' 공공재를 이용하는 자의 무책임함을 지적할 때 종종 인용되는 상용 문구다. '공공(公共)'의 소유권이 아닌 '공동(共同)'의 소유일 경우에도 여기에서 크게 벗어나지 않는다. 구분소유부동산은 독점적 사용 공간인 '전유부분'과 다른 구분소유부동산 소유자와 공동으로 사용하는 '공용부분'으로 구성된다. 복도와 승강기, 지하주차장 등이 대표적인 공용부분이다. 내 집 안 거실만큼 이런 공용시설을 관리하고 아끼는 이는 거의 없다. 매월 고지되는 관리비 명세서에, 105호만 부담하는 전기세나 난방비는 주목해도, 공동시설에 대한 관리비는 눈길 한 번 못 받는 게 현실이다.

불특정 다수 정도는 아니고 여러 명이 함께 소유하는 형태의 '공유(共有)'재산이 드물지 않다. 공유관계는 대개 자발적으로 형성된다. 아파트를 구입한 신혼부부는 주위의 조언을 받아들여 공동소유로 등기하곤 한다. 취득, 보유, 처분 어느 경우에나, 과표와 양도차익을 낮춰 절세효과가 발생하기 때문이다. 마음에 맞는 사람끼리 다가구주택을 신축해 층별로 분할하면서 토지와 건물의 등기사항전부증명서에는 공유지분으로 등기할 수 있다. 공장용지를 조성해 판매할 때 유효택지와 도로부분은 한 묶음으로 분양된다. 즉, 10필지가 조성되었다면 '독립적인 공장용지+진입도로 지분 1/10'형태가 매각단위가 된다. 도로소유권은 공유 지분 형태로 갖고 10개 사업장이 제한받지 않고 사용할 수 있으면 그만이다. 어쩔 수 없는 공유관계 형성도 있다. 합리적인 조정 수단으로 강제적인 공유관계에 이르는 경우다. 민법 제257조는 동산 간의 부합을 다루고 있는데, 동산과

동산이 부합하여 훼손하지 아니하면 분리할 수 없거나 그 분리에 과다한 비용을 요할 경우의 합성물에서, 부합한 동산의 주종을 구별할 수 없는 때에는 부합당시의 가액의 비율로 합성물을 공유하도록 하고 있다.

민법은 공동소유에 대한 처분, 사용, 관리, 분할 등의 규정을 담고 있다. 전체 소유권이 아닌 소유권 일부를 취득하고 있는 공유자는 그 지분을 처분할 수 있고, 공유물 전부를 지분의 비율로 사용, 수익할 수 있다. 공유관계로 인해, 지분 매각이 난항을 겪을 수도 있다. 기업의 소유지분은 주식 보유를 통해 이뤄지므로 지분비율에 상응한 배당을 쭉 받다가 원하는 때 주식 매도를 통한 수월한 청산 절차를 거치는 것과 달리, 부동산 등의 공유지분은 정리하는 데 애를 먹이기도 한다. 공유물에 대한 부담은 지분비율만큼만 지면 충분하고, 지분비율만큼의 권한만 보장되기에 공유물 전체를 다른 공유자 동의 없이 처분·변경하지 못한다. 공유자 중 1인이 지역권을 취득한 경우 다른 공유자는 그 혜택을 공유한다. 지역권의 정의상 권리를 지닌 특정 지분자만 선별적인 혜택을 주는 것이 비합리적이기 때문이다. 사정에 따라 다른 공유자에게 공유물의 분할을 청구할 수 있다. 불분할 약정만 없으면 가능하며, 공유자 간 협의가 시원치 않으면 법원에 청구할 수 있다. 물론 다른 공유자가 인수할 때가 가장 무난한 매각 과정이다.

특별히 공유재산이 토지인 경우 이의 분할에 관한 별도의 법률이 있다. 「공유토지분할에 관한 특례법」이 그것이다. 현재의 점유상태를 고려하여 분할함으로써 원활한 소유권행사와 이용을 도모하기 위함이다. 2012년 5월 23일부터 한시적으로 운영되고 있는데, 시한 연장을 통해 2017년 5월 22일까지 적용 기간을 늘렸다. 적용 대상은 공유자 총수의 3분의 1 이상이 그 지상에 건물을 소유하는 방법으로 1년 이상 자기지분에 상당하는 토지부분을 특정하여 점유하고 있는 토지다. 공유자 총수 5분의 1 이상 또는 공유자 20명 이상의 동의를 받아 신청하면 지적소관청은 지적측량수행자의 측량성과를 통해 공유토지분할위원회에 회부한다. 경계선이 건축물 중앙을 관통하는 예외적인 경우 건물이 분리되지 않는 방법으로 분할을 진행해야 하며, 공유지분자 간 분할로 인한 지분과부족을 매매 등의 방법에 의해 정산하기로 합의해야 분할 진행이 가능하다. 즉 초과면적에 대한 청산합의서를 제출해야 한다.

위에서 소개한 공유토지 분할은 '구분소유적 공유'관계인 경우 유의미하다. 외관상 각 지분자가 전체부동산의 소유권을 지분비율만큼 보유하는 형태지만, 실질은 지분위치가 특정된 구분소유관계를 말한다. 판례는 '공유자 간 공유물을 분할하기로 약정하고 그때부터 자신의 소유로 분할된 각 부분을 특정하여 점유 · 사용하여 온 경우, 공유자들의 소유형태는 구분소유적 공유관계이다.', '한 필지의 토지 중 일부를 특정하여 매수하고 다만 그 소유권이전등기만은 한 필지 전체에 관하여 공유지분권이전등기를 한 경우에는 그 특정부분 이외의 부분에 관한 등기는 상호명의신탁을 하고 있는 것으로 보아야 한다.'고 해서 '구분소유적 공유'관계를 인정하고 있다. 한 필지 상에 동일한 규모 건물 2동이 토지를 양분하고 있으면서 토지는 1/2의 공유 지분, 건물 각 동에 대해서는 공유자별 각자 소유라면 해당 토지는 구분소유적 공유관계이고 건물위치를 지분위치로 특정했다고 보는 것이다. 수직적인 구분소유적 공유관계도 가능하다. 3층짜리 다가구주택을 층별로 각각 점유 · 사용하면서 토지와 건물에 각각 1/3의 공유지분으로 등기한 경우다. 이를 '실질은 다세대인 다가구주택'으로 부르곤 한다. 한 필지 내에 수평적, 수직적 구분소유를 넘어 위치별 구분소유를 하는 경우도 있다. 부근에 3필지가 3인 동일지분의 공동소유지만 각각의 건물을 신축해 공유자별로 소유하고 있다면 지분위치는 각 건물이 위치하고 있는 필지별로 특정돼 있다고 볼 수 있다.

공유재산의 가치를 평가할 때 원칙은 대상 전체의 가액에 지분비율을 적용해야 한다. 김이 모락모락 피어오르는 4인용 전기밥솥에서 1/4 정도 되는 밥을 배분받겠거니 하는 추정이다. 수적 분할보다는 양적 분할로 접근했다고 볼 수 있다. 그러나 대상지분의 위치가 확인되는 경우에는 그 위치에 따라 감정평가해야 한다. 지분의 '실질'이 밝혀지면 외관은 개의치 않아야 한다. 토지인 경우 도로조건이나 용도지역 등이 달리 적용될 수 있고, 건물이라면 구조, 시공의 질, 관리상태 등이 지분 위치별로 반영될 것이다. 공유 지분 토지의 위치는 공유지분자 전원 또는 인근 공유자 2인 이상의 위치확인 동의서를 받아 확인한다. 다만, 공유 지분 토지가 건물이 있는 토지인 경우에는 합법적인 건축허가도면이나 합법적으로 건축된 건물로 확인하는 방법이나 상가, 빌딩 관리사무소나 상가번영회 등에 비치된 위치도면으로 확인하는 방법을 고려할 수 있다. 구분소유적 공유관계에 있는 토지의 분할신청에 대한 공유토지분할위원회의 분할개시결정이 있는 경우, 그 결정서정본은 그 위치를 확정할 수 있는 확실한 방법이다.

원래부터 구분소유부동산으로 잘게 토막 냈다면 이런 복잡한 논의는 불필요하다. 공간의 경제적 활용, 합리적 배분을 목적으로 집합건물이 탄생했음에도, 이런 공유관계는 복잡한 사회·경제·법률관계하에서 불가피하다. '공유'라는 소유형태가 건물의 '하자'처럼 소유권에 가해지는 흠결로는 볼 수 없다. 정리하면, 공유지분이 흩뿌려져 있는지 한곳에 가지런히 모여 있는지에 따라 공유지분에 대한 가치추계는 형식보다는 실질을 찾아가게 된다.

최고수준의 행위제한(비오톱)

토지의 가치를 평가할 때, 시장분석은 거시적인 접근으로 볼 수 있고 해당 필지분석은 미시적인 접근에 해당한다. 대상 필지의 공법상 제한 사항은 미시적 분석의 핵심이다. 모든 토지에 모든 종류의 건물과 업종이 입지할 수 없다. 건물의 규모 역시 제약을 받는다. 도시계획을 통해 넓게는 지역 · 구역별로 좁게는 몇몇 토지에 개발을 억제하고 규제하는 내용이 공법상 제한 사항이다. 이런 내용은 '토지이용계획확인서'를 발급받아 확인할 수 있다. 그런데 서울시 주변의 개발제한구역이나 국립공원과 연결되는 지역에는 예전에는 볼 수 없던 새로운 단어가 기입돼 있다. 절대적 규제 딱지라고 볼 수 있는 '비오톱1등급지역'이다. 시장에서는 개발제한구역보다 더 강력한 제재로 인식한다.

비오톱(Biotope)은 생물을 뜻하는 접두사 Bio, 장소를 뜻하는 Topes를 결합한 합성어로 생 동물이 서식하고 이동하는 데 도움이 되는 소규모 생물 서식 공간을 뜻한다. 특정 생물 군집이 생존할 수 있는 환경이 조성되도록 강제하는 지역인 셈인데, 도시지역의 생물군집이 급속히 줄어들면서 남은 개체를 보존하고 복원하기 위해 이를 도시계획으로 규율하게 된 것이다. 비오톱은 유형평가와 개별평가를 거쳐 지정된다. 유형평가를 통해서는 대상지 전체에 대해 절대적으로 보전이 필요한 비오톱 유형 1등급부터 부분적으로 개선이 필요한 5등급까지로 나누고, 개별평가에 의해선 비오톱 자체의 보전가치 정도에 따라 1등급~3등급으로 분류된다.

서울시는 2000년부터 5년 단위로 도시생태현황도를 작성해 오고 있다. 도시생태현황도는 서울의 생태 및 토지이용 정보를 지도로 표현한 것이다. 지역 내 공간을 비오톱(생물서식지)으로 구분하고 각 비오톱의 유형(생태적 특성 분류)과 보전가치 등급을 덧입혔다. 간단하게 비오톱 지도인 셈이다. 지도는 '비오톱유형도', '비오톱유형평가도', '개별비오톱평가도'로 세분된다. 현재 2015년 도시생태현황도까지 발표됐다. '2015 도시생태현황도'에 따르면 비오톱 유형 평가에서 1등급은 서울시 전체면적의 22.86%(13,913.8ha)이고 5등급은 21.67%(13,187.7ha)에 달했다.

| 2015 서울시 비오톱 유형 평가도 https://gis.seoul.go.kr

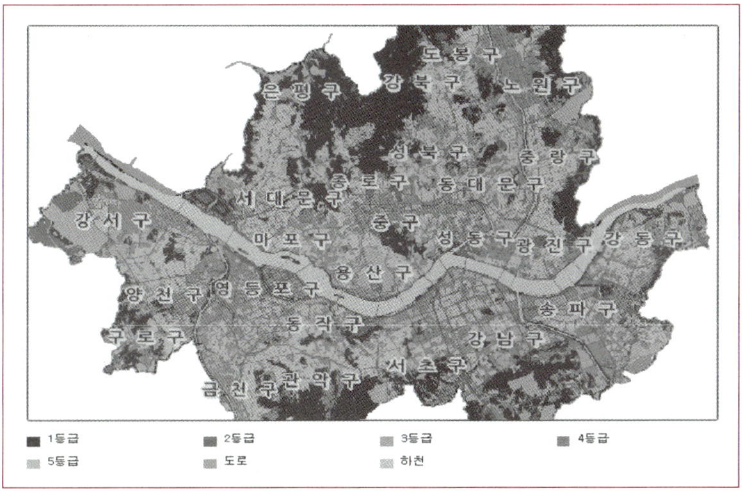

서울시는 2010년 6월 1일부터 기존 대규모 도시계획 사업 시 적용했던 비오톱 등급별 기준을 1만 m^2 미만 소규모 토지개발까지 확대 적용해 오고 있다. 조례에 따라 소규모 개발 사업지도 도시생태현황 조사결과 유형평가와 개별평가가 모두 1등급인 토지는 개발할 수 없다. 유형평가, 개별평가 모두 1등급이 아닌 토지라도 비오톱이 우수한 토지는 도시계획위원회에서 비오톱 등급을 반영해 개발행위허가에 대한 심사를 받게 된다. 서울시가 '도시생태현황도'를 제작해 이를 반영한 비오톱등급을 토지이용계획확인서에 올려 규제해 온 것을 다른 지방자치단체가 벤치마킹한다고 시도할 때마다 매번 주민의 반발이 적지 않은 것은, 비오톱 지정은 곧 '절대 개발 불가 토지'의 낙인과 다름없기 때문이다.

비오톱 등급을 조정해 달라는 요청도 매년 접수된다. 최근 4년간 5건 중 4건 꼴로 조정 신청이 인용됐다. 소유자의 요청으로 등급이 내려가고 토지 활용 제한이 완화된 것이다. 비오톱에 대한 정기적인 심사는 5년인데 소송을 통해 앞당겨 등급을 조정받는 사례도 있고, 입목본수를 낮추기 위해 고의적으로 나무를 고사시키는 이들도 있는 것으로 알려졌다. 틈새 시장을 노린 투자자가 비오톱으로 지정된 토지를 낙찰받고, 가치를 높여 되팔기 위한 전략일 수 있다.

비오톱으로 지정된 토지가 경매 혹은 보상 대상이 된다면, 이 토지의 가치에 대한 평가가 이뤄진다. 인근 동일한 토지 특성을 지닌 토지의 가격에서 비오톱 지정으로 인한 가치하락을 반영해 줘야 한다. 공원으로 지정된 토지의 개별공시지가를 결정할 때 공원이 아닌 토지 대비 40%의 감가율이 적용되고 있다. 실제 가치하락은 이보다 더 클 것이다. 주거지역 내 주택을 지을 수 있는 빈 땅이 비오톱 지정으로 건물 신축이 불가능해지면, 이 토지의 상황이 공원 내 토지보다 낫다고 볼 수 없을 것이다. 비오톱 해제 또는 등급 하향 조정으로 주택부지로서의 활용에 숨통이 트이지 않는다면, 최적 용도가 '농경지' 또는 '잡종지'로 격하될 것이다. 지목 '대'인 토지의 공부상 지목은 감정평가를 할 때 큰 의미를 갖지 못한다. 현재까지 실무적으로 '비오톱' 감가율이 정해져 있지는 않다. 향후 사례가 축적되면 일정한 감가율로 수렴될 것이 예상된다.

투자의 기초, 임대사례조사(투자수익률)

연초 어닝시즌은 시장을 뜨겁게 달군다. 매년 이맘때면 증권가 소식통은 온통 주요 기업들의 지난 4/4분기 실적이 컨센서스(Consensus, 증권사 전망치 평균)를 웃도는 '어닝서프라이즈(Earning Surprise)'인지, 전망치를 크게 하회하는 '어닝쇼크(Earning Shock)'인지 확인하느라 분주하다. 물론 실적 전망치가 일회적으로 공표됐던 건 아니다. 환율, 국제유가 등의 외부환경 변화 혹은 기업 내부 사정 등으로 실적 전망치를 높이거나 낮추어야 할 필요가 생기면 어닝시즌까지 수정된 전망치가 수시로 발표된다. 이 중 보기 좋게 빗나가는 사례가 적지 않다. 그렇지 않고서야 시중 경제 뉴스에 '서프라이즈'(Surprise), '쇼크'(Shock)라는 단어가 그렇게 빈번하게 등장하지는 않을 것이다. 그렇다 해도 시시각각 전해지는 예상 실적과 관련된 이런 소식이 분명 투자자에게는 유의미한 '지표'가 될 수 있다. 배당금이 좀 늘어나겠거니 내심 기대하는 개인 투자자부터 올해 1분기 실적 개선을 예상하고 주식매집을 앞둔 큰손들까지 '이래저래 재보는' 기초 자료가 되기 때문이다.

부동산 시장은 용도별 하위시장으로 나눌 수 있다. 이 중 주거용 부동산 시장에 대한 정보는 꽤 많이 노출되어 있다. 아파트, 연립, 다세대 주택의 매매내역부터 전세보증금 규모, 월세까지 공시해주는 정부 또는 지자체 주도 인터넷 사이트가 활발히 운영되고 있는 덕분이다. 매물 역시 각종 포털사이트에서 손쉽게 검색이 가능하다. 한마디로 주거용 부동산 시장은 모두에게 투명한 시장이다. 반면, 상업·업무용부동산에 대한 자료는 그간 일반인이 접근하는 데 불편했다. 작은 사무실 계약할 때 그 주변 사무실 임대료 수준이 얼마인지 현장에 나가 탐문하기 전에는 알 길이 없었다. 갈수록 수익성 부동산에 대한 시장의 관심은 뜨거운데, 이들의 수익성에 대한 최소한의 공시 지표조차 제공받을 수 없다면 뜨거운 시장의 관심을 매매 혹은 임대 시장의 활성화로 연결시키는 일은 요원하다. 불투명 상태에서 적어도 반투명 상태로 전환시켜야 할 필요성이 여기저기서 제기됐다.

이처럼 수익성 부동산에 대한 공시지표 도입 필요성이 목까지 차오르면서 요 몇 년 전부터 임대사례 조사가 시행되고 있다. 한국감정원에서 서울을 포함한 전국 16개 시 · 도 오피스빌딩[44], 매장용 빌딩[45]에 대한 투자수익률, 임대료, 공실률을 분기별로 발표하고 있는 것이다. 이런 지표는 은행, 투자회사, 임대사업자, 정책 당국자, 자산운용기관 등에게 매우 유용한 자료가 된다. 은행 입장에서는 담보물이 이런 수익성 부동산인 경우 공시된 지표를 현재 임대료와 결합해 회수 가치를 추계해 볼 수 있다. 임대사업자, 투자회사, 자산운용기관 입장에서는 대표적인 수익성 부동산인 매장용 · 오피스 빌딩에 대한 예상 투자수익률을 가늠하기에 좋다. 부동산간접투자시장이 활성화될 수 있고 정책 당국자에겐 시장의 흐름을 읽을 수 있는 중요한 판단 근거가 된다. 또한 상업 · 업무용 표준지 공시지가를 결정할 때 표준지 주변에 위치한 이런 임대사례 표본을 통해 수익가격을 추계할 수도 있다.

공시지표의 핵심인 '투자수익률'은 소득수익률과 자본수익률을 합한 값이다. 전자는 임대기간의 임대순수익을 임대개시시점의 자

44) 전국을 44개 하위시장으로 분류하고 6층 이상으로 임대면적 50% 이상을 오피스로 이용 중인 824동을 표준으로 설계

45) 전국을 106개 하위시장으로 분류하고 3층 이상으로 임대면적 50% 이상을 매장으로 이용 중인 2,331동을 표준으로 설계

산 가치로 나누어 추계한다. 후자는 임대기간 동안 자산가치의 변동률을 나타낸다. 10월 1일 자산 가치 100억 원의 오피스 빌딩이 그해 12월 31일까지 임대순수익 1억 원을 시현했고 12월 31일의 자산가치가 100억 5천만 원이 되었다면 분기 소득수익률은 1억/100억 = 1%, 자본수익률은 +5천만 원/100억 = 0.5%로 집계된다. 4/4분기의 수익률을 1년으로 환산하면 소득수익률 4%, 자본수익률 2%, 연 6%의 투자수익률이 된다.

투자수익률 산식

$$\underbrace{\frac{\text{1기간 임대순수익}}{\text{기간 초 자산가액}}}_{\text{소득수익률}} + \underbrace{\frac{\text{기간 말 자산가액}-\text{기간 초 자산가액}}{\text{기간 초 자산가액}}}_{\text{자본수익률}} = \text{투자수익률}$$

요즘같이 고수익 자산으로 자금쏠림이 심한 저금리시대에 투자수익률은 수익성 부동산에 관심을 갖는 모든 투자자에게 지극히 유용한 지표이다. 다만, 임대기간 초와 기간 말 자산 가치에 대한 정확한 감정평가가 담보돼야 지표의 신뢰성이 더 높아질 것이다.

임대료, 소유와 이용의 절묘한 접점

수백 마지기 전답을 물려받은 예비 '만석지기'가, 농사를 업(業)으로 삼지만 혼자 힘만으로 이 넓은 땅을 경작하는 게 무리일 때 그 행보를 예측해 볼 수 있다. 충분한 경영마인드를 갖고 있다면 농번기마다 숙달된 일꾼을 고용해 모내기철이나 추수철 부족한 인력을 메울 수 있다. 부모세대부터 해 오던 농사일에 이골이 났을 터이니, 어떤 시기에 몇 명을 고용해야 할지 머리 굴리지 않아도 대강 파악되는 일이다. 농사일은 비용과 수익의 대응이 엇갈리는 업종에 속한다. 파종부터 추수까지 비용은 편만하게 뿌려지고, 가을걷이가 끝나고서야 땀 흘린 대가를 일시에 수령하는 구조다. 자금 집행에 애를 먹고 있다거나 기력이 예전같지 않다고 느껴지고 사람 부리는 일까지 귀찮아지는 시점, 가산 팔기는 싫다면 '도지(賭地)'를 떠올릴 수 있다. 닳아 없어지는 땅도 아니니 적절한 선의 도지를 받고 전답을 놀리는 것이다. 소유자와 사용자가 분리되고 사용의 대가를 매개로 소유와 이용이 공존하는 임대차 관계는 오래 전 농경시대부터 명맥을 유지해 오고 있다.

'부동산을 거주의 대상에서 투자의 대상으로 바라본다.', '현재 국면은 임대시장이 주도하는 국면으로 전환되었다.' 지면을 통해서나 뉴스를 통해 흔히 접하는 멘트다. 이 중 후자는 동일인 소유자 겸 사용자가 복수의 소유자 및 사용자로 분파되는 현상을 지적한 것이다. 공간 점유 양상이 이렇게 분화되는 것은 효율성이나 합리성 면에서 바람직하다. 등기에 반드시 이름을 넣고 싶은 사람이 있는 반면, 재산증식에는 별 관심 없이 사업을 할 공간을 빌려 쓰고 싶은 이가 있다. 소유와 이용을 분리할 수 있다는 것은 공간을 자산으로 인식하는 자, 공간을 원재료로 인식하는 자의 접근방식이 다르기 때문이다. 물론, 이 모든 고민은 공간이 한정돼 있는 현실에서 출발한다.

도지를 떠올리면 소유자와 사용자 간 적정한 선의 '사용료' 관행이 있었던 듯싶다. 경작자 입장에서 소출 전체를 다 바칠 수는 없을 것이고 소유자도 이는 무리한 요구라는 것을 안다. 친인척, 교류가 잦았던 지인이 아닌 이상 수십 마지기 농경지를 놀리면서 달랑 쌀 한 가마니 받는 사실상 무상의 지료계약도 상식을 벗어난다. 어떤 식으로 도지 수준을 정했을까. 소출의 양, 즉 해당 토지의 비옥도가 영향을 미칠 것 같다. 관개배수가 양호하고 거주지로부터 이동거리가 짧으면서 수해위험도 거의 없는 땅, 산 중턱을 개간하기는 했지만 여러 모로 척박한 경작 환경하에 있는 덜 기름진 땅에 같은 기준을 적용할 수는 없다. 토지의 활용도 역시 고려할 사항이다. 경작만 할 수 있는 땅과 가옥이 들어설 수 있는 땅은 도지를 차등시켜도 큰 불만이 없다. 주변 마을 도지수준, 토지를 제공하는 자와 경작을 희망하는 자 중 누구의 입김이 강하게 작용하는지 역시 균형지료를 이동시킨다. 옆 마을에서 도지라도 얻지 못한 이가 이 마을로 넘어오게 되면 기존 경작자보다 지주에게 조금 더 유리한 도지계약을 제시할 여지도 있다. 놀릴 땅이 많다면 그 반대의 양상이 될 것이다.

이를 일반화시켜 사용료를 정하는 지극히 상식적인 시각을 일반화시킬 수 있다. 다만, 공공재에 해당되는 공원, 도로, 도서관, 지하철 역사 등의 공간 이용료는 면제받고 있어 논의에서 제외한다. 외견상 무상 이용이지만 간접적으로 이들의 유지·보수비용이 세금의 형태로 지불되고 있어 실질적으로 사용료를 징수하는 모양새이나 개별 사용자가 때마다 지불하는 것은 아니므로 전형적이지 않다. 논의를 특수한 사정이 개입되지 않는 사적 공간에 한정하게 되면,

한 공간을 동시에 복수의 사용자에게 제공할 수 없으므로 결국 독점적 이용자가 공간 독점에 대한 대가를 지불해야 한다. 이런 공간의 사용료는 빌려주는 자, 빌리는 자의 접근 방법이 유사하다. 시장의 증거, 비용성의 사고, 수익에 의한 접근이 그것이다. 이를 감정평가에서는 임대사례비교법, 적산법, 수익분석법이라고 부른다.

임대료 평가 기법

구분	신식
임대사례비교법	임대사례 × 사정보정 × 시점수정 × 가치형성요인비교 = 비준임료
적산법	기초가액 × 기대이율 + 필요제경비 = 적산임료
수익분석법	수익순임대료 + 필요제경비 = 수익임료

임대료는 해당 공간이 터 잡은 시장 흐름에 순응할 수밖에 없다. 그래서 임대사례를 우리 공간 주변으로 쭉 깔아보면 답이 나오게 마련이다. 저쪽 오피스텔 월세가 폭등하면 자연스레 우리 오피스텔도 월세 수준이 동반 상승한다. 반면, 공실률이 늘어난다 싶으면 임대료 하향 조정 압박이 가해진다. 임대사업자끼리 임대료 담합을 시도해도, 놀리느니 싸게라도 월세를 놓으려는 발 빠른 이가 있게 마련이니 시장의 흐름은 거스를 수 없는 법이다. 최근 동일·유사 물건의 계약 임대료와 비교해 대상 사용료를 책정하는 것이 임대사례비교법이다.

임대 목적물의 자산가치가 변동되면 사용 대가를 조정하려는 임대자의 욕구가 발동한다. 렌트카 회사에서 국산 소형차와 억대 외제차의 렌트비를 동일 책정하지 않는다. 우리 물건 주위의 임대료를 쭉 깔아보면 부동산 가치와 임대료가 연동됨을 알 수 있다. 비싼 땅을 이용하려면 비싼 사용료를 부담하라는 것이다. 대체·경쟁의 논리, 상관·추종의 논리가 자연스레 작동하면 임대시장 계약 당사자는 공간 가치를 염두에 두지 않을 수 없다. 공간 가치에 일정비율을 곱한 금액에 임대인 입장에서 도지관계를 유지하는 데 필요한 관리 비용까지 임차인에게 부담시키는 방식이 적산법이다.

실질적으로 많이 활용되지 않는 수익분석법은 기업의 경영수지를 분석하여 사용료를 결정한다. 쉽게 농경지에 대한 도지관계, 도심에서의 유료주차장 부지를 떠올려보면 된다. 경작해서 몇 가마니 쌀을 거둘 수 있는 땅, 월 주차료를 어느 정도 거둘 수 있는 토지라면 그에 상응해서 사용료를 책정해도 불만 없다.

이와 같이 부동산 가치를 판단하는 일과 그 사용료를 결정하는 과정은 별 차이가 없다. 합리적인 시장참가자를 전제하고, 시장상황을 분석하고, 수익의 정도와 비용의 규모를 고려하면 분명 균형 사용료 수준이 도출된다. 놀이공원 입장료와 사우나 이용료, 도심 내 모텔의 대실료가 적정한 수준인지는 대체 가능한 주변 놀이공원의 입장료, 사우나 간의 시설 격차, 낮 시간 모텔 사용자 수를 고민해보면 파악할 수 있다.

임대차관계에서 상대적으로 불리한 입장에 놓인 임차인을 보호하기 위해 주택 및 상가임대차보호법이 시행 중이다. 또한 보증금, 보증부월세, 월세 형태의 다양한 임대료 지불방식이 있다. 현재 지하철 역사 매장의 임대료, 구청 내 자판기 자리 세, 도심 한복판 모델하우스 부지 사용료를 결정하는 일에 감정평가가 개입하고 있다.

저금리 시대, 상가의 가격

개발지구마다 무엇을 지을 수 있는 땅은 공개매각 또는 수의계약에 의해 매각된다. 상업용지는 일반적으로 최고가 낙찰로 소진되는데, 공급가격의 1.5~2배 가까운 가격으로 낙찰됐고 낙찰자가 제정신이라면 이 지역은 '노다지'일 가능성이 높다. 시행사가 땅을 분양받고 도급업체를 불러 공사를 시킨 후 준공 한참 전에 분양공고를 낸다. 분양가 결정은 시행사 마음이다. 받고 싶은 가격에 내놓을 수 있다. 그러나 투자자도 일자무식이 아니다. 시행사가 제시한다고 그 가격에 사지 않는다. 여기저기 정보를 주워듣고 이곳저곳의 분양가를 비교해 보기 때문이다.

상업용지의 낙찰가와 제반 부대비용, 도급공사금액, 일반관리비, 분양대행수수료 등이 상가 공급 원가라고 보면, 여기에 시행사의 이익이 더해져 최종 분양가가 결정되는 구조다. 희망 분양차익, 곧 요구수익률은 시행자마다 다르지만, 상가 투자는 꽤 많이 남는 구조다. 저층부분의 상가만 희망가격에 분양해도 원가를 너끈히 건질 수 있는 사업이다. 분위기를 알 수 있는 1차 분양분의 성패가 중요하다. 후속 분양물은 1차 분양가를 기준으로 청약률을 고려해 공급가격을 조정한다. 완판행렬만 이어가면, 분양가 할인행사를 할 필요가 없었다면, 한 사업장에서 상당한 시행이익을 챙긴다.

시행사가 공급한 이런 상가에 투자하는 사람들의 입장에서는 고려할 것이 많다. 일단 분양금액 수준에 따라 수요층이 나뉜다. 분양면적과 층별로 구매력에 따른 수요층 분리 현상이 나타난다. 임대수익이 목적인지, 시세차익에 주안점을 두는지에 따라 층별 선호도는 뚜렷하다. 잔금 납부 전 분양권 전매에 나서는 이들이 대부분 1

층 물건 계약자인 점을 고려하면 시세차익은 1층 계약자의 몫일 가능성이 높다. 분양가가 총 투자금액이라고 오해해서는 안 된다. 부대비용도 만만치 않다. 시행사와 직접 계약하면서 중개수수료야 절약하겠지만, 건물부분의 부가가치세는 수분양자 몫이다. 임대사업자 등록 후 환급 대상이 되지만, 선납해야 할 금액은 총 분양가 대비 몇 %에 달한다. 주택에 비해 부과되는 비율이 높은 취·등록세 역시 만만치 않다. 분양가 10억 원 정도의 상가라면 부대비용 두 개 항목을 합쳐 1억 내외에 이를 정도다.

투자액 50% 정도는 대출로 조달할 수 있어 '저렴한 실투자금액'인 점, 잔금 납부 당시 임대계약이 체결되면 각종 부대비용은 보증금에서 융통할 수 있는 점, 현재 저금리를 고려하면 지분투자수익률은 총 분양가 대비 임대수익 비율보다 2~3%는 올라간다는 사실을 내세우지만, 원금 상환 부담을 한 번 생각해 봐야 한다. 준공 후 한동안 공실이라면 임대수익은커녕 관리비와 대출이자가 생돈같이 나간다. 중개수수료를 노리고 부지런히 프리미엄 작업하는 '떴다방'의 입김까지 불어오니 섣불리 판단하면 10년의 후회기간을 감수해야 한다. 신탁계좌로 들어가는 가계약금 형태의 청약금이 변심자에게 환불되는 점은 그나마 다행이다.

상가마다 공통적인 사항은 내부 구획 양상이다. 중앙부에 엘리베이터, 계단, 화장실 등을 배치하고 둘러가며 도로변으로 세로 직사각형 모양의 공간으로 잘랐다. 접면너비는 최대한 줄이면서 세로 장방형 모양으로 잘라 놓은 것은, 도로에 접하는 상가 호수를 최대한 뽑아내려는 내부 구성이다. 분양가격 수준의 상대적 높낮이는 상식적인 줄 세우기 놀이다. 역 주변과 후면, 요충지인 모서리와 한 면에 접한 상가의 분양가격 격차는 뚜렷하다. 후면이 약진했다면 '먹자골목'일 가능성을 추정해 볼 수 있다. 층별 분양단가 격차는 대략의 범위가 있다. 같은 층 내에서는 전면과 후면, 각지와 한 면의 차이가 상당하며, 호별 상가면적에 분양 단가가 반비례하는 경향이 있음도 상식 수준이다. 상층부를 오피스텔로 쓰느냐, 오피스로 쓰느냐에 따라 저층 상가부분의 매력도를 달리 따지기도 한다. 1명이 거주하는 공간에 비해 여러 명의 사무직원을 둔 오피스는 낮 시간 상주인구가 상당하다. 건물 내 자체 소비여력 역시 매력적인 요소다.

유동인구의 동선을 파악해 추후 가격 상승 여력이나 공실 위험을 확인해 볼 수도 있다. 북측이 꽉 막힌 업무지대에서 남측 업무지대 경계에 있는 상권은 최소한의 수요층을 확보한 셈이다. 쏟아져 나오는 인파의 행선지, 동선을 파악해 반드시 거쳐 가는 곳이라면 보험을 들 만한 곳이다. 개발지구마다 상가용지의 평균적인 비율이 있는데 이 지구는 한참 거기에 못 미친다는 정보, 상가가 공동주택 단지 입구에 위치해서 출입 시 반드시 거쳐 가는 항아리상권이라는 홍보를 듣더라도 부정적인 면도 생각해야 한다. '20만 명의 유동인구'라고 소개하는 문구가 있다고 해도, 그 유동인구 상당 부분이 등산객이라면 일반음식점 외에 다른 상가가 활성화될 것은 기대하기 어렵다.

시행자, 투자자, 홍보자, 중개자가 한데 어울려 좌판을 벌이는 곳, 수백 개의 상가는 이런 개발 지구에서 왕성히 공급되고 분주하게 소비되고 있다. 상가 분양가는 해당 지역 지가, 상권, 공동주택 분양가와 연관이 있으며, 상가의 임대료는 분양가와 시세에 연동되어 결정된다.

테헤란로 오피스 빌딩의 투자가격

신규 점포를 여는 이가 업태를 고르는 것 못지않게 신경 써야 하는 것은 목표 수요층 설정 부분이다. 어떤 물건, 어떤 메뉴로 승부할까 고민하는 것만큼, 품질을 어떤 고객층에 맞출지 정해야 함을 말한다. 가격전략을 짜면서 확정되는 시장 세분화 전략은 이 물건과 서비스를 소비할 자의 지갑 두께를 고려하는 것이다. 점심 식대로 1만 원 이상 지출할 의사가 없는 이를 타깃으로 장사하는 이가 1만 원 대의 정식 메뉴를 준비해봤자 파리 날리기 십상이다. 돈을 좀 굴리고 싶어 하는 자산가 중 금융자산 대신 실물자산, 곧 부동산에 관심을 기울일 때도 가용자금에 따라 진출할 수 있는 시장이 분화된다. 내 집 마련 전략 일환의 투자 혹은 수십~수백만 원 월세 수입 확보 차원의 상가 매입이라면 수억 원 내에서 대부분 해결된다. 그러나 굴리는 돈이 커지면 이런 잔챙이 투자처 백여 개에 주의를 분산시키는 것은 비효율적이다. 지갑은 충분히 두툼하니, 한 방에 구입할 수 있는 고가 자산을 선호한다. 도심 내 보행자의 시야를 가릴 만큼의 고층에다 연면적은 수만 제곱미터에 달하는 대형 오피스 빌딩 시장은 큰손들이 눈독 들이는 그들만의 투자시장이다.

공공기관, 금융기관, 대기업 본사 사옥 등의 역할을 하는 오피스빌딩은 규모와 권역에 따라 분류된다. 최우량 오피스빌딩은 '프라임' 빌딩으로 불리는 연면적 3만 3,000m² 이상의 대형 오피스며, 그 아래 규모에 따른 내림차순으로 A, B, C급이 자리한다. 각종 오피스 시장 동향 보고서에도 규모별 단위면적당 임대료 수준이 추계돼 발표되고 있다. 권역별 분류는 오피스빌딩이 밀집한 지역별 분류를 따르며, 3개 권역, 곧 CBD, KBD, YBD의 주요 권역과 기타권역으로 대별된다. CBD(Central Business District)는 중심업무지구의 약자로 서울에 한정할 경우 광화문으로 상징되는 종로구와 중구지역, 곧 종로, 을지로, 신문로, 남대문로 일대를 포함하고 있으며 전통적인 업무지구로 주요 정부기관은 물론 금융기관, 대기업 본사 등이 위치해 있어 서울 오피스 권역 중 가장 높은 임대료를 받을 수 있는 곳이다. KBD(Gangnam Business District)권역은 강남구, 서초구, 송파구 일대까지 아우르는 오피스 시장으로 1980년 후반 개발되었으며 IT 관련 업체 및 벤처기업들이 다수 들어차 있고 CBD보다 약간 낮은 임대료 수준을 보인다. YBD(Yeouido Business District)는 여의도권역과 공덕역 인근 마포권역으로 구성되는 지역으로 금융, 증권, 방송의 중심지이며 특히 전경련 회관, IFC빌딩 등 근래 공급된 프라임 급 빌딩이 소재하는 지역이다. 세 권역 중 임대료는 가장 저렴하다.

공급과잉과 수요정체가 한동안 이어지면서 3개 권역 오피스 시장의 공실률은 꾸준히 상승해 왔다. 3개 권역 모두 빈 사무실이 늘어나는 나름의 이유가 있다. CBD는 정부기관이 세종시로 이전하면서 남긴 공간을 새 임차인으로 채우기 버겁다. 도시환경정비사업 등으로 공급되는 오피스 빌딩이 매년 적지 않게 쏟아지면서 수요자중심의 시장이 견고히 형성돼 버렸다. KBD 역시 새로 형성된 분당·판교 오피스권역 등으로 IT업체가 이전하면서 공간 재고가 늘어났고, YBD는 증권사의 업황 부진이 지속되며 감원바람을 타고 자연스레 몸집 줄이기가 단행돼 '든' 자리를 그리워할 정도다. 얼마 전까지의 상황이다.

분기별로 발표되는 오피스 시장보고서상 특정 분기 공실률이 낮아진 것처럼 보여도 착시현상일 때가 적지 않다. 중소형 오피스빌딩에서 프라임 급으로 갈아타면서 특정 규모 공실률 수치가 낮아지거나, 임대계약 연장이 불발돼 다른 권역에서 넘어오는 일시적인 수평적 이동이 영향을 미칠 수 있기 때문이다. 아예 계열사 소유 건물로 사무실을 옮겨 공실 부담을 완화시키려는 내부자 거래는 최적 공간을 점유하려는 임대차시장의 원칙을 살짝 비켜가며 해당 권역 공실률 수치를 어느 정도 끌어내린다.

2015년 3/4분기 임대동향조사 국토교통부

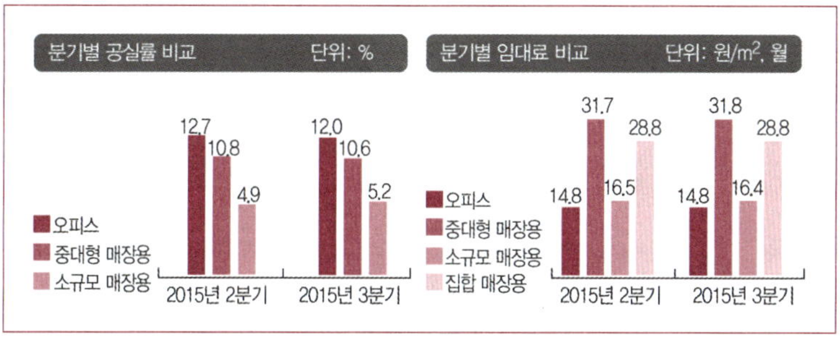

실질적인 오피스 시장 분위기를 알 수 있는 것은 투자수익률 지표다. 최근 1년 오피스 투자수익률이 5.8%로 같은 기간 2% 중·후반에서 3% 초반인 채권, 2% 중반대에 머물고 있는 정기예금·CD 등 금융상품에 비하면 2배 가까운 수익률을 시현한 것으로 보인다. 그러나 공실률 증가와 투자수익률 감소세가 완연해진 요즘, 2015년 3/4분기 투자수익률을 연으로 환산하면 5%에도 미치지 못한다. 큰손들은 5% 투자수익률을 마지노선으로 인식한다는 얘기도 있다.

오피스시장 침체는 오피스빌딩 수요공급 집계자료에서도 분명히 드러난다. 그해 준공이 떨어지는 빌딩 연면적은 어렵지 않게 추산할 수 있다. 여기에서 늘어난 빈 공간을 빼면 그해 공간 수요량이 된다. 여러 시장보고서가 모든 오피스빌딩을 전수 조사하지 못하고 우량 오피스 중심으로 표본을 설계해 통계를 내다 보니 체감경기의 심각성이 드러나지 않는다는 의견도 있다. 공실률을 최소화시키려

2015년 3/4분기 임대동향조사_국토교통부

투자수익률 추세

(단위: %, 전기대비 %p)

구분			'12년		'14년				'15년			증감	
			3분기	4분기	1분기	2분기	3분기	4분기	1분기	2분기	3분기	전년대비	전년동기대비
오피스		소득수익률	1.07	1.27	1.28	1.25	1.02	1.20	1.19	1.21	0.97	-0.24	-0.05
		자본수익률	-0.12	0.26	0.18	0.34	0.18	0.33	0.27	0.30	0.26	-0.04	0.08
		투자수익률	0.95	1.53	1.45	1.59	1.20	1.53	1.46	1.51	1.23	-0.28	0.03
매장용	중대형	소득수익률	1.00	1.27	1.27	1.27	1.00	1.24	1.23	1.23	0.96	-0.26	-0.04
		자본수익률	-0.16	0.26	0.23	0.40	0.22	0.41	0.26	0.33	0.37	0.05	0.16
		투자수익률	0.84	1.53	1.50	1.66	1.22	1.64	1.49	1.55	1.34	-0.22	0.12
	소규모	소득수익률	-	-	-	-	-	-	1.09	1.08	0.91	-0.17	-
		자본수익률	-	-	-	-	-	-	0.25	0.33	0.40	0.07	-
		투자수익률	-	-	-	-	-	-	1.34	1.41	1.31	-0.10	-
	집합	소득수익률	-	-	1.45	1.44	1.43	1.42	1.40	1.38	1.37	-0.01	-0.06
		자본수익률	-	-	0.02	0.08	0.18	0.22	0.69	0.29	0.19	-0.10	0.00
		투자수익률	-	-	1.47	1.52	1.61	1.64	2.09	1.67	1.56	-0.11	-0.06

일정 기간 무상 임대기간을 제공하는 '렌트프리'[46] 관행이 성행하는 것은 우량 임차인 모시기 경쟁이 치열함을 말해 준다. 명목상 임대료 할인 대신 임대기간 무상 제공을 통한 실질임대료 할인 전략을 펴는 것은 다 이유가 있다. 자칫 시장 전체의 명목상 임대료가 낮아지면 오피스 빌딩 몸값 저하로 이어질 수 있는 일말의 가능성 때문이다.

수요자 중심의 오피스 임대 시장이 형성되면, 간만에 임차인이 '갑' 행세를 할 수 있는 풍경이 연출된다. 중소형 오피스빌딩의 우량 고객, 앵커테넌트[47]는 계약갱신 때마다 오히려 큰소리치는 입장이

46) rent free : 일정 기간 무상 임대

47) anchor tennant : 세입자 중 가장 큰 임차면적을 차지하는 임차자로 핵심 쇼핑시설과 같은 주요 세입자를 일컫는 말

다. 다만 몇 %라도 월세를 올려줬으면 좋겠다는 빌딩 소유자의 요구에 '정 그러면 다른 곳을 알아보겠다'는 으름장으로 수년째 임대료 동결을 이뤄내기도 한다. 상업용 빌딩에서 '샤워 효과'[48]를 노리고 꼭대기 층에 영화관을 저렴한 임대료로 입점시키고, 영화 관람 후 에스컬레이터로 내려가는 외길을 만들어 아래층의 상권 활성화를 도모하는 것을 보면 핵심 임차인(Key Tennant)의 중요성은 아무리 강조해도 과함이 없다. 중견 기업의 입점만으로 오피스빌딩의 공실률은 큰 폭으로 떨어진다.

과거, 기업과 금융사의 사옥으로 활용하기 위한 매입이 주류였다면, 최근 부동산펀드 및 리츠에 의한 오피스빌딩 매입이 활성화되고 있다. 보유기간 임대수익은 배당금으로 챙기고, 몸값 올려 고가에 팔아 자본차익을 실현하는 이들 간접투자자는, 대상 오피스빌딩의 단위면적당 임대수준과 공실률에 촉을 세운다. 자산운용사가 유관 기업을 입점시키기 위해 발 벗고 나서는 등 다양한 임대마케팅이 펼쳐지고 있는 현실은, 이들 빌딩의 임대현황은 곧 매각가치와 직결되고 있음을 미뤄 짐작케 한다. 오피스 빌딩의 가치 추계에 앞서 이 분야 시장 동향과 관행을 살피는 것은 가치형성 논리와 매매 관행이 결부되어 있기 때문이다.

큰손 투자자로 명성을 떨치고 있는 중국 자본이 국내 오피스 빌딩 매입에도 심심치 않게 뛰어든다. 제주도에선 외국인 중 워낙 독보적인 투자자였는데, 고용창출 및 관련 산업 활성화의 순기능이 있다고 평가받기도 했지만 난개발 및 문화적 정체성 훼손의 우려가 있다는 역기능을 지적받은 바 있다. 오피스빌딩 투자에서도 명암이

48) shower effect: 샤워를 하면 물이 아래로 흘러내리는 것처럼 백화점 위층의 매출이 아래층의 매출에 영향을 미치는 것을 말하며 백화점을 비롯한 대형 쇼핑몰 등에서 판매를 촉진시키기 위한 전략 중의 하나

공존한다. 일단 오피스빌딩 매물이 시장에 적체되는 것을 해소해 주는 순기능이 있다. 투자자가 직접 혹은 새로운 임차인을 발굴해 공간을 채운다면 공실률 감소에 기여해 종국적으로 임대료 하방경직성을 구축해 줄 것이나, 임대수익이나 매각차익을 노리고 접근했음이 뻔해 오피스 시장 활성화에 한계가 있음은 분명하다. 그러나 몸값 천억 원을 거뜬히 넘는 재고를 해소해 줄 투자자는 쉬이 나타나지 않는다. 매물을 제때 소화해 주는 것만으로 적어도 시장이 축 처지는 것은 완충해 준다. 역기능은 매입가격이 종종 시장가격과 괴리되면서 혼란을 부추긴다는 것이다. 괜히 큰손이 아니다. 꼭 사고 싶은 오피스 빌딩이 출회되면 매물가격을 알아보고 남들처럼 매도자와 지루한 줄다리기에 나서지 않는다. 오히려 매도희망가에 선심성 웃돈을 얹어 편히 구입한다. 비싸게 산 게 뭐 문제될 게 있을까 싶어도, 매도자의 눈높이를 높이는 것이 일단 문제다. 그리고 임대수입은 고정돼 있는데 매입가격이 뛰었으니 투자수익률 통계치를 조금이라도 끌어내린다.

국내 연기금이 해외 오피스 빌딩 투자로 상당 수익을 올리기도 한다. 투자에 앞서 오피스 빌딩 가치를 추계해 봤을 것이다. 부동산 펀드 또는 리츠로 구입한 오피스 빌딩 임대수익을 배당할 때도 배당률은 고정돼 있으니, 현재 자산 가치를 판단해야 한다. AMC(자산관리회사)가 오피스빌딩 매각에 나서게 되면 매각금액 책정을 위해 감정평가를 필요로 한다. 매 분기 국토교통부가 조사·발표하는 오피스빌딩 투자수익률 추계를 위해서도 표본 빌딩의 가치 평가는 필수적이다. 여러 이유로 오피스 빌딩 감정평가 수요가 적지 않게 발생한다.

오피스 빌딩의 가치는

자산의 특성에 따라 가치평가방법은 크게 개별평가와 일괄평가로 나뉜다. 부품의 값을 다 합하면 완성품이 된다는 논리가 개별평가, 묶음째로 가격을 내면 일괄평가가 된다. 땅은 얼마, 건물은 얼마, 기계는 얼마 이런 식의 접근방법이 있는 데 반해, 건물과 토지 지분을 묶어 아파트 한 채 얼마 하는 판단도 가능하다. '묶음'의 합리성과 타당성, 불가피성이 전제돼야 한다. 물건의 특성 못지않게 시장의 거래관행 역시 개별, 일괄 평가의 적용 잣대가 된다. 따로 가격을 매기는 사람이 없고 낱개로 판매하지 않는다면 한 묶음의 가격을 낼 수밖에 없다. 물론, 인기상품에 철 지난 재고품을 끼워 파는 상술은 여기 해당되지 않는다.

오피스 빌딩을 개별 평가한다면 토지가치와 건물가치를 더하게 된다. 이 경우 개별평가는 곧 비용접근법이다. 중심업무지구 내 빈 땅을 구입해서 낡은 상태의 건물을 올려놓고, 토지 적정 구입가와 노후 오피스 건물 값을 합산하게 된다. 그런데 감정평가하는 입장에서 이런 식의 접근에는 적지 않은 고충이 있다. 일단 고층 건물을 올릴 만한 빈 땅 매매사례 포착이 여의치 않다. 고층 빌딩 숲 속에서 이 하나 빠진 듯 홀로 키 작은 채로 남아 있던 오래된 건물을 헐고 새로 짓는 경우가 아니라면, 오피스 빌딩 부지만의 매매는 찾기 힘들다. 설혹 그런 사례를 천신만고 끝에 찾아내 토지 가치를 추계하고 여기에 낡은 건물 값을 더한다 해도 최종 평가액은 시장가를 하회하는 경향이 뚜렷하다. 투하비용이 매수자 입장에서 상한선, 매도자 입장에서 하한선의 매매금액이라고 보는 비용접근법이 힘을 발휘하지 못하는 이유는, 시장 참가자의 기대 수준이 비용집계액 한참 위에 자리 잡고 있기 때문이다. 마치 아파트 개발 사업에서 부지

매입가, 도급공사비 등의 원가 누계와 분양 총액의 괴리를 보는 듯하다. 분양차익 성격인 시장 프리미엄이 오피스 빌딩 원가에 더해져야 한다는 것이다.

개별평가의 이런 어려움에, 낱개가 아닌 묶음으로 거래되는 관행이 더해져 자연스레 오피스빌딩은 일괄로 평가된다. 일괄로 평가될 때 시장접근법과 수익접근법 어느 것이나 무방하다. 시장접근법은 건물 연면적 단위로 거래 단가를 추계한다. 테헤란로 빌딩 숲 속 내 오피스라면 규모에 따른 격차가 있지만 요즘 2,000만 원/3.3제곱미터(건물연면적) 전후에 형성돼 있다. 평균적인 이런 가격 수준에서 입지와 건물, 시설의 양부, 곧 대상 오피스빌딩의 유·불리한 특성을 고려해 거래 가능한 단가를 보정하는 것이다. 오피스 빌딩의 매매사례를 확보하고 건물 연면적당 거래단가를 뽑아내 도면에 쭉 깔아보면 된다. 격차 보정의 정도 역시 시장참가자의 안목에 근접한 시각이면 족하다.

수익접근법은 순 임대료에 환원율(Cap Rate)을 적용해 환산하는 방법이다. 물론 5년 정도의 보유기간과 기간 말 매각을 전제하는 할인현금흐름분석법도 고려할 수 있으나, 투자수익률 지표가 시중에 계속 쌓이다 보니 직접 환원하는 간편 방법이 꽤나 정밀하다. 순 임대료는 만실을 전제하지 않고 시중 공실률을 반영한 적정 임대수입에서 영업경비를 차감한 값이다. 권역별, 규모별(프라임, A, B, C), 분기별 순 임대료 수준이 조사·발표되고 있는 점은, 우리 빌딩의 순 임대료를 적정한 값으로 조율한다. 환원율(Cap Rate)은 소득수익률, 자본수익률 등의 지표, 최근 거래된 오피스 빌딩의 매매가와 순 임대료와의 비율 등을 고려해 결정하면 된다. 매매가와 임대료가 연동되므로 시장접근법과 수익접근법은 오피스 빌딩 가치 추계에 있어서만큼은 동전의 양면과 같다.

경매 투자와 같이 투자수익률 몇십 퍼센트는 대형 오피스 빌딩 투자에서는 꿈도 꾸지 못한다. 투자금이 커질수록 요구수익률은 점차 시장 기대수익률로 수렴할 수밖에 없다. 어쨌든 현재까지 국내 부동산 시장에서 오피스 빌딩만큼 안정적인 수익률을 기대할 수 있는 투자처도 없다.

토지가격, 용도지역이 갑(甲)

안식년이든 정기연수든 미국에 1~2년 머물다가 돌아온 지인들의 공통된 체류 소감은 '미국이야말로 남자가 가정적인 스타일로 변할 수 있는 토양이 마련된 곳'이라는 것. 술을 마실 수 있는 곳(wet zone)을 찾아 차를 몰고 몇십 분 운전해야 하는 불편함에 지쳐 저녁 시간 가족과 담소하는 걸로 대체하면서 원하지 않았지만 좋은 습관이 형성됐다는 것이다. 지역이 그렇게 구분되어 있다는 것 자체가 생소했지만 단순화시키면 안방 옷장의 외출복이 계절별로 정리정돈된 모습과 다를 바 없다. 지역 '마천루'로 불리는 고층 건물은 어떤가. 저층, 중·저층, 중층, 중·고층, 고층별로 건물 용도를 달리 정하고 있다. 상가, 아파트, 오피스텔, 호텔, 대형마트, 카지노 등 한 건물 내 가지런히 그 용도가 층별로 정돈돼 있다. 한 층 내 아파트와 상가를 혼재시키는 설계는 찾아보기 힘들다.

이런 식으로 지역도 잘 정돈할 필요가 있다. 공간이 한없이 넓다면 쓰고 싶은 대로 사용하라고 방치해도 큰 문제는 없다. 정돈을 통해 효율을 높이려는 건 한정된 공간 때문이다. 저효율의 공간 사용과 무질서한 토지 이용으로 인한 폐단을 용납하기에는 공간이 넉넉지 않다. 국토를 잘 설계하기 위해 정부가 칼자루를 쥐고 '어울리지 않는 토지이용'을 규제하는 것을 쉬운 말로 '지역지구제'라 한다. 핵심은 허용용도와 금지용도를 정해 주고 수직적 밀도 역시 규율하겠다는 것이다.

'1. 거주의 안녕과 건전한 생활환경의 보호 2. 상업이나 그 밖의 업무의 편익 증진 3. 공업의 편익 증진 4. 자연환경·농지 및 산림의 보호, 보건위생, 보안과 도시의 무질서한 확산 방지를 위한 녹지의 보전 필요성'. 이 모든 것은 도시에서나 있을 법한 얘기다. 이들이 도시지역이라는 큰 틀에서 각각 주거지역, 상업지역, 공업지역, 녹지지역으로 자리한다. 비도시지역에는 관리(보전관리, 생산관리, 계획관리), 농림, 자연환경보전지역을 배치해 놓고 각각의 용도지역 성격과 특성, 즉 어떤 용도로 사용 가능하고 얼마나 높이 건축할 수 있는지 『국토의 계획 및 이용에 관한 법률』로 정한 것이 우리의 지역지구제다.

토지 가치에 가장 큰 영향을 주는 요인이 무엇일까? 이견 없이 용도지역이 1순위다. 무엇을 할 수 있는 토지인지, 어느 정도 규모의 건물을 지을 수 있는 땅인지를 결정하기 때문이다. 일반주거지역을 제1종부터 제3종까지 세분했는데, 이들도 용도와 규모 차이를 보인다. 같은 주택을 짓더라도 제2종은 중층주택이 중심, 제3종은 중·고층 주택이 중심이 돼 편리한 주거환경을 조성하라고 규율한다. 제2종은 150~250%, 제3종은 200~300% 범위에서 건물 규모의 상한선을 두었다. 물론 그 이하의 용적률만 찾아간다면 전혀 문제될 게 없다. 밀도의 상한선을 둔 것뿐이다. 지자체에서도 이 범위 안에서 관할구역의 면적, 인구규모 및 용도지역의 특성 등을 감안하여 도시·군 계획조례가 정하는 비율로 용적률 상한선을 두어 얼마간 재량을 발휘할 수 있다. 허용용도의 미세한 차이도 확인할 수 있다. 양 지역 모두 「건축법」 시행령 별표 1 제14호의 업무시설이 입지할 수 있으나 제3종에서는 허용되는, 바닥면적 합계 3천 제곱미터 미만의 업무시설 중 결혼상담소 등 소개업소, 출판사, 신문사 등은, 제2종 일반주거지역에 입지할 수 없다. 결국 종이 상향될수록 일반적으로 허용용도가 늘어나고 규모제한도 완화된다고 보면 될 것이다.

따라서 같은 용도지역 내 토지는 일단 비슷한 성향을 가졌다고 이해해도 된다. 토지의 평가 시 같은 용도지역 내 가격 자료를 활용하도록 강제한 것은 이질적인 성향의 자료는 배제하라는 권고다. 지가변동률 역시 같은 지역 내 용도지역별로 조사·발표한 자료를 의무적으로 적용해야 한다. 표준지 공시지가, 거래사례, 임대사례 모두 다른 용도지역의 자료를 내놓고 '그에 비하면 우리는 어느 정도'라고 추정하는 보고서는 첫 단추를 잘못 꿴 것이다. 이처럼 토지의 체급이라고 봐도 될 '용도지역'은 외부에서 설정한 토지의 핵심적 특성이다.

그럼, 구체적으로 용도지역 간 토지 가격의 격차를 낼 수 있을까? 현실적으로 불가능한 것은 아니다. 동일한 가로(街路)를 공유하며 용도지역의 경계에 맞닿아 있는 서로 다른 용도지역에 속한 두 개의 토지가 시차 없이 매매됐다면 그보다 신뢰성 있는 자료는 없다. 물론 토지 단가를 비교해야 한다. 그러나 공간적 범위를 전국으로 확대했을 때 일률적으로 적용할 수 있는 수치를 도출하기는 어렵다. 일반상업지역이라고 1,000% 이상의 용적률을 거의 다 찾아 쓴 토지는 일부분에 불과하다. 기껏 2~300%의 용적률만 소비하고 있고 그 이상의 고밀 개발이 불필요한 지역이라면 근방에 있는 주거지역에 비해 약간 우세한 정도에 그칠 수도 있다. 테헤란로와 그 후면 주거지역의 격차와는 비교가 되지 않을 정도로 미미하다.

옆 토지보다 건물을 2배 높이로 지을 수 있는 토지라고 해서 토지가치가 정확히 2배에 이른다고 말할 수는 없다. 더 높이 짓느라고 발생하는 초과 건축비는 토지의 부담이 되기 때문이다. 용적률의 격차를 가치에 반영하는 합리적인 방법을 모색하는 연구와 논문은 간혹 등장했다. 이때도 용도지역 대분류는 같게 하고 동일 용도의 토지 가격 자료를 수집했다. 특히 공동주택용지가 가장 다루기 쉬운 양질의 자료다. 일단의 개발지역 내 서로 다른 공동주택용지라면 분양가와 물리적 토지특성이 거의 유사할 것이므로, 공동주택 건립 세대수를 결정하는 용적률에 따라 토지가치가 달라질 것이다. 독립변수는 용적률 및 그 외 토지가치에 영향을 주는 요인으로, 단위면적당 토지가치를 종속변수로 산식을 구성하고 회귀분석을 거치면, 용적률 1% 상승 시 토지가치의 변동률을 끄집어 낼 수 있다. 이런 식으로 용적만의 보정은 가능할지 몰라도 용도, 즉 이용상황 제약의 문제는 여전히 숙제다. 결국, 용도지역 간 일률적인 토지 가격 격차율을 추출하는 작업은 미제로 남을 가능성이 크다.

스티그마, 이력(履歷)으로 인한 할인요인

쇠붙이로 문양이나 문구를 만들어서는 불에 벌겋게 익혀 도장 찍는 행위. '낙인'이라는 단어를 설명할 때면 죄인의 몸에 새겨진 형벌의 표식이 자연스레 연상된다. 물론 목재, 기구, 가축 따위에 주로 찍었던 것을 인간에게까지 확장시킨 것은 지혜의 오용일 것이다. '낙인'은 부정적 어감 때문인지 '불도장'으로 순화시키도록 했으나, 기존 단어의 활용 반경이 여전히 넓다. 비단 몸이나 외관의 표식만을 지칭하지는 않는다. 다시 씻기 어려운 불명예스럽고 욕된 판정이나 평판을 가리킬 때도 이 단어를 사용한다.

낙인, 곧 부정적 이미지에 가장 예민한 것은 청문회를 앞둔 행정부서의 예비 수장들일 것이다. 요즘은 국회 청문회가 열리기 전에 언론을 통한 사전 청문회가 통과의례다. 각종 의혹들이 무수히 제보된다. 자천타천 저격수가 된 각 당의 국회의원은 자체 조사를 벌여 제보의 진위를 가리고 신빙성이 있는 내역은 언론에 슬쩍 흘린다. '그렇다'가 아니라 '그랬다고 하더라'는 식의 보도 역시 단정적 발표가 지닌 위험을 빗겨가기 위한 고육책이다. 이들의 주 타깃은 '탈세', '위장전입', '병역기피', '부당한 청탁', '부동산 투기'문제다. 요즘은 학계와 법조계 출신이 다수라서 그런지 '논문 표절' 혹은 '연구비 유용' 등의 새 메뉴가 가세했다. 이들 청문회 후보자들이 숨기고 싶은 이력은 발생 시점이 과거이기에 원죄에 속한다. 기정사실이기에 초동대처는 불가하다. 그저 논란이 확산되는지 여론의 동향을 예의주시할 뿐이다. 매 청문회마다 각 후보자의 숨기고 싶은 과거가 들춰져 '낙인'까지 이르면 낙마는 불가피하다. 그 부정적 이미지는 더 강력한 긍정적 이미지가 아니고서는 희석되지 않을 정도로 생명력이 끈

질기기 때문이다.

이런 '낙인'효과는 지역이나 개별 부동산에도 발생한다. 연쇄 성폭력 및 살인 사고로 경기도 내 한 도시는 한동안 대중이 색안경을 끼고 볼 정도였다. '부실사업장' 이미지도 쉽사리 사라지지 않는다. 자금난으로 공사가 중단된 사업장은 한동안 유치권을 주장하는 시공사의 플래카드를 품고 있다. 경매로 낙찰받은 이가 공사대금지급과 유치권 해제조건을 맞교환한 후 서둘러 잔여공사를 마무리 짓고 성대한 분양홍보에 나서도 수요자의 냉담한 반응을 피하기 힘들다. '흉물상가'의 이미지는 쉽사리 개선되지 않는다. 경매 낙찰받은 건물에 입점하는 입시·보습학원은 오래 버티지 못한다는 속설이 간간히 들리는 걸 봐선 부실사업장의 '낙인'이 꽤 오래 지속되지 싶다.

'낙인'효과가 감정적인 선호도에 영향을 미치면 부동산 가치까지 출렁인다. 해당 부동산 주변의 비(非)선호시설의 존재만으로 가치가 하락하는 현상은 비(非)선호시설에 근접할수록 공동주택 가격이 뒷걸음치는 것으로 확인할 수 있다. 또 다른 증거는 이러한 유해 혹은 혐오시설의 철거 혹은 이전계획이 발표된 후 실행 시점에 가까워질수록 부동산가치가 완만한 상승세를 보이는 후광효과다. 실제 이전이 이뤄지고 그 자리에 선호시설이 입점한다면 상승세는 한동안 이어질 공산이 크다. 어쨌든 이전 발표 직전과 이전이 완료된 후의 동일 부동산의 가격 격차는 곧 비(非)선호시설의 '낙인효과'라 불러도 무방하다. 부정적 이미지와 가치를 연동시킬 수 있는 친시장적 입증자료가 조사·축적돼 있다면 한 권의 보고서로 이런 현상을 담아낼 수 있다.

주변의 비(非)선호시설이 아닌 내재한 비(非)선호조합으로 낙인효과를 겪는 신축 아파트도 있다. 재개발 혹은 재건축 사업이 완료되고 들어서는 신규 아파트 중 특정 동(棟)이 그들이다. 100여 세대가 한 동(棟)을 이루는데 이 중 분양받은 가구는 10여 세대에 불과하고 잔여세대는 저소득가구를 위한 임대가구라면 분양세대는 임대세대와 혼합되어 있다는 이유로 차별을 받는다. 전 세대가 분양아파트로만 구성된 동(棟)이 행정고시 출신의 5급 공채 사무관이라면 임대아파트가 혼재된 동(棟)은 7급 공무원 정도로 낮춰 보기 때문이다. '이 라인은 임대아파트입니다'라고 말하는 공인중개사는 옆 동보다 1~2천만 원은 매가가 낮다고 설명하고 있는 것이다.

대상 부동산 인근의 유해한 환경을 개선한다 해도 이 낙인효과의 완전 치유는 어렵다. 토지 지하에 매장된 오염물질을 발견하고 전문 처리 업체를 동원해 오염제거 및 중화작업을 성공리에 마쳐도, 오염 물질이 없는 인근 대체 가능한 토지 가격수준으로 회복되지 않는다. 이런 현상은 좋게 표현하면 '안전 심리'겠지만 일말의 유해 가능성이 있는 토지에 대한 '혐오감'이라고 부를 수도 있다. 환경공학에서는 이를 '스티그마(stigma)'라고 부른다. 숨기고 싶은 이력이 만든 낙인효과는 수년에서 수십 년 지속되는 게 다반사다.

오염부동산의 가치 변화 양상

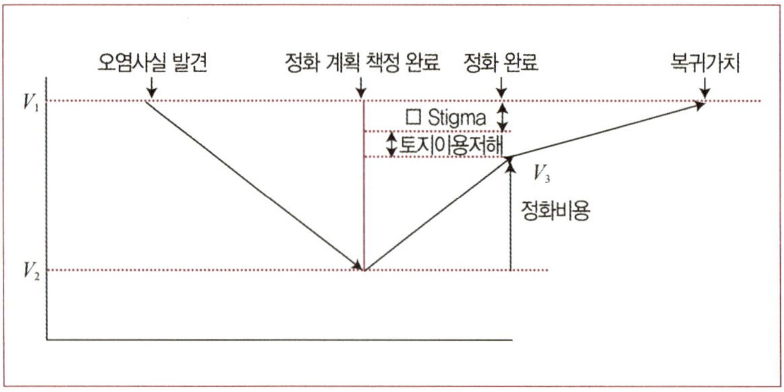

낙인효과를 당하고 있는 부동산을 평가할 때 대상이 토지라면 시장접근법하에서는 '스티그마 효과'의 유무에 따른 가격 격차를 반영하면 될 것이다. 거래가 완료된 토지('거래사례') 혹은 표준지와 대상 토지의 개별적 요인, 품등을 비교할 때 '환경조건'이라는 항목에서 이런 점을 반영할 수 있다. 해당 항목은 인근 토지의 이용 상황, 위험 및 혐오시설 등의 인접유무를 비교대상으로 하기 때문이다. 통계적인 방법 또한 대안이다. 폐업 주유소를 타 용도로 전용하려면 지하 오염물질 제거비용을 지불해야 한다. 이 비용 이상으로 매매금액이 그 주변 토지에 비해 하락했다면 그 차액은 '스티그마(stigma)'라고 보면 될 것이다. 폐업 주유소의 매매사례가 통계적 유의성을 보일 수 있는 표본 수에 다다르면 가장 설득력 있는 평가 자료가 될 수 있다.

초과이익을 발생시키는 영업권은 무형자산 중 하나다. 마찬가지로 낙인효과가 발생하고 있는 대상 부동산은 무형부채를 짊어지고 있는 셈이다. 최선을 다해 이력 관리를 해야겠지만 부득이 '낙인' 찍힐 수 있는 상황이라면 이를 반전시킬 수 있는 더 강력한 유인책이 필요하다. 물론 이가 불가능하다면 '낙인'의 짐을 질 각오를 해야 한다. 부동산 가치 평가의 대 원칙은 '현황기준원칙'이고 이는 현재 상태의 이용 상황과 공법상 제한, 주변 환경, 내재한 위험성을 있는 그대로 반영하는 것이기 때문이다.

부동산 규모가 가격에 미치는 영향

일반적인 생산 활동에서 '규모의 경제'(economy of scale)는 대량생산의 이점을 드러내는 용어다. 생산주체가 생산요소의 투입량을 증가시킴으로써 이익이 증가되는 현상을 지칭하며, 시장 참여자수 증가에 따른 이익, 대규모 경영에 따른 관리비 절감의 이익 등을 포괄하는 용어로 확대돼 사용된다. 규모의 경제를 추구하는 1군 대형 건설사들은 2~3백억 규모의 공사건에 큰 매력을 느끼지 못한다. 그들의 사업비용 중 고정비가 차지하는 비중이 크므로, 단순 공사차익만으로 작은 사업장에 접근할 수 없는 태생적 한계 때문이다. 이로 인해 중소 건설사도 발 디딜 틈이 생기는 시장 세분화의 긍정적 효과도 있다. 간혹 이들이 전략적으로 2군 건설업체가 독식하는 시장에 진입할 때가 있다. 한 사업장의 건축 규모로는 만족스럽지 못하지만 국지적 사업이 국내 전반에 동시다발적으로 확산되는 것을 기대하기 때문이다. '규모의 경제'와 성격이 조금 다르지만, 첨단사업에서는 '집적(集積)의 경제'가 지배한다. 집적기술력이 더 향상되면, 소규모 고용량 저비용 제품이 시장을 호령한다.

도심 내 구시가지 도면과 도시개발 사업이 완료된 신시가지의 도면을 나란히 놓으면 가족기업에서 전문 경영인 기업의 체계화된 조직으로 변모된 양상을 보는 듯하다. 널브러진 퍼즐조각이 제 자리를 찾아 잘 정돈된 느낌이다. 그러면 어떤 식의 정리가 이뤄지는 것일까. 택지개발사업, 도시개발사업구역에서 공급되는 획지의 규모는 용도와 상관성이 높다. 아파트용지, 연립주택용지는 큰 덩어리로 공급되고, 요지에 공급되는 '중'규모 상업용지, 적당한 크기로 자른 '소'규모 단독주택 및 주상 · 상가용지가 조밀하게 구역 곳곳을 채운다.

각각의 용도에 맞춘 먹음직스러운 크기로 분할된다고 볼 수 있다.

토지를 매력적인 크기로 분할하는 것은 수요자의 선호도에 맞춘 공급전략이다. 이 분야 선두주자는 기획부동산업자다. 신(新)청사 또는 신(新)여객터미널이 들어서기로 예정되는 있는 입지 주변의 임야는 종종 네모반듯하게 분할돼 있다. 어수룩한 부동산 투자자에게, 자금 부담을 낮춘 가장 먹기 좋은 크기로 분할하는 전문성을 보인 것이다. 휴양지의 실(室)단위의 호텔분양, 도심 도시형생활주택 분양 광고는 수익률과 더불어 실투자자금의 규모를 매력적으로 만드는

❙ 대규모 임야의 획지 분할 사례

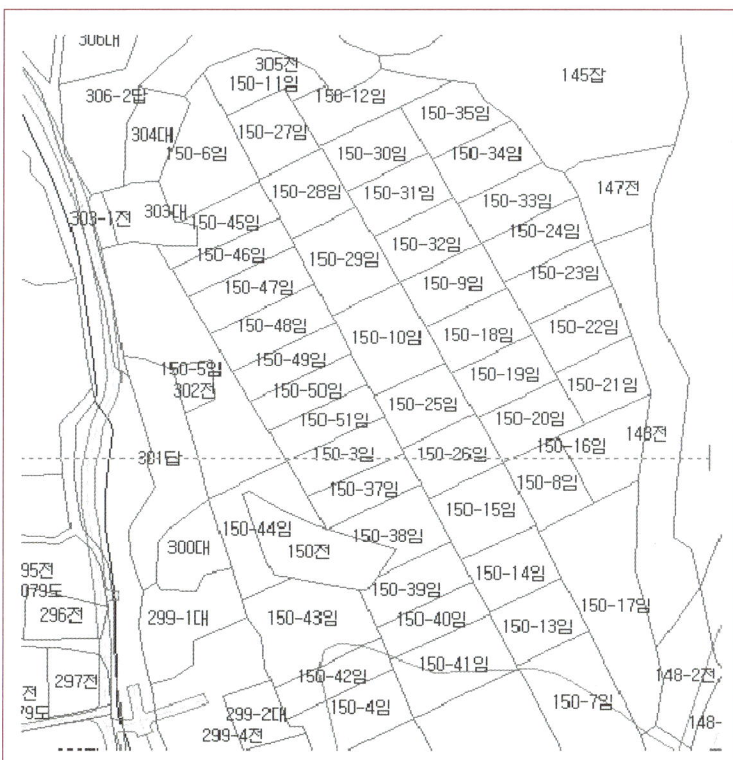

데 심혈을 기울인다. 대출로 충당할 수 없는 순수한 호주머니 돈이 실투자금액에 한참 못 미치면 어차피 못 먹는 감으로 보고 지레 포기·단념하는 이들을 돌아서게 하기 위한 고도의 전략이다.

'그 정도 면적은 필요 없어요', '이 정도 면적에는 공장 못 지어요' 라는 말로 보건대 용도에 따른 선호면적이 분명 존재한다. 따라서 고가 수입차 시장의 수요층이 한정되듯, 매입금액의 부담이 수요층을 제한해서 수요자 중심의 매매시장을 형성할 수 있는 여지는 충분하다. 공급자가 이를 고려해 최소한 공급단가를 조금이라도 하향하려는 생각을 갖고 있다면 선호면적부터 과다면적까지는 토지가치가 우 하향 곡선 내지는 직선을 따라 행보할 것이다. 획지 규모에 대한 선호도를 전혀 고려하지 않고 큰 덩어리 몇 필지로 공급했다가 수년째 공터로 방치된 사업장도 적지 않다. 지구단위계획변경을 통해 획지를 잘게 쪼개는 후속 작업이 이뤄지는 경우가 다반사이므로 토지 단가는 토지 면적에 반비례하는 것이 일반적이다.

대규모 획지라는 이유로 획지감가를 가해, 인근 적당한 토지규모의 동일용도 토지 보상평가액보다 낮춰 평가하면서 소송으로 비화된 경우를 본 적도 있다. 원고는 획지규모가 감가요인이 되는지에 대한 물증을 내놓으라 주장할 것이고, 사실조회서를 수령한 보상평가 담당자는 전문가적 판단에 의한 심증으로 대응하려 할 것이다. 감정평가사가 내세우는 일치된 논거는 잘 팔리지 않는 넓은 땅을 한 입에 들어갈 적당한 크기로 분할하면서 불가피하게 발생하는 '감보율'에 대한 고려다. 분할된 각 필지로 연결되는 도로만 개설하는데도 10~20% 면적은 현실적으로 알땅에서 빠져나가는 것이 분명하다는 것은 심증이고, 토지면적에 대한 격차를 정하고 있는 한국감정원의 토지가격비준표에서도 토지 면적 3,300m², 16,500m², 33,000m², 66,000m²를 경계로 평점이 낮아지도록 설계돼 있는 것은 가장 약한 물증에 해당한다.

기존 공장지대 내 대규모 이전적지가 생겨 지구단위계획에 의해 용도지역 및 용도의 상향이 이뤄질 때 그 반대급부로 해당 토지에 기반시설 부담이 지워지는 것도 이와 같은 논리다. 일부 지자체는 적정 기반시설 부담 규모를 추산하기 위해 감정평가를 실시하며 용도지역 등의 변경 전·후 가치 상승분을 파악해 이를 감안한 기부채납비율을 결정하도록 조례로 정하고 있다. 토지용도를 고밀화시키면서 발생하는 개발차익의 상당부분을 회수하겠다는 논리다. 이를 뒤집어 보면, 적당한 규모의 토지와 광평수 토지를 동일용도와 용적률로 개발한다고 해도 후자는 기반시설부담만큼 잠재적인 채무를 안고 있다고 볼 수 있다.

그렇지만 땅덩이가 크다고 불필요한 면적이 들어있다고 단정할 수는 없다. 면적이 크면 그 나름대로 특화된 용도로 사용할 수 있다. 수직적 고밀화를 유도하기 위해 역세권 지구단위계획구역은 일정 규모 이상의 대지조건이어야만 건축 허가 등을 받을 수 있다. 필지별 저밀도 단독 이용을 지양하고 고밀도 공동 이용을 강제하기 위한 조치다. 소유자들이 공동개발을 하든, 한 필지 소유자가 나머지 여러 필지를 섭섭지 않은 가격에 매입해 독자 개발을 하든, 묶음개발 외에는 활용 방법이 없게 만든 것이다. 도심 내 역세권 도시환경정비사업을 통해 주상 및 상업·업무용 고층 빌딩이 들어서는 장면도 익숙하다.

자투리땅의 가치는

일정한 용도로 쓰고 남은 나머지를 비유적으로 일컫는 말인 '자투리'는 한 무더기로 취급되기에는 부족한 소량의 무언가를 지칭할 때 쓰인다. 상추 예닐곱 개 혹은 토란 서너 대일 수 있다. 이와 유사한 개념으로 '덤'이라는 말도 있다. 물건을 팔고 살 때, 제 값어치의 물건 외에 조금 더 얹어 주고받는 다른 물건을 가리키는데, 본류(本流)에서 떨어져 나온 지류(支流)성격의 자투리와는 달리 원 물건에 딸려가는 부속품 신분쯤 된다. '자투리'는 대체로 천대받는 편이다. 그러나 상황에 따라 의외의 몸값을 부여받기도 한다. 그래서 자투리로 취급받는 이런 자산의 가치를 평가할 때 감정평가사는 자투리가 처한 상황이 어떤지 예의 주시할 수밖에 없다.

일반적인 물건의 자투리와 별반 차이 없는 대접을 받는 대표적인 경우는 담보가치를 추계할 때다. 완만한 구릉 형태의 10,000㎡ 임야를 창고부지로 활용하기 위해 개발행위허가를 받는다면 자투리는 예외 없이 등장한다. 이 중 수십 내지 수백 제곱미터는 허가면적에서 제외되는 게 다반사다. 이들은 달리 '(허가)제외지'라고 불린다. 제외지 신분이 된 이유는 급경사 혹은 빽빽한 입목밀도 등의 자연적 요건이 태반이다. 토지 전체에 대한 개발 계획을 세우다 보면 이런 토지 특성에 의해 부득이 '알땅'에서 빠지는 자투리가 나오기 마련인 것이다. 이들은 예외 없이 홀대(忽待)를 면치 못한다. 푸대접의 결과는 뻔하다. 이 토지를 담보로는 돈을 빌려 줄 수 없다는 것이다. 감정평가서에는 '단독효용가치 희박'이라는 사유로 가치가 없다고 기재된다. 택지로 바뀔 '알땅'에 묻어가긴 하지만 별도 값어치는 못하는 셈이다. 회계에서 말하는 '중요성의 원칙'과도 일맥상통한다. 단, 취급은 이렇게 받지만 근저당설정의 굴레는 벗어나지 못한다.

위와 달리 '자투리'가 융숭한 대접을 받는 예외적인 경우도 있다. 공터로 방치된 수제곱미터 국·공유지가 일반에 매각 대상으로 공고될 때다. 얼핏 먼저 소개한 제외지보다 상황이 그렇게 나아보이진 않는다. 길고 좁다란 땅이거나 삼각형 형태가 일반이기 때문이다. 더구나 이런 땅은 규모가 협소해 뭘 어떻게 활용할 방안이 없다. 그런데 진흙 속 진주를 보듯 하는 이가 있다. 바로 옆 필지 소유자다. 손 짜장 전문점으로 인산인해(人山人海)를 이루는 식당이라면 차 한 대 더 댈 공간, 밀가루 한 포 더 쌓을 수 있는 자투리땅도 감지덕지다. 더 나아가 두 필지가 합병된다면 지류(支流)는 본류(本流)에 합세하는 모양새다. 그러니 합병 즉시 옆 필지와 동일한 몸값이 형성된다. 이런 행복한 시나리오가 예정되어 있으니 대지 옆에 붙은 이런 '자투리'는 일반 자투리땅과는 대접이 다르다. 이 토지의 매각을 위한 감정평가 시, 수의계약형태로 인접필지 소유자가 매수자로 특정된 경우라면, 매각가격에는 이 자투리 토지가 인접 필지에 기여할 수 있는 잠재력이 어느 정도 반영된다.

자투리 토지 사례

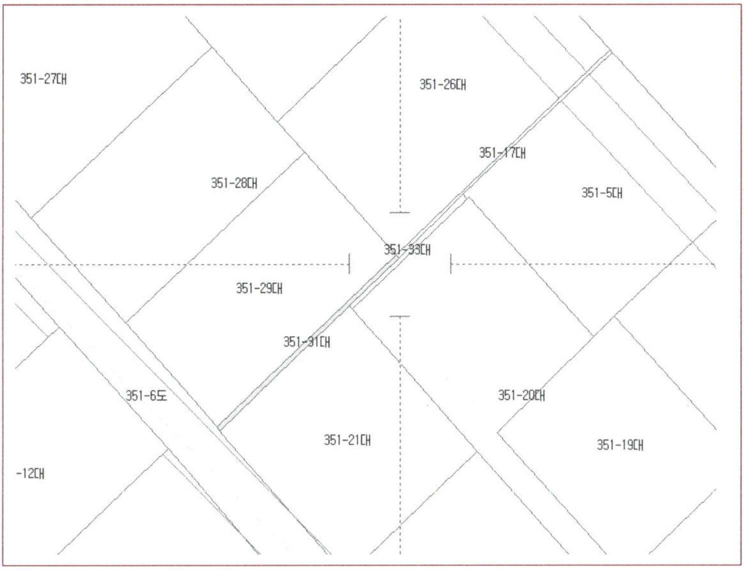

귀한 대접은 재개발구역 내 자투리땅도 마찬가지다. 이런 토지를 제값 이상으로 매수하려는 조합원이 꽤 된다. 관련규정에 재개발구역 내 조합원 간 분양 우선순위를 구역 내 종전자산 가치 순으로 정한 것이 결정적이다. 어차피 모두 다 아파트 한 채씩 분양받는 건데 별 차이가 있을 성 싶지만, 선호하는 평형대 공급이 많지 않고 해당 평형에 분양신청이 몰리면 상황이 달라진다. 토지 몇 m², 금액으로 몇백만 원 차이 때문에 원치 않는 대형 평형이 배정될 수 있다. 이런 걸 미연에 방지하려는 눈치 빠른 조합원은 서둘러 자투리땅 임자를 만나 웃돈 주고 사겠다고 흥정한다. 물론 한창 아파트 경기 좋았을 적 얘기다.

위 2가지 경우, 자투리에 대한 홀대나 융숭한 대접은 각각 자투리땅의 현재 혹은 장래 토지특성과 관련이 있다. 그런데 예외적으로 자투리가 되기 전의 과거 신분으로 대우받는 토지도 있다. 공익사업 때문에 토지일부가 편입되고 남은 토지인 '잔여지'는 일정한 요건을 갖추면 예전 지위를 인정해 주기 때문이다. 「공익사업을 위한 토지 등의 취득 및 보상에 관한 법률」 제74조는 '동일한 소유자에게 속하는 일단의 토지의 일부가 협의에 의하여 매수되거나 수용됨으로 인하여 잔여지를 종래의 목적에 사용하는 것이 현저히 곤란할 때에는 해당 토지소유자는 사업시행자에게 잔여지를 매수하여 줄 것을 청구할 수 있으며, 사업인정 이후에는 관할 토지수용위원회에 수용을 청구할 수 있다.' 고 규정하고 있다. 1필지 토지 대부분이 편입되고 남은 일부 토지가 대지로서 면적이 너무 작거나, 부정형(不定形) 등의 사유로 건축물을 건축할 수 없거나 건축물의 건축이 현저히 곤란한 경우, 농지로서 농기계의 진입과 회전이 곤란할 정도로 폭이 좁고 길게 남거나 부정형 등의 사유로 영농이 현저히 곤란한 경우, 공익사업의 시행으로 교통이 두절되어 사용이나 경작이 불가능하게 된 경우 등이라면 '그쪽 때문에 아무 쓸모없게 된 땅 사가세요'라고 요청할 수 있다는 얘기다. 망가뜨려 놓은 자전거 가져가는 대신 새 자전거 값 내 주듯, 사업시행자는 잔여지의 현 상태가 아닌 잘려 나가기 전 온전한 상태로 보상해 주어야 한다. 물론 공익사업 때문에 잘려 나간 모든 토지가 이런 혜택을 보는 건 아니다. 먼저는 법률 요건에 부합해야 하고 중앙토지수용위원회에서 내부적인 재결기준으로 정한 면적 요건(ex. 농경지인 경우 잔여지 면적 330m² 이하일 것) 등을 충족해야 한다.

이렇듯 볼품없는 자투리땅에 대한 대우가 상황에 따라 천차만별이다. 이들에 대한 몸값을 책정할 때 이들이 처한 상황을 예의주시하지 않을 수 없는 이유가 여기에 있다. 상황에 따라 몸값이 출렁인다는 사실에 우리 역시 익숙해질 필요가 있다. 스스로의 효용을 입증해 가치를 구축하는 유(類)가 있는가 하면 외부의 환경에 연동되며 경제적 가치를 부여받는 유(類)가 있다. 내면적인 가치가 전자라면, 감정평가를 통해 경제적 가치를 지적당하는 모든 유·무형의 자산은 바로 후자라고 볼 수 있다.

매출수익, 부동산 가격과의 연동성(매출수익용 부동산 평가)

서울시 관악구 대학동(종전 신림9동)은 요즘 거주자 구성이 몰라보게 달라졌다. 90년대 당시 고시 열풍에 온통 젊은 고시생과 장수생(?)으로 골목골목이 붐볐다. 서울시에 이보다 물가 싼 곳이 있을까 싶을 정도였다. 껌 한 통 덜 씹으면 낮 시간대 비디오방에서 2시간짜리 비디오 한 편 보며 휴식할 수 있는 지역이었다. 로스쿨이 도입돼 고시생이 썰물처럼 빠져 나간 자리, 여전히 싼 물가 덕에 지갑 넉넉지 않은 직장 초년생이 그 자리를 대체했다고 들었다.

당시 전신주 옆구리를 독차지했던 것은, 하숙과 자취방의 시세와 주인집 연락처가 적힌 전단지였다. 요즘 이 역시 자취를 감췄다고 한다. 인근 공인중개사무소 방매 게시판으로 주소를 옮긴 탓이다. 더불어 지역 정비 차원에서 전선을 지중화하면서 길거리는 몰라보게 정돈된 느낌을 풍기고 있다. 슬리퍼에 헐렁한 체육복 차림으로 편하게 왕래하는 고시생이 줄어든 만큼 보행자 행색도 깔끔해졌다고 현 거주자가 귀띔해줬다. 깔끔해진 건 간판도 마찬가지다. 이 지역 음식점 테이블 회전수는 줄어드는데 업종 전환 속도는 빨라졌다. 몇 년 안 돼 상호와 업종이 바뀌고 수시로 내부 인테리어 공사가 한창이다. 상가는 부침이 심하다. 인구 감소는 곧 상권 쇠락을 의미하고 폐업과 개업이 빈번하게 교차하니 인테리어 업자만 이 상황을 달가워할 것이다.

대학 근처 전신주를 도배했던 원룸 광고지처럼 역세권 인근 전단지 붙일 만한 공간에는 수익성 부동산의 홍보지로 가득하다. 매매가는 얼마고, 현 월세 수입은 얼마인지 소개하는 광고지다. 월세는 매가에 연동돼서 책정되고 월세 수입의 정도를 고려해 매가가 형성되는 원리는 곧 부동산 평가에서 수익환원법 논리의 단초가 된다. 임대차 관리 용역을 담당하는 업체에서 간혹 임차인 교체를 통해 수익가치를 높였다고 홍보한다. 그러나 공간의 점유는 최고 비용을 지불하려는 자에게 할당된다는 논리에 의하면 그저 부동산의 최유효사용을 도모한 것뿐이다. 원룸이나 상가의 매가 결정 시 현 임대수입의 규모가 영향을 끼치듯 특정 부동산은 성업 중인 매장의 매출이 주된 관심사다. 사우나, 모텔로 이용 중인 매출수익용 부동산이 그들이다.

일반적인 임대용 부동산이 연 단위 임대차 계약을 한다면, 이들 부동산은 암묵적 초단기 임대차를 전제한다. 하룻밤 자는 대가, 한두 시간 깨끗한 물속에 몸 담그는 대가로 입장료를 수령하기 때문이다. 제조업체의 영업이익으로 기업가치가 평가되듯, 이들 매출수익용 부동산의 영업이익을 수익으로 보게 되면 부동산 수익환원법의 논리가 궁색해진다. 부동산 가치는 임대수익으로 평가해야 입점업체의 업종이나 장사 수완과 무관한, 객관적인 수익가치가 도출되기 때문이다. 그러나 이들 부동산의 이용자는 재화를 구입하고 서비스를 제공받는 게 아니라, 유료로 특정 공간을 점유·사용하는 것이므로 달리 보면 이 공간에서 발생하는 매출수입은 곧 임대수익으로 볼 수 있다.

운영자의 능력, 브랜드 가치가 영향을 미치는 오성급 이상의 호텔이라면 몰라도 평범한 모텔, 사우나는 시설과 입지의 싸움이다. 숙박시설의 지리적 위치, 수려한 외관과 내부 객실 인테리어 등은 토지와 건물에 속한 특성이다. 매출이 부동산에 터 잡아 발생하고 있는 것이다. 이들은 정기적인 시설 교체, 리모델링에 상당한 비용을 투자해야 한다. 다른 부동산과 달리 건물 가치 점유율이 상당함은 당연하다. 부동산에 투자해야 매출이 증대되고, 통행량과 회전수의 예측도 부동산 고유의 특성을 반영해 결정되게 마련이다.

결국 이들 매출수익용 부동산에 거래 당사자가 관심을 두는 것은 입장객 수에 연동된 매출수입이다. 물론 이런 부동산을 임차해 운영하는 이도 있어 임대수익의 개입 여지가 전혀 없는 것은 아니다. 그러나 매출 중 상당 부분을 임대료로 지불해야 하는 임차인이 공간 판매업의 매출규모에 무관심하지 않다. 이들 부동산의 매출수입은 임대수익과 사실상 동격이다. 매출수익을 환원해 결정한 수익가치에는 부동산과 관련 없는 집기, 비품 등의 항목이 포함돼 있어 최종적인 부동산 수익가치는 이를 공제한 값이 될 것이다. 브랜드나 운영자의 능력으로 초과수익을 낼 수 있는 영업권 가치가 별도 개입돼 있지 않다면 말이다.

대부분의 경매법정 단골손님이 사우나와 모텔이라는 사실은 매출 타격으로 고꾸라지는 곳이 한두 곳이 아님을 말해 준다. 타 업종과 달리 경쟁업체의 출현으로 매출에 큰 타격을 줄 수 있는 위험을 여럿 안고 있음도 주지해야 한다. 사우나는 열이면 아홉 지하상가에 입점할 경우 지상에 신설된 고급 사우나에 밀려 폐업 단계로 간다. 모텔 역시 인적 드문 곳, 누가 봐도 생뚱맞은 입지에 몸집 지나치게 불려 야심차게 개업했다가 퇴물로 전락하기 일쑤다. 따라서 수익성이 떨어져 현상 유지 차원으로 운영 중인 곳 혹은 폐업에 준한 휴업 상태라면, 절대 토지와 건물의 가치를 합산해 이들 매출 수익용 부동산의 몸값을 결정해선 안 된다. 해당 용도로 수익성이 없다면 머지않아 건물은 싹 밀리고 토지만 덩그러니 남아 있을 게 확정된 미래다. 반대로 한창 독점적인 위치를 점할 때의 분에 넘치는 매출수입을 기준으로 수익가치를 평가해서도 안 된다. 경쟁업체의 출현은 초과이윤을 걷어가 평범한 수준의 매출수익으로 수렴시킬 것이기 때문이다.

원석의 몸값, 산림의 가격

광릉수목원과 같이 인위적으로 조성되어 특별한 관리를 받는 임야는 논외로 하고, 평범한 산지의 몸값은 어떤 식으로 형성될까. 당장 수도권만 벗어나면 농촌, 어촌마을 태반은 울창한 산림이 사방을 둘러싸고 있다. 저런 게 팔리기나 할까 일단 의구심부터 든다. 경제적 가치가 없는 활·잡목들이 빼곡하고, 연고 미상의 분묘만 여기저기 산재하는 정도니, 수백 년째 그 자리에 자자손손 대물림됐을 것이다. 물론, 같은 임야라도 수도권에 포진하고 있으면 고가의 '원석'으로 취급받는다. 싹 밀고 나면 전원주택을 짓든 공장용지로 활용하든 사용가치가 폭등하기 때문이다. 잠재력이 가치를 저울질하는 이치다.

농촌, 어촌 지대 임야는 거래도 뜸할뿐더러 거래 당사자도 한 집 건너 이웃사촌인 경우가 많다. 조상 묘 쓸 용도로 탐내 이웃에게 팔 생각이 없냐고 넌지시 물었다가, 손쉽게 저렴한 가격으로 매수하는 것도 흔히 볼 수 있다. 조림을 위해 산림청에서 사유림을 매수한다고 공개적인 러브콜을 보낼 때도 있긴 하다. 매수 금액을 정하기 위해 감정평가를 받는데, 감정평가액이 야박할 정도는 아니니 파는 쪽도 그리 섭섭하게 여기진 않는다. 한때 골프장이 저 외진 곳까지 들어설 정도로 우후죽순 생겨난 적도 있었다. 수익성 높은 사업이라고 대기업, 중견기업, 개발업자가 너도나도 골프장 사업에 뛰어든 때였다. 이곳저곳 골프장 예정 부지를 알아본다고 다닐 때면, 직원 가방에 수억 원의 현금 뭉치가 들려있었다. 즉석에서 매매계약서를 쓰고 잔금을 모두 지불할 정도의 금액을 항시 준비한 것이다. 능선을 따라 고압선이 통과하게 되면, 영구적 사용에 따른 보상금을 지불받는데, 어차피 뭘 해볼 생각도 없이 놀리는 땅이라 밀양 사태처럼 예민하게 반응하지도 않았다. 보상금은 휴가 보너스 정도로 여기곤 했다.

소위 놀리는 땅, 경사도 급하고 입목 조밀한 순수 자연림이 특별한 사유가 개입하지 않고 거래된다면 몸값은 형편없다. 선산으로 쓴다고 조금 더 쳐줘도 수만 제곱미터 산지의 거래금액은 수천만 원에도 못 미치는 경우가 허다하다. 그러나 바닷가 주변 전망 좋은 위치에 있는 임야, 수도권 도심 근거리에 놓인 순수 자연림은 처지가 다르다. 이들은 잠재력이 있다. 비용은 들겠지만 잘 요리하면, 다양한 용도의 쓸모 있는 땅으로 변모할 수 있다. 당장은 아니지만 잘 다듬으면 보석이 될 수 있는 '원석'이기 때문이다. 다만, 자연림 중에서도 공익용 산지, 보전산지에 해당되면 원하는 용도로 전용하는 것이 쉽지 않다. 기껏해야 소규모 농업용 창고 허가를 낼 수 있거나 청소년수련장 등 비영리 용도로만 활용할 수 있다. 몸값 상승의 여력은 제한적이다.

잠재력을 지닌 산림은 요리를 하면 효용 높은 토지로 바뀌는 것이니 전환가능성을 염두에 두고 역산하는 방법으로 평가될 수 있다. 감정평가에서 '개발법'이라고 부르는 평가방법으로 맥반석 계란 판매가격에서 굽는 비용 등 제반 부대비용을 공제해 날계란의 가치를 저울질하는 식이다. 입목조밀도, 경사, 지세, 임도의 개설여부 등에 따라 임야를 평탄하게 만드는 토목공사비용은 대략의 범위가 있다. 임야를 전용할 때 납부해야 하는 대체산림자원조성비는 농지를 전용할 때 부담하는 농지전용부담금에 비해 약소한 편이니 크게 부담되는 비용은 아니고, 현금으로 예치한 산지복구비용은 산지전용이 완료되면 되돌려 받게 되는 전세보증금 성격의 비용으로 굳이 실비용으로 잡을 필요는 없다. 순수한 투자비용은 토목공사비 정도다. 물론 이렇게 조성을 해서 어떤 토지로 활용하느냐에 따라 맥반석 계란의 판매가격은 달라질 수 있다. 가장 비싸게 팔릴 수 있는 토지로 개발할 것은 자명하다. 아파트, 전원주택, 공장용지 모두 염두에 둘 수 있고 법적으로 허용되는 용도를 먼저 추린 후 주판을 튀겨 최종 용도를 확정하는 식이다. 이렇게 임야의 개발과정을 수차례 거치며 자연림의 몸값을 저울질해 본 적이 있는 사람은 임야가 농경지대에서는 '전, 답'에 비해 얼마나 열세한지, 주거지대에서는 농가주택부지에 비해 어느 정도 가격이 떨어지는지 감을 잡고 있다.

개발 가능한 자연림이라도 늘 최상의 상태로 대기 중인 것은 아니다. 보이지 않는 곳에 숨어 있는 무연묘나 타인 분묘는 분묘기지권 성립 여부에 따라 감가의 요인이 된다. 조림허가를 받고 타인이 조림해 놓은 입목제적 수천 ㎥가 산지 중앙에 떡하니 버티고 있으면 지상권 성립 가능성에 따라 낭패를 볼 수 있다. 한편 임야대장에 올라 있어 산 지번을 사용하고 있지만 실질이 구릉 형태의 토지 임야라면 개발비용은 미미해 대지에 준한 가격이 형성돼 있다.

산림에 대한 감정평가방법을 담고 있는 「감정평가에 관한 규칙」 제17조는 산지와 입목을 구분해 감정 평가하는 것을 원칙으로 하고 있고, 임지와 입목이 함께 거래되는 관행이 있거나 상호 용도 측면에서 불가분의 관계라면 일괄해 거래사례비교법을 적용하도록 하고 있다. 전자와 같이 각각을 합산해 평가한다면, 입목의 가치는 거래가격이나 조성비용 등을 고려할 수 있을 것이다. 그러나 일부 경제적 가치 있는 수목 등이 식재돼 있는 경우를 제외하고는 대부분 임지, 즉 토지만의 가치로 평가되는 것이 일반적이다. 이렇듯 산림 그 고유의 목적으로만 활용이 가능한 임야와 개발 가능성이 높은 자연림은 각각의 상황에 맞게 몸값이 형성된다. 고속도로를 달리며 줄곧 시야에 들어오는 무수한 산림도 이의 성격을 잘 아는 이의 눈에는 가격대가 달리 쓰여 있는 셈이다.

담보 가격의 할인 필요성

돈을 빌려주고 빌리는 일. 오랜 기간 생활의 한 단면이었다. 일수부터 친목계까지, 돈 굴리는 시장은 곳곳에 형성돼 있었다. 패물을 담보로 등록금을 융통했고 농사꾼의 유일 자산 서너 마지기 전답은 큰돈 빌리는 데 일조했다. 초기 급전 거래의 형태를 띠었을 자본 거래는 곧 투자의 영역으로 발전했다. 부채와 자본 총계가 자산이다. 빌린 돈 갚아 나가는 과정이 곧 자본형성·확충 과정으로 이해될 쯤 부동산 금융이 정치화됐다. 자본부족을 빌린 돈으로 충당하는 구조, 이것이 부동산금융의 기본이기 때문이다.

남의 돈을 빌리는 대가인 담보대출 금리는 부동산 유형에 따라 적지 않은 격차를 보인다. 일단 주택과 비주택의 차별이 심하다. 동일한 금액을 대출하려 해도 아파트 담보대출과 상가 담보대출은 많게는 1% 남짓 금리 차이를 보인다. 비주택의 경우, 물건 종류별로 대출한도비율인 LTV도 차등 적용된다. 대지와 임야를 차별 대우하고, 동산보다 부동산을 선호하는 경향은 오랜 관습이다.

모든 물건이 담보물 자격을 인정받는 것은 아니다. 채권기관에서 담보물로 취급하기에 부적정하다고 하면 그만이다. 위험한 물건이라고 판단되면, 취급하지 않는 것이 현명하다. 경매나 보상가액이 나왔던 물건이라고 해도, 물건의 가액과 담보물로서의 안정성은 별개다. 공원으로 지정된 사유림으로 대출을 못 받았어도 공원시설사업에 편입될 경우 보상가액은 상당할 수 있다. 채권기관이 감정평가기관과 맺은 협약서에는 담보물의 자격과 처리 방침에 대한 지침을 담고 있다. 신탁재산이나 학교, 공익법인의 기본재산 등을 담보로 취득할 수 없다는 관련 법률은 이런 내부지침보다 훨씬 강제력이 높다.

'동산·채권 등의 담보에 관한 법률(동산담보법)'이 요 몇 년 전 신설된 이후 중소기업이 보유한 원재료 등 동산을 담보로도 자금 대출을 받을 수 있다. 부동산은 등기사항전부증명서에 소재지, 면적, 소유관계, 근저당권 설정 내역 등 기본적인 사항을 기재하여 누구나 이를 확인할 수 있는 공시시스템을 갖추고 있다. 동산에 대해서도 이런 공시시스템을 도입해 동산의 종류, 수량, 보관 장소 등을 등기할 수 있게 해 줘서 담보물로서의 자격을 부여한 것이다. 항시 일정분의 원자재 재고를 보유한 기업 등 동산이 안정적인 담보물 요건을 갖추고 있는 경우만 혜택을 볼 수 있다.

부동산이든 동산이든, 채무자 입장에서는 '돈이 될 만한 자산'을 내놓고 대출기관에 얼마나 빌려 줄 수 있는지 타진하게 된다. 채권기관 쪽에서 '몸값이 얼마나 되는지' 확인할 필요가 있다. 외부 전문가를 활용할 수도 있고 자체 인력을 투입하기도 한다. 개략적인 담보가액을 알아야 대출 절차가 진행될 수 있다. 감정평가기관의 탁상 자문에 의해 추정가액이 문서로 통보된 적도 있다. 정식 감정평가 의뢰에 앞서 제공된 이 무료서비스만으로 대출절차를 진행하고 아무런 대가도 지불하지 않은 몇몇 금융기관이 있었다. 그런 이유로 탁상 자문은 유료로 전환됐거나 무료라도 문서가 아닌 구두통보로 대체됐다.

저당의 목적물에 대한 가치 평가를 담보평가라 한다. 공동주택을 제외한 일반적인 부동산은 개별성이 강하다. 그런 이유로 정식 담보평가는 현장조사를 수반한다. 현장에서 본인 부동산이나 동산을 소개하는 채무자는 이 물건에 대한 가장 우호적인 설명자다. 물건 주인의 손때 묻은 전원주택이라면 구구절절 어디에 얼마를 들였는지 소유자의 친절한 설명을 경험하게 된다. 채권기관과 평가자의 입장은 이와 상반된다. 혹시 융통한 자금을 변제하지 못할 때는 어김없이 경매에 넘어가는 것이 수순이다. 눈독 들이는 입찰자는 제 돈 다 주고 경매물건을 낙찰받지는 않는다. 가급적 보수적으로 부동산에 접근할 필요가 있다. 보수적이라 함은 '환가성'을 염두에 둔다는 말인데, 만일의 사태에도 최소한 건질 수 있는 금액을 고려해서 담보가치를 결정한다는 것이다.

다행히 담보물에 대한 안전 펜스는 평가자와 채권자 양측에서 날실과 씨실로 엮는다. 평가자가 몸값을 보수적으로 접근했다면 채권자는 거기에 대출비율을 적용해 담보대출가능금액을 하향 조정한다. LTV(Loan to Value)가 5~60%라면 몸값의 절반 정도만 대출을 해주겠다는 것이다. 거기다 임대를 줄 수 있는 독립적으로 구획된 공간이 '방'이나 '사무실'로 사용되거나 사용될 수 있으면, 적당한 보증금만큼 더 공제해 버린다. 이쯤 되면 돈 떼일 염려는 거의 없다.

깡통 상가, 깡통 아파트라는 말이 심심치 않게 등장하는데, 그렇다고 평가하는 쪽이나 돈 빌려주는 쪽에 심각한 문제가 있었던 것은 아니다. 아파트 같이 환가성 좋은 물건을 시세의 90% 정도로 평가하고 이보다 안전한 물건은 없다고 해서 채권자 측에서도 LTV 80%를 적용해 시세의 72%(0.8×0.9) 정도의 자금을 융통해 줬는데 이후 속절없이 아파트 가격이 30% 넘게 폭락해 몸값이 빌려준 돈에도 못 미친 것이다. 이런 일을 경험하면 채권자와 평가사는 담보물 안전 가격을 더 내리게 된다.

담보대출에는 사건사고가 끊이지 않는다. 특히 정상적으로 대출이 안 되는 물건에 실력자가 달라붙어 불씨를 만들곤 했다. 대출 '예외' 또는 '제외'되는 자산을 '일반'과 '정상'인 물건으로 바꿔놓을 때가 종종 있고, 여신 담당자와 공모해 자산 가액을 부풀리는 수법을 쓰기도 한다. 이와는 달리 부동산 경기 침체, 자산 가치 하락, 디

플레이션에 의해 발생하는 담보부채권의 일부 부실은 '악성' 부실과는 달리 '정상'적인 부실로 취급해야 한다. 부실 방지책으로 LTV가 있었지만, 어느 누구도 LTV 여유분을 남겨두는 일은 없다. 한 푼이라도 더 대출받으려는 채무자의 일반적인 사정을 고려해야 했다. 채무자는 대출한도액을 더 보장하는 쪽으로 발길을 돌리기 때문이다.

매년 예금보험공사에서는 파산재단 보유자산을 공매 처리하고 있다. 이 사업장에 돈을 담근 금융권, 곧 타인 자본은 상당부분 지분을 날렸다. 공매까지 왔다면 채권자의 지위에서 어떡해서든 이 부실자산을 매각해 대출 원금 피해를 최소화시키려 발버둥 친다. 부실위험을 고려해 담보물의 안전 가격을 낮추게 하는 금융 감독 당국의 조치나 평가사의 입장은 존중받아야 한다.

담보대출은 기업에게는 투자활성화를 위한 자금 확보 수단이 된다. 가계는 발등에 떨어진 급한 불 끄는 데 주택 등 부동산을 담보물로 제공한다. 아직까지는 기술금융이나 신용대출보다는 원금회수율이 높다. 그러나 가계 빚 대부분은 주택담보대출에 기인한다. 부동산 가격 하락기면 대규모 부실우려와 가계 도산, 경제 침체의 고리 얘기가 끊이지 않는다. 그런 면에서 담보대출은 두 얼굴을 지니고 있다.

천장을 뚫는 경매 법사가

경매 대중화의 출발점은 분양가가 치솟던 부동산 활황기에 한 푼이라도 싸게 내 집 마련할 수 있다는 서민들의 소박한 바람이었다. 그러던 것이 재테크 수단으로 각광을 받기 시작했다. '경매 투자로 얼마 벌었다'는 자극적인 경매 투자 지침서가 줄곧 서점 부동산 분야 판매 순위 상위권 단골이었다. 더 나아가 '황금알 낳는 거위'인 줄 안 '묻지마투자'로 시세를 넘겨 낙찰받는 폐단을 양산하기도 했다.

경매로 나온 물건은 꽤 다양하다. 은행에 저당 잡혔던 아파트가 채무자의 사업이 기울며 계속된 이자 연체로 인해 경매 시장으로 떠밀리기도 한다. 재산권 분쟁에 대한 판결로 몇 푼 안 나가는 중고차를 경매에 넘기기도 한다. 1필지 토지 전체가 아니라 일정 공유 지분이 경매 목적물이 되기도 하고 구분건물인데 대지사용권이 없어 건물 부분만 평가를 해야 하는 경우도 있다. 공장 전체가 경매에 넘어가면 생산라인에 있는 기계 하나하나가 전부 경매 목적물이 된다. 분묘가 있는 임야, 도로, 골조만 올리고 건축 중단된 건물 등 우리가 아는 모든 종류의 부동산이 경매 시장에 넘쳐나고 있다.

감정평가사는 최초 경매개시가격을 결정하는 일을 담당한다. 경매로 나온 물건의 몸값을 결정해 주면 그 금액을 최저 입찰가로 정해서 입찰이 진행된다. 입찰 한 번에 제 주인을 찾아가는 물건은 손에 꼽는다. 1~2회 정도 유찰을 거치는 게 상례고 인기 없는 물건은 4~5회 유찰을 거쳐 심지어 최초 법사가 대비 10~20% 가격에 낙찰되기도 한다. 요즘은 지역별로, 부동산 유형별로 최근 6개월 또는 1년간 낙찰률 및 낙찰가율 통계를 집계·게시해 주는 유료 사이트도 있다. 주먹구구식으로 입찰하기보다는 최소한의 정보는 입수하고 접근해야 뒤늦게 '아차'하고 뒷목 부여잡는 일이 없을 것이다.

최초 법사가를 결정하는 감정 평가는 다른 평가와 다른 고유한 특징을 가지고 있다. 담보평가에서는 시장가치를 하회했으나 이 경우는 시장가치를 밑돌 수 없다. 쉽게 말하면 최초 법사가는 대상 부동산에 부여할 수 있는 최대 가치다. 남의 재산 매각가를 결정하는데 경매에 내몰린 물건이니 좀 저렴하게 책정할 수는 없다. 물건 원소유자의 기득권을 최대한 배려해 주자는 게 관행 아닌 관행인 셈이다. 좀 비싸 보인다 치면 어차피 유찰을 거쳐 수요자의 입맛에 맞는 가격으로 내려갈 테니 평가하는 쪽에서도 꼭짓점을 찾아가게 된다. 물건의 가치는 점이 아니라 범위라고 보면 법사가는 그 범위의 상단을 지적해 주는 것이다.

한 번에 낙찰되지 않았다고 해서 최초 법사가가 과대평가된 금액이라고 단정할 수는 없다. 몇 번의 유찰 후에 낙찰받은 입찰자는 낙찰받고 좀 남길 수 있는 매력적인 가격대에 투자했다고 이해할 수 있다. 정상적인 거래 조건에서 매매되는 게 아니라 매수자 입장에서 가장 선호하는 가격에 팔리는 셈이니, 실제 몸값은 낙찰 금액 이상이 되어야 마땅할 것이다. 경매 최저 입찰가인 법사가는 '시장에서 제값 다 주고 사는 착한 새댁에게 부르는 가격'이라고 부르는 이들도 있다.

경매 가격 못지않게 경매 목적물이 추가되는 경우가 다반사다. '제시 외'로 표현되는 모든 물건이 그들이다. 제시된 것은 근저당권이 설정된 부동산 및 기계류 등에 한정된다. 원래 목록에 없던 것까지 평가에 포함시키는 것은 입찰자의 입장과 채무자의 사정을 고려한 것이라고 볼 수 있다. 해당 부동산을 낙찰받는 이는 담보에 잡히지 않은 부합물과 종물, 조경수 및 조경목, 별동의 창고 등을 모두 인수하게 된다. 제시된 물건의 가격을 '소계', 여기에 제시되지 않은 물건의 가격을 더해 '합계'를 낸다. 혹, 종물 또는 별동의 창고가 타인의 권원에 의해 설치된 것이 의심되면, 지상권 개입 여지가 있어 비고란에 감액된 토지가액이 병기되기도 한다. 채무자도 제시된 물건뿐만 아니라 제시되지 않은 물건-타인 소유가 아닌-을 포함해 일괄 처분할 때의 가격을 받고 싶어 한다.

모든 감정평가가 '현황기준원칙'을 준수하고 있지만, 담보평가에서의 현황은 '순수한 현실'이 아닌 '지적공부상의 현실'이라고 보면 된다. 이런 사정 때문에, 경매평가에서는 현장 조사 결과 제시된 목록의 규격과 내용이 달라질 수 있다. 건축물대장상 근린생활시설로 등재된 물건이 실제 주택이라면, 주택의 가격으로 평가돼야 한다. 육안으로 볼 때 현황과 등기상의 면적이 다르다면 실측을 해야 한다. 물론, 그런 내용을 보고서에 기재해야 한다.

경매 투자를 조언할 때, 경매평가된 시점과 입찰시점 간의 괴리를 지적한다. 경매 가격은 3~6개월 전 가격이므로 참고는 하되, 입찰 당시의 시가 파악이 우선이라는 것이다. 합리적인 지적이다. 낙찰가율에는 유치권 등 낙찰 후 낙찰자가 인수하는 부담 등이 반영되고, 그 값은 최근 부동산 경기 및 투자수익률 등에 따라 출렁인다.

도로의 가격

진입, 통행을 위한 목적으로 설치 · 조성되는 '도로'는 「도로법」, 「국토의 계획 및 이용에 관한 법률」과 밀접한 관련이 있다. 고속도로, 국도, 지방도로인 경우 도로구역으로 지정되고 협의와 수용의 절차를 거쳐 취득한 토지에 아스팔트가 깔린다. 「도로법」에 의해 설치되는 경우다. 시내 도로 대부분은 앞선 것과 조성 과정은 다르지 않지만 도로구간이 몇십 미터에 불과한 것도 있다. 「국토의 계획 및 이용에 관한 법률」에 '도시계획시설도로'로 불리는 것이다. 물론, 택지개발계획 안에, 그리고 지구단위계획 안에 이런 도로의 설치와 조성 계획이 포함돼 있기도 하다. 도로만 설치하기 위한 사업과 도로를 포함한 광범위한 지구 개발의 차이로 이해하면 된다. 어쨌든 도로의 신설, 기존도로의 확장을 위한 공사는 현재진행형이다.

지목이 도로인 것도 있지만, 다른 지목으로 남아 있으면서 도로로 사용 중인 토지도 널렸다. 도로를 확보하지 못하면 건축허가, 개발행위허가를 안 내주니 구석구석 도로가 자리를 잡는다. 도로인 토지를 국가나 지자체가 소유하기도 하고, 사인(私人)의 소유로 남아 있는 것도 많다. '기반시설'에 포함되는 도로는 '행정재산'으로 불리며 공중의 이익에 부합하도록 관리되고 있다. 도로의 보전을 위해 '접도구역'을 지정해 도로의 손궤를 불러오는 이용에 제약을 가하고, 꼭 사용해야만 하는 경우 '점용허가'를 내 준다. 개인 도로는 도로의 사용문제 때문에 마찰이 적잖다. 통행을 못하게 하거나 과다한 사용료를 요구하면 분쟁은 불가피하다.

'도로'로 사용 중인 토지를 평가하는 문제, 감정평가에서는 난제 중의 하나다. 도로의 성격, 개설 경위, 소유자가 통일되지 않는 것도 그렇고, '도로' 인 토지를 평가하는 규정도 복잡하기 때문이다. 공도, 사도, 사실상 공도, 사실상 사도, 예정공도, 사도법상 사도 등 법률상 용어부터, 새마을도로, 단지 내 도로, 부체도로 등, 도로의 성격에 따른 분류까지 들어가면 일반인들은 머리가 지끈거린다. 도로의 평가 규정 역시 변천을 거듭했다. '도로'인 토지를 평가하는 사유 중 단연 토지보상을 빼놓을 수 없으니 「공익사업을 위한 토지 등의 취득 및 보상에 관한 법률」의 규정이 가장 구체적인 규정이라고 볼 수 있다.

『공익사업을 위한 토지 등의 취득 및 보상에 관한 법률』에서 사도법상 사도를 인근 토지의 1/5 이내로 평가하고, 사실상 사도는 1/3 이내로 평가한다는 규정을 보면, 도로인 토지가 그 주변 대지나 공장용지, 농경지로 사용 중인 토지에 비해 상당히 헐값으로 취급된다는 것을 알 수 있다. 도로의 사용료를 역산해 봐도 실제 몸값은 그리 높지 않다. 인근 대지를 매매할 때면 진입도로가 그에 묶여 하나의 거래대상이 되는데 매매계약서에 '도로 몇 평'이라고 쓰는 걸 보면, 일반 대지와 같은 대우는 기대할 수 없다. 감정평가실무기준에서 '사도'를 평가할 때 평가 대상에 그 도로를 사용하고 있는 다른 토지들도 포함돼 있다면 전체를 한 묶음으로 평가할 수 있도록 규정한 것은, 도로만의 가격을 별도로 내놓기 어려운 속내를 드러낸 것이다. 또한 다른 토지에 얹혀 매매되는 현실을 반영할 것일 수도 있다.

감정평가기법 중 원가법을 도로의 평가에 사용하면 혼란스러워질 수 있다. 건축허가를 위해 특정 부분을 진입도로로 확보했을 텐데, 도로로 사용할 부분이라고 매매할 때 다른 가격을 책정했을 리 없다. 도로부분의 취득단가가 '대지'와 다를 이유가 없을 것이다. 취득가격에 포장 등의 비용을 더하면 도로가격은 일반 대지 가격을 넘어선다. 불합리한 결과다.

거래사례비교법 적용 가능성도 고려할 수 있다. 확실히 '도로'만의 매매가 빈번하다면 적용을 마다해야 할 이유가 없다. 일반인들이 도로에 부여하는 심리도 알 수 있으니 통계적인 분석만 거치면 된다. 그러나 사례가 적고 상황이 일률적이지 않다. 표본이 충분하지 않고 질적 특성의 계량화가 어렵다면, 신뢰성 있는 결과를 얻기 힘들다.

그런 면에서 현재 도로의 평가 규정도 궁여지책으로 볼 수 있다. 사도의 가치가 인근 토지의 1/3 이내라는 것은 33% 수준이면 괜찮다는 내용인데, 판례는 이를 '용도의 고착화', '통행제한 불가', '독점적 사용·수익 포기' 같은 문구로 치장했다. 감정평가실무기준에서 '용도의 제한이나 거래제한 등에 따른 적절한 감가율', '해당 토지로 인하여 효용이 증진되는 인접 토지와의 관계', '『공익사업을 위한 토지 등의 취득 및 보상에 관한 법률』의 도로평가기준'을 고려해서 감정평가하도록 한 것도 같은 맥락이다. 물론 공도의 사정은 다르다. 용도의 제한을 풀 수 있는 권한을 가진 자의 소유물이라고 특별대접을 받고 있어 같은 선상에 놓을 수 없다.

도로 하면 흔히 떠올리는 '사도'에 적용되는 '0.33'이란 수치가 현재 가장 일반적인 도로의 가격이라고 볼 수 있다. 과세를 위한 개별공시지가 산정 시에도 도로인 토지는 바로 인접한 대지 가격의 33%로 결정된다. 그런데 이것도 들여다보면 애매하다. 1필지 도로부지가 띠 모양으로 수백 미터에 걸쳐 있다면 인접한 대지만 수십 필지일 수 있다. 어느 가격의 33%인지 자의적일 수 있다. 정리하면, 도로는 논리적인 도출 과정이 아니라 합리적인 책정의 방법으로 평가되고 있다.

고급주택 가격

시기별로 '괜찮은 주택'의 유형은 변모를 거듭했다. 1980년대 농촌은, 목조나 시멘블럭조 일색이던 농가주택이 '벽돌조'와 '연와조' 건물로 바뀌었다. 흔히 '양옥집'으로 부르던 새 주택을 말한다. 연립주택이 등장했고 5층 주공아파트가 차례로 선보였다. 아파트의 등장은 종전 연립에 비해 두 층 높아진 건물이 등장했다는 것 이상의 변화였다. 아파트 단지 내 세대 수가 웬만한 시골 마을 가구 수보다 많았다. 이전 연립이 작은 집성촌이었다면 아파트 단지는 하나의 잘 정비된 마을이었다. 이 시기 서울에서는 반포주공, 개포주공, 잠실주공아파트 등 아파트가 보편적인 주거형태로 자리 잡았다. 90년대 이후 '타워팰리스', '성북동 타운하우스', '방배 서래마을', '평창동 단독주택', '유엔빌리지', '삼성동 아이파크'까지 고급주택으로 불리는 주택들이 여기저기 등장했다.

최근 분양전환과정에서 큰 논란을 빚은 고급주택 단지도 있다. 공급자가 '최고가 강북 아파트', '한국판 비버리힐스', '상위 0.1%를 위한 고급아파트'로 선전한 한 고급 임대아파트다. 감정평가결과에 따라 분양전환 가격을 결정하는 것으로 계약이 돼, 양측이 각자 유리한 결과를 얻기 위해 충돌했던 주택 단지다. 감정평가 과정이 만만치 않았다. 주변에 비교할 만한 고급 공동주택이 없는 점이 난처했다. 이런 고급주택의 가치를 결정할 때는 활용할 수 있는 모든 자료를 검토해 봐야 한다.

첫 번째, 이 아파트 가격에 대한 공시자료를 우선 들춰볼 수 있다. 전국의 모든 공동주택에 대해 책정되는 공동주택공시가격은 연도별로 확인 가능하다. 공시가격이 시가가 아님은 분명하다. 그러나 시가를 파악해 공시가격 수준이 결정된다. 시가의 7~80% 수준이라는 게 중론이다. 그러면 이를 역산해 현재의 시가를 추정해 볼 수 있다. 다만, 두어 가지 전제가 필요하다. 이 아파트의 현 소유자인 공급자 측에서 공시가격 수준의 결정에 있어 특별한 민원을 제기하지 않았다는 점[49]과 다른 고급 아파트 공시가격의 시가비율과 크게 차이가 없다는 점이다.

두 번째, 현 임대보증금으로부터 역산해 보는 방법도 있다. 최근 서울과 수도권 내 공동주택의 전세가(임대보증금)비율이 몇 %에 육박한다는 기사는 유효적절한 정보다. 우리 아파트는 전세 또는 보증부월세 방식을 취하고 있다. 보증금 일부와 월세를 혼합한 보증부월세인 경우 '보증금+월세/전월세전환율'의 산식[50]을 통하면 전세구조로 환산된다. 다만, 여기도 두어 가지 사항을 확인해야 한다. 책정된 전세보증금은 평균적인 전세가비율이 적용된 값일 것과 최근 분양을 앞두고 전세보증금을 인위적으로 조정하지 않았다는 것이다. 최초 임대보증금을 책정할 때 추후 분양가를 염두에 두고 시가에 근접시켰다면 평균적인 전세가 비율 적용 가능성은 원천 봉쇄되기 때문이다.

세 번째, 비교 가능성 있는 인근 공동주택 거래가격을 참작할 수 있다. '비교가능성'이란 기준은 적용하기 나름이다. 세대수는 얼마 안 되더라도 인근 고급빌라 촌이 형성돼 있다면 이들의 최근 거래가격은 유의미한 정보다. 우리 고급주택 단지가 지닌 우수한 커뮤니티 시설의 효과, 쾌적한 산책로와의 인접성은 비교 단지에 비해

49) 공동주택 공시가격은 소유자의 극심한 민원으로 인해 일부 가격조정이 이뤄지기도 함

50) 보증금 1천만 원을 줄이는 대가로 월세 10만 원(연 120만 원)을 더 받는 구조라면 전월세전환율은 12%로 계산됨

가점이 될 것이다. 한강 조망권이 확보돼 있지 않다면 감점 요인이다. 행정구역을 달리해서 좀 먼 곳의 고급 공동주택과 비교할 수도 있다. 세대수나 시공의 질 등이 유사한 곳을 선정할 것이다. 이때, 비교 요인은 지역적 격차 정도다. 일반적인 아파트인 경우, 저쪽 지역은 얼마 하는데 우리 쪽 지역은 얼마가 적정한지 쉽게 가늠될 때도 있다. 분양자 입장에서 '얼마까지 분양할 수 있는지', 수분양자 입장에서 '얼마 정도면 분양받을 메리트가 있는지' 각자가 생각하는 '얼마' 내에서 시세는 형성된다. 고급주택은 사례가 많지 않아 이런 거래사례비교법 적용이 어렵다는 것은 부인할 수 없다.

마지막으로 원가 접근의 틀에 넣어 볼 수 있다. 공동주택 사업자가 원가에 연동해 분양가를 책정하는 관행을 고려해 보자는 것이다. 고급 주택을 짓기 위해 토지를 매입한 가격이 있을 것이고 건물 도급 공사비 자료도 추정 가능하다. 여기까지를 순수 '원가'라고 하면 그간 지출한 금융비용, 관리자 인건비, 시행이익까지 생각해 얼마를 덧붙였을 것이다. 공동주택 사업에선 원가에 가산하는 이 비율이 일정한 범위 안에 있다. 너무 높으면 고(高)분양가 인식에 미분양 위험이 상존하고, 그 아래면 별로 남는 게 없는 염가(廉價) 분양이 될 수 있다. 염가와 고가 사이에서 진폭을 줄이며 현재의 적정 가산 비율로 자리 잡았을 것이다. 다만, 공급자가 고급이미지를 덧씌우고 어느 정도의 '프리미엄'을 반영했는지에 따라 진폭은 크다.

위 네 가지 접근방법을 다 써 봤을 때 다수가 수렴하는 값이 있다면 이를 고급 아파트의 적정 몸값으로 보면 될 것이다. 단지의 희소성 때문에 독보적인 가격대를 보일 수 있다. 최초 분양가를 높게 책정해 분양을 완료했더라도 시장의 기대수준에 맞춰 하향될 수도 있다. 이 단지의 입주자 구성, 후발 고급 주택의 공급 동향도 장래 시세의 방향성을 결정하는 중요한 요인으로 보인다.

분양가상한제와 공동주택 가격(택지비 감정평가)

분양가상한제 구조

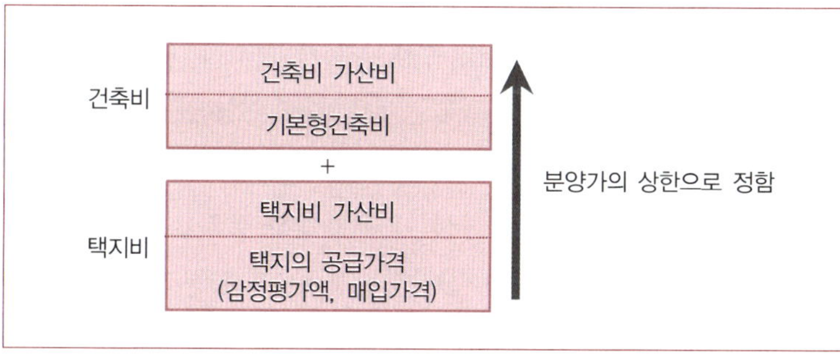

2014년 말 기준 국토통계누리 용도별 건축물현황에서 주거용 건축물의 점유율은 65.8%다. 동일 시점 주거용 건축물 내 주택 유형 중 아파트의 점유율은 전국적으로 49.6%, 수도권은 이보다 다소 높은 50.8%를 차지하고 있다. '분양가'라고 하면 신축 아파트를 떠올린다. '분양가상한제'는 주거유형 중 다수를 차지하는 공동주택에 대해서만 분양가격을 통제하겠다는 내용이다. 공동주택이라도 도시형 생활주택은 적용받지 않는다. 경제자유구역 내 공동주택 중 '외자유치 촉진'과 관련이 있는 곳, 관광특구 내 층수가 50층 이상이거나 높이가 150미터 이상인 공동주택도 예외다. 전자는 아파트와 같은 전형적인 공동주택이 아닌 점, 후자는 분양가 제한 필요성이 없는 지역 내 공동주택이라는 점에서 열외를 인정받았다고 볼 수 있다.

공동주택 가격을 사업주체에 맡겨서는 막대한 폭리를 취할 것이라는 염려가 이 제도를 탄생시킨 것으로 보인다. 국민의 절반 이상이 구입하며 거주하는 주택가격이 안정되지 않는 현상을 호되게 경험해서였을 수도 있다. 1989년 '분양원가연동제'를 분양가상한제의 원천으로 볼 수 있다. 부동산 부양책의 일환으로 최근 분양가상한제를 탄력적으로 운용하도록 했는데, 핵심 내용은 민간 택지의 경우 원칙적으로 분양가상한제 적용을 받지 않도록 한 것이다.

현재 분양가상한제가 적용되는 주택은 공공택지와 민간택지 중 일부지역에서 공급되는 공동주택이다. 민간택지 중에서는 특정한 요건을 충족하는 곳만 해당되는데, 주택가격상승률이 물가상승률보다 현저히 높은 지역으로서 주택가격이 급등하거나 급등할 우려가 있는 지역 중에서 주거정책심의위원회의 심의를 거쳐 지정한다. 주택 가격 급등의 기준은 '①지정월 기준 직전 월 소급 3개월간 아파트 매매가격 상승률이 10% 이상 ②직전 월 소급 3개월 월평균 아파트 거래량이 전년 동기 대비 200%를 넘을 것 ③직전 월 소급 아파트 공급이 있었던 연속 3개월간 아파트의 평균 청약경쟁률이 20대 1을 초과할 것, 중 어느 하나에 해당하면 된다. 민간 택지 중 분양가상한제 적용 지역에서 벗어날 수도 있다. 계속 지정해야 할 필요성이 사라지면 주거정책심의위원회의 심의를 거쳐 해제해야 한다. 시·도지사, 시장·군수·구청장이 국토교통부장관에게 해제를 요청할 수도 있다.

분양가상한제를 적용받은 지역에서 공급되는 공동주택에 대해서는 입주자 모집 공고 시 청약자들에게 분양가상한제 적용주택이라는 사실을 공지해야 한다. '분양가상한제 적용 아파트'로 광고지에 표기했다면 분양가가 저렴하다는 걸 강조하는 광고문구라고 이해할 수 있다. 감정평가기법 중 원가법은 물건을 제작·구입의 방법으로 취득하는 데 투입한 원가가 물건의 가치와 연동된다는 논리를 기반으로 한다. 분양가상한제는 원가법으로만 공동주택의 분양가격을 결정하도록 강제하는 조치다.

분양가상한제하에서 분양가격을 산정하는 기준은 『공동주택분양가격 산정 등에 관한 규칙』으로 정하고 있다. 제한을 받는 분양가는 택지비와 건축비로 구성된다. 택지비는 택지의 공급가격 등에 택지비가산비용을 더한다. 택지의 공급가격 등은 공공택지의 경우 공급가격, 민간택지의 경우 감정평가한 금액을 가리킨다. 민간택지에서의 택지 매입가격은 공공택지의 '공급가격'과 성격이 유사하다. 「민사집행법」, 「국세징수법」 또는 「지방세기본법」에 따른 경·공매 낙찰가격, 국가·지방자치단체 등 공공기관으로부터 매입한 가격, 부동산등기부나 법인장부에 기재된 택지의 거래가액이 매입가격으로 인정받을 수 있다. 다만, 이들 매입가격은 「부동산 가격공시 및 감정평가에 관한 법률」에 따라 감정평가한 가액의 100분의 120에 상당하는 금액 또는 개별공시지가의 100분의 150에 상당하는 금액 이내여야 한다. 원가를 부풀리려는 시도를 염려한 조치인 듯하다.

택지비가산비는 택지의 공급가격 등에 가산되는 택지와 관련된 비용을 말한다. 공공택지와 민간택지에서 인정하는 비용 항목이 약간 다르다. 공공택지의 경우, 각종 공사비(연약지반, 암석지반, 흙막이·차수벽 공사)에 방음시설설치비, 택지대금에 대한 기간이자, 제세공과금, 등기수수료 등에 분양가심사위원회가 증빙서류를 심사해 인정한 그 밖의 비용을 포함한다. 각종 공사비는 「엔지니어링기술 진흥법」에 따라 해당 부문의 기술용역업체로 신고된 업체의 도움을 받아 증빙서류를 제출하고 있는 실정이다. 민간택지인 경우 공공택지에서의 공사비 등에 사업주체가 부담하는 간선시설 및 도시공원의 설치비용, 지장물 철거비용, 진입도로의 개설로 편입되는 사유지의 가액, 감정평가수수료까지 인정받는다. 물론, 분양가심사위원회가 인정한 그 밖의 항목이 포함된다. 민간택지의 경우 감정평가액 외에 일정한 한도 내 매입가격도 공급가격 등으로 인정해 주고 있다. 매입가격으로 대체되는 경우 택지비가산비에 제세공과금 및 등기수수료 등이 추가로 포함된다.

건축비는 기본형건축비와 건축비 가산비용으로 구분한다. 기본형 건축비는 매년 3월, 9월 첫째 날에 고시하는데, 주택건설에 투입되는 건설자재 등의 가격변동을 고려하여 산정돼 주택건축비의 등락을 나타내는 '공동주택 건설공사비지수'를 반영하여 정하고 있다. 지상층건축비와 지하층건축비로 나눠 발표된다. 기본형건축비가 6개월 단위로 고시되는데, 고시한 후 3개월이 지나 급격한 원자재 가격 상승으로 주택건설에 투입되는 주요 건설자재 가격이 15% 이상 등락을 보이는 경우에는 이를 반영한 조정 기본형건축비를 고시해야 한다. 매년 2번 기본형건축비가 발표되고 최근 7년간 14번 상향됐다. 매번 오르고 있어 어느 시점의 기본형건축비를 적용하느냐에 따라 분양가격이 달라진다. 규정에는 해당 단지의 입주자모집 승인신청일(또는 입주자모집공고일)에 가장 가까운 시점에 고시된 값을 적용하도록 하고 있다. 시장·군수 또는 구청장은 해당 지역의 특성을 감안하여 국토부가 고시하는 기본형 건축비를 5% 내에서 가감할 수 있다. 이렇게 달리 정해서 고시하려면 분양가심사위원회의 심의를 거쳐야 하며, 국토교통부장관이 고시하는 주요 자재별 기준단가와 해당 지역 자재가격과의 차이 등에 관한 객관적인 자료를 제출해야 할 의무를 부여받는다.

건축비가산비에 포함되는 항목에는 ① 철근콘크리트 라멘구조(무량판구조를 포함한다), 철골철근콘크리트구조 또는 철골구조로 건축함에 따라 추가로 소요되는 비용으로서 국토교통부장관이 정하여 고시하는 산정기준 및 가산비율 등에 따라 산정하는 비용 ② 아파트 외의 형태로 건설·공급되는 공동주택에 테라스 등을 설치하는 비용 ③ 공동주택성능에 대한 등급을 발급받은 경우나 소비자만족도 우수업체로 선정된 경우 추가로 인정되는 비용으로서 국토교통부장관이 정하여 고시하는 산정기준 및 가산비율 등에 따라 산정하는 비용 ④ 주택건설사업계획의 승인에 부가되는 조건을 충족하기 위하여 추가되는 비용(사업계획승인권자로부터 사업계획에 포함하여 승인을 받은 비용으로 한정한다) 및 법정 최소 기준 면적을 초과하여 설치한 복리시설(분양을 목적으로 건설하는 복리시설을 제외한다)의 설치비용 ⑤ 인텔리전트설비 설치비용 ⑥ 초고층주택 특수자재·설비 ⑦ 임해(臨海)·매립지 등의 입지에 방염 등에 필요하다고 인정되는 특수자재·설비 ⑧ 분양보증수수료 ⑨ 입주자 모집 전 일정 공정률 충족 요건 사업장의 공사비 기간 이자 등이 있다.

입주자모집공고에서는 기본형건축비 중 일부 항목이 빠져 있거나, 추가된 항목을 포함한 건축비가 녹아 있는 분양가격을 확인할 수도 있다. 입주자가 기본적으로 선택할 수 있는 품목이 있다. 벽지, 바닥재, 주방용구, 조명기구 등의 항목을 '기본선택품목'이라고 부른다. 소방시설, 단열공사, 전기공사, 건물의 구조에 영향을 줄 수 있는 품목은 여기에 포함되지 않는다. 기본형 건축비 또한 이런 기본선택품목을 제외한 부분의 금액을 고시하도록 하고 있다. 입주자모집 공고 때 기본선택품목의 종류와 이를 제외한 부분의 분양가격을 확인할 수 있다. 기본형건축비에 포함되지 않는 '추가선택품목'의 비용도 게시된다. 이들은 입주자가 추가로 선택할 수 있는 발코니 확장, 시스템 에어컨 설치, 붙박이 가전제품 및 가구 등의 항목과 관련 있는 비용이다. 이들 역시 기본형건축비가 포함된 분양가격과 별도로 표시돼야 한다.

택지비의 감정평가는

분양가상한제하의 공동주택 분양가격 결정 과정에서 감정평가가 개입하는 대목은 '민간택지'의 택지비를 결정할 때뿐이다. 사업주체가 주택건설 사업계획승인을 신청한 후 입주자모집승인 신청일 이전에 시장 · 군수 또는 구청장에게 택지가격의 감정평가를 신청한다. 감정평가의 기준시점은 택지가격의 감정평가를 신청(또는 의뢰)한 날이 된다. 감정평가방법은 공시지가기준법이다. 최근 공시된 표준지공시지가를 기준으로 평가를 수행한다. 이 평가는 대표적인 조건부 평가다. 아파트 부지는 기준시점 현재 아직 지적정리가 돼 있지도 않고, 건축 공사가 완료되지도 않았다. 택지 내 공원이나 간선도로 등이 완비되지 않았을 때다. 따라서 '택지조성이 완료된 상태'를 전제로 평가가 이뤄진다. 택지비 평가는 복수의 평가기관이 담당하므로 최종 택지비는 이들의 산술평균값이다. 재평가 사유도 있다. 택지비 최고평가액이 최저평가액의 110%를 초과하는 경우와 사업주체가 택지비 평가액 결과에 이의를 다는 경우다. 단, 후자인 경우 재평가는 1회에 한해 실시된다.

현재 분양가상한제의 탄력적 운용은 시장 규제 철폐 논의의 결과물이다. 주택 시장 부양책과도 관련이 있다. 분양가상한제하에서 결정된 분양가격이 투입 원가만을 반영한 결과물로, 공급자인 건설사에게 족쇄가 되는지는 각 항목이 순수한 원가인지를 파악하면 된다. 일단, 분양가상한제를 적용받지 않는 민간 택지에서의 건축공사비와 국토교통부가 고시하는 기본형건축비가 큰 격차를 보이지는 않는다. 기본형건축비로 짓는 LH아파트와 도심 내 재건축 단지 아파트의 공사비가 큰 차이를 보이지 않는다면, 민간 아파트의 도급공사비에는 시공자의 적정이윤이 포함되므로 기본형 건축비는 원가 수준을 뛰어넘었다고 볼 수 있다. 분양가 상한제의 건축비가 물가 상승분을 보장한 원가 연동형으로 운영되면서 분양가격을 억제하는 효과가 없어졌다는 지적도 있다.

택지비의 감정평가액 수준을 검토하면 분양가격에 토지원가만이 반영됐는지도 알 수 있다. 공동주택 분양가격 결정방법은 각 원가를 합한 것이다. 그런데 토지의 가격은 외생적 변수로 볼 수도 있다. 공동주택 분양가격을 제품으로 보고 택지비를 원재료로 보면, 분양 가능한 가격 수준에 따라 각 지역과 위치별로 택지비가 달라지기 때문이다. 가산비용이 별도로 없다고 전제한다면 건축비가 2억 원인 경우, 5억 원에 분양 가능한 공동주택의 택지비는 3억 원 근처까지 오를 수 있고 6억 원에 분양 가능하다면 4억 원 가깝게 몸값이 올라간다. 물론, 적정이윤을 고려하면 택지비 가격이 이에 살짝 미치지 못하겠지만, 택지비의 감정평가 시 분양가격으로부터 역산한 토지가격을 고려하게 된다.

분양가상한제가 과도한 규제였는지, 존치하는 것이 폐해인지에 대해서는 이견이 상당하다. 이는, 주택을 고가의 상품으로만 볼지 공공재의 성격이 있는 주거공간으로 보는지 시각의 차이일 수도 있다. 부동산만큼 국민 경제에 미치는 영향이 큰 부문도 없고 공동주택은 부동산의 핵심이기 때문에, 시장에서 파는 물건의 가격을 통제하려는 정부의 정책이 아직 실행 중이라고 봐야 할 것이다.

프로젝트 파이낸싱에서의 가격(PF평가)

요 몇 년간 국내 부실 사업장을 매각하는 작업이 한철이었다. 이들 사업장에 누구보다 깊숙이 발을 들인 것은 저축은행이다. 몇몇 저축은행의 파산과 손 바뀜은 부실경영 탓이다. 그리고 부실해진 사유를 꼽을 때면 PF 대출부실이 빠짐없이 오르내린다. 부동산 프로젝트를 담보로 돈을 빌려주는 'PF'(project financing)는 전문 금융용어에서 일반인의 경제 상식 용어로 격을 낮춘 지 좀 됐다. 어감이 썩 좋지는 않다. 예금 이자 1%라도 더 받겠다고 허리띠 졸라매면서 맡긴 소시민의 예금을 탕진한 사업이라는 낙인이 강렬하기 때문이다.

「자본시장과 금융투자업에 관한 법률」 제6조는 금융투자업 중 집합투자업에 대해 '2인 이상에게 투자권유를 하여 모은 금전 등 또는 「국가재정법」 제81조에 따른 여유자금을 투자자 또는 각 기금관리주체로부터 일상적인 운용지시를 받지 아니하면서 재산적 가치가 있는 투자대상자산을 취득 · 처분, 그 밖의 방법으로 운용하고 그 결과를 투자자 또는 각 기금관리주체에게 배분하여 귀속시키는 사업'으로 규정했다. 동법 제94조는 '집합투자업자는 집합투자재산으로 부동산개발 사업에 투자하고자 하는 경우에는 추진일정 · 추진방법, 그 밖에 대통령령으로 정하는 사항이 기재된 사업계획서를 작성하여 「부동산가격공시 및 감정평가에 관한 법률」에 따른 감정평가업자로부터 그 사업계획서가 적정한지 여부에 대하여 확인을 받아야 하며, 이를 인터넷 홈페이지 등을 이용하여 공시하여야 한다.'고 강제한다. 여기서 말한 부동산개발 사업에 들어가는 돈은 주로 PF를 통해 조달된다. 자금조달에 앞서 개발사업의 사업성을 감정평가업자에게 확인받게 했다. 이는 사업주체의 사업계획이 합리적인 시장

분석에 기초하는지 제3자의 의견을 듣도록 한 것이다.

투자 대상을 회사가 아닌 개발 사업으로 대체하고 투자금을 넣게 되면 PF의 틀이 갖춰진다. 전정한 PF는 물적 담보를 요구할 필요가 없으나, 우리의 경우 변형된 PF형태를 띠고 있다고 볼 수 있다. 아파트 사업에 투자하면서, 아파트 사업부지의 개발 전제 가치에 중점을 두기 때문이다. 감정평가법인에서 발행하는 일반적인 PF평가 보고서는 추정 사업수익 혹은 투자 수익률을 최종 결과물로 내놓지 않는다. 그러한 수익과 수익률을 보일 수 있는 현 토지의 잠재적인 투자가치를 평가한다.

PF를 일으키는 일반적인 사업장에서 사업 자금 조달을 위해 사업부지에 대해 2번에 걸쳐 감정평가가 이뤄진다. 브릿지론(Bridge Loan)이라고 부르는 초창기 사업자금 대출은 개발 전 현 상태의 토지평가액을 기준으로 실행된다. 그러나 이 금액으로 공사비 전액을 충당하기는 벅차다. 부족한 물적 담보는 '잠재가치'를 추계한 재평가 보고서로 해결해야 한다. 이 보고서는 현 상태가 아닌 개발을 전제한 토지의 잠재가치를 평가한 것이므로 전형적인 '조건부 평가'에 해당한다.

감정평가의 대원칙은 '현황기준 원칙'이다. 평가 기준 시점의 이용 상황과 공법상 제한 사항을 그대로 반영해야 한다는 평가 기준이다. 그러나 예외적으로, 기준시점의 가치형성요인 등을 실제와 다르게 가정하거나 특수한 경우로 한정하는 조건을 붙여 감정평가할 수 있다. 이를 조건부 평가라고 부른다. 법령에 다른 규정이 있다든지, 의뢰인이 특정 조건을 붙여 달라고 요청한 경우, 감정평가의 목적이나 대상물건의 특성에 비춰 사회통념상 그런 조건을 부가하는 것이 필요하다고 인정받게 되면 허용된다. 그러나 조건이 합리적이고 적법하며 실현 가능한지를 평가자가 사전 검토해야 한다.

PF감정평가서도 조건부 평가보고서에 포함된다. 지구단위계획이든 건축계획이든 이에 따라 사업이 진행됐을 때를 조건으로 한 토지의 몸값이기 때문이다. 요즘 프로야구 FA 계약금액은 쉽게 수십억 원을 웃돈다. 잔뜩 거품이 끼었다고 볼 여지도 있지만, 당사자는 수년간 보인 꾸준한 활약에 대한 보상, 이력으로 입증된 실력, 지금껏 보인 활약이 수년간 지속될 수 있다는 기대가치가 모두 반영된 금액이라고 항변할 수 있다. PF평가보고서도 현 상태 토지가치에 거품을 집어넣었다고 볼 수 있다. 다른 점은 과거나 현재 시점의 영향은 배제되고 앞으로 펼쳐질 계획된 미래만이 투영됐다는 것이다. 그런 점에서 이런 용도로 개발했을 때 이 정도 분양수입을 낼 수 있는 FA 토지의 계약금액으로 볼 수 있다.

시행자의 셈법과 PF감정평가서의 추계 논리가 다르다는 점은 짚고 넘어가야 한다. 시행자는 얼마의 웃돈을 얹어 토지를 취득하고 공사비와 관리비 등 사업비용을 들여 개발했을 때의 분양 수입을 추산해서 앞선 투자비용 총계를 빼고 난 결과, 곧 '시행이익'을 셈한다. 반면, PF감정평가서 상의 토지가치는 분양수입에서 토지 취득비용을 제외한 투자비용 총계를 빼고 난 금액을 말한다. 정리하면 전자는 '분양수입－(토지취득비용＋건축비 등 사업비용)＝시행이익'의 산식이고, 후자는 '분양수입－(토지취득비용 제외한)사업비용＝개발을 전제한 토지가치'로 요약된다. 결국, PF감정평가서상의 토지가치는 현 상태 토지의 적정 취득비용에 일정비율의 사업시행이익을 가산한, 상투금액으로 볼 수 있다.

▎PF감정평가서상의 토지가치

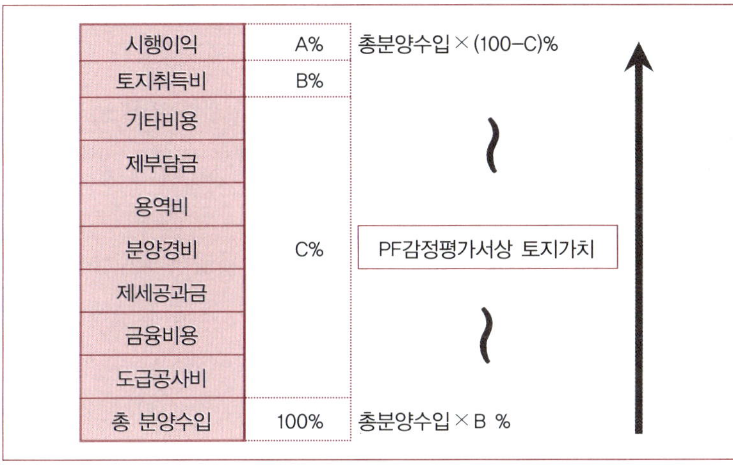

유사한 개발사업의 사업수지 분석 데이터를 취합해 만들 수 있는 가장 유의미한 통계결과는 사업수지 구성 항목의 점유율에 대한 것이다. 100의 분양수입이 발생했을 때, 토지 취득가, 건축비, 일반관리비, 금융비용, 시행이익이 각각 얼마의 비율로 자리를 잡고 있는지 분석한 결과는 여러 유용성이 있다. 최소한 예상 분양수입 대비 일정 비율 내외로 사업 부지를 매입해야 한다는 통계적 조언을 들을 수 있다. 이 일정비율의 범위에 시행이익비율 얼마를 더한 값이 PF감정평가에서 사업부지에 부여할 수 있는 잠재적인 토지가치 비율이 될 것이다.

자산의 수명과 가격의 대응(내용연수)

EBS 세계테마기행 프로그램에는 중세 시대 건물이 자주 소개된다. 수 세기 생존해 낸 건물이다. '건물 수명이 저렇게 길 수 있을까?' 의아할 정도로 생명 끈이 길다. 수백 년 장수한 고목은 생물이니 그렇다 해도, 풍찬노숙의 세월, 나무 혹은 돌덩어리 구조물의 생명줄이 세기를 뛰어넘을 수 있음은, 자재의 강도로 설명해야 할까 아니면 건축자의 능력으로 돌려야 할까. 어쨌든 자산의 수명, 곧 '내용연수'의 문제는 상당히 중요한 논의 대상이다. 중고자산의 가치와 직결되기 때문이다.

유형 자산이 영업활동에 사용될 수 있는 예상기간을 '내용연수'라 부른다. 사용불가 처분을 받아 폐기될 때까지의 자산의 수명, 곧 생명줄의 길이와 동의어다. 주택은 신축시점부터 거주가 불가능할 때까지, 공장은 제조활동이 가능한 연한, 근린생활시설이라면 판매공간의 역할을 다할 때까지가 각각 내용연수가 된다. 생명줄에 대한 논의는 시간이 갈수록 마모, 마멸되는 소위 상각자산에만 유의미하다. 토지는 늙고 퇴화되는 문제에서 자유롭기 때문이다. 시골 폐·공가를 떠올리면, 온통 거미줄 쳐 있는 와중에도 건물의 상태는 허물어질 정도는 아니다. 그대로 놔두면 거뜬히 수십 년은 더 존속할 수 있다. '언제까지 형체를 유지할까'로 재단할 경우 이를 '물리적 내용연수'라고 부르고 '언제까지 기능을 발휘할까'로 바라보면 '경제적 내용연수'가 된다. 세법에서든 감정평가에서든 전자가 아닌 후자를 기준으로 내용연수를 논한다. 타이어는 고속주행실험을 통해 안전주행거리를 측정한다. 이와 같이 어떤 자산은 기간이 아닌 주행거리, 생산량 등의 요소로 수명 측정을 한다. 결국 내용연수는 식품의 유통기한과 같이 제 기능을 발현할 수 있는, 물건의 최대 수명이라고 정리할 수 있다.

회계처리를 할 때 자산의 내용연수를 정해야 하는 것은 '비용과 편익의 대응기간'을 정하기 위해서다. 신축공장의 준공검사를 마치면 이 건물은 기업의 자산대장에 이름을 올린다. 물론 자산대장에 기재한 건물의 가치만큼 이 기업은 공사비용을 지출했다. 그런데 기간이 경과하면 신축건물은 중고자산이 되고 내용연수가 다하면 철거대상으로 전락한다. 그러나 줄곧 생산라인을 담는 그릇으로, 수익을 올리는 데 기여해 왔던 부분을 어떻게든 고려해야 마땅하다. 이 건물이 수명을 다해 전혀 가치가 없게 될 때 한 번에 장부가를 '0'으로 조정하기보다는 수익에 기여하고 있는 현역 기간 동안 취득비용을 매년의 감가상각비로 안분하는 게 합리적이라는 것이다. 이것이 비용과 편익의 대응이다. 그리고 대응을 시키는 기간, 자산의 수명이 곧 '내용연수'가 된다.

감정평가에서도 상각자산의 가치를 논하기 위해서는 내용연수를 확정해야 한다. 다만, 이 기간 회계처리와 같이 취득비용을 안분하는 것이 아니라 매년의 가치하락의 정도를 '감가수정'하는 것이 다르다. 매년 노후화의 정도가 비슷해 가치하락이 직선적이라면 10년이 경과한 건물의 현재 가치는 내용연수를 얼마로 책정하느냐에 따라 달라진다. 내용연수 종료 시 몸값이 '0'이 된다면, 내용연수를 40년으로 잡을 때는 75%의 잔존가치, 50년으로 설정하면 80%의 잔존가치가 추계된다. 결국 중고 상각자산의 실제 가치를 확정하기 위해 그 자산의 내용연수, 생명줄의 길이를 재는 일을 앞세울 수밖에 없다.

부동산 이외의 분야에서 내용연수를 어떻게 정하고 있는지 참고할 수 있다. 재료공학에서는 구조물의 '피로도(fatigue)실험'을 통해 수명을 추정한다. 구조물이 받는 압력, 충격, 진동, 소음을 반복적으로 가해 얼마의 횟수 만에 균열 혹은 파괴가 진행되는지 관찰하는 것이다. 파괴가 있기까지의 횟수를 매년 혹은 매월 실제 가해지는 충격횟수 등으로 나누면 내용연수가 도출된다. 화학전지는 고온에 일정기간 노출시킨 후 식혀 상온에서 성능테스트를 거친다. 고온에서의 하루 보관은 상온에서 수십 일 혹은 몇 달 유지한 것과 같은 효과가 있다. 고온 보관을 통해 수십 년 혹은 수백 년이 지난 후 어떤 상태인지 앞당겨 측정해 볼 수 있다. 성능곡선이 존속기간의 기준으로 삼은 하한선에 도달하는 고온에서의 노출 기간에, 상온과 고온을 대응시키는 기간배수를 곱하면 상온에서의 내용연수가 튀어나온다.

여러 다른 분야에서 내용연수를 정하는 이런 합리적인 방법을 고려하면, 감정평가에서는 가격에 대한 데이터로 접근하는 방법을 우선 생각해 볼 수 있다. 중고자산의 가격이 연령에 따라 어떻게 변동되는지 확인하는 것이다. 이는 곧 매년 신품을 기준으로 몇 % 가치가 하락하는지, 매년의 감가상각률을 추정하는 것과 동일한 작업이다. 그러나 자료 수집이 일부 자산에 대해서만 가능하다. 또한 레몬효과처럼 잠재적 구매자들은 예상치 못한 썩은 레몬을 생각하고 실제 시장가치보다 낮게 구매하려는 경향을 보일 수 있다. 그렇다면 하향 평준화된 처분 가격 데이터로 실제보다 짧은 내용연수를 얻게 된다. 처분 당시 인플레이션 등의 경기 변동에 따른 가격 조정이 발생했다면 이런 효과를 콕 집어 발라내는 것도 쉽지 않다. 개개 자산의 품질의 차이 혹은 사용관행의 차이를 생각하면 특정 자산 군(群)에 대해 동일한 내용연수를 적용해야 하는가도 의문이다.

이런저런 난관에도 불구하고 현재 거의 모든 유형의 상각자산에 대한 내용연수표가 작성돼 있다. 구조, 자재, 용도가 동일하면 세계 어느 곳에서건 내용연수는 동일할까. 그렇지 않다. 동일한 주택이라도 미국은 7~80년, 우리는 50년, 일본은 30년 이하의 내용연수를 적용하고 있다. 일본의 지진, 태풍의 영향을 생각하면 일본이 여타 국가에 비해 주택 내용연수를 짧게 잡은 이유를 미뤄 짐작할 수 있다. 우리의 경우 7~80년대에 비해 건물 내용연수가 전반적으로 늘어났다. 공법, 시공의 질, 자재 등 주택의 품질이 상향된 결과일 것이다. 기계류, 소프트웨어, 통신장비, 운수장비, 구축물 등의 내용연수는 건물 등에 비해 짧은 편이다. 이들의 내용연수 도출과정에 전적으로 가격정보를 활용했을지는 의문이다. 한편, 댐이나 공항시설, 철도, 원자력발전소 등 특수자산은 계량뿐 아니라 비계량적 요소를 고려해 그 수명을 정하지 않았을까 짐작한다. 정책적 판단이 녹아 들어갔을 것이다.

자산의 수명을 인위적으로 조정할 수 없음도 주지해야 한다. 구도심 시장통 허름한 상가마다 간판과 전면 인테리어는 화려하다. 이런 치장만으로 중고건물 생명줄은 늘어나지 않는다. 외관 개선보다는 뼈대를 보강하느냐가 수명 연장 여부를 결정한다. 세월호처럼 과적 목적의 불법증축은 오히려 수명을 단축시킬 수 있다. 두 차례 안전진단을 거치는 수직증축 리모델링 아파트도 안전 진단 통과가 곧 신규 재건축아파트와 같은 내용연수를 보장해 주는 것은 아니다. 원자력 발전소 가동 중단 때마다 재가동 반대와 폐기를 주장하는 목소리는 수명이 다했다는 지적인 것이다. 한 나라 전체의 자본스톡, 국부와도 관련된 내용연수는 상각자산이 기능, 작동, 가동, 존속할 수 있는 가장 적정한 생명 연한이다. 도출하든, 추정하든, 설정하든 합리적인 기준으로 정해야 중고자산의 몸값은 제값이 된다.

지주(地主)가 가장 두려워하는 사용권(지상권의 감정평가)

민법 제279조 이하는 물권(物權) 중 하나인 지상권을 규정하고 있다. 이 권리는 '타인의 토지에 건물 기타 공작물이나 수목을 소유하기 위해 그 토지를 사용하는 권리'를 일컫는다. 당사자의 계약 혹은 법률의 규정으로 설정되는 이 권리는, 권리 전체를 타인에게 양도할 수 있고 일부만을 임대할 수 있다. 그야말로 토지에 대한 '처분 가능한' 사용권이다.

계약 자유의 원칙에 따라 당사자가 동의하지 않았어도 법률에 의해 토지사용권이 보장받을 때가 있다. 이를 법정지상권이라고 부른다. 민법 제366조는 '저당물의 경매로 인하여 토지와 그 지상건물이 다른 소유자에 속한 경우에는 토지소유자는 건물소유자에 대하여 지상권을 설정한 것으로 본다. 그러나 지료는 당사자의 청구에 의하여 법원이 이를 정한다.'고 규정한다. 법정지상권(法定地上權)은 법적으로 토지와 건물의 소유자가 달라질 경우, 토지와 건물의 소유자간 토지 이용권에 대한 분쟁이 발생될 수 있는데, 이러한 문제를 해결하기 위해 건물 소유자에게 토지를 이용할 수 있는 법적 권한을 부여한다는 내용이다. 영미권과 달리 우리는 토지와 건물의 소유권을 별개라고 보고 있다. 그런데 땅 주인이 입맛대로 지상 건물 소유자에게 방 빼라고 하면 난감해진다. 강제로 철거하라고 명령함으로써 발생하는 사회·경제적 손실을 방지하려는 공익적 목적이 강한 셈이다. 전세권에서의 법정지상권과 저당권 실행 경매 시의 법정지상권이 있고, 매매 등의 원인으로 건물 소유자와 토지 소유자가 달라진 경우 판례에서 관습법상 법정지상권을 인정하고 있다.

토지에 대한 사용권을 취득한 이를 지상권자, 토지의 소유자를 지상권 설정자로 부르며, 지상권이 설정된 경우 양자는 그들만의 독점적 권리가 있다. 지상권 설정자는 지상권이 소멸되었을 때 지상권자로 하여금 지상 건물 등을 철거하고 원상회복을 명할 수 있다. 월세 2년 치 이상을 연체할 정도의 수인한도를 넘으면 효력 정지를 외칠 수 있다. 반대로 지상권자는 계약 기간이 종료된 때 현존 건물 등이 있으면 계약의 갱신을 청구할 수 있다. 물론 토지 소유자가 그에 의할 용의가 없으면, 계약 갱신 대신 매수를 청구할 수 있다. 공통의 권리도 있다. 계약 지료가 현 지료 시세와 동떨어져 있다고 판단하면 양자 모두 그 증감을 청구할 수 있다. 토지 소유자는 조세 기타 부담의 증가가 있다고 주장할 수 있고, 사용자는 지가의 하락을 그 사유 중 하나로 내세울 수 있다.

지상권이 성립되면, 토지의 소유자와 사용자에게 어떤 불이익 혹은 혜택이 있는지 따져볼 필요가 있다. 먼저 지상권의 '존속기간'을 확인해야 한다. 계약에 의했건 법률의 규정이건, 지상 물건의 종류와 견고함에 따라 최소 존속기간을 정하고 있기 때문이다. 쓸 만한 건물은 30년, 그렇지 못한 것은 15년, 건물 이외의 공작물은 최소 5년의 사용 기간을 법적으로 보장받는다. 아파트 신축 공사장 인근 혹은 역세권에 지어지는 모델하우스는 분양 기간이 끝나면 조용히 사라진다. 대개 1~3년이면 생명이 다한다. 주택, 상가 등의 건물이 들어선 토지 소유자가 30년간 마치 내 텃밭에 남이 농사짓는 꼴을 봐야 한다면 어떨까. 이만저만한 손실이 아니라고 항변할 수 있지만, 사용료는 꼬박꼬박 수령하고 있으니 셈하기 애매해진다.

사용자가 확보하고 있는 지상권의 가치를 평가하는 것과 지상권이 있는 토지의 가치를 평가하는 일은 동전의 양면이다. 한쪽은 편익의 정도를 가치로 환산하는 것이고 다른 쪽은 그 환산된 가치를 아무 제한 없는 토지가치에서 차감하기 때문이다. 권리의 가치 혹은 가치하락의 정도는 그로 인한 편익과 부담을 화폐가치로 계량한다. 일단, 평가 기준을 세부적으로 규정한 '감정평가실무기준'의 내용을 검토할 필요가 있다.

'지상정착물과 소유자가 다른 토지'의 평가 규정은 그 정착물이 토지에 미치는 영향을 고려하여 평가하는 것이다. 정착물이 토지에 미치는 영향은 지상권으로 인한 토지사용제약을 지칭하고 있음을 알 수 있다. 제약을 받고 있으면 있는 대로 평가하는 것이 감정평가 대원칙인 '현황기준 원칙'에 따르는 것이다. 두 번째로 '제시 외 건물 등이 있는 토지'의 평가 규정은 '지상정착물과 소유자가 다른 토지'의 평가 규정을 준용하도록 하면서, 해당 토지가 국·공유지인 경우 정착물을 무시하고 토지를 정상 평가하도록 했다. '제시 외 건물'은 공식적으로 확인되지 않은 건물 등을 지칭하는데, 역시 지상권이 설정될 여지가 있으니 이를 고려하도록 한 것이고, 국·공유지라면 점유자가 무단 신축했을 가능성이 높으므로 행정처분에 의한 철거가 가능하니 개의치 말고 없는 것으로 봐 달라는 것이다. 마지막으로 '지상권이 설정된 토지'는 지상권이 설정되지 않는 상태의 가액에서 해당 지상권에 따른 제한정도 등을 고려하여 감정평가하되, 저당권자가 채권확보를 위하여 설정한 지상권의 경우에는 무시하도록 하고 있다. 저당권자는 토지사용에는 관심 없고 빌려준 돈 받을 때까지 타인의 토지 사용을 막겠다고 펜스 친 것뿐이니, 저당권자의 지상권 설정으로 토지가치가 하락했다고 볼 여지가 없다는 것이다.

세부적인 평가기준을 정한 '감정평가실무기준'에도 지상권의 가치 혹은 지상권이 설정된 토지의 가치 평가 시 원론적인 처리방침만을 언급한 이유는 감정평가업계 내에서도 이에 대한 해석이 분분하기 때문이다. 실무적으로 통용되던 방법 중 하나는 지상권자의 편익을 지상권 존속기간 동안의 '정상지료-현재지료' 절감으로 본 것이다. 정상지료라 함은 사용하고 있는 토지가치에 상응하는 시장 임대료를 말한다. 예컨대 아파트 모델하우스의 지료는 통상 토지가치의 일정비율로 결정된다. 그런데 계약 임대료를 이보다 낮게 결정했다면 토지소유자는 불리하고 지상권자는 혜택을 보고 있다는 논리다. 결국, 핵심은 현재 지료의 수준, 곧 지료[51)]에 대한 계약 조건으로 귀결된다.

지상권의 가치를 정상지료와 현재지료의 차액이 주는 편익으로 보는 시각은 '회원권'의 가치를 판단하는 시각과 별반 다르지 않다. 환불과 양도가 불가능한 골프장 회원권의 가치를 평가할 때, 비회원에 앞서 편한 시간 예약할 수 있고 일반인보다 싼 그린피를 보장하는 특혜를 화폐가치로 환산하는 논리를 따르는 식이다. 회원권 보유 여부로 뭔가 내세울 만한 게 있다고 느끼는 마음의 든든함은 계량할 수 없어 논외로 했다. 지료차액이 발생하고 있는 상황, 건물은 이 편익을 누리고 있고 토지는 사용권한을 염가(廉價)에 내줬다는 입장에서 건물은 지상권의 가치만큼 몸값을 올리고 토지는 그에 상당하는 값을 차감한다. 한 쪽은 내주고 다른 쪽은 동일한 값을 받았으니, 전체 부동산 가치는 변동 없다.

지상권의 영향이 없어도, 건물가격이 감정평가액 이상이 될 수 있다. 상각자산의 하나인 건물은 원가법으로 평가한다. 현 시점의

51) 지상권은 지료 지급이 그 성립요건은 아니다. 지상권 설정계약에서 지료에 대한 약정이 없다면 무상의 지상권으로 인정받는다. 지료와 그 지급시기를 등기하지 않으면, 제3자에 대한 대항력이 발생하지 않는다. 물론, 무상의 지상권으로 인정되므로 지료증감청구권도 묻힌다. 다만, 지료증감청구 사유로 인정되는 사정변경이 있으면 증감청구가 가능토록 했으며, 지상권의 내용 전반에 관한 규정에 위반되는 계약으로서 지상권자에게 불리한 것은 그 효력이 없다고 했으므로, 지료 계약 당시 당사자 간 '지료를 앞으로 늘리지 않겠다'는 특약은 유효하지만, '지료를 절대로 줄일 수 없다'는 약속은 효력이 없다.

신축단가와 경과연수에 따른 노후도가 건물 가격을 결정한다. 시유지상의 판자촌 내 주택 한 채의 거래 금액이 원가법에 의한 건물가치를 크게 웃도는 상황이 발생하기도 한다. 무허가건물 거주자에게 부여하는 '입주권'을 노린 투기목적의 거래가 아니라면, 원가법에 의한 가격 이상의 거래금액은 무엇으로 설명해야 할까. 경제적인 내용연수가 거의 만료된, 다 쓰러져 가는 초가집의 가치는 원가법으로는 '0'이 될 수 있다. 그러나 불편을 감수하더라도 비바람 피하고 거주할 수만 있다면 몸값은 형성된다. 점유하고 있는 토지가치에 상응한 적정 대부료를 내고 있더라도, 취득가격은 몇백만 원에 불과하고 월세 몇만 원 내면 되는 싼 집이 도심 부근에 위치한다면, 거래가액에는 이런 프리미엄이 녹아든다. 원가법에 의한 건물평가액과 시장에서 형성되는 건물 시세의 격차는 이런 사유일 수 있다.

무상(無償)의 지상권이 설정된 건물은 지상권의 편익을 극단적으로 누리는 경우다. 지료 한 푼 안 낸다고 순수한 건물 가치가 올라가지는 않는다. 건물의 물리적 가치는 지료 납부 여부와 무관하다. 건물은 어딘가에 걸쳐 있어야 하는데, 토지를 보유하고 있지 않은 사람이 남의 토지를 공짜로 사용할 수 있는 이점을 향유하고 있는 사실은 부인할 수 없다. 누군가에게 건물 임대를 주더라도 건물가치와 점유하고 있는 토지가치에 상응하는 사용료를 받을 수 있는 점을 고려하면, 토지소유자에게 지불해야 하는 적정 지료 절감만큼 건물에 프리미엄이 붙을 수 있다. 이런 이유로 무상의 지료라면 건물은 지상권가치만큼 몸값이 뛴다.

타인 토지를 침범하고 들어서 있는 건물의 상황도 생각해 볼 필요가 있다. 경계측량으로 타인 토지 일부에 건물이 걸쳐 있으나, 지상권 성립 요건은 충족돼, 평가를 통해 적정 지료를 납부하고 있는 상황이다. 건물은 그 어떤 혜택도 없고, 또한 과도한 부담도 없다. 남의 토지를 사용할 수 있는 권한과 지료 부담은 상쇄된다. 그러나 그 침범한 영역 내부가 과도한 공용시설이었다면 달리 보려는 시각도 있을 것이다. 어차피 쓸모없는 공간에 불과한데 적정 지료만 부담하고 있다고 볼 수 있다. 그러나 불필요한 과잉공간은 건물 자체의 기능적 감가상각으로 다뤄야 한다. 이상에서 지상권으로 보호받고 있는 건물은 큰 문제가 되지 않는다. 지상권 혜택을 보면 본 만큼 몸값이 올라가지만 지료부담과 상쇄되면, 결론적으로 가산과 공제 어느 쪽에도 치우치지 않는다. 지상권과 관련된 미묘한 시각차는 토지에서 발생한다.

토지에 현재 원치 않는 건물이 들어서 있고 이 건물은 법정지상권을 포함한 정상적인 지상권으로 인정받은 상황이다. 지상권 존속기간 건물의 수명은 보장받고, 토지는 그 불편함을 정상지료로 수령한다. 외견상 건물에 지상권을 양보했지만 지료 수입으로 상쇄시킬 수 있어, 어떤 수익과 손실도 없다. 이런 상황, 건물도 순수 건물값으로만 평가하면 될 것이다. 그런데 1~2년의 정기 예 · 적금도 아니고, 30년 가까이 이자만 받을 수 있는 강제 가입 예 · 적금이라면 제한이 좀 과도하다고 볼 수 있다. 보장된 이자 포기하고, 그것도 안 되면 원금 일부의 손해를 감수하며 해지할 수 있는 금융상품보다도 처지가 더 딱하다고 보는 시각도 등장할 수 있다.

이 같은 토지를 평가할 때 지료차액이 발생하지 않았으니 지상권 감가라고 볼 수 없고 부득불 토지를 감액할 사유가 없다. 혹자는 경매물건으로 들어온 경우 정상적으로 평가해 주면 되고, 그와 같은 부담은 낙찰자가 고민해서 낙찰금액을 조율할 것이라고 편하게 말하기도 한다. 유치권이 성립된 경우와 다를 바 없다는 것이다. 그러나 건물공사에 유치권자의 원금이 녹아 들어가 있어 강제 정산부담을 진 입찰과는 성격이 다르다. 이런 토지는 이 상태를 수십 년 더

용인해야 하는 불편함을 가치하락 요인이라고 항변할 수 있다.

▎지상권 계약자의 상황

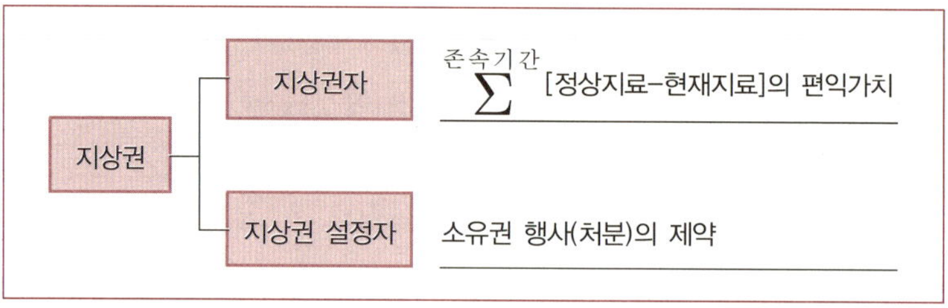

이런 상태의 토지는 환영보다는 냉대를 받기 쉽고, 낙찰금액은 최초 법사가보다 한참 밑돌기 마련이다. 또한 낙찰받은 사람도 아무 제한 없는 정상 토지 상태의 가격으로 되팔 수 있다고 기대하지 않는다. 그렇다면 시장참가자들이 지상권이 발생한 토지를 거래할 때 어느 정도 페널티를 주는지 데이터를 축적할 필요가 있다. 지료 차액에 의한 지상권 가치 판단의 방법만으로 이런 토지의 가치가 얼마쯤 된다고 단정하는 것은 위험성을 안고 있다는 것이다.

감정평가의 목적에 따라 지상권이 설정된 토지를 평가할 때 접근 방법이 달라지기도 한다. 위 토지가 표준지라면 지상권 성립여부와 지상권 가치 상당액을 고민할 필요가 없다. 표준지공시지가는 건축물이 없는 상태, 곧 '나지상정' 평가 원칙을 적용받기 때문이다. 보상평가라면, 소유권 외의 권리에 지상권이 포함되므로 앞선 '지료차액' 방법에 의해 지상권 가치를 판단한 후 권리자별로 보상액을 책정하면 된다. 한편, 토지를 담보로 대출을 실행하는 채권기관은 선입견이 강하다. 평가기관과의 협약서에 의해 대부분 담보 평가 대상에서 배제시키곤 한다. '얼마'라고 판단받는 자리에 나가기 전에 '누구'의 문제에서 문전박대당하기 일쑤다. 이런 토지는 원하는 시점에

쉽게 현금화시킬 수 없다는 합리적인 걱정 때문이다.

경매 평가에서는 좀 색다르다. 지상권 성립여부를 평가자가 구태여 판단하지 않는다. 일단 지상 건물의 영향을 고려하지 않고 정상적인 평가를 한 후, 별도로 무상의 지상권이 성립할 경우의 감액된 토지가격을 병기한다. 제한받는 상태 가격을 병기하는 이유는 건물 소유자 등의 입찰 가능성까지 고려하기 때문이다. 지상권으로 인해 감액된 토지가치로 경매가 개시된다면, 부담을 준 당사자가 부담이 생긴 물건이라고 해서 좀 싸게 살 수 있는 특혜를 부여받게 된다. 한편, 재개발평가에서는 골치 아프다. 정비구역으로 지정됐다면 전면 철거를 앞두고 있어, 건물의 지상권은 효력을 잃는다. 그러나 신축 아파트로 바꿔주기 전의 현 재산의 종전자산 가액은 당해 사업계획이 반영되지 않은 상태를 전제로 평가해야 한다. 지상권은 건물 쪽으로 붙을 수 있다.

토지와 건물이 한통속이라면 여태까지의 고민은 불필요하다. 그러나 상황은 복잡하고 경우의 수는 확장된다. 토지 위에 들어선 불청객은 물질적 부담이든 심리적 부담을 안겨준다. 종합하면 지상권이 설정된 토지는 현재까지는 계량화된 물질적 부담(지료차액)만 반영하고 있고, 심리적 부담에 대한 판단은 유보 상태라고 이해하면 좋을 것이다. 심리적 부담은 정상적으로 월세를 수령하고 있다고 해도, 사용제약으로 파생된 처분 권한의 위축현상이라고 볼 수 있다. 또한 토지사용권이 완전소유권의 30% 정도 된다고 보는 시각도 정치한 계산에 의한 게 아니다. '부대(附帶)'의 의미에 부여하는 관행적인 비율이다. 지상권 가치의 상한을 그 정도로 설정했다고 보면 될 것이다.

제5부

부동산 외 영역에서의 가치평가

선박의 가격

남자들이 하루 세끼 잘 먹겠다고 고군분투하는 모습만을 담아낸 프로그램이 큰 인기를 얻었다. 출연진의 입담, 제작진의 번뜩이는 아이디어가 소박한 밥상 차림 체험기에 실려 대중의 이목을 끈 것이다. 다음 끼니가 6시간이면 도래하는 것과 달리, 산업계에서는 주문에서 배송까지 몇 달을 기다려야 하는 경우도 드물지 않다. 인기차종이라고 생산량을 즉시 늘릴 수는 없다. 출고 대기기간이 수일인 것보다 수개월인 것이 한참 잘 나가는 모델이라고 볼 수 있다. 이때 대기기간을 양으로 환산하면 주문적체량이 된다. 조선업계에서는 업황의 성쇠를 바로 이 수주잔량의 추세로 판단하고 있다. 수백에서 수천 톤 선박의 제작기간이 최소 몇 달은 소요되므로 주문이 쇄도하면 잔량은 급격하게 불어나게 된다.

수주잔량과 함께 조선업계 살림살이를 단적으로 드러내는 지표가 있다. BDI지수다. 발틱 해운거래소가 발표하는 해운운임지수로 철광석 · 석탄 · 곡물 등 원자재를 실어 나르는 벌크선 시황을 나타내며, 세계 26개 주요 항로의 배 유형별 벌크화물 운임과 용선료 등을 종합해서 1985년 1월 4일 1,000포인트를 기준으로 선형별로 대표항로를 선정하고 각 항로별 톤 · 마일 비중에 따라 가중치를 적용해 산정한다.

선박의 분류 기준은 여러 개다. 기선과 범선은 동력의 종류에 따른 분류다. 전자는 '기관'의 추진력을, 후자는 돛을 이용한 바람이 동력원이다. 용도에 따라서는 상선, 어선, 군함 등으로 나눌 수 있고, 선체재질로는 목선, 철선, 강선 등의 세분화가 가능하다. 디젤선, 가스터빈선, 원자력선은 추진 기관을 분류 기준으로 삼는다. 이런 분

지수_http://stockcharts.com

류보다 더 흥미로운 것은 수백억에서 수천억, 수조까지 이르는 건조비용을 기준으로 한 서열 정하기다. 하위에는 해상물류선인 벌크선, 자동차 운반선, 컨테이너선이 자리 잡고 있으며, 중위권에는 유조선, LNG선, 원유시추탐사선이 위치한다. 제우스가 그 딸 아테나에게 선물한 방패를 뜻하는 '이지스함', 축구장 2~3개 길이에 15m 이상의 선고를 자랑하는 선상 호텔 '크루즈'선, 해상의 정유공장인 '부유식원유생산저장하역설비'(Floating production storage and offloading unit)는 제작비용 단위를 '억'에서 '조'로 격상시켰다.

토지와 건물, 구분소유부동산, 입목, 일부 동산 등이 그 소유권과 재원을 기재한 공적 장부인 등기사항전부증명서와 유형별 대장을 갖고 있듯, 선박을 위해서도 이런저런 관련서류가 구비돼 있다. 총톤수 20톤 이상의 선박 국적을 확인해 주는 증서인 '선박국적증서', 선박의 재원을 담고 있는 '선박원부', 정기검사 합격 증명서, 해운검사수첩, 국제톤수증서 등이 그것이다. 입지, 건물 등 상각자산은 그 가치를 판단할 때 재조달원가가 큰 영향을 준다. 선박은 재원이 비슷해도 제작국에 따른 가격 프리미엄이 있다. 정기적인 검사와 수리가 용이한 국가의 제작물이 우대를 받는다. 한편, 선박의 규모 단위는 선박 용도에 따라 맞춤형이다. 선체의 무게라면 G/T (Gross Tonnage), 안전 화물 적재량을 지칭할 경우 DWT(Dead Weight Tonnage), 컨테이너 운반선에는 규격화된 수량 단위 TEU(Twenty-Feet- Equivalent Unit)가 쓰인다. 1,000TEU급의 선박이라면 길이 약 20m의 컨테이너 1,000개를 싣고 무리 없이 운반할 수 있다.

선체, 기관, 의장은 선박 공통의 재원 항목이다. 선체는 선박의 몸체, 기관은 선박의 동력체를 가리킨다. 항해기기, 하역장치, 구명설비, 소방 설비, 통신설비 등의 의장은 선박의 성능 발현과 관련된 내부 장기(臟器)로 선박 몸값에 적지 않은 영향을 끼친다. 선박 종류별로 부대설비를 포함한 재원이 특화돼 있다. 소형 어선이라면 어군(魚群)을 추적할 수 있는 음파탐지기가 필수다. 유조선은 기름 유출 방지를 위해 선체를 두 겹으로 싼다. 뼈대인 철판 값이 만만치 않다. LNG선은 액화천연가스 운송을 위해 고압, 저온에 견디는 특수구조 탱크를 보유하고 있다. 제작 단가에 직접 반영될 부분이다. 이지스함에 들어가는 각종 첨단 장비 역시 일반 군함과의 가격 차이를 설명해 주는 항목이다.

선박의 가치는

선박의 가치를 추계하기 위해 비용접근법과 시장접근법을 무리 없이 적용할 수 있다. 제작비용과 최근 시장에서의 인도 및 매매가격으로 가늠하는 것이다. 「감정평가에 관한 규칙」 제20조는 선박 평가의 기준을 담고 있다. '선박을 감정평가할 때에 선체, 기관, 의장별로 구분하여 감정평가하되, 각각 원가법을 적용하여야 한다.'는 규정이다. 평가 원칙은 구성 요소별 원가법이다. '감정평가실무기준'은 좀 더 자세히 풀었다. 비용접근법에 의할 때 선체는 총톤수, 기관은 엔진출력을 기준으로 감정평가하며, 초기 가치하락이 많이 발생하는 정률법에 의한 감가수정을 하되, 사용정도 및 관리상태 그리고 수리여부 등을 고려하여 실제경과연수를 증감할 수 있는 관찰감가를 병용할 수 있도록 했다. 선박의 경제적 사용연한과 내용연수 만료 시 잔존가치비율은 「수산업법」 시행령 제69조에 따른 [별표4]를 적용한다. 선박으로서 효용가치가 없는 것은 해체처분가격으로 감정평가하도록 한 것은, 폐선박은 고물상에 파는 철근가격 이상으로 받을 수 없다는 상식에 기초한다.

요즘 인터넷에 선박 중개 사이트가 적잖다. 매물을 주기적으로 올리고 방매가격도 게시한다. 중고 어선은 물량이 충분해 대강의 검색으로 가격 수준 파악이 가능하다. 최근 매매가 된 사례를 포착할 수 있는 평범한 종류의 선박이라면 시장접근법인 거래사례비교법을 활용할 수 있다. 다만, 자세한 거래내역 확보가 가능하다는 전제가 필요하며, 격차 보정에 대한 전문 지식이 요구된다. 정기검사를 앞두고 있어 조만간 접안해 도크로 올려질 선박이라면 최근 정기검사를 마친 우리 선박에 비해 열세한 정도를 정기검사비용으로 추산할 것이고, 검사 비용 수준에 대한 식견이 필수적이다. 매매시점 격차를 보정하기 위해 BDI지수 등 각종 지표 또한 면밀히 분석해야 한다. 중고선박 가격이 1년 내 50% 가까이 뛰거나 곤두박질할 경우 연초와 연말 화물운임지수의 급등 혹은 급락이 있었는지 확인해 볼 필요가 있다. 그런 면에서 활황기나 불황기 선박 가격이 요동칠 때는 비용접근법에 의한 결과가 신빙성이 떨어지고 거래사례 분석이 신뢰감을 준다.

1일 용선료 자료를 요긴하게 활용할 수 있다. 용선료에서 유류비와 통행료, 보험료 상당액, 인건비 등을 공제하면 임대수익용 부동산의 1일 임대수익과 같아진다. 연간 운행 가능일수를 곱하고 정기적인 검사비용 등도 연 단위로 환산해 차감하면 연 임대수익이 된다. 적정 수익률을 고려해 환원율만 결정하면 직접환원법에 의한 수익가액이 도출된다.

선박 건조비용을 고려해서 화물선의 용선료를 결정하려 할 것이다. 화물선의 수익은 곧바로 중고 화물선의 시장 가격에 반영된다. 대중성이 있는 선박의 가격은 시장성, 비용성, 수익성이 상관·결합된 결과물이다. 최첨단 군함, 잠수함, 항공모함, 크루즈선 등 특정 선박은 원가적 측면이 부각된다. 또한 공급처의 독점력과 협상력, 요구수익률 등을 발판으로 이들의 시장 가격은 큰 편차를 보인다.

기업의 몸값을 측정하는 잣대(기업가치 평가)

다양한 목적으로 '기업가치'가 평가되고 있다. 기업 전체의 인수과정뿐만 아니라 지분 일부를 사고 팔 때도 전체 기업 가치는 재단된다. 지분가치는 전체 기업 가치에 대한 지분비율로 계산되기 때문이다. 지분 일부를 넘기고 투자를 받을 때 사전에 쌍방이 해당 기업가치가 어느 정도 된다고 합의에 도달했음을 짐작할 수 있다. FA를 선언하는 프로야구 선수 중 일부는 비단 돈 욕심 때문만은 아니고 시장에서 자기 몸값을 제대로 확인해 보고 싶다는 바람에서 시장에 나와 봤다고 소신을 밝힌다. 마찬가지로 기업 총수 입장에서 '내 회사 얼마나 나가지?' 재경팀에 물어 예정에 없던 평가를 진행하는 경우도 가물에 콩 나듯 있긴 하다.

평가기관은 여럿 있다. 회계법인, 신용평가기관, 감정평가법인, 증권회사, 투자자문사, 기업평가 전문기관으로 자처하는 이들까지 수두룩하다. 심지어 전업 주식 투자자도 자신의 개인 블로그에 관심 있는 종목을 분석하며 투자권유 의사를 개진할 때, 시가총액과 비교해 해당 기업의 진정한 기업 가치를 분석하는 장문의 글을 게시하기도 한다. 평가기관이 다양하다 보니, 평가방법을 부르는 명칭도 제각각이다. 그러나 실제 접근법과 구체적인 평가 기법은 무차별하다. 감정평가에서는 수익환원법, 거래사례비교법, 원가법의 틀에 넣고 있는데, 다른 기관에서는 절대가치평가법, 상대가치평가법, 자산가치평가법으로 부르는가 하면, 순자산가치법, 미래현금흐름할인법, 혼합법, 상대가치평가법, 유사거래비교법 등의 명칭을 사용하기도 한다.

일단 감정평가에서 기업 가치는 유·무형의 자산 가치를 합산한 것으로 정의하고 있다. 세부적으로는 자기자본인 주식가치와 타인자본인 부채가치로 대별했는데 자산의 취득 시 자금의 출처에 따른 구분으로 볼 수 있다. 기본적인 전제에 따라 기업가치 평가 금액은 큰 편차를 보인다. 계속 존속할 수 있는 기업인지, 곧 문 닫을 곳인지에 따라서 접근 방법이 달라지기 때문이다. 전자를 '계속기업가치', 후자를 '청산가치'로 부르고 이들 기업을 평가할 때 각각 미래 창출 수익과 현재 처분 가능 자산에 주안점을 두고 결론을 내는 것이 일반적이다.

「감정평가에 관한 규칙」 제24조에서는 '감정평가업자는 기업가치를 평가할 때 수익환원법을 적용하여야 한다.'고 규정하고 있다. 원칙은 그렇지만 여의치 않을 경우 원가법이나 거래사례비교법을 적용할 수 있다. 청산기업에 대한 평가가 수익환원법을 적용할 수 없는 대표적인 예외 상황일 것이다. 그 반대로 계속기업을 평가할 때 수익환원법을 배제하려면 특단의 사정이 있어야 한다. 계속 존속하는 기업의 가치를 평가할 때 향후 벌어들일 수익이 얼마인지 거들떠보지 않는다는 것은 비상식적인 사고다.

수익환원법도 한 기간의 수익만을 환산하는 '직접환원법'과 다년간의 수익을 할인하는 '할인현금흐름분석법', 그 밖에 '옵션평가모형' 등으로 나눌 수 있다. 대표적인 평가방법은 '할인현금흐름분석법'이다. 이 방법은 영업활동에 의해 창출되는 현금흐름을 기준으로 '영업가치'를 구하고 여기에 비영업용 자산 가치를 가산한다. 영업활동에 기여하지 않고 그저 보유하고 있는 자산은 영업활동에 의한 현금흐름과 무관하기 때문이다. 이 방법에서는 영업 가치를 구하는 것이 핵심이다. 일단 현금흐름을 예측하는 기간(n)을 5년 내외로 설정한다. 이 기간의 현금흐름을 현재시점으로 할인해서 합산한 결과를 '예측기간의 영업가치'로 본다. 예측 기간 말의 다음 연도(n+1) 현금흐름을 환원한 기말복귀가치를 현재시점으로 할인한 값을 '예측기간 후의 영구영업가치'로 파악한다. 이 둘을 합한 것이 '영업가치'다.

현금흐름의 대상이 손익계산서상의 영업이익과 등치는 아니다. 법인세를 차감한 세후 영업이익에서 감가상각비 등 비현금항목을 가산하고 영업부문에 투입되는 순운전자본증감액과 순투자금액을 차감한다. 말 그대로 기업이 실제 영업활동으로 거둬들이는 순수한 현금유입액이다. 이들 현금흐름이 현재가치로 환산될 때는 연금을 일시불로 당겨 받을 때처럼 기간 할인 효과가 나타날 수밖에 없다. 할인의 정도를 나타내는 '자본비용'은 거의 예외 없이 개별 자본비용의 평균값으로 결정된다. 자기자본과 타인자본에 귀속해야 할 요구수익률을 각 자본의 시장가치를 기준으로 한 자본구성 비율로 가중 평균하는 방법이다. 각 자본의 요구수익률은 결정방법이 다르다. 타인자본은 세후 이자율이 기준이 되며, 자기자본은 자본자산가격결정모형(CAPM)을 사용하여 무 위험률(Rf)에, 시장 기대수익률과 무위험률의 격차(Rm−Rf)에 해당기업의 체계적 위험을 나타내는 민감도 수치 β를 곱한 값을 더한다.

현금흐름과 CAPM모형에 의한 자본비용

현금흐름		
영업이익		
− 법인세		
= 세후영업이익	자기자본비용	$R_f + (R_m - R_f) \times \beta$
+ 감가상각비	+	
− 순운전자본증감액	타인자본비용	시장이자율 × (1−법인세율)
− 순투자금액	⇩	
= 현금흐름	가중평균자본비용	Σ(자본구성비율 × 자본비용)

복잡한 수식, 여러 해의 현금흐름표가 등장하는 '할인현금흐름 분석법'이 고차원적인 평가기법으로 보여도 대부분의 수치는 미래에 대한 가정과 추정을 통해 결정된다. 예상이 크게 빗나가면 기업가치 추정액과 실제 기업 가치는 동떨어질 수 있다. 자원외교에 의한 대규모 손실은 부실 사업장의 미래가치를 낙관적으로만 추계한 비합리적인 사업성 보고서 탓이 크다. 그래서 다른 방법에 의해 그 적정성을 검토해야 하고 거래사례비교법이나 원가법이 보완재가 되는 것이다.

수익이 아직 현실화되기도 전에 '전조(前兆)'처럼 이미 시장이 반응하는 경우를 흔히 볼 수 있다. 누구나 장래의 수익을 확신할 때다. 시장에서 형성되는 기대치가 이미 주가에 반영되었다면 시가총액이 기업 가치에 근접할 수 있다. 주가와 주당순이익의 비율(PER), 주가와 주당순자산가치의 비율(PBR), 주가와 주당매출액의 비율(PSR) 등의 수치를 시장배수라고 부르는데, 동종업종 경쟁기업의 시장배수를 이용해서 대상 기업의 시세를 가늠할 수 있다. 최근 인수합병된 기업의 인수가격과 이런 시장배수의 비율을 대상 기업에 그대로 적용하면 비례식처럼 추정 기업가치가 도출된다. 물론 인수가격에 경영권 프리미엄이 붙었다면 해당 지분의 가치를 적의 조정해야 할 것이다. 거래사례비교법은 가장 단순하면서도 그 어떤 평가방법보다 설득력이 높다.

원가법은 기업이 보유한 유·무형의 개별자산의 가치를 합산한다. 물론 현재시점에서 재평가된 금액이다. 현재 재무 상태를 잘 반영한다는 장점이 있지만 기업의 이익창출 능력을 전혀 고려하지 못하는 근본적 약점이 있다. 주식시장에서 '자산주'라고 불리는 기업은 이런 식의 접근이 유의미하다. 장기 보유 목적의 부동산과 임대 목적의 투자부동산을 소유한 기업은 수익성 부동산을 직접환원법에 의한 수익가액으로 평가하고 나머지 보유 부동산의 시가를 전부 합산하면 간편하게 기업 가치를 결정할 수 있다.

K-IFRS에 의한 공정가치 평가는

한편, 자산의 장부가액은 회계처리 기준에 따라 기재방법이 다르다. 한국채택국제회계기준(K-IFRS)하에서 기업은 보유하고 있는 유형자산과 투자부동산[52]에 대해 원가모형 또는 재평가모형을 선택적으로 적용해 회계처리할 수 있다. 전자는 자산을 최초로 인식한 이후에 원가에서 감가상각 누계와 손상차손 누계를 차감한 금액으로 기록하는 방법이고, 후자는 공정 가치를 신뢰성 있게 측정할 수 있는 경우 재평가일의 공정 가치에서 이후의 감가상각과 손상차손 누계를 차감한 재평가금액으로 기록하도록 하고 있다.

적확한 재무 정보를 제공하자는 취지에서는 재평가모형을 선택하는 것이 훨씬 설득력이 높다. 대표적 비상각자산인 토지는 평가 시점에 따라 가치를 달리한다. 토지의 물리적 위치는 달라지지 않으나 경제적 환경은 계속적으로 변화되면서 취득 시점 이후 가치가 출렁이기 때문이다. 건물, 기계와 같은 상각자산 또한 매년 가치가 동일하게 하락하는 것으로 보고 감가상각방법으로 정액법을 적용하고 있지만, 평가 시점 현재 가치는 설비상태, 가동능력에 따라 기존 장부에서 적용하고 있는 정액적 상각과 다른 가치하락 패턴을 보일 수 있다. 물론 평가 시점 현재의 취득가격도 원 취득가격과 괴리가 발생할 가능성이 높다.

52) 임대수익이나 시세차익 또는 두 가지 모두를 얻기 위해 소유자나 금융리스의 이용자가 보유하고 있는 부동산

재평가모형 도입을 할 경우 정확한 자산 가치 인식 외에도 재평가 차익 발생 시 기업의 재무구조가 개선되는 효과와 이로 인한 기업이미지 개선, 자본 조달 및 차입 시 유리한 금리 적용 등의 부수적 효과를 챙길 수 있다. 특히 투자부동산에 대한 재평가 차익은 당기손익에 반영하도록 하고 있어 영업이익 개선 효과를 볼 수 있으니 단기적으로 재무 상황을 개선해 보려는 기업 입장에서는 재평가 모형 적용은 훨씬 매력적인 카드가 될 수 있다.

유형 자산에 대한 재평가모형을 도입할 경우 해당 자산이 포함되는 유형 자산 분류 전체를 재평가해야 한다. 토지에 대한 재평가를 결정한 이상 재평가차익이 기대되는 서울 본사 부지만 평가하고 지방 연수원 부지를 제외할 수 없고 기업이 보유하고 있는 모든 토지에 대해 재평가를 진행해야 한다. 유형 자산 분류 내에서 선별적으로 재평가를 하게 되면 자산 가치가 오히려 왜곡되는 현상을 빚을 수 있기 때문이다.

자산에 대한 재평가를 할 때 기준가치는 '공정가치'다. 공정가치의 정의는 '합리적인 판단력과 거래의사가 있는 독립된 당사자 사이에서 자산이 교환될 수 있는 금액'으로 시장이 형성되어 있는 경우 시장 증거 자료를 통해, 상각자산과 같이 시장 형성이 되어 있지 않은 경우 상각후대체원가법과 유사한 '원가법'으로 평가할 수 있다.

기술의 가치

상속세 및 증여세법에서 무체재산권으로 표현한 재산, 우리가 흔히 지적재산권(IP, Intellectual Property)이라고 부르는 무형자산은 관련 법률에 의해 보호받는 특허, 실용신안, 상표, 디자인 등의 기술 가치를 포괄하는 산업재산권과 저작물에 대한 권리를 아우른다. 기기로 대표되는 하드웨어보다 소프트웨어가 훨씬 부가가치가 높다는 사실은 익히 알려져 있다. 내비게이션 기기는 다른 제조사의 것으로 대체할 수 있지만, 경로를 가장 효율적으로 구성하는 경로안내 기술은 그 권리자에게 로열티를 지불하지 않고는 구매할 수 없는 핵심 자산이다.

정부가 2014~2017년까지 '창조경제 구현을 위한 기술사업화 생태계조성'의 추진목표하에 기술사업화 기업의 성장 여건을 마련하겠다는 계획을 발표한 바 있다. 2010년 기준 국내 기업의 지식자본과 특허의 경제적 가치가 550조 원을 훌쩍 넘긴다는 후속보도도 있었다. 우리의 특허출원건수가 세계 5위권이라는 점, 특허 1건당 산업은행 등에서 20억 원의 대출을 실행하고 있다는 사실 외에 2010년 기준 50,000여 건의 기술평가건수가 있었고, 이들 평가 결과를 토대로 600여 곳의 기술경쟁력을 갖춘 혁신형 중소기업이 자금 지원을 받았으며, 기술평가 보고서의 공급자들은 300억 원이 넘는 평가 수수료를 거둬들였다는 점은 지적재산권의 평가 시장이 안착했음을 방증한다.

앞서 소개했듯 기술가치 평가 결과를 토대로 여러 기업이 자금을 지원받는 일은 현재진행형이다. 그러나 자금 지원 목적의 평가 수요는 한 부분에 지나지 않는다. 기술 가치 평가 수요가 상당하다는 얘기다. 기술의 거래 혹은 기술을 보유한 기업의 M&A, 기술 가치를 현물출자의 대상으로 삼는 경우, 기술을 담보로 한 투자나 융자, 특허 등에 대한 소송이 걸려 그 가치를 판정해야 하는 경우, R&D의 경제성 평가, 기업의 청산, 세무, 전략수립 등 평가 수요 채널은 다변화되어 있다.

기술의 가치를 평가할 수 있는 법·제도적 틀, 평가시스템 및 지원인프라도 어느 정도 갖춰져 있다. 지식재산기본법, 발명진흥법, 기술이전및사업화촉진법, 기술신용보증기금법 등의 법률과 중소기업지원 및 기술금융제도가 그것이다. 한국발명진흥회, 한국산업은행, 기술보증기금, 중소기업진흥공단, 한국산업기술진흥원 등의 10개 기관이 기술평가기관으로 지정돼 있으며 실무진은 기술신용보증기금, 중소기업청 등의 공인된 기술평가기관, 특허법인의 변리사, 회계법인의 공인회계사, 감정평가법인의 감정평가사, 민간기술평가기관으로 정리할 수 있다.

광의의 기술 평가라고 할 때는 신기술의 사회문화, 정치, 경제에 미치는 영향을 분석하고 평가하는 것을 가리킨다. 여기에는 이 기술을 사업화시켰을 때 경제적 타당성이 있는지 분석하는 '사업타당성평가', 기술의 이용주체, 곧 사업화주체의 경쟁력을 평가하는 '기술력평가', 사업화시켰을 때 그 기술이 창출하는 경제적 가치를 추계하는 '기술 가치평가'가 모두 포함된다. 그러나 이 중 '기술 가치평가'를 협의의 기술평가라고 부른다. 그 기술의 기술성, 시장성, 사업성을 종합적으로 분석하여 이를 금액(가액), 등급(점수), 의견으로 표시하면 될 것이나, 대부분 등급과 의견이 포함된 단일 금액으로 환산해야 가치 추계 절차는 종료될 것이다.

협의의 기술 가치 평가를 수행할 때 다음 사항에 대한 검토는 필수적이다. 기술의 효능이나 대체 가능성 등은 이 기술의 유용성을 설명하는 요인이다. 사업화가 용이한지 혹은 이 기술의 파급력이 있는지는 기술의 적용성에 대한 문제다. 시장 자체가 지극히 협소하다면 현 시장의 크기뿐만 아니라 시장의 향후 전망이란 부분을 다루고 가야 하는데 이는 기술의 활용성을 분석하겠다는 것이고, 해당 기술의 원천이 의심받아 특허가 무효로 된다든지 권리의 수명이 얼마 되지 않는다는 점은 권리의 안정성과 관련된 문제를 건드린다. 이런 것들의 검토를 다 마쳐야 '얼마의 가치가 있다'고 최종 결론에 이른다.

기술 가치평가 개요

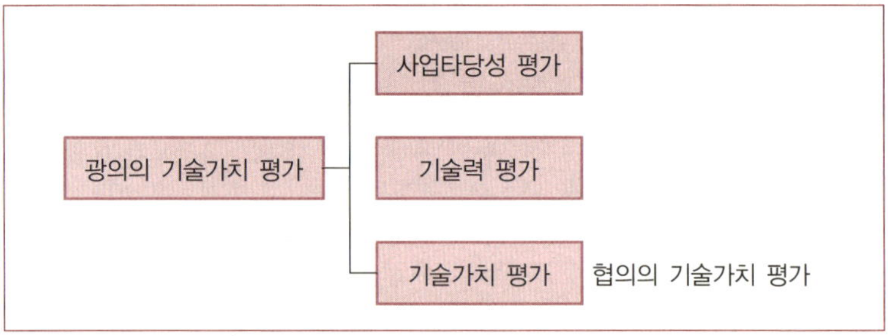

기술가치 평가방법은

한국산업기술진흥원에서 발간한 '기술가치 평가 실무가이드'는 기술 가치의 정의와 평가 방법을 상세히 예시하고 있다. 평가목적에 따라 가치 추계 접근방법도 달리 제시한다. 기술이전 및 거래가 목적이라면 현금흐름을 기준으로 평가하는 것이 합리적임을 지적하고, 특허침해에 의한 손해액을 산정해야 할 경우라면 특허를 침해한 이가 정상적으로 특허권자에 지급했어야 할 합리적 로열티를 기준으로 평가할 것을 조언한다. 각 평가방법의 적용 문제는 맞고 틀리고의 문제가 아니라 적절한지 아닌지의 문제로 접근해야 한다고 덧붙였다. 기술의 가치를 추계하는 방법은 가치 추계의 3가지 접근법, 곧 시장접근법, 원가접근법, 수익접근법의 틀에서 벗어나지 않는다.

먼저 시장접근법은 대상기술과 동일 또는 유사한 기술의 활성시장에서의 역사적 거래 금액을 기준으로 상대적인 비교, 분석을 통하여 우리 기술의 가치를 도출한다. 감정평가의 모든 영역에서 시장접근법은 가장 빈번하게 사용되고 그 결과는 설득력을 갖는 것으로 인정받고 있다. 공정한 거래의 결과물은 신뢰할 수 있다는 상식이 작용한 것이다. 시장접근법의 적용을 위해서는 비교 가능한 기술에 대한 활발한 거래시장이 존재한다는 전제조건이 충족되어야 한다. 또한 부동산과 같이 역사적 거래 내역을 공시하는 별도의 창구를 갖고 있지 않기에, 확보한 기술 거래 정보가 신뢰할 만하다는 객관적 입증이 필요하다. 정밀한 비교를 위해 거래 기술은 우리 기술과 유사 혹은 동일 업종에 속해야 한다. 업종의 유사성 외에도 기술의 수익성, 시장점유율, 신기술의 영향, 시장 신규참여에 대한 장벽, 법 보호범위, 경제적 잔존기간 등의 조건에서도 유사성을 보여야 한다.

그러나 기술시장은 여타 재화의 시장과 달리 기술제공자의 의지에 따라 공급 조건이 바뀌는 판매자 주도 시장이라는 특징이 선명하다. 통상적인 시장 조건이라고 볼 수 없는 치명타다. 평가자가 백방으로 수소문해 기술 거래 내역을 객관적으로 입증을 하고 거래 금액을 확인받는다 해도 개별적인 거래 조건은 얻어낼 수 없다. 공급자가 어떤 조건으로 거래를 성사시켰는지 사적인 계약 특약 사항을 공개해 달라고 요구할 수는 없다. 공급자는 언제든 수요자의 위치에 설 수 있다. 계약 세부 내역은 경영 비밀에 속하는 고급 정보처럼 다뤄질 것이다.

원가접근법은 대체의 원리에 기초를 두고 동일한 경제적 효용을 가지고 있는 기술을 개발하거나 구입하는 경우의 원가를 추계한다. 기술개발비용, 재생산원가, 대체원가 등 상세한 원가 정보가 필요하다. 현 기술의 재생산을 가정하므로 과거에 투입된 동일한 생산요소의 재투입을 고려한다. 그러나 각 생산요소의 단위비용은 역사적 원가가 아닌 현재시점 단가다. 여기에 시장 수요의 변동에 따른 가치의 출렁임을 감가수정으로 반영한다. 유형자산과 같은 물리적 감가는 고려할 게 못 되나, 대체 기술의 등장에 따른 기능적·경제적 진부화가 몸값을 끌어내린다.

그러나 형체도 없는 무형의 자산 가치를 투입한 비용의 현재가치로 판단하려 들면 공급자만 공감할 뿐 수요자는 냉랭하다. 무형자산에 부여되는 가치는 대부분 장래 추가 매출을 올릴 수 있는 기여도에 의한 것이다. 그런 면에서 원가접근법은 장래의 수익성 등을 전혀 고려할 수 없는 치명적인 결함을 지니고 있다. 부득이한 경우를 제외하면 이 방법의 채택 가능성은 극히 낮을 것이다.

수익접근법은 대상 기술의 미래 경제적 이익창출능력을 중시한다. 이 기술이 창출하는 미래 경제적 이익의 화폐금액을 현재가치로 환산하는 방법이다. 미래에 대한 예측하에 진행되는 이 접근법은 매년의 경제적 이익, 수익 발생 기간, 발생기간 동안의 자본적 지출 및 추가운전자본, 시간의 기회비용인 할인율의 결정 등에 대한 합리적인 판단을 내려야 한다.

먼저 기술의 경제적 수명, 곧 수익발생 기간을 추정할 때 반드시 이 기술의 법적 보호기간만큼 늘려 잡을 필요는 없다. 경쟁 기술의 등장을 예상하여 이 기술이 시장에서 경쟁우위를 잃게 되는 시점, 곧 해당기술이 경쟁 우위를 유지할 수 있는 최대기간을 예상하면 족하다. 기술가치가 '특허권'이라면, 경제적 수명을 추정하는 데 연차별 인용빈도수를 기반으로 개별특허의 수명주기를 산출한 값인 인용특허수명(CLT)을 활용한다. 어떤 특허가 등록한 연도를 기준으로 가장 최근에 이 특허가 인용된 기간을 산출한 것인데, 이 기간까지는 특허가 활성화되어 있고 경쟁우위를 보인다고 간주하는 것이다. 물론 이 기술과 우리 기술의 기술적 요인의 우열, 특허가 몸담고 있는 시장 환경의 격차는 보정되어야 하며, 이를 평점 등의 합계로 조정할 수 있게 산식을 구성한다. 이렇게 추정한 해당 기출의 총 경제적 내용연수 중 특허 등록 이후 경과연수를 차감하면 장래 경제적 유효수명이 도출된다. 여기에 사업화 투자기간을 더하면 현금흐름을 추정해야 하는 수익 발생 기간이 결정된다.

현금흐름 추정 기간, 수익 발생 기간이 결정되면 매년의 경제적 이익의 화폐금액인 현금흐름을 추산한다. 사업주체의 사업계획서나 유사업종의 재무정보를 활용한 접근이 가능하다. 현금흐름은 기업의 세후 영업이익에 감가상각비를 더하고 자본적 지출과 순 운전자본증감분은 차감한다. 감가상각비는 실제 지출되는 비용이 아니므로 가산하는 것이며, 자본적 지출이나 순 운전자본 증가액은 현금흐름을 창출하기 위해 매 기간 지출한 비용이므로 사업주체의 이익 귀속분을 실질적으로 감소시켜 차감해야 할 대상이다.

마지막으로 결정된 매년의 현금흐름을 현재시점으로 할인해서 합산해야 한다. '할인'이란 장래이익이 발생하는 시점과 현재시점의 시간적 격차를, 이익이 현실화될 때까지의 기다림과 예상을 빗나갈 위험을 반영하여 명목금액을 줄여주는 과정이다. 가중평균자본비용으로 불리는 이 할인율은 자본을 투자한 주체의 요구수익률을 투자금액비율로 평균한 값이다. 예컨대 내 돈과 대출금이 각각 50% 비율로 들어갔고 투자자와 대출자의 요구수익률이 각각 9%, 7%이면 할인율은 8%로 결정된다. 투자자의 요구수익률을 자기자본비용이라고 부르며, 무위험이자율에 '시장위험프리미엄×개별자산의 체계적인 위험의 민감도'를 더한다. 대출자의 요구수익률인 타인자본비용은 법인세 절감 효과를 고려[53]한 시장이자율을 말한다.

추정 기간 동안의 현금흐름을 할인 합산한 금액이 순수한 기술가치라고 보기에는 무리다. 이 기술을 적용한 사업체 운영자의 노고, 해당 기술을 적용하기 위해 갖춘 생산라인의 기여도는 무시할 정도로 경미하지 않다. 결국 수익환원법에 의해 추계한 매년 경제적 이익의 현재 가치 총합에 이 기술이 기여한 정도(0~100%)를 곱해야 기술만의 가치가 결정된다.

유형 자산의 평가에서는 볼 수 없는, 기술 가치 평가 시장에서 폭넓게 사용되는 로열티 공제법도 평가방법의 한 축을 담당한다. 이 기술이 없었다면 특허를 지닌 누군가에게 '로열티'를 지불했을 것이다. 기술보유로 인해 로열티 절감이 이뤄졌으니 절감액의 총계가 기술 가치와 등가라는 논리다. 수익접근법의 틀 내 기술 가치 시장의 특수성이 반영된 분석방법이라고 봐도 무방하다. 전체적인 평가 과정은 다음과 같다. 먼저, 대상 기술과 비교할 만한 유사한 투자 위험과 수익성이 있는 라이선스 계약을 포착한다. 여기서 유사 기술의 세후 로열티 비율을 확보한다. 이 값에 대상 기업의 매출액을 곱한 값을 추정기간 동안 할인 합산한다. 마지막으로 비교 대상 기술과 우리 기술의 경쟁력을 기술, 시장, 권리 측면에서 평점을 부여해 만든 조정 계수를 곱하면 된다.

53) 해당 비용만큼 법인세를 덜 내게 되니 자본비용×법인세율이 절감효과임

물 건너온 기계의 원화 산정과정(도입기계 평가)

메모리 반도체 선두주자인 한국에서 반도체 장비의 국산화율은 30%에 그친다는 기사가 실린 적이 있다. 반도체 제조공정 중 일반 공정보다는 장비가격이 큰 첨단공정 설비의 국산화율이 낮아 수량 기준이 아닌 금액 기준으로 했을 때의 추정치라고 했다. 아직까지 계측기기 상당수는 수입제품이다. 옵셋(offset)인쇄기를 확충하려는 인쇄업체는 독일의 하이델베르그, 일본의 고모리나 아키야마 등의 제품 후보군 중에서 고르기 마련이다. 이 분야에서 국산 제조업체는 찾아볼 수 없다. 기초과학기반이 약하다는 지적은 예나 지금이나 매한가지다. 기계 제작에 있어서도 원천기술력이 부족해 견실한 장비업체가 뿌리내리지 못하는 상황도 현재까지 크게 개선되지 않았다.

사용 기간에 따라 마모, 마멸, 노후화되는 유형의 자산을 '상각자산'이라 부른다. 기계 역시 여기에 속한다. 지역의 변천사를 논할 때면 농경 지대였던 곳이 아파트지구로 탈바꿈하고, 하천변이었던 곳에 지하철역이 들어선 상전벽해의 역사를 듣곤 한다. 토지가 이런 저런 용도로 전환되고 고밀도의 이용으로 진화함은 분명하다. 물론 그에 따라 지가도 들썩인다. 반면, 상각자산은 현 상태 유지하기도 고달프다. 고색창연한 중세 시대 성당이 지속적으로 보수·관리에 매년 상당한 예산을 쏟아붓는 사실은, 상각자산의 자연적인 수명 연장이 불가함을 말해 준다. 몸값의 들썩임은 남 얘기일 뿐, 상각자산은 노후화 정도, 곧 기능의 저하상태를 가치하락과 대응시키는 작업이 필요하다.

기계와 같은 상각자산의 가치를 평가하는 데 활용할 수 있는 평가기법은 원가법과 거래사례비교법이다. 다만, 거래사례비교법의 적용은 제한적이다. 먼저 실거래 사례로 우리 기계를 평가하려면 중고매매시장이 활성화되어 있어야 한다. 모델명과 연식별로 기계의 시장가 파악이 가능해야 하기 때문이다. 자동차 중고시장과 같은 활발한 매매공간은 아니지만, 중고기계 매매시장도 오프라인과 온라인 모두 어느 정도 구축돼 있다고 볼 수 있다. 그러나 치명적 약점은 공인된 매매내역을 입증할 수 없다는 것이다. 부동산실거래신고제도하에서 제출된 매매계약서 금액을 해당 부동산의 등기나 국토교통부 실거래가 조회 서비스로 확인받을 수 있는 부동산에 비해 처지가 열악하다. 우리의 경우 거래사례비교법에 적용할 수 있는 사례는 거래가 완료된 물건에 한정된다. 거래대기 중인 상태의 매물가격이나 호가정보는 가격수준에 대한 검토 자료에 그칠 뿐, 구체적인 매매사례로 특정 지을 수는 없다. 이런 연유로 기계의 평가는 대표적 상각자산인 건물과 같이 원가법 적용이 외길 수순이다.

원가법은 대상과 동일한 물건의 현재시점 신품가격, 곧 재조달원가에서 물리적 · 기능적 측면의 가치하락을 감가수정과정으로 반영해 평가한다. 이 중 도입기계는 수입 당시 세관을 통과하면서 발급받은, 수입내역이 고스란히 적혀 있는 공적 취득 증명서인 '수입신고서'를 확보하고 있다. 현재시점의 취득가격을 구하려면 도입기계는 과거 수입 당시로 거슬러 올라간다. 다만, 최근 동일한 모델과 사양의 수입 물품 수입신고서가 있다면 시간 여행은 생략해도 된다. 그러나 대부분은 과거 취득 가격을 수입당시와 현재시점 간 기계가격 변동을 나타내는 지수로 보정해 주는 시점수정과정을 거친다. 시점수정 자료는 각국별로 일반기계와 전기기계로 나눠 공표되는 기계가격보정지수를 활용한다. 이때의 '각국'은 기계 제작국을 말한다. 기계를 선적한 곳(적출국), 항해 중 기계를 옮겨 실은 곳(환적국)은 신경 쓸 필요 없다. 재수입을 상정했을 때 기계 제작비 변동률은 제작국 물가 변동을 반영할 것이기 때문이다. 이를 고려하면 수입신고서상 기재된 과거 수입 금액 역시 수입 대금 지불 화폐가 무엇이었든지 간에 제작국의 화폐 단위로 환산해야 한다. 정리하면 과거 도입 당시의 제작국 화폐 기준 수입 금액을 제작국 기계가격보정지수를 적용하여 현재 시점 취득금액을 만든 후 이를 다시 원화환산 한 가격이 현 시점 도입기계의 수입가격이다.

❙ 도입기계의 수입가격 결정 과정

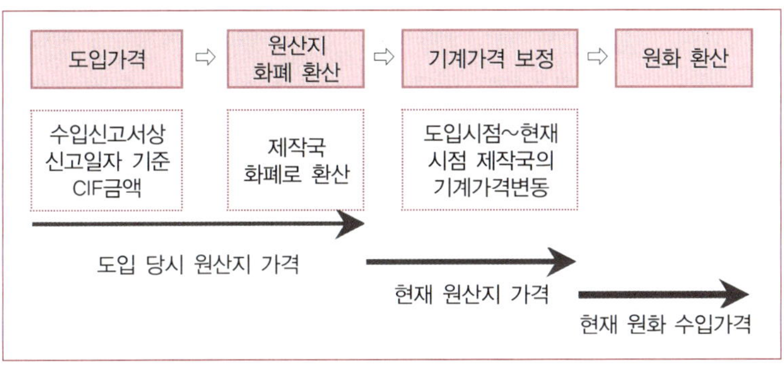

타국으로부터 수입되는 도입기계는 통관을 거치면서 부득이 지불해야 하는 부대비용이 있다. 국내제작기계와는 다르게 재조달원가를 추계해야 하는 이유다. 도입기계에 따라 붙는 부대비용은 관세, 농어촌특별세, L/C등 개설비, 설치비 등이다. 관세는 과거 수입신고서에 적용 관세율이 기재돼 있는데, 현재 시점에 변동이 없으면 동일한 관세율을 적용하면 되고 그렇지 않으면 현재 관세율을 따라간다. 일부 품목의 경우 관세 감면을 받게 돼 있어 이에 해당되면 관세감면액은 빼 주면 될 것이다. 관세감면액에 대해서는 목적세인 농어촌특별세가 부과되며, 부과액은 감면액의 20%이다. 관세감면 사유가 특정 산업군의 진흥 혹은 중소기업 육성을 위한 특혜성이라면 사후관리기간을 두어 지정된 목적으로 사용하는지 감시하기도 한다. 또 관세부담을 고려해 분할납부할 수 있는 혜택을 주곤 하는데, 평가시점 현재 할부기간이 끝나지 않았다면 잔여 관세가 얼마인지 기재만 하고 부대비용으로 가산할 필요는 없다. 신용장 개설에 드는 부대비용인 L/C 개설비는 수입금액의 일정비율이다. 수입된 기계를 제조라인에 세팅하는 데 드는 설치비 역시 수입금액의 일정비율로 반영하고 있으며 혹 바퀴가 달려 쉽게 이동이 가능한 기계라면 생략해도 된다.

현재시점으로 환산한 수입금액과 현재 시점 통관을 상정했을 때 가산하는 부대비용을 더해 재조달원가를 정하고 나면 경과연수 등을 고려하여 기계의 가치 하락을 반영하는 감가수정을 거친다. 적용하는 방법은 내용연수법 중 정률법이다. 매년, 기계의 가치가 전년도 가치의 일정비율로 하락한다고 전제하며, 가로축 경과연수 세로축 기계 잔존가치인 직교좌표계를 만들면 원점으로 볼록인 포물선 형태를 띤다. 감가수정과 관련해 회계처리와 감정 평가 시 서로 다른 상각 방법을 적용하는 것도 곱씹어 볼 만하다. K-IFRS하에서 매년 기계는 정액 상각된다.

상당수의 도입기계가 현재도 위와 같은 과정을 거쳐 평가되고 있다. 틀과 산식은 고정돼 있고 변수에 해당되는 대상 기계의 자료만 입력하면 도입기계의 가치는 '권장소비자가격' 명패를 들고 튀어나온다.

골프장 매물가격, 간편식에 의한 도출

2014년 골프장 경영협회가 집계한 자료를 들춰보니, 전국에 500여 곳의 골프장이 등록돼 있고 이 중 460곳이 운영 중이다. 구성 비율은 회원제와 비회원제 골프장이 엇비슷하다. 근 십 년 골프장이 우후죽순 들어차면서 적지 않은 곳이 경영난을 호소하고 있으나, 연초 기준 39곳이 건설 중에 있는 걸 보면, 후발주자는 골프장 성수기면 월 200만 명이 훌쩍 넘는 고정 수요층을 단단히 신뢰하고 있음이 분명하다.

먹고 살기 힘들다는 골프장의 하소연이 엄살만은 아니다. 한국레저산업연구소가 집계한 2013년 골프장 업체의 경영실적 분석(잠정) 자료에 의하면, 회원제 골프장의 영업이익률은 2.10%, 대중제 골프장은 28.3%를 보이고 있다. 회원제 골프장 조사업체 138개 중 절반이 조금 넘는 업체가 영업적자를 기록하고 있다고 하니, 상대적으로 대중골프장의 수익성은 완만한 하락세고 회원제 골프장은 급감한 측면이 도드라진다. 업계는 골프인구 정체, 골프장 공급과잉 심화, 고객 유치를 위한 과도한 할인 경쟁 등으로 사정이 더 나빠질 것으로 보고 있다. 골프장 회원권을 사용가치가 아닌 투자가치로 매입했다가 수억 고스란히 날린 자는 골프산업의 지속적 성장을 낙관했다가 낭패를 본 셈이다.

「체육시설의 설치 · 이용에 관한 법률」 시행령 별표 1에 열거한 체육시설 중 가장 먼저 언급되는 게 골프장이다. 동법 제12조는 등록 체육시설인 골프장을 운영하려면 사업계획서를 작성해 특별시장, 광역시장, 도지사 또는 특별자치도지사에게 승인을 받도록 하고 있다. 한편, 동법 시행령 제20조에 따르면 회원제 골프장업의 등록

시 골프장 부지를 골프코스, 주차장 및 도로, 조정지, 조경지, 관리시설부지, 유지·관리 예비 토지로 구분 등록하도록 했다. 세간에서는 조성비용이 들어간 개발지와 순수 소지 상태의 원형보전지로 단순 구분한다.

골프장이 어느 정도 가치를 지니는지 감정평가 혹은 컨설팅하기 위해서는 개별 자산단위로 평가해서 더하거나, 일괄 평가하는 방법 모두 적용 가능하다. 개별 평가는 골프장 구성 요소의 가치를 낱개로 평가해서 다 합치겠다는 것이다. 일단, 클럽하우스 등 건축물과 구축물은 상각자산이므로 원가법이 적용된다. 토지를 평가할 때는 취득한 토지가격과 조성비용 상당액에 주안점을 둘 수밖에 없다. 잔디만 심으면 골프장으로 쓸 수 있는 토지에 조성을 한 게 아니고, 농경지, 임야를 성토·절토해 인위적인 전환을 시킨 것이다. 매입한 농경지, 임야 가격에는 골프장으로 탈바꿈할 수 있는 목 좋은 곳 이점이 반영돼 얼마간 웃돈이 포함돼 있다. 입지의 수혜자인 경우 꽤 비싸게 매매되곤 한다.

골프장으로 조성하는 비용은 '홀당 얼마'로 정형화돼 있다. 입지·주위환경·지세를 기준으로 산악형, 평지형으로 구분하는데, 각각의 대략적인 홀당 조성비용 수준이 시장에 노출돼 있다. 한 홀만 따로 떼 내서 매각하지는 않는다. 9홀, 18홀, 36홀을 모두 묶어 평가할 수밖에 없다. 골프장 구성요소를 개별 평가하지만 토지만 봐서는 홀 전체를 묶음으로 평가하며, 등록된 토지 전체 면적에 동일 단가가 적용된다. 개발지와 원형보전지의 가격을 각각 내고 이를 면적별로 가중 평균하는 논리와 다를 바 없으나, 그렇다고 각각의 단가를 반드시 구할 필요는 없다. 한편, 골프장 역사, 브랜드, 명성 등 무형의 가치에 대해 거래 당사자가 충분히 공감한다면 별도의 목록을 신설해 가치를 부여하는 것은 현실적으로 어렵다. 토지단가에 이를 충분히 녹여내는 식으로 접근하고 있다.

일괄 평가의 논리는 다분히 시장 친화적이다. 골프장 부지, 그리고 클럽하우스 등 건물과 구축물, 카트 등으로 나눠 장부에 구분 등록하긴 해도 골프장이 매매될 때는 한통속이니 평가도 묶어서 하는 게 합리적이라는 것이다. 여러 홀 중 한 홀만 매매할 수 없듯이 골프장 부지만 취득하고 클럽하우스를 매매목록에서 빼 버리는 것은 상식 이하의 매매 유형이다. 골프장의 매매금액 책정 시에도 홀당 얼마로 계산하는 게 관행이다. 전국 수백여 곳의 골프장이 있고 손이 바뀐 곳도 적지 않아 신뢰할 만한 거래 전례가 구축돼 있다. 지역, 입지, 골프 코스의 품질, 시장의 평판 등에 따라 홀당 매매가능 금액은 일정한 범위를 보인다. 골프장 간 순위를 매겨 내 앞자리와 뒷자리에 위치할 경쟁 골프장을 순서 맞춰 세워 놓으면, 위아래 거래 내역을 확보하는 순간 대상 골프장의 시장가치 도출 과정은 마무리된다. 회원제 골프장이라면 회원권 시세를 순위 측정 지표로 활용할 수 있다.

대상 골프장의 영업이익 자료를 활용해 수익환원법을 적용한 일괄 평가도 가능하다. 다만 기간 수익의 성격은 부동산 임대차소득이 아닌 골프장 운영수입이다. 이 방법을 적용하면 골프장을 구성하는 부동산 가치 총합이 아닌 경영, 기술, 인력, 브랜드의 기여분이 포함돼 있는 기업가치가 도출된다. 시장에서는 골프장의 부동산 가치와 골프장 가치를 굳이 구분하지 않는다. 매매할 때 역시 시장에 공공연히 노출된 해당 골프장의 영업이익 자료가 매매금액을 저울질한다. 큰 무리는 없어 보인다. 세부적으로 단일 기간의 영업이익을 환원할 수도 있고, 기간 할인 모형을 선택하는 것도 가능하다.

대기업이라면 회사 명의의 골프장 하나쯤은 보유하고 싶어 하고 중간급 간부에 올라선 직장인도 골프채 세트 한 묶음은 구비하고 있는 게 현실이다. 당분간 골프장의 공급이나 수요에 큰 변화는 없을 듯싶다. 일어서서 하는 가장 재밌는 놀이라 하니, 나라 전체 인구 감소율 이상으로 전체 이용자수가 줄어들 위험도 크지 않다. 부적절한 접대 현장이라는 불명예도 여전할 것이고, 생활의 안정기에 접어든 이와 여유로운 노후 세대의 사랑받는 스포츠로서의 위상도 견실할 것이다.

비상장주식, 출하 예정 상품의 내재가치

가치 추계에 있어 가장 뚝심 있는 평가방법은 거래사례비교법이다. 시가는 믿을만한 수치라고 통용되고 있으니, 이를 통한 평가액은 시장에서 검증받았다는 공감대가 견고하다. 과세당국 역시 시가를 과표 금액으로 잡으려는 것이 원칙이다. 그렇다면 시장에 좀처럼 노출되지 않는 자산에 '시가'라는 개념을 적용할 수 있을까. 증권거래소에 상장되지 않은 주식과, 주식은 발행되지 않고 권리만 존재하는 권리주(權利株)가 그중 하나다. 한국거래소에서 거래되는 주권상장법인의 주식과 코스닥상장 법인의 주식 외의 주식을 비상장주식이라고 부르는데, 시장 공감대로 접근하기 어려운 무체재산권 중 하나다.

『상속세 및 증여세법』(이하 '상증법') 제60조에서는 상속 및 증여재산에 대한 시가 과세를 위해, 시가의 정의를 '상속개시일, 증여일 당시 불특정 다수인 사이에 자유롭게 거래가 이루어지는 경우에 통상적으로 인정되는 가액으로 하고, 수용가격·공매가격 및 감정가격 등을 시가로 인정한다고 정했다. 이 경우 유가증권 중 상장증권 등에 대해서는 2개월 동안 최종 시세가액의 평균액도 시가로 보도록 하고 있으나, 비상장주식에 대해선 언급이 없다. 동법 시행령 제49조는 '시가로 인정되는 것'을 상술하고 있는데, 평가기준일 전후 6개월(증여인 경우 3개월) 이내의 기간 중 매매·감정·수용·경매 또는 공매가 있는 경우 해당 재산에 대한 매매가격(특수 관계인과의 거래 등 제외), 복수 감정평가업자의 감정가액 평균, 보상가액, 경매가액, 공매가액까지 아우르고 있다. 이때 물건이 비상장주식인 감정평가서의 결과물을 유독 '시가로 인정되는 것'에서 배제시키고 있다.

위에서 언급한 '시가로 인정되는 것'으로도 비상장주식의 시가를 가늠하기 어렵기에 해당 법률은 비상장주식의 보충적 평가방법을 인정하고 있다. 이는 '가치평가'가 아닌 '개략산정'이라고 볼 수 있다. 동법 시행령 제54조는 1주당 순손익가치와 1주당 순자산가치를 가중 평균한 가액을 시가로 평가하되, 일반적인 기업은 주당 순손익가치와 순자산가치를 3:2의 비율로 가중평균하고, 자산 중 부동산 점유율이 50% 이상인 부동산 과다보유 기업은 가중평균 비율을 역으로 적용하고 있다. 부동산자산의 비중을 고려해 순자산가치의 기여도를 높인 것이다. 마지막으로 부동산자산이 80% 이상인 법인, 사업개시 전 법인, 사업개시 후 3년 미만인 법인, 휴폐업 중인 법인, 직전 3개년 연속 결손법인 등, 순손익가치를 측정하기 어려운 경우는 1주당 순자산가치로만 비상장주식의 시가를 평가하도록 했다. 특정 회사의 비상장주식을 평가하기 위해 해당 기업이 보유한 순자산을 확인하는 과정에서, 이 회사가 또 다른 회사의 비상장주식을 취득하고 있었다면 보충적 평가를 두 번 해야 한다. 보유한 비상장주식의 시가를 먼저 평가해 회사의 순자산가치가 결정돼야 이를 순손익가치와 가중 평균해 평가 대상 비상장주식의 시가가 최종 확정되기 때문이다.

이런 보충적 평가방법은 기업의 순손익과 순자산이 비상장주식의 가치에 영향을 미치는 것을 전제한다. 물론, 어느 누구라도 기업의 수익성과 자산 규모를 염두에 두지 않고 주식을 취득하지는 않는다. 시가총액이 큰 기업은 순이익 규모가 상당하든지, 알짜배기 보유 자산이 있을 것이다. 주식시장에서는 전자를 '가치주', 후자를 '자산주'로 분류한다. 특정 회사의 재무상태표에 근거해 순손익가치와 순자산가치를 파악할 수 있으므로 통상 공인회계사가 비상장주식 평가를 담당하고 있다. 회사주식을 상속증여하거나 자사주의 매입과 지분이동 시 비상장주식 시가 산정 수요가 발생한다. 그런데 이들의 도움을 받지 않고 증여재산의 시가를 주식 발행 액면가로 신고했다가, 과세당국이 위 보충적 평가방법으로 재산정해 증여세를 중과하는 사례도 비일비재하다. 해당 전문가는 이런 극단적인 사례를 언급하며, 세무 컨설팅을 제안할 것이다.

2013년 비상장주식과 관련된 행정법원 판례(사건번호 2012구합 19977)가 나와, 당시 감정평가업계가 한껏 고무된 적이 있다. 해당 판결문을 요약하면 다음과 같다.

[2012구합 19977 사건 판결문 요약]

1. 상증법은 재산의 가액에 대해 시가주의 원칙을 선언하고, 시가로 인정되는 가액에서 비상장주식에 대한 감정가액을 제외하고 기업의 대차대조표와 손익계산서를 근거로 한 보충적 평가방법만 인정하고 있음.
2. 현행 비상장주식의 보충적 평가방법은 단순·획일적으로 기업의 대차대조표와 손익계산서를 근거로 해 산출되는 순자산가치와 순손익가치의 단순 가중 평균 방식에 의하도록 하고 있는데, 몇 가지 공식만으로 비상장주식의 시가를 모두 적정하게 산출해 내기란 불가능에 가까운 일이기 때문에 합리적인 범위 내에서 비상장주식에 대한 산정방법의 다양성과 탄력성을 포용하는 것이 바람직함.
3. 상증법이 비상장주식의 감정가액을 시가로 인정되는 가액에서 배제하는 어떠한 내용도 담고 있지 않는데, 대통령령이 이에 역행해 비상장주식의 감정가액을 시가로 인정되는 가액에서 원천적으로 배제하는 것은 모법의 위임을 벗어났을 뿐만 아니라 조세법률주의에도 위배된 것으로 무효임.

요약하면, 법률에서 '시가'의 범위에 감정평가액을 배제하지 않고 있음에도 시행령에서 모법의 위임을 벗어나 이를 제외시켰으나, 현재의 보충적 평가방법도 완벽하지 않은 하나의 산정 방법이기에 합리적인 사유가 있으면 다른 산정방법에 의할 수 있는 것이 바람직하다는 것이다. 그런데 항소심에서 원고가 소를 취하해 이 판결은 확정판결의 자격을 갖추지 못하게 되었다. 피고인 특정 세무서가 판결 내용에 따라, 감정평가서를 인정하지 않고 보충적 평가방법으로만 산정한 비상장주식의 시가를 기준으로 부과한 이전 과세처분을 철회하고 새로운 재처분을 통해 세금을 부과하면서, 원고는 자연스레 소를 취하했을 것이다.

그런데 상증법상 이런 보충적인 평가방법이 명백히 있음에도 비상장주식에 대한 감정평가 기준을 담고 있는 '감정평가에 관한 규칙'(이하 '감칙') 제24조는 '비상장주식(상장주식으로서 거래소에서 거래가 이루어지지 아니하는 등 형성된 시세가 없는 주식을 포함한다)은 해당 회사의 자산·부채 및 자본 항목을 평가하여 수정재무상태표를 작성한 후 기업체의 유·무형의 자산가치(이하 "기업가치"라 한다)에서 부채의 가치를 빼고 산정한 자기자본의 가치를 발행주식 수로 나눌 것'이라고 규정했다. 평가 원칙을 순자산가치법으로 정했다. 감정평가 시 공시가격 혹은 취득가격으로 잡혀 있는 부동산은 이유 여하를 막론하고 재평가를 통해 현재가치로 대체하도록 강제하고 있다. 즉, 위 조항은 임의 규정이 아니고 강행규정이다. 문제는 순자산가치로만 평가하는 경우 현재의 상증법상 평가방법과 '감칙'의 규정은 이율배반적이다. 상증법에서 공시가격을 시가로 인정하고 있기 때문이다.

표준지(개별 토지)의 공시가격, 표준주택(개별주택)의 공시가격, 공동주택 공시가격, 기준시가 등 과표 금액 역할을 하는 각종 공시가격은 시세 아래 어디쯤엔가 머물러 있다. 정부도 시세 반영비율을 대략 파악하고 있다. 공동주택에 비해 토지와 주택의 과표 금액이 낮아 부동산 유형 간 과표 불균형을 해소하려는 노력이 요 몇 년 집중됐다. 이런 공시가격은 관련 법률에서 '적정가격'으로 불리고 있다. 시장가치에 못 미치는 것은 분명한데, 과세를 할 때는 '시가'로 인정받는다. 문제는, 부동산의 공시가격이 타 재산 '시가'를 결정하는데도 '시가' 역할을 한다는 것이다. 비상장주식 평가도 이 여파에서 자유롭지 못하다.

비상장주식 평가를 담당하는 공인회계사의 경우, 비상장주식의 순자산가치 추계 시 부동산은 장부가액을 기준으로 하고 있다. 결산 혹은 가결산 상태의 장부가액인데, 해당 기업이 주기적으로 재평가를 진행하지 않았다면, 장부가액은 취득가격 또는 취득가격에서 감가상각누계액 정도를 차감한 값이다. 특히 토지의 경우 개별공시지가를 대입해 산출하는데, 순손익가치와 가중평균하게 되면 시가와의 괴리 정도가 조금 줄어들기는 하지만, 순자산가치만으로 평가하는 예외적인 경우에는 시가와 공시가격의 괴리만큼 비상장주식은 저평가될 수밖에 없다.

현재 비상장주식 평가 규정 및 관행이 위와 같다 보니, 상증법상 순자산가치법에 의한 결과물은 시가와 괴리돼 있고, 상장증권의 시가 산정 취지와도 동떨어져 있다. 단순히 공시가격을 '시가'로 인정해 과세하는 부동산과 달리, 자산의 시가로 비상장주식의 순자산가치를 결정해야 한다면, 내용물인 부동산 가치는 시가로 대체하지 못할 하등의 이유가 없다. 현재 주된 평가자인 공인회계사도 재평가를 통해 부동산 등의 장부가격을 시가로 대체할 수 있다면 더 정밀한 결과물이 나올 것이라는 데 이의를 제기하지 않는다. 순자산가치를 적용할 때는 반드시 감정평가사에 의한 재평가를 거친 보고서 결과물을 인용하도록 강제하는 방법을 생각해 볼만하다.

이에 발맞춰 '감정평가에 관한 규칙'도 예외규정을 신설할 필요가 있다. 상증법상 순손익가치와 순자산가치를 가중 평균하는 보충적 평가방법을 요구할 경우에는 의뢰인의 요청에 맞게 이를 적용할 수 있도록 하고, 회계전문가의 도움이 필요한 경우 순손익가치에 대해서는 외부 용역 결과물을 인용할 수 있도록 하면, 감정평가보고서는 한층 신뢰성을 갖추게 된다. 과세 당국 역시 비상장주식의 시가가 현실화되는 것을 마다할 이유가 없다. 더 정밀하게 하겠다는 취지에 반대할 사람은 없을 것이다.

불용품 가격의 원리(동산 감정평가)

시장에서 통용되는 최소 화폐단위는 그 당시 물가수준을 대변한다. '응팔'과 동시대인 1980년대 후반, 1원 혹은 5원짜리 주화를 돼지 저금통에서 심심치 않게 발견할 수 있었다. 버스 요금은 70원 정도 하던 시절, 현재 초등학생을 '국민학생'으로 부르던 때다. 이 시기 물건을 사고 팔 때 실질적인 최소 화폐 단위는 10원이었다. 당시 최소 화폐단위였던 10원짜리 동전의 유통을 왕성하게 해 준 것은 다름 아닌 국민학생들을 대상으로 한 강제 폐품수집활동이었다. 학교가 의무적으로 폐품을 수집하게 했다. 그리고 이를 재활용하는 업체에 일괄 매각하면서 발생한 수입을 불우이웃 돕기 기금으로 전달했다. 폐품과 동전 유통이 아무 관련 없어 보여도, 폐품을 확보할 수 없는 아이들이 가게에서 10~20원을 주고 유리병과 신문더미를 구입하면서 집 안에 있던 동전이 원활하게 유통된 것이다. 이들이 사가는 빈 병은 탄산음료를 마시고 병을 팔러 왔던 아이들이 공급해줬다. 이들은 병 값으로 10원짜리를 수북이 들고 가 가게의 동전 재고를 조절하는 역할을 했다.

폐품에 대한 매매는 현재진행형이다. 확성기를 매단 1톤 트럭이 고장 난 TV, 오디오, 냉장고를 구입한다고 돌아다니는 모습을 심심치 않게 목격할 수 있다. 폐품에 대한 거래는 민간 영역에만 한정된 것이 아니다. 국가나 지방자치단체, 공기업 등도 더 이상 쓸모없다고 결정된 물건을 주기적으로 시장에 내다 판다. 「물품관리법」, 「공유재산 및 물품관리법」의 규정에는 '사용할 필요가 없거나 사용할 수 없는 물품'에 대해 불용(不用)결정을 내린다. 그리고 투명하고 효율적인 절차에 따라 매각할 수 있도록 했다. 종전 규정에는 규모·

형상 등으로 보아 활용할 가치가 없는 일반재산 등만 매각의 대상이었다. 현재는 관련 법률 또는 장래 행정목적의 필요성 등을 고려해 처분 제한 사유에 해당하지 않는 일반재산에 대해 매각이 가능하다. 처분 규정이 완화됐다. 이들 불용품은 매각 공고 후 경쟁 입찰, 지명 입찰, 수의계약의 방법에 따라 매각할 수 있다. 이때 매각가격은 시가를 고려하게 되어 있는데 특별한 사유가 없는 한 「부동산 가격공시 및 감정평가에 관한 법률」에 따른 둘 이상의 감정평가법인에 의뢰하여 평가한 감정평가액을 산술평균한 금액이 그 기준이 된다.

「감정평가에 관한 규칙」 제21조(동산의 감정평가)는 '감정평가업자는 동산을 감정평가할 때에는 거래사례비교법을 적용하여야 한다. 다만, 본래 용도의 효용가치가 없는 물건은 해체처분가액으로 감정평가할 수 있다.' 고 규정하고 있다. 동산에 대해 원칙적으로 거래사례비교법을 적용하도록 했기 때문에 현재 용도대로 매각할 수 있는지 먼저 고려해야 한다. 해당 폐품을 전용할 수 있다면 그 상태대로 시장에서 거래되는 관행이 있을 것이다. 통신위성을 타국에 매각한 후 헐값 매각 논란이 불거졌는데 이는 중고가격과 해체처분가격과의 괴리에서 발생했다고 볼 수 있다. 매각한 쪽은 해체처분가격으로 생각했는데 매수한 쪽이 계속 위성으로 사용했으므로 중고품 가격을 받았어야 했던 물건이었다.

본래 용도로 활용할 수 없다면, 폐자재로 취급해야 한다. 폐전선의 매각 가격은 피복을 벗겨 나오는 구리선의 함량에 좌우된다. 이것이 해체처분가격이다. 따라서 이들의 감정 평가 시 물가정보지의 중고물품 시세, 폐기물 수거업체의 원재료 단위중량당 매입단가를 참작할 수 있다. 물론 해당 업체로 물건을 옮기는 운반비, 원재료를 추출하는 후가공비 등을 감안한 가격 수준이 될 것이다.

불용품 해체처분가격은 건물, 기계류의 경우 잔존가치와 성격이 유사하다. 일반적으로 잔존가치율은 5~10%를 상정한다. 내용연수가 만료됐을 때 재조달원가의 90% 이상은 가치가 하락한다고 본다. 토지와 건물 거래 당시 철거해야 할 노후 건축물이 있다면 철거비와 폐자재가치를 거래가격에서 감안했을 것이다. 철거업체에 이득이 발생할 경우 해당 수익이 노후 건축물의 해체처분가격으로 볼 수 있고, 그 반대면 비용을 들여 철거를 진행해야 하므로 해체처분가격은 '0'이 된다.

불용품에 대한 감정평가에서는 목록을 확정하는 부분이 가장 조심스럽다. 정확하게는 목록에 대한 신빙성 혹은 정확성에 대한 문제로 매각 대상 물건의 수량과 종류를 전수조사하기 힘들다는 점이 특징이다. 창고 가득히 쌓인 철제 의자가 2,500개라고 제시되었다면 일단 2,500개 수량이 정확한지 파악하기가 어렵다. 또한 2,500개 물품이 같은 종류인지, 재질은 동일한지, 물건당 동일한 가격으로 매각할 수 있는지 일일이 확인하는 것도 사실상 불가능하다. 중량에 대한 부분도 깔끔하지 않다. 구리 수천 kg으로 목록이 제시될 때 이 중량이 구리가 섞여 있는 폐품 전체의 무게인지 해체했을 때 추출되는 순수 구리의 것인지 명확하지 않다. 타 재료와 혼재되어 있는 경우 순 중량에 대한 추정 과정을 불가피하게 거쳐야 할 수도 있다. 쉽게 말해 니켈과 고철이 섞여 있다면 각각의 단가가 다르므로 니켈과 고철의 성분비가 대략 얼마인지까지 파악해야 한다. 이를 성분분석할 수 없다면, 과거 취득 당시 원재료 비율, 현 시점 신규 취득 시 해당 재료의 구성비 등을 충분히 확인하는 수고가 필요하다.

매수 예정자가 특정된 것도 매각 가격을 결정하는 데 짐이 될 수 있다. 정부·공기업의 불용품이 수의계약으로 매각될 때 매수자는 지속적으로 수년간 불용품을 매수해 왔던 업체일 것이다. 이들은 정부보조금을 지급받는 곳이거나, 수익사업을 하는 공익적 성격의 조직으로 볼 수 있다. 장기 임차인이 임대료 할인혜택을 받듯 폐품의 시장가격보다 약간은 싸게 사고 싶다는 바람을 내비치기도 한다. 이들이 비싼 매각가격을 이유로 계약에 응하지 않으면, 보관비용이 계속 발생한다는 것도 기정사실이다. 몇 개월이나 몇 년 전 매각단가가 기준가격 역할을 하지만 원자재는 수급에 따른 가격 등락이 심해 불과 반년 만에 시장가격이 절반으로 폭락하거나 두 배 폭등할 수 있어 매각 시점의 시중 가격을 반드시 확인해야 한다.

어쨌든 하루가 멀다 하고 시청, 구청, 공기업에서 불용품 매각 공고를 올리고 있다. 예전 신문지, 빈 병은 슈퍼 주인 맘에 맞는 가격에 사들이고 되팔았지만 불용품의 매각금액은 철저하게 감정평가사의 손을 거친다. 불용품 매매 시장에서 잔반을 처리하려는 자와 중고품을 싸게 사들이려는 투자자 중간에서 감정평가는 합리적인 거래가격을 제시한다.

광업권의 가격

공기업의 부채는 정부 부채와 다를 바 없다. 더 나아가 국민 모두의 채무인 셈이다. 부실한 자원외교의 실체는 사업성에 대한 검토 없이 밀어붙인 주먹구구식 사업으로 규정될 공산이 크다. 몇억, 몇십억 날린 것도 아니고 기본적으로 몇백억 원 대 손실이다. 탄광, 동광, 리튬광, 철광 등 광물자원에 대한 투자 중 상당수는 원금 전부를 날릴 판이다. 사업 개시가 안 된 곳은 환경영향평가 등 인·허가 절차를 마냥 기다리고 있다고 답변한다. 환경리스크를 고려했었느냐고 따지면 이를 감안해 인수가격을 낮춘 것이라고 변명하고, 여러 번의 사전조사에서 보고한 품질과 매장량 추정치가 왜 이렇게 실제와 달랐느냐 다그치면 예상치 못한 변수였다고 둘러댄다. 자문업체라고 참여한 곳이 제대로 사업성 분석을 한 것인지 전혀 미덥지 않다. 물론 이 모든 것 뒤에는 서둘러 성과를 내려 한 권력자의 '조바심'이 자리 잡고 있을 수 있다. '자원수입국'에서 '자원독립국'으로 격상시켜 보려는 취지는 십분 이해되지만 조심스레 천천히 진행해 그 결과물을 차기 정부가 따 먹을 수 있게 통 큰 양보를 할 수 있었다면 결과는 크게 달랐을 것이다.

국내에서 광물 자원을 캐내려면 광업권을 취득해야 한다. 자기 땅에 광물이 매장돼 있다고 자동적으로 매장물이 토지소유자의 권리가 되는 것은 아니다. '법정광물'을 취득할 수 있는 배타적 권리는 물권에 해당된다. 『광업법』 제5조는 광업권, 조광권에 의하지 않고 토지로부터 광물이 분리될 경우 토지소유자가 아닌 광업권자와 조광권자의 소유로 인정하고 있다. 물론, 광물을 채굴하려면 토지소유자의 협조가 절대적이다. 광업권자는 채굴계획인가를 받을 때 인허가와 토지소유자의 동의를 반드시 받아야 하며 토지소유자의 권리를 침해하거나 방해하는 일체의 행위가 금지된다. 토지소유자는 광물의 채굴과 판매를 하지 않는 조건만 지키면 광물 채굴 중에도 얼마든지 자기 토지의 개발과 이용을 도모할 수 있다. 어쨌든 광업을 영위하기 위해서는 반드시 광업권이 있어야 한다.

이러한 광업권을 취득하는 길은 두 갈래다. 스스로 광업권 설정출원과 허가, 등록의 절차를 거치는 방법과 타인이 가지고 있는 광업권을 매매 등의 방법을 통해 이전받는 길이다. 물권이기 때문에 상속 또는 증여가 되고 명의변경도 가능하다. 예전에는 외국인이 취득할 수 있는 길이 막혀 있었는데, 현재는 내국인뿐 아니라 외국인 또는 외국법인의 광업권 설정이 가능하다. 이 물권은 시한부·조건부 권리라고 할 수 있다. 의무이행 또는 요건충족이 되지 않으면 취소처분을 받거나 존속기간 연장이 불허된다. 일반적으로 광업권의 존속기간은 25년 미만이다. 산업통상자원부 고시인 '광업업무처리지침'에서는 법정 규모 이상의 실적을 보인 광상인 경우 규사, 사금 등 사광상은 7년, 그 외는 20년으로 정하고 있다. 법정 규모 미만의 미미한 생산실적이면 각각 5년과 10년으로 줄어든다. 위 존속기간이 만료됐을 때 아직 캐낼 양이 남아 있으면 그간의 생산실적, 탐광실적, 투자시설이 있는 광산임을 입증하는 서류 제출로 연장이 가능하다.

국내에 광업권이 설정되는 일정한 구역, '광구'는 5만여 개에 달한다. 이 곳에서 법정광물 59종이 탐사 또는 채굴되고 있다. 광업권 출원대상이 되는 59개 광물은 광물의 수급, 가격안정, 전략적 필요에 따라 국가에서 선정한 품목이다. 이들 외 광물학상 광물은 광업법에 따른 채굴 및 소유에 제약이 없다. 자유롭게 캐낼 수 있다.

탐사권과 채굴권을 아우르는 광업권은 일정한 절차를 거쳐 취득한다. 먼저는 설정출원서, 광상설명서를 제출한다. 설명서에는 지질이나 광상개요, 분석품위, 감정결과, 등록광종과의 비교 등이 포함된다. 이어 '공익협의' 명목으로 공익에 의한 불허가구역인지 확인한 후 허가, 등록의 절차를 거친다. 탐사계획을 신고하고 탐사실적을 인정받으면 채굴권 설정 출원을 할 수 있다. 이후 채굴권이 등록되면 탐사권은 자동 소멸한다. 채굴권이 등록된 후에는 채굴계획인가를 광구 소재 관할 시·도에서 받아야 한다. 다른 사람이 취득한 광업권이 설정된 광구에서 타인이 채굴할 수 있는 권리를 '조광권'이라 부른다. 전셋집에 사는 세입자가 주인의 허락을 받고 월세 전차인을 들였을 때 전대권과 성격이 유사하다. 우후죽순 난립을 경계한 때문인지 1광구 1조광 원칙을 세우고 있다.

해마다 광업권 출원 현황이 집계되고 있다. 2007년 5,400여 건을 정점으로 하락세로 2014년에는 2,100여 건에 그쳤다. 2014년, 금속 중에는 금, 은, 동, 연, 아연이 665건, 비금속 중에는 고령토, 규조토가 609건을 비롯해 규석(장석 포함), 석회석이 각각 333건, 213건을 차지했다. 사광에서는 규사, 사금, 사철 합계가 94건이다. 활화산 혹은 휴화산같이 생명력을 보이는 광구는 2014년 기준 금속광 319건, 비금속광 2,497건으로 총 2,816곳으로 집계됐고, 개발하고 있는 광구는 그보다 못한 2,528광구수로 파악됐다.

광업권의 감정평가는

광산은 광물을 채굴, 판매해서 수익을 발생시킨다. 수익을 발생시키는 데 기여한 자산은 굴삭기 등의 장비와 '광업권'뿐이다. 채굴을 위해 타인의 토지를 빌려 쓸 수 있는 점을 고려하면 토지는 광산의 구성 요소로 볼 수 없다. 시설과 권리의 단출한 조합이므로 광산의 가치를 평가해서 현존 시설물 가치 상당액을 빼 주면 광업권의 가치가 도출된다. 이런 이유로 광업권 평가 규정을 담고 있는 「감정평가에 관한 규칙」 제23조는 '광업재단의 감정평가액－광산 현존시설'을 광업권 가치로 규정하고 있다. 시설물은 굴삭기, 천공기, 컴프레서, 덤프트럭 등의 채광시설과 사무실, 창고, 침전조 등의 부속 건물이 해당될 것이다. 현존 취득비용과 신축비용, 경과연수와 잔존연수 등의 자료 확보가 되면 시설물 가치를 추계할 수 있다. 따라서 광산의 평가액에 광업권의 가치가 선형적으로 대응되는 구조다.

광업권 평가 산식

$$a\times\frac{1}{\frac{s}{1-x}+\frac{i}{(1+i)^n-1}}-E\quad -E'$$

광산(재단)의 수익가치 / 현존시설 가액

a: 상각전순수익
s: 배당이율
x: 법인세율
i; 축적이율
n: 가행연수
E: 장래소요기업비 현가액

광산(재단)의 평가액은 광물의 총량(이하 '가채량')과 판매단가, 채굴비용, 추가투자비용 등이 어우러져 특정 값으로 수렴할 것이다. 수익에 기초하는 접근이라면 수익환원법의 모델이 적용되어야 한다. 수익환원법의 두 가지 모형, 환원과 할인 중 현재 중용하고 있는 것은 환원모형이다. '가치＝순수익/환원율'의 산식을 적용하는 환원모형을 쉽게 풀면 적정한 가격으로 매입한 자산으로부터 일정한 요구수익률만큼의 순수익이 획득(가치×환원율＝순수익)된다는 개념이다. 다만, 일반적인 환원모형과 다른 점이 있다. 자본적 지출에 해당하는 '장래소요기업비'를 현재가치로 환산해 수익가치에서 공제한다는 점이다. 시설물과 건축물은 주기적으로 교체하거나 보완해야 하므로 적정생산량을 종말연도까지 유지하기 위해 이들 자산에 지출하는 비용은 별도 차감해야 하는 대상인 것이다.

광산의 순수익을 추계하기 위해서는 먼저, 광물의 종류, 품위, 매장량을 확인해야 한다. 통상 기술용역보고서가 이런 조사를 대행한다. 이들은 일단 해당 광산의 지질계통부터 확인한다. 광물의 종류를 결정한 이후에는 이들의 품위를 살펴본다. 시료의 채취, 분석과정을 통해 화학적 입도 규격을 확정한다. 주성분의 함량에 따른 광물의 품질을 확인하는 작업이다. 광물 매장량은 한국산업규격 광량계산기준(KSE 2001)을 따르는 것이 일반적이다. 매장량을 확정광량[54]과 추정광량[55]으로 나눠 추계한 후 합산한다. 이를 위해 샘플 채취를 하는데 지형을 참작하여 주향에 직교되는 방향의 50m 간격으로 총 7개의 단면선을 그어 단면적을 구한 후 인접한 양 단면적의 평균치에 단면 간의 거리를 곱하여 체적을 산출한 후 매장량을 산출하는 방식을 취하고 있다. 산출된 매장량에서 표토제거율, 제형 및 제도의 오차, 불순물 함유율과 맥석혼입률을 공제한 후 다시 여기에 가채율을 곱한다. 확정량과 추정량에 대한 채굴비율이 다르다. 이를 가채율이라 부르는데 일반광산의 경우 90%, 70%를, 석탄광산의 경우 70%, 42%를 적용하고 있다.

가채량이 확정된 후 월간생산량을 결정한다. 투자된 시설 규모, 광산물의 시장성, 광산개발여건에 따라 월간 채굴량은 달라질 수 있다. 생산계획을 적정하게 세워야 하는데 너무 보수적으로 잡으면 시

54) '적당한 광획'에 의해 부피 및 품위가 확인된 광량
55) '적당한 광획'에 의해 확정되어 있지는 않지만 탐광의 결과 및 광상의 성질에 따라 부피 및 품위가 추정되는 부분의 광량

설 이용도를 낮춰 시설투자비가 사장되는 아쉬움이 있고 반대로 이용도를 높이기 위해 시설투자를 확대하면 일시적으로 투자비용이 증가하고, 생산비 중 금융비용의 부담이 커지는 문제점이 있다. 적정하게 결정된 월간생산량을 연 단위로 환산한 후 광물의 가격을 곱하면 사업수익, 곧 매출액이 된다. 연중 가동하는 광산도 있지만 몇 달 쉬어야 되는 경우도 있어 가행월수는 광산마다 다르다. 광물의 가격은 정부고시 가격을 적용하는 편이다. 광산물 수급현황에 따른 국내 기준가격이 광물마다 고시되므로 이를 고려한다. 매출액이 이렇게 확정되면 판매단계까지에 이르는 각종 비용을 빼 줘야 한다. 채광비, 선광제련비, 인건비 등 일반관리비, 운영자금 이자 상당액, 토지임대료 등이 세부 항목이다.

환원모형에 적용하는 환원율은 요구수익률 성격을 지닌다. 광산을 매입한 금액과 향후 시설투자비의 현재가치는 총 투자비용이다. 투자금 대비 어느 정도의 요구수익을 확보해야 하는가의 문제인데, 광산의 경우 적정이윤율 외에 회수율을 더해 주는 것이 특징이다. 광산 운영 기간이 끝나면 투자금은 한 푼도 남지 않는다. 일반적인 부동산 투자는 보유 기간 내 운영수익과 기간 말 자본수익을 기대할 수 있다. 건물은 수명이 다해 철거해야 할 상태가 되지만 최소한 원재료인 토지는 그대로 회수할 수 있다. 반면, 토지를 구성 자산에 포함시키지 않는 광산은 폐광의 시기에 현존 시설물 외에는 거둬들일 수 있는 게 없다. Hoskold가 제안한 평가 방식은 광산 개발로 발생하는 연 수익 중 일부는 투자비에 대한 배당금을 지급하고 나머지 잔여분을 안전한 이율로 적립하여 광산 운영 종료 시 원금이 보존되도록 한다는 취지다. 따라서 배당이율에 축적이율을 더한 값을 환원율로 적용한다.

배당이율은 광업관련 산업부문의 상장법인 시가배당률을 고려하되, 은행 1년 만기 정기예금 이자율 이상으로 결정한다. 법인세 상당액이 공제되는 것을 고려하므로 세전 배당이율의 성격이다. 축적이율은 투자금을 보존하는 명목으로 안전투자처에 적립할 경우의 이율이므로 1년 만기 정기예금이자율에 상당하는 값을 적용하는 편이다. 광산개발이 한창일 때는 배당이율이 수십 퍼센트에 달하기도 했으나 요즘은 시장이자율에 조금 더 가산하는 정도다.

이를 종합하여, 감정평가실무기준에서는 '수익환원법을 적용할 때에는 대상 광산의 생산규모와 생산시설을 전제로 한 가행연수(稼行年數) 동안의 순수익을 환원한 금액에서 장래 소요될 기업비를 현가화한 총액을 공제하여 광산의 감정평가액을 산정한다.'로 정리하고 있다.

영업권의 가격

맛 집을 탐방하는 방송 제작진이 한창 음식 준비 중인 주방에 카메라를 들고 들어가서도 최후 '비기'만은 공개하지 않는다. 맛의 비결인 양념장 등을 만드는 대목에서는 제작진이 알아서 주방 구석으로 카메라 앵글을 돌리거나 모자이크 처리해 준다. 방송이라고 살짝 공개했다가는 이를 익혀 써 먹는 전국의 수많은 경쟁 음식점이 봇물 터지듯 배출될 위험성을 너무나 잘 알고 있기 때문이다. 이런 음식점에 제 발로 찾아오는 충성 고객 외에 다른 부류의 사람이 들를 때도 있다. 돈 뭉치를 들고 그 비법을 전수받겠다고 찾아온 예비 창업자들이다. 이들은 대학등록금 이상 나가는 수업료 외에 몇 달간 주방 일손 역할도 마다하지 않겠다고 자청한다. 물론, 순수 노동력만 제공하고 일체의 임금을 받지 않는 조건이다. 이때 조리비법을 전수받는 대가로 넘긴 수백만 원에서 수천만 원 투자금의 성격은 뭘까. 영업권의 실체에 대한 논의는 여기서 출발한다.

맛 집의 '조리 노하우'는 분명 누구나 인식하고 있는 이 음식점의 자산이다. 물론 보이지 않는다. 이런 음식점을 국내 굴지의 요식업체가 인수한다면 매매 협상 테이블에 이 보이지 않는 자산 역시 흥정의 대상에 포함된다. 토지나 건물가치, 음식점 내 집기와 시설비용과 같은 유형 자산의 몸값은 쉽게 합의에 이르는데, 의외로 이 무형자산을 놓고는 한동안 줄다리기가 이어진다. 인수자에게는 '핵심 경영 노하우', 양도자에게는 '조리인생의 응집체'인 이 무형자산의 실체는 이들 거래 당사자 외에도 관심을 기울이는 자들이 있다. 회계와 감정평가 영역에서 이를 '영업권'으로 식별하는 자들이다.

영업권의 공식적인 정의는 '대상 기업이 경영상의 유리한 관계

등의 배타적 영리기회를 보유해 같은 업종의 다른 기업들에 비하여 초과수익력을 확보할 수 있는 능력으로서 경제적 가치가 있다고 인정되는 권리'다. 영업권으로 인정받으려면 배타적인 영리기회를 제공할 정도의 탁월한 노하우여야 한다. 소문난 칼국수 집 주방장에게 시원한 육수 국물을 내는 비법을 배우는 조건으로 건네는 5백만 원은 최소한 다른 칼국수 집의 천편일률적인 육수 국물 맛을 뛰어넘게 해 줘야 한다. 그럴 때 맛 집의 '칼국수 조리 비법'이 하나의 영업권으로 인식될 수 있다.

M&A가 진행될 때, 기업실사를 통해 자산, 부채 확인이 끝나면 순자산가치가 추계된다. 기업의 알짜 자산 총계다. 이 기업의 인수금액은 순자산가치를 초과할 때가 많다. 인수합병을 주관하는 회계법인 담당자는 이 차액을 영업권으로 인식한다. 이 차액이 능력 있는 경영진, 이 기업에 대한 고객의 충성도, 업계 내 우위를 점하고 있는 생산기법, 기업 고유의 상표, 영업상의 노하우 등 숨어 있는 이 기업의 무형자산 가치에 해당한다는 것이다. 이처럼 기업의 인수합병 시 순자산가치를 초과해서 지불하는 매매대금에는 영업권의 가치가 포함되어 있다. 이를 매입(매수)영업권이라 부르는데, 객관적인 거래 대가로 인식한 것이므로 무형자산으로 식별될 수 있는 조건을 충족한다. 그러나 기업 내부에서 창출해 낸 자기창설영업권은 K-IFRS하에서는 기간비용이 될 뿐 자산으로 인식되지 않는다. 거래가 존재하지 않아 원가를 신뢰성 있게 측정할 수 없고 식별 가능하지 않기 때문이다. 회계의 원칙에서 보면 그렇다.

비단, 기업과 기업 간 사업결합 또는 인수합병 시에만 이 영업권 가치 평가가 문제되는 것은 아니다. 개인사업체의 법인 전환 시 평가 수요가 발생한다. 평가를 통해 영업권 가치가 결정되면, 기간비용으로 처리되는 자기창설영업권과 달리, 매 결산기에 회수가능액으로 평가하여 회수가능액이 장부금액에 미달한 경우 영업권손상차손으로 인식된다. 물론 이 손상차손은 후속기간에 환입될 수 없다.

영업권의 감정평가는

「감정평가에 관한 규칙」 제23조 3항은 영업권을 비롯한 무형자산을 평가할 때 수익환원법을 적용하도록 하고 있다. 이를 구체화시킨 실무기준도 원칙적으로 수익환원법을 적용하되, 이의 적용이 곤란하거나 적절하지 않은 경우 거래사례비교법이나 원가법에 의해 감정평가하도록 했다. 수익환원법으로 평가할 때는 '대상 기업의 순수익을 같은 업종 다른 기업의 정상 수익률로 환원한 수익가치에서 영업권을 제외한 순자산의 가치를 차감하는 방법'과 '대상 기업이 달성할 것으로 예상되는 지속가능기간의 초과수익을 현재가치로 할인하거나 환원하는 방법' 중 하나를 택하면 된다. 전자는 통상 인수합병 시 인식하는 영업권의 가치이며, 후자는 합병의 경제적 분석을 하거나 자기창설영업권의 가치를 내부적으로 추계해 볼 때 적용하는 것이 합리적이다.

거래사례비교법을 적용할 때 다음 3가지 방법 중 어느 하나를 적용하면 된다. 첫째는 '영업권이 다른 자산과 독립하여 거래되는 관행이 있는 경우에는 같거나 비슷한 업종의 영업권만의 거래사례를 이용하여 대상 영업권과 비교하는 방법', 두 번째는 '같거나 비슷한 업종의 기업 전체 거래가격에서 영업권을 제외한 순자산 가치를 차감한 가치를 영업권의 거래사례 가격으로 보아 대상 영업권과 비교하는 방법', 그리고 마지막은 '대상 기업이 유가증권시장이나 코스닥시장에 상장되어 있는 경우에는 발행주식수에 주당가격을 곱한 가치에서 영업권을 제외한 순자산가치를 차감하는 방법'이다.

원가법에 의할 때는 '기준시점에서 새로 취득하기 위해 필요한 예상 비용에서 감가요인을 파악하고 그에 해당하는 금액을 공제하는 방법'이나 '대상 무형자산의 취득에 든 비용을 물가변동률 등에 의해 기준시점으로 수정하는 방법'으로 세분할 수 있는데, 타 방법에 비해 신뢰성은 떨어지는 편이다. 특히 후자의 경우, 시간적 보정의 과정을 거치긴 했어도 역사적 원가에 기초하고 있는데, 이 무형자산은 장래 초과수익을 발생시킨다는 점에서 자산의 속성과 평가 접근법이 상충되는 것처럼 보인다.

무형의 자산인 영업권은 이렇듯 공식적으로 그 존재를 인정받고 있고, 그 가치가 이런저런 방법으로 평가되고 있다. 유형자산과 같이 외견상 밝히 드러나지 않지만 숨어 있는 '실세' 역할을 할 때도 부지기수다. 협상 테이블에서는 거래 대상에 이 목록이 포함됐는지 반드시 챙겨야 한다.

어장의 가격(어업권 감정평가)

한때 귀농 열풍이 매스컴을 통해 줄기차게 소개된 바 있다. 대부분 '청산에 살어리랏다' 분위기를 풍겼다. 최근에는 귀어 열풍을 다루는 기사도 눈에 띈다. 바다로 발길을 돌린 도시민이 한 해 100 가정이 넘고, 은퇴 후의 2막 인생이 아닌 3~40대 한창 일할 나이의 젊은 가정들이 전업하는 양상을 취재했다. 푸른 물결로 둘러싸인 생동하는 어촌의 삶, 분명 이런 삶을 꿈같은 삶으로 여기는 이들이 있을 것이다. 일단은 먹고 살만한 직장이다. 농가소득이 연간 3천 5백만 원인데, 어촌은 4천만 원에 이른다는 통계도 있다. 정착하기까지 시행착오는 피하지 못하겠으나 안착한다면 물고기 비린내가 도시 매연 냄새처럼 익숙해질 것이다.

어촌에 정착하기 위해서는 바다를 생계의 장으로 삼을 수 있어야 한다. 바다 앞에 산다고 어느 곳이나 자유롭게 그물을 내릴 수는 없다. '어업권'을 취득해야 한다. 어업을 하고자 하는 자는 시 · 도지사의 면허를 받아 어업권원부에 등록을 함으로써 이 권리를 취득한다. 일정한 수면을 구획, 어구(漁具)를 일정한 장소에 설치하여 수산동물을 포획하는 정치망어업(定置網漁業), 수면의 바닥을 이용하거나 수중에 필요한 시설을 설치하여 해조류를 양식하는 해조류양식어업(海藻類養殖漁業), 패류나 어류 등을 양식하는 패류양식어업(貝類養殖漁業), 어류등양식어업(魚類等養殖漁業)이 모두 어업권을 받아야 경영할 수 있는 어업이다. 가장 친근한 것은 마을어업일 수 있다. 일정한 지역에 거주하는 어민이 해안에 연접한 일정한 수심(水深) 이내의 수면을 구획하여 패류 · 해조류 또는 정착성(定着性) 수산 동물을 관리 · 조성하여 포획 · 채취하는 어업이다. 어촌계의 총유로 하는 마을어업 면허의 혜택을 누리려면 어촌계에 가입해야 하고, 신규 진입자는 마을 회의를 통하고 어촌계장의 승인을 거쳐 입회하는데, 최소 3년 정도의 거주기간은 채워야 한다는 것이 정설이다.

어업권이 특정인에게 독점적 권리를 부여하므로, 이해당사자 간 다툼이 쉼 없다. 지자체 간 어업권 문제로 갈등을 빚기도 한다. 이 권리로 인한 수익 독점권은 탐 낼만하다. 그러니 사건사고도 끊이지 않는다. 허위 어업권을 매매하는 이도 있고, 서류를 조작해 어촌계에 가입하기도 한다. 어구도 없는 어촌계에 면허를 부여했다가 행정소송에서 패소한 지자체도 있다. 불법으로 임대해서 어장을 초토화시키는 외지인들은 시도 때도 없이 서해 어장을 침탈하는 중국 어선과 방불하다.

어업권은 물권에 해당된다. 따라서 매매, 양도, 이전이 가능하다. 유효기간은 10년으로 규정돼 있지만 별 문제 없으면 10년은 더 연장할 수 있다. 또한 어업권원부에 어업권의 설정·보존·이전·변경·소멸 및 처분의 제한, 지분(持分) 또는 입어(入漁)에 관한 사항을 등록함으로써 등기에 갈음한다. 어업권은 담보로 제공할 수도 있고, 경매물건 중 하나가 될 수 있다. 물론, 어촌계나 지구별 수협이 가지고 있는 어업권은 담보로 제공할 수 없다. 매매나 담보, 경매 모두 어업권의 가치를 측정할 수 있다는 것을 전제하므로, 어업권에 대한 감정평가는 필히 개입한다.

어업권에 대한 감정평가 기준을 정하고 있는 '감정평가실무기준'에는 어업권을 수익환원법에 의해 평가하도록 하고 있다. 물론, 어업권 매매가 빈번하니 매매사례를 활용하는 거래사례비교법도 가능하다. 거래금액은 이 독점적 권리가 창출하는 매해 수익과 독점적 이익을 향유할 수 있는 잔존 기간에 비례할 것이므로 두 방법에 의한 결과가 크게 다르지는 않을 것이다.

수익환원법에 의한 어업권 평가 산식

$$\underbrace{a \times \frac{1}{r + \frac{r}{(1+r)^n - 1}} - E}_{\text{어장의 수익가치}} \quad \underbrace{- E'}_{\text{현존시설 가액}}$$

a: 상각전순수익　　　r: 상각 후 환원율
n: 어업권 존속기간　　　E: 장래소요기업비 현가액

수익환원법을 적용할 때, 매해 수익에 기여하는 것은 어업권뿐만이 아니라 어선, 어구 등의 시설물이다. 어떤 어류와 패류를 다루는지에 따라 갖춰야 할 어구가 다를 것이므로 어장마다 개별성이 강하다. 정치망에 의하든 양식에 의하든 이로써 창출된 소득을 기준으로 한 수익환원법으로는 어장 전체의 가치가 도출되게 된다. 따라서 어장의 수익가치에서 어장의 적정 시설가액을 뺀 금액이 어업권만의 가치가 된다. 실무적으로는 매년의 어장 순수익을 어업권의 존속기간 동안 할인 합산한 후 어장을 유지하기 위한 장래소요기업비의 현가액을 차감해서 어장의 가치를 구한다. 어장의 순수익은 평년수익을 말한다. 평균연간어획량에 연간판매단가를 곱한 총 매출액에서 평년어업경비를 공제한다. 어미고기와 미끼 등의 구입비에 해당하는 생산관리비, 인건비, 시설물의 감가상각비, 위판장 등에 대한 판매수수료 등의 항목들이 경비를 구성하고 있다.

어업권을 거래사례비교법으로 감정평가할 때에는 어종, 어장의 규모, 존속기간 등이 비슷한 인근의 어업권 거래사례를 기준으로 어업권의 가치에 영향을 미치는 개별요인을 비교한다. 통상 어선과 어구 등 시설물을 포함해 어장 전체를 매매하므로, 순수한 어업권 가치는 매매금액에서 이런 시설물의 매매 당시 적정 가격을 차감해

야 한다. 규모가 비슷해 보이는 어장이라도 순수익은 큰 차이를 보이기도 한다. 수심과 수질, 수온, 현 시설규모 등의 요소에 의한 개별 어장의 수익성을 고려해 매매사례와의 격차를 잘 보정해야 할 것이다.

입목 가격에 대한 눈대중(입목 감정평가)

국토의 2/3가 숲이다. 면적으로 치면 약 640만 ha에 달한다. 수도권을 벗어나 동서든 남북이든 고속도로를 달리다 보면 운전자 시야 대부분을 산지가 채운다. 경제개발 시대, 상당부분 숲이 밀리고 농경지나 아파트부지로 전환된 것 같지만 지난 10년간 임야 면적은 1.1% 정도 줄어들었을 뿐이다. 그 사이 입목축적은 두 배 가까이 늘었다. 나무 심는 날을 법정 공휴일로 지정하고 다양한 식수행사를 진행한 영향도 있을 것이다. 2015년 임업통계를 들여다보면, 입목축적은 901,816천 ha, ha당 평균 입목축적은 142.2㎥다. 수십 년 가꿔 온 산림을 일순간 재로 만드는 산불발생 원인은 입산자실화(40%), 논밭두렁소각(20%), 쓰레기소각(14%) 순이며, 산림훼손은 불법 산지전용(77%), 무허가벌채(12%)의 영향이 큰 것으로 나타났다. 나무는 소나무재선충(9%)보다 솔잎혹파리(51%)에 더 시달리고 있으며, 임업에 종사하는 95,000여 가구의 평균 소득은 연 3천만 원선이다.

2010년 산림청이 숲의 공익적 가치를 109조 원으로 추산해 발표한 적이 있다. 목재 및 부산물을 공급하는 경제적 기능은 쉽게 계량이 가능하다. 수자원 함양, 국토보전, 대기정화, 휴양 장소 제공 등의 환경 기능 그리고 문학과 예술, 종교적 배경의 역할까지 한다고 했는데 틀린 말은 아니다. 1인당 200만 원 정도는 충분히 숲에 지출할 용의가 있을 것이다. 이런 산지를 보전·관리하고 조성하는 데 적지 않은 비용이 소요된다. 국가는 산림의 공익적 가치를 고려해서 산지를 전용하려는 자에게 그 비용을 합리적으로 부담시키고 있다. 이를 '대체산림자원조성비'라고 부른다. 2015년 기준, 준보전산지는 3,670원/m², 보전산지 4,770원/m², 산지전용제한지역은 7,340원/m²

의 부담금을 납부해야 한다.

숲의 경제적 기능은 임산물을 제공하는 것이다. 나무가 그 중심에 있다. 나무를 부르는 명칭도 다양하다. 살아 있는 나무, 줄기의 질이 단단한 목본 식물을 통틀어 수목이라고 부르고, 땅 위에 서 있는 나무로서 산림의 기본 부분을 이루는 교목은 입목이라 칭한다. 수목의 집단으로 등기할 수 있어 입목 소유자는 토지와 분리하여 입목을 양도하거나 저당권의 목적으로 할 수도 있고 현물출자의 대상에 포함시킬 수 있다. 먹을 수 있는 열매를 수확하기 위하여 기르는 나무는 과수, 보고 즐기기 위해 가꾸는 나무는 관상수로 불린다. 옮겨 심는 어린 나무를 부르는 묘목은 일반 산지가 아닌 조경업체가 운영하는 농원에서 흔히 발견된다.

나무의 가격은 제각각이다. 잡목은 땔나무 정도밖에는 쓸모없어 경제적 가치는 크지 않다. 매년 조달청에서 수목의 가격을 책정해 고시하고 있는데, 수고가 2m에 불과한 고로쇠나무는 주당 4만원에 못 미치는 반면, 수고 4m에 수관 폭 2m인 가이즈까향나무(조형)는 2백 6십만 원이나 나간다. 장송이라고 부르는 수고 10m 이상의 소나무는 주당 1천만 원을 훌쩍 넘긴다. 주당 가격이 아닌 체적당 단가가 기준이 될 때도 있다. 원목 상태로 편백나무는 300,000원/㎥, 참나무는 120,000원/㎥ 정도에 거래되고 있다. 국내 목재 자급률은 20%에 미치지 못한다. 목재 상당량을 매년 수입하고 있는 실정이다.

입목의 감정평가는

나무의 가격도 크게 3가지 측면에서 검토할 수 있다. 입목을 기준할 때 원가법은 기준시점까지 성장하기 위하여 투하된 육성비의 합계를 입목의 가액으로 한다. 지대나 조림비, 관리비 등을 누적적으로 합산하되, 그동안 간벌 등에 의해 얻어진 수익은 빼 준다. 결국 현재 입목의 가격은 회수하지 못한 투입원가가 된다. 이를 '조림비용가'라고 부른다. 그러나 원가법의 태생적 약점이 고스란히 드러난다. 산간지방일수록 입지조건이 불량하고 조성하는 데 비용이 더 든다. 이 방법만을 적용하면 동일 품종과 식생의 입목이 소재지에 따라 가격이 달라지는 결과를 낳는다. 입목 가격이 수도권보다 산간지방일수록 가치가 올라가는 폐단이 있다. 입목기망가법은 수익환원법의 틀로 파악하는 평가방법이다. 목재용으로 벌채할 때를 가정해 그때의 장래 수입에서 향후 벌채까지 투입되는 비용을 빼 준다. 물론 수입과 비용 모두 현재시점으로 할인해 주는 과정이 개입된다.

시장에서 팔리는 나무의 가격만큼 확실한 정보도 없다. 조달청의 고시가격도 실상 거래가격 수준을 발표한 것이다. 감정평가실무기준에서도 입목을 평가할 때는 거래사례비교법을 적용하도록 규정하고 있다. 이가 곤란하거나 적절하지 않을 때만 원가법 등을 고려하도록 한다. 벌채한 상태로 들고 와 시장에서 바로 트럭에 옮겨 실을 수 있는 상태의 입목이라면 당시 거래가격으로 하면 되지만, 산지에 뿌리를 내리고 있는 상태라면 거래사례비교법 산식을 약간 변형시킨 시장가역산법이 적용되고 있다.

이 방법은 인근 시장의 원목 또는 제재목의 가격을 쉽게 구할 수 있으므로 이 가격에서 원목과 제재목의 상태로 시장에 들어오기까지의 비용을 빼 주는 접근방법이다. 나무의 현재 체적이 고스란히 원목이 되는 것은 아니다. 원목으로 상품화시킬 수 있는 비율을 '조재율'이라고 부른다. 비용은 벌채비용, 임도개설비, 이윤 등을 포함한다. 정리하면, 먼저 평가 대상 입목을 벌채하여 원목 등 제품으로 만들어 이 제품을 인근시장까지 운반하여 판매한다고 전제한다. 이때 이 제품과 동종·동품등인 원목의 시장가격을 확인한 후 이

가격에서 벌채, 반출에 요구되는 비용을 공제하여 입목가액을 결정한다.

▎시장가역산법 개요

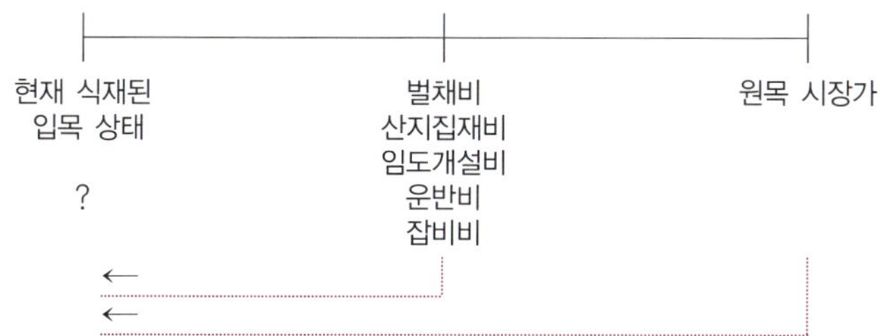

$$f \times \left(\frac{A}{1+mp+r} - B \right)$$

f: 조재율　　　　　　　　　A: 원목시장가
m: 자본회수기간　　　　　　p: 이자율
r: 기업자이윤(투자위험율 포함)　B: 생산비용(벌목조재비 및 운반비 등)

부록

감정평가 수수료 체계

공산품에 대한 권장소비자가격은 판매처에 따라 요동친다. 아파트 단지 내 편의점과 시내 대형마트의 동일 품목 단가 차이는 2~40%에 이른다. 서비스업계도 다르지 않다. 막힌 변기 뚫어 주는 대가로 어떤 집은 3만 원을 지불한 적이 있다고 하고 5만 원을 줬다는 집, 심지어 10만 원까지 부담했다는 곳도 있다. 2~3배 차이를 그러려니 생각하는 사람이 얼마나 될까. 예측 가능성을 요구하는 목소리가 튀어나올 만하다.

협상에 의해 수수료가 정해지는 관습의 맞은편에 요율에 의한 고정 수수료 체계가 자리 잡고 있다. 최근 주택 일부 구간에 대한 중개수수료 인하 조치가 있었는데, 중개수수료 산정 방식이 대표적인 요율에 따른 고정 수수료 체계에 해당된다. 6억 원 대 주택을 매매하는 경우 종전 0.9% 이하에서 0.5% 이하로 하향 조정돼, 최대 300만 원 정도만 지급하면 된다. 물론 상한요율이기에 협상에 의해 그 이하로 낮출 여지도 있다. 상한만 이렇게 정해도 예측 가능성은 보장된다. 최대 지출액의 경계를 정해 주었기 때문이다. 감정평가수수료는 하한과 상한을 울타리로 두른, 예측 가능성이 높은 수수료 산정 체계를 갖추고 있다.

『부동산 가격공시 및 감정평가에 관한 법률』 제35조 1항은 '감정평가업자는 그 업무수행에 관하여 의뢰인으로부터 소정의 수수료와 직무수행에 따른 출장 또는 사실 확인에 소요된 실비를 받을 수 있다'고 했고, 2항에서는 '제 1항의 규정에 의한 수수료의 요율 및 실비의 범위는 국토교통부장관이 제19조의 규정에 의한 중앙부동산평가위원회의 심의를 거쳐 결정한다.'고 규정했다. 이를 부령인 시행규칙에 담지 않고 훈령 형태로 고시한 것이 '감정평가업자의 보수에 관한 기준'이다. 제1조에서 '기준은 『부동산 가격공시 및 감정평가에 관한 법률』 제35조에 따라 감정평가업자가 업무 수행에 관하여 감정평가의뢰인으로부터 받는 수수료의 요율 및 실비의 범위와 적용방법을 정함을 목적으로 한다.'고 했고, 동 기준 제3조에서 '감정평가수수료는 건당 감정평가액을 기준으로 가격산출 근거자료, 가격형성요인 분석, 적용 감정평가기법 등을 고려하여 다음의 요율체계에 따라 감정평가액 구간별로 계산된 금액을 합하여 산정한다.' 고 되어 있다. 고액 구간으로 갈수록 요율이 낮아지는 형태이며 최소 수수료는 20만 원인 점, 할인율과 할증률의 적용 구간을 특정한 점이 특징이다.

감정평가업자의 보수에 관한 기준

감정평가액	수수료 요율체계		
	하한	기준요율	상한
5천만원 이하	200,000원		
5천만원 초과 5억원 이하	(1만분의 11)×0.8	1만분의 11	(1만분의 11)×1.2
5억원 초과 10억원 이하	(1만분의 9)×0.8	1만분의 9	(1만분의 9)×1.2
10억원 초과 50억원 이하	(1만분의 8)×0.8	1만분의 8	(1만분의 8)×1.2
50억원 초과 100억원 이하	(1만분의 7)×0.8	1만분의 7	(1만분의 7)×1.2
100억원 초과 500억원 이하	(1만분의 6)×0.8	1만분의 6	(1만분의 6)×1.2
500억원 초과 1,000억원 이하	(1만분의 5)×0.8	1만분의 5	(1만분의 5)×1.2
1,000억원 초과 3,000억원 이하	(1만분의 4)×0.8	1만분의 4	(1만분의 4)×1.2
3,000억원 초과 6,000억원 이하	(1만분의 3)×0.8	1만분의 3	(1만분의 3)×1.2
6,000억원 초과 1조원 이하	(1만분의 2)×0.8	1만분의 2	(1만분의 2)×1.2
1조원 초과	(1만분의 1)×0.8	1만분의 1	(1만분의 1)×1.2

감정평가 수수료가 어느 정도 되는지 중개수수료와 비교해보면, 가장 중개가 빈번한 3억 원 주택의 중개수수료의 상한은 매수, 매도자 각각 120만 원, 합산해 240만 원인 반면, 감정평가수수료는 40여 만 원에 불과하다. 고액구간으로 갈수록 중개수수료와 평가수

수료가 수렴하는 경향을 보이나, 중개수수료는 중개 의뢰자 쌍방에게서 수령한다는 점에서 여전히 괴리가 발생한다. 1천억 원 상당의 토지에 대한 감정평가수수료는 정상 할인율 적용 시 4천 5백만 원 수준, 중개수수료는 쌍방에서 9천만 원씩, 도합 1억 8천만 원을 수령할 수 있다. 물론, 중개 성공보수 명목으로 매수자 또는 매도자로부터 수천만 원 혹은 수억 원 더 받기도 한다. 그런 걸 생각하면 결코 감정평가 수수료가 비싸다고 볼 수도 없다. 향후 종합부동산회사로 발돋움하기를 내심 바라고 있을 감정평가법인이 그 첫발을 중개법인 겸업으로 시작하려는 의도가 꽤 괜찮은 중개수수료 때문일 가능성이 높다.

감정평가수수료도 중개수수료와 마찬가지로 '종가제'를 따른다고 볼 수 있다. 물건의 가액, 즉 최종 평가금액에 연동되는데 이 때문에 여러 속사정이 있다. 보상평가의 경우 평가금액 대신 평가 대상 토지의 개별공시지가를 '종가'로 본다는 규정은, 수수료를 많이 받으려 고가 보상 평가한다는 민원 혹은 우려를 반영했다는 설(說)도 있다. 비슷한 평가 건을 진행하면서 투입인원, 용역기간은 비슷한데 최종 평가금액에 따라 수수료는 몇십 배 격차가 벌어지기도 한다. 감정평가사 입장에서 가장 안타까운(?) 경우는 평가 대상이 공유 지분 일부로 한정될 때다. 공유지분이 1%에 불과하다면 단일 소유자였을 때 대비해 수수료도 1/100에 그칠 것이다. 어쩌면 기본 수수료 20만 원으로 귀착될 수도 있다.

용역의 난이도와 수수료 규모가 비례하지 않는 보상평가의 경우, 이런 문제점을 '종량제' 혼용으로 조금은 개선했다. 얼마 전부터 단일 종가제에서 종량제와 종가제에 의한 수수료를 일정 비율로 가중 평균하도록 개정했다. 종가제에서는 최종 보상평가액이 5천만 원 이하라면 최저 수수료 20만 원이 적용된다. 지방 임야 20필지 일부 면적이 신설도로 구역에 편입돼 보상이 추진되다 보면, 최저 수수료만 받아야 할 때가 비일비재하다. 산간 임야의 시세나 개별공시지가는 상당히 낮다. 필지만 여럿이지 하단부 일부만 잘려나가 편입되는 전체 면적이 콩알만 하다면 보상 총액은 5천만 원을 넘기지 못할 수 있다. 업무 수행하는 데 며칠이 걸릴 때가 많은데 20만 원을 청구해야 하는 불합리함은 최소한 보상 업무에서는 개선해야 된다는 중지(衆智)가 모인 것이다. 사실 기본수수료가 15만 원에서 20만 원으로 인상된 것도 요 근래 일이다.

현재 수수료 체계에서는 기준요율에 따른 수수료를 중앙에 놓고 할인율과 할증률 20%를 정해 펜스를 치고 이 범위 내를 '정상 수수료' 구간으로 보고 있다. 물론 할인할증구간을 넓힐 수 있는 예외적 조정 사유도 규정돼 있다. 예컨대 같은 의뢰인으로부터 같은 물건을 일정한 기간 내 재의뢰받는 경우 기간에 따라 최소 10%에서 최대 90%까지 할인할 수 있다. 3~4개월 지났다고 부동산 가격에 큰 변동이 있다고 보기도 어렵고, 이전 평가하면서 시장조사와 물건조사를 다 마쳐 놓았기에 금번에는 거의 품이 들지 않는 이유 때문이다. 「개발이익환수에 관한 법률 시행규칙」 제8조에 따라 개시시점과 종료시점 지가를 동시에 의뢰하는 감정평가 및 「국토의 계획 및 이용에 관한 법률 시행령」 제42조의2제2항제12호에 따른 감정평가는 50% 할인율을, 구조가 유사한 10호 이상의 공동주택에 대한 감정평가, 공익사업을 위한 토지 등의 취득 및 보상에 관한 법률」 제4조제5호의 공익사업으로 조성하여 공급하는 토지에 대한 감정평가는 100분의 20의 할인율을 적용하고 있다. 「주식회사의 외부감사에 관한 법률」에 따른 재무제표 작성에 필요한 감정평가, 자본시장과 금융투자업에 관한 법률」에 따른 집합투자기구(「간접투자자산운용업법」에 따른 간접투자기구를 포함한다)의 편입재산에 대한 감정평가, 「부동산 투자회사법」에 따른 부동산투자회사의 투자·운용자산에 대한 감정평가는 주기적으로 이뤄진다는 공통점이 있다. 이와 같이 같은 감정평가업자가 같은 기업의 자산에 대한 감정평가를 반복하거나 반복할 것이 예정된 경우에는 감정평가의 반복 주기, 자산 상태의 변동 정도 등을 고려하여 40% 이내의 폭넓은 할인율을 적용할 수 있도록 했다.

물론, 할증사유도 있다. 광업권 등 특수물건이나 6개월 이상 기간을 거슬러 평가해야 하는 소급평가 등은 50%의 할증률을 적용할 수 있다. 그러나 할인과 할증률의 무게감은 다르다. 광업권 등 특수물건의 평가 건수가 10호 이상의 공동주택 평가 빈도수에 필적하지 못한다. 최소한 소송감정인 경우 수수료 기준을 상향할 필요가 있다. 소송 당사자야 몇천만 원의 증액과 감액을 다투느라 평가 총액도 그 정도 수준이 되겠지만 그렇다고 그런 평가 보고서 작성이 1~2백억 원의 증·감액 소송 건보다 손쉬운 것은 결코 아니다.

할인과 할증 폭을 균형 있게 맞췄지만 실상 최대 할인율을 적용한 값이 청구 수수료로 귀결되는 것은 당연하다. 평가업무에 대한 입찰에서 입찰자별 제반 조건이 무차별하다면 의뢰자 측은 수수료가 조금 더 저렴한 곳으로 쏠릴 것이다. 수수료 제안액도 하한 수수료로 수렴한다. 한편, 고액구간의 수수료율 인하 조치가 근래에 있었고, 할인·할증 구간의 폭도 조금 늘어났다. 기존에는 10%의 할인·할증에서 20%의 할인·할증으로 확대됐는데, 실은 업계 전체 수입을 10% 감소시키는 폭탄이었다.

수수료 요율 문제와 할인·할증 구간 폭은 감정평가업계 주무부서, 곧 감독기관인 국토교통부와 이 업계가 마찰을 빚을 때마다 태생적 약점으로 공격당하는 메뉴다. 구간별 요율을 명시적으로 낮춘다면 가시적이고 공격적으로 보이지만, 할인·할증 폭을 조정하면 표면적으로는 사안별로 탄력적으로 적용하도록 배려했다거나 혹은 중개수수료율 인하처럼 의뢰자의 수수료 부담을 낮춘다는 명분도 서면서 은밀하게 수수료 총액을 낮추는 효과를 거두기 때문이다. 그러나 이것보다 더 무서운 것은 '수수료 자율화' 카드다. 감독기관이 평가업자를 길들일 수 있는 이보다 더 좋은 방법은 없다.

감정평가업무가 일반적인 서비스 영역과 다른 특수성이 있다는 점을 인정할 때만이 '감정평가업자 보수에 관한 기준'의 존속 필요성을 주장할 수 있다. 평가결과가 곧바로 부동산 조세의 형평성, 피수용자의 재산권 보호, 가계와 기업의 경제활동 건전성을 담보해준다는 것을 피부로 느끼지 못하면 명분 있는 자율 경쟁을 강제할 수 있다. 수수료 자율화 체제에서 수수료 입찰제가 적용되면, 악화가 양화를 구축하듯, 저가 및 덤핑 입찰로 평가 건을 대량 수주한 탐욕스런 감정평가업자가 수수료 수준에 걸맞은 질 낮은 부실 보고서를 양산할 것이다. 그건 분명하다. 균형과 공정성을 상실한 부동산 가격이 범람하고 그 피해는 감정평가업계의 몰락을 거쳐 경제·사회 전반에 파급될 것이다.

수수료의 높낮이를 논하기 이전에 감정평가업계에서 법정 수수료가 적용되어야 하는 이유가 여기에 있다.

저자약력

| 이용훈

서울대학교에서 재료공학을, 서울시립대학교 도시과학대학원에서 도시계획을 전공했고, 현재 강원대 부동산학과 박사과정에서 부동산 조세를 공부하고 있다. 미래전지 중앙연구소 연구원, 한국경제 tv 앵커를 지냈고 제18회 감정평가사자격시험에 합격, 한국감정원 수습을 거쳐 (주)대화감정평가법인에서 이사(감정평가사)로 재직하고 있다. 동대문구 분양가심의위원회 위원, 공인중개사 출제위원을 역임했으며, 한국감정평가협회 국제위원회 위원, 법률저널 '감정평가산책' 칼럼니스트, 외부기관 사내대학 교수를 겸하고 있다.

저서로는 대한민국 장수기업의 조건(해토, 2005), 통합논술 개념어 사전(청서, 2007), 감정평가실무의 이해(리북스, 2010), 보상평가실무의 이해(리북스, 2010), 아삭아삭 토지보상(은교, 2012), 사례로 보는 감정평가 시리즈 1,2,3(고시계, 2013), 한눈에 보는 감정평가(은교, 2013), 감정평가사가 들려주는 재개발·재건축(은교, 2014), 유형·목적별 감정평가실무 기출분석(윌비스, 2014), 넌, 얼마짜리니?(법률저널, 2014), 한눈에 보는 보상평가(윌비스, 2015)가 있다.

개인블로그: http://blog.naver.com/1404chun

감정평가개론

2016년 2월 20일 1판 1쇄 인쇄
2016년 2월 25일 1판 1쇄 발행

저 자: 이 용 훈
발행자: 김 동 규
발행처: 교육과학사

저자와의 협의하에 인지생략

경기도 파주시 광인사길 71(문발동)
전화(031)955-6956~8/팩스(031)955-6037
Home-page: www.kyoyookbook.co.kr
E-mail: kyoyook@chol.com
등록: 1970년 5월 18일 제2-73호

낙장·파본은 교환해 드립니다.
Printed in Korea.

정가 17,000원
ISBN 978-89-254-1027-2